国家社科基金"十三五"规划教育学一般课题
《大学教师学术创业研究》（课题批准号：BIA180207）

创业型大学本土化的
中国模式研究

A study on the Chinese Model of the
Localization of
Entrepreneurial Universities

付八军 ◎ 著

中国社会科学出版社

图书在版编目(CIP)数据

创业型大学本土化的中国模式研究／付八军著 . —北京：中国社会科学
出版社，2018. 11

ISBN 978-7-5203-3675-8

Ⅰ . ①创… Ⅱ . ①付… Ⅲ . ①高等学校–教育建设–研究–中国 Ⅳ . ①G649. 2

中国版本图书馆 CIP 数据核字（2018）第 271165 号

出 版 人	赵剑英	
责任编辑	任 明	
责任校对	李 剑	
责任印制	李寡寡	

出 版	中国社会科学出版社	
社 址	北京鼓楼西大街甲 158 号	
邮 编	100720	
网 址	http://www.csspw.cn	
发 行 部	010-84083685	
门 市 部	010-84029450	
经 销	新华书店及其他书店	

印刷装订	北京君升印刷有限公司
版 次	2018 年 11 月第 1 版
印 次	2018 年 11 月第 1 次印刷

开 本	710×1000 1/16
印 张	20. 25
插 页	2
字 数	332 千字
定 价	88. 00 元

序　一

邬大光

　　八军是我 2006 年毕业的博士研究生，从学生时代到博士毕业后的十多年间，一直勤奋努力、笔耕不辍，这点让我非常欣慰。自 2008 年出版博士学位论文《高等教育属性论》一书至今，八军近十年给我寄送的个人专著超过了 10 本。有些是学术论著，有些是教育随笔，甚至还有小说。这次给我寄送的《创业型大学本土化的中国模式研究》书稿，属于一部以创业型大学为主题的理论著作。八军告诉我，无论在学理研究还是社会价值上，该书都是他当前最具代表性的理论著作。我没有专门研究过创业型大学，但评审过好几篇博士学位论文，也去过华威大学等若干所被誉为创业型大学典范的世界名校，参加过一些关于创业型大学的学术会议，从而对创业型大学形成了一些自己的判断。让我高兴的是，该书不仅体系完整、逻辑严密、文笔流畅、颇有新见，而且我的不少判断在该书中得到了较好的体现。看来，该书确实如八军在引论中所言，"不是基于完成某个课题而出的成果，而是内心自然涌现的强烈意愿使然"，不愧为他当前颇具代表性的理论著作之一。我仅从我对创业型大学的判断出发，来谈谈该书的成熟与价值。

　　当前，无论与大学有关的内容，还是大学自身的各项内容，都在发生变化。可以说，没有一成不变的大学，只有变得快或慢的大学。例如，大学的功能在变、规模在变、层次与类型在变、专业在变、评价在变、教学方式方法在变，尤其大学的称谓在变。例如公立大学、私立大学、营利性大学、巨型大学、技术型大学、研究型大学、教学型大学、独立学院等。创业型大学，就是 20 世纪末出现的一种新的大学称谓。但是，无论大学的称谓发生什么变化，大学的精神特质不可能发生变化。否则，这就不是我们讨论与建设的大学了。那么，大学的精神特质到底是什么呢？应该说，关于大学的精神特质，内涵相当丰富。但是，最为根本的一条，应该是人才培养的使命与追求。也就是说，不管我们冠之什么名称的大学，只要我们从中寻找不到人才培养的使命与追求，这样的大学都不可能成为真正的大学。然而，我以前接触到不少关于创业型大学的研究，似乎仅仅是一种追求经济利益的大学。可喜的是，该书越读越让我感觉，这种创业型大学正是我们所需要的大学。因为这种大学模式不仅强调要把人才培养作为内部着力点，而且要以人才培养质量本身赢得社会声誉，并以此培养自力更生的能力。反思中国当前的不少大学，人才培养问题往往成为一笔糊涂账，没有多少人真正关心也很难有证据表明，一所大学在人才培养上到底做出了什么贡献。科学研究的量化业绩，被错误地直接等同于教育质量，掩盖了大学人才培养的疲软。该书从理念上提出并深入地论证了创业型大学需要什么样的人才培养模式，有力地捍卫并强化了大学的育人使命与追求。

在信息化时代，我国对西方各种学说的引进并不落伍，但在具体理解与运用上却往往发生偏差。例如，"协同创新"是什么？"协同创新"根本不是我国上级主管部门所启动的那种协同创新，真正的"协同创新"依然是以人才培养为依托的协同创新。我们的协同创新，都引到科学研究上去了。又如"慕课"（MOOCs），它不是说，这个课好，大伙儿都来听，它不是 popular。实际上，慕课是指在未来的高等教育变革中，整个教育技术对整个大学组织、大学制度、大学观念等方面的挑战。创业型大学（Entrepreneurial University）作为一个舶来品，同样存在理解的偏差。我不用去过多地分析学界如何研究创业型大学，只需看看被西方学者推为创业型大学典范的华威大学、麻省理工与斯坦福等，就可以断定，创业型大学更多地属于一种理念与精神，也是一种制度和机制，并不等于创收型大学、商业化大学。也就是说，创业型大学更多地体现出一种进取精神，或者说开拓精神，或者说改革精神，其核心是一种精神，并非金钱所能衡量。与我对创业型大学的理解相一致，该书正是从这个角度来理解与运用创业型大学的。推动传统型院校向创业型大学转型，首先是办学理念的转型，是一种全方位、整体性的转型，在学以致用的旗帜下，不断提高学校管理效率与效益、提高人才培养的适切性与针对性、提高科学研究成果的应用性与贡献度、提高大学的社会满意度与市场认可度，最终凭借学术声誉与实际贡献从社会获取办学资源。筹措办学经费不是创业型大学的直接目的，办学质量与科研能力提高了，自然会有包括校友、企业在内的各方力量资助大学。任何一所大学，都离不开政府的支持。但是，那些面向一流、面向未来的大学，不能将政府作为最主要的资助方，尤其是我国那些在政府资源竞争中处于劣势的后发型地方本科院校，必须树立质量意识、效率意识、服务意识与市场意识，清醒地认识到"大学为谁而办，大学使命是什么"等本源性问题，通过学术品质本身走上多元化筹措办学经费之路。

随着国家综合实力的提升，中国大学在世界大学排行榜上进步很快。但是，中国大学离世界一流大学仍有不少差距。在我看来，这个差距主要体现在办学理念与制度创新上，再而延伸到课堂教学上。例如，国内顶尖大学的人才培养有很多亮点，但都是跟着别人学的，没有一个属于自己的原创。由于我们缺乏自己的办学理念，无法实现自我制度创新，对外来教育思想缺乏本土化的诠释与改造，以致中国教育呈现各国教育制度的大杂烩，不仅无法解决中国的实际问题，有时反而带来各种混乱与矛盾。例如，学分制源自欧洲和北美，但我们今天大学的人才培养体制是苏联的，两者一直不能很好地结合。今天的中国大学都在使用学分制，但没有一家将它用到位。因为大学内部的管理体制，包括专业、课程的设置以及学年、学籍的设置都是学习苏联的，当美国的学分制移植到苏联模式上时，就成了学年学分制，没有任何真正学分制的本质。学分制的本质是学生有选课的自由，有选专业的自由。现在中国的大学没有一所能做到这一点。所以，北美的学分制与苏联的教学体制根本不匹配。中国学界过去探讨的创业型大学，与学分制在中国的实践是一样的。创业型大学在西方国家的成功实践，与大学独立自主面向市场办学的自主权紧密相关。然而，中国高等教育管理体制同样有着苏联模式的烙印，大学围着政府转的状况并没有从根本上改变，这就决定了西方创业型大学模式在中国很难行得通。本书以创业型大学本土化的中国模式作为切入点，可谓抓住了创业型大学中国研究的关键与灵魂。从具体研究路径而言，同样非常在理与睿智。例如，首先，从两位创业型大学理论鼻祖的论述出发，寻找创业型大学内涵的最大公约数；然后，在此基础上结合中国大学建设需要，构建创业型大学本土化的内涵要点，并对创业型大学的分类体系进行了梳理与探索；接下来，根据创业型大学的建设主体属于地方本科院校的事实，提出了中国特色创业型大学建设的三个发展阶段。从西方概念最基本的要义出发，结合中国实际构建本土化的内涵要点，再以此来指引中国的改革与发展，最后形成中国特色的话语体系，这种学习与研究精神是当前我们最缺乏的。

　　总之，从我对创业型大学理解的角度出发，该书可圈可点的地方还有许多。作为一名曾经对创业型大学不那么热切甚至有些抵制的我来说，在阅读这本著作之后，发现该种创业型大学模式确实是中国迫切需要建设的新型大学，是中国传统院校走出"重科学研究，轻教学育人""重数字化学术业绩，轻社会实际贡献"等发展误区的理想模式，是那些行业特色大学尤其地方本科院校适应社会并走进时代前列的战略选择。但是，理论是灰色的，创业型大学本土化的中国模式探索如何从书斋走向实践，最后在中国大地上开出中国特色创业型大学样本高校之花，让创业型大学这个概念在完成历史使命之后走向自然消亡，仍然是一个需要社会各界共同努力的攻坚课题。希望八军再接再厉，坚守自己的学术信念，沿着既定的研究方向跋涉前行。且不说"无限风光在险峰"，在学术上革故鼎新总有一个漠视、接受再到赞誉与推广的艰难曲折过程。按照本书呈现的创业型大学中国模式，中国创业型大学研究与实践最缺乏的正是成功的创业型大学样本高校。假以时日，当中国能够走出哪怕一所成功的创业型大学，实现了一所传统普通公办本科院校的成功转型，该书的理论价值与实践意义将得到极大的彰显，在很大程度上点燃中国创业型大学研究与建设之火焰。

　　是为序。

2018 年 5 月 2 日

于厦门大学颂恩楼

序　二

龚　放

付八军教授的新作《创业型大学本土化的中国模式研究》即将付梓，请我为其作序，我未曾细想，欣然允诺。之所以"欣然允诺"，有两个原因，其一是八军这样一位高教研究界的"新锐"，与我这个高教研究"老兵"年龄相差整整一代人，但我们却能在很多问题的争论思辨中形成共识，引起共鸣，彼此呼应，引为同调。其二是他所研究的"创业型大学"，也是我近年来关注和探讨的话题，所以我欣然允诺。

认真研读八军的新著，让我感动和钦佩的，不仅在于他对"创业型大学本土化"这一研究课题的深刻理解和独到见识，而且是他"咬定青山不放松"的韧劲、沉下心来"十年磨一剑"的执着！

八军自己在新著前言中坦承："从我以前的研究历程来看，每换一个工作场所或者更换一种岗位身份，我的研究主题就会发生一次变更……对于每一个主题的持续研究，都没有超过五年时间。"八军是我国高教研究界较早接触"创业型大学"这样一个"论域"的学者。在浙江农林大学期间，他就和时任该校党委书记的宣勇教授一起，全身心地投入到"创业型大学"转型的理论研究和变革实践，不仅自己撰写了《学术资本转化：创业型大学的组织特征》等十多篇论文，而且在2013年辅佐宣勇书记举办了"全国创业型大学建设高峰论坛"，并主编了《纵论创业型大学建设》一书。随后，他又从大学教师转型的视角切入，"推导创业型大学建设的一般规律"，并在2015年完成并出版了专著《教师转型与创业型大学建设》。现在将要付梓的《创业型大学本土化的中国模式研究》，是他在"创业型大学建设"这样一个主题研究领域耕耘近十年的"融通之作"。是什么原因让八军打破了自己研究主题"五年一更换"的节律？是什么原因让他对创业型大学的研究热情并未随着时间的流逝和工作的变换而有所衰减，反而与日俱增、更加投入呢？我认为，除了一个真正的科学研究工作者的学术情怀和社会责任之外，更重要的是，他对"创业型大学建设"这样一个研究主题的理论意涵和实践价值的深刻认知，是他对于创业型大学发展的国际趋势和中国走向的准确把握。

首先是对我国高等教育研究动态和走向的判断。"创业型大学"是20世纪90年代由美国学者亨利·埃兹科维茨和伯顿·克拉克等率先研究并赋以理论阐释和冠名定型的。世纪之交，随着伯顿·克拉克和埃兹科维茨的相关著述被译成中文，"创业型大学"作为高等教育研究的新概念和前沿领域也引入我国，引起高等教育研究界和实践界的重视。研究渐起，在2015年前后形成一个峰值，但随后却有所低落。国内学术界有人做出判断，其一是"小众话题论"，其二是"渐弱型前沿论"。我注意到八军在阐述他对"创业型大学建设"这样一个高等教育研究主题的认识时，旗帜鲜明地反驳了这两种观点。他认为，"创业型大学不仅不是一个小众话题，而且是一个革命性、发酵性话题"，只要准确理解与正确运用，必将"搅动思想，结出硕果，带出大量的理论与实践话题，最后成为一个大众话题"。同样，他不认同把"创业型大学研究"作为"渐弱型前沿"的判断，他认为，这是一个"正处于爬坡状态，远没有达到研究高峰"的主题。让八军感到不解的是：为什么"对于一个如此重要的话题，学界关注度如此微弱"？为什么"中国如此需要创业型大学却又为什么对其如此冷漠"？研究现状的困顿反而激发起八军投身"创业型大学建设"这一重大主题研究并力争有所贡献、有所建树的决心和雄心。

"高等教育研究的重大主题，要从当代实践与未来社会中寻找。"八军的这一主张，我举双手赞成。高等教育研究不能闭门造车，不能纸上谈兵，不能只从概念、范畴出发，更不能只是追求发表与得奖；高等教育研究，必须投身火热的变革发展现实，必须直面当下的矛盾与挑战。正是基于这样的学术使命感和价值追求观，八军认定"创业型大学中国实践的时代意蕴"，在于"学以致用"，即"在科学上更加突出成果的转化，在人才培养上更加突出创造性人才的培养"；在中国建设一批创业型大学，"不仅有利于促进高校办出特色，克服同质化倾向"，而且可以"倒逼高等教育体制的变革"，最终促使高校真正成为面向社会自主办学、自力更生的法人实体。在这个意义上，八军提出，"创业型大学理念为解决中国高等教育的根源性与突出性问题提供了极富针对性的思想武器"，它"能为中国高等教育打开一扇天窗，呼吸到清新的口气……"我认为他的论断言简意赅，确实点到了问题的要害。

八军穷十年之功，锁定"创业型大学建设"的研究主题，不断有新作问世。他甚至愿意坚持不懈地努力，将"根据创业型大学中国实践的现实需要，发掘并阐释创业型大学本土化的基本内涵和多样路径"，作为自己今后乃至一辈子的社会责任与学术使命。在学风浮躁、跟风盛行、逐利图名、浅尝辄止等学术不端层出不穷的今天，八军锲而不舍的学术追求和下决心做真研究的宣示，不由得让我等"高教研究老兵"肃然起敬！

粗粗地通读全书，新见迭出，亮点甚多，其中给我留下深刻印象的有以下五个方面：

其一，构建了由本体论、实践论和价值论"三维一体"的理论框架。本体论部分重在阐明"中国语境下创业型大学的内涵与外延"，回答中国特色创业型大学"是什么"和"有哪些"的问题；在实践论部分探寻"创业型大学中国本土化"的适切模式和多样路径，解读中国本土的创业型大学"建什么"和"如何建"的难题；在价值论部分讨论创业型大学在中国发展的当代价值和未来走向。这样的安排，既有清晰的逻辑关系，又"顶天立地"，即不仅有理论思辨及国际借鉴的空间，而且接地气，有实例，足以观照并指导高校转型发展的实践。

其二，提出创业型大学的组织特性是"学术资本转化"而非"学术资本主义"。这是特立独行、标新立异的观点，我认为颇有价值。八军将学术资本转化作为埃兹科维茨和伯顿·克拉克两位大家关于创业型大学内涵界定的"最大公约数"。他努力澄清国内外高教界对于创业型大学的误解、误读，大声疾呼："创业型大学既不等于创收型大学，也不等于商业化大学"，"营利性、商业化、企业化、创收型都不能成为创业型大学的组织特性"！将埃兹科维茨等权威学者首创的"学术资本主义"解读为"带有价值无涉、具有行动指向"的学术资本转化，"知识应用、自力更生等才能成为创业型大学的组织特性"，才是层次、模式多样的创业型大学的"唯一公约数"。

其三，提出中国公立普通本科院校向创业型大学转型的适切模式，在于"双重改造"，即在科研上更注重成果转化，在人才培养上更突出创造性人才的培养。

其四，论述创业型大学的时代价值主要不是在办学经费的筹措，而是研究成果的转移转化与创造性人才的培养，以直接筹措经费作为主导目标的创业型大学建设路径不合中国国情。特别难能可贵的是，八军一再呼吁：在建设创业型大学的进程中，切勿在教育、教学和育人使命上有所缺失、有所懈怠，人才培养是大学的底线与红线，在创建注重学术创业的创业型大学时，切不可忘了大学的"初心"——人才培养，切记不可触犯这条底线与红线。

其五，高度重视向创业型大学转型过程中"教师转型"的重要性，强调无论基于哪个角度、通过哪种渠道、凭借哪种方法，推动大学从传统型转向创业型，都必须通过重要的抓手，即引导并推动教师从传统型转向创业型。而对教师转型的轻视甚至忽视，恰恰是当下诸多有志于建设创业型大学的中国高校之通病。

八军的这本专著还有许多新见，我不能一一赘述。同时，正如八军在本书前言的"夫子自道"："新见，不一定都是有价值的"。我也想对其中几个"新见"提出商榷、argue，比如：关于创业型大学"两类四型"的分类，即先分为"教学服务类"与"学术应用类"，"每一类再分为营利型与公益型"；再比如，关于"创业型大学这个概念最终逐渐消亡"的论述；关于"创业型大学都以学以致用而不是学以致知为目标"的判断，等等。

最后，我还有两个建议，供八军在今后深入研究创业型大学时参考。其一，我完全同意八军的分析，中国高教界往往将"创业型大学"误认为"创收型大学"，而欧美的许多高校往往是因为政府投入收紧而被迫面向市场寻求资源……而市场需求、企业需求往往给高校提供了问题导向和跨界合作的机会！所以我认为，表面现象是创收和从市场获取资源，但实质性的问题在于，这一"压（政府投入减少）"和一"拉（市场、产业提供支持）"，促使并恰好成就了现代大学知识生产模式的转换！即从学科导向、理论导向的知识生产模式1转向问题导向、应用导向和跨界合作的知识生产模式2！所以我建议，不妨从知识生产模式转换这个高度来认识创业型大学的历史价值和现实意义！中国的问题是，恰恰在这个阶段，我们的"双一流建设"是强调学科导向、论文导向的，中央和地方提供的资源又是相当丰富的，这会不会在某种程度上助长了大学学人"吃皇粮"和"闭门造车""顾影自怜"的倾向，从而迟滞了中国大学知识生产模式的转换，也影响了中国式创业型大学的发展？其二，八军一再强调创业型大学应当重视人才培养的观点无疑是正确的，但阐释能否更具冲击力？我认为，一方面大学的科学研究应当有一个知识生产模式的变换；另一方面，大学的人才培养也存在一个知识传授方式的转换，即从学科导向、理论导向并日益学科分割并与现实世界分离的人才培养范式，转向应用导向、跨学科交叉并产学研一体的创新创业型人才培养模式。

书序完成，刚好看到据《澳大利亚人报》10 月 16 日报道，伦敦科学博物馆 10 月 15 日发布已故著名物理学家霍金（Stephen Hawking）的最后一本著作《简要回答大问题》一书时，播放了霍金留给公众的最后一条语音讯息："仰望星空，而不是低头看着你的脚下，试着去理解你所看到的，并思考是什么让宇宙存在。重要的是你不要放弃，释放你的想象力并塑造未来！"我愿将霍金之语转赠八军教授：释放你的想象力并塑造未来，重要的是你不要放弃！当年伯顿·克拉克通过十多年的努力聚焦创业型大学研究，先是追踪英国沃里克大学、荷兰特文特大学等 5 所欧洲创业型大学发展历程，后又总结美国、澳大利亚、印度、智利、新加坡和乌干达的 9 所创业型大学案例，最后成为"创业型大学"这一国际前沿领域的开拓者。在为八军新作点赞的同时，我们更期待着他在这一领域的深耕细作，会取得更加丰硕的成果，从而影响中国创业型大学本土化进程，留下中国特色探索的足迹。

重要的，是不要放弃！

2018 年 10 月 18 日于美国加州圣何塞

目　录

上篇　本体论

中篇　实践论

下篇　价值论

引　论

2010 年 7 月，在浙江农林大学第一次党代会上，提出"到 2020 年把学校初步建设成为国内知名的生态性创业型大学"的发展战略目标。2011 年 9 月，我以一名中层管理干部的身份，正式加盟浙江农林大学，很快跟随学校领导融入热火朝天的创业型大学实践中。2013 年，在校党委书记宣勇教授的直接领导下，我具体策划了一次全国性的创业型大学建设高峰论坛。会后，我根据论坛报告者的发言录音，按照口语化的方式整理出版了一本著作，将其命名为《纵论创业型大学建设》①。2014 年 9 月，由于特殊原因，我离开了浙江农林大学，以专职教师的岗位身份来到绍兴文理学院。2015 年，为了完成几年前主持申报的国家社科基金（教育学）项目"教师转型与创业型大学建设研究"，我撰写了一部关于创业型大学的论著——《教师转型与创业型大学建设》②。在那个课题完成之后，有几位同仁问过我："你还会继续研究创业型大学吗?"确实，学界对于创业型大学的讨伐声音此起彼伏，曾高举创业型大学旗帜的南京工业大学于 2013 年将办学定位更改为"综合性、研究型、全球化"高水平大学，我也不在创业型大学的管理岗位上工作了，研究创业型大学还有必要吗? 虽然绍兴文理学院同样属于浙江省建设创业型大学的七所试点高校③之一，但本校远远不像我以前工作过的浙江农林大学那样，随处可见"创业型大学"的宣传性或者纲领性的字眼，甚至让人感觉到绍兴文理学院与创业型大学没有一点关系。显然，处在这样的背景、心景与场景，我容易被

① 详见付八军主编《纵论创业型大学建设》，浙江工商大学出版社 2014 年版。

② 付八军：《教师转型与创业型大学建设》，中国社会科学出版社 2016 年版。

③ 浙江省人民政府办公厅 2011 年第 54 号文件（浙政办发［2011］54 号），提出了关于创业型大学建设试点的省级教育体制改革项目，并确定浙江农林大学为浙江省 7 所试点高校之首，其他六所高校依次是浙江万里学院、杭州师范大学、绍兴文理学院、义乌工商职业技术学院、浙江工贸职业技术学院、浙江大学城市学院。

那些关心我的同仁做出如此的判断，"他应该不会再研究创业型大学了"。事实上，在完成《教师转型与创业型大学建设》一书的撰写后，我随即谋划另一部关于创业型大学论著的创作。这部论著，不是囿于完成某个课题的压力，也不是为了成果而写作，而是内心自然涌现的强烈意愿使然。经过近三年时间的精心打磨，我终于推出了这部承载夙愿的作品——《创业型大学本土化的中国模式研究》。基于不同价值追求而产生的作品，必定有着不同的品性与意义。为此，我想在引论中说明这样三个问题：一是推出本书的主要因素有哪些，既用来回答那些关切我的同仁，也表达我对创业型大学的基本立场；二是该书是如何展开论述的，由此可以获悉本书的逻辑结构以及基本观点；三是该书到底有什么样的特点、新见尤其是价值，这是我要将此书特别推介出去的理由所在。

一

从我以前的研究历程来看，每换一个工作场所或者更换一种岗位身份，我的研究主题就会发生一次变更。例如，硕士毕业后在湖南省教育科学研究院工作，基于岗位工作需要，我主要关注高等教育质量与学历证书管理的研究；随后全脱产在厦门大学教育研究院攻读博士学位，其间主要关注教育基本理论问题，完成了博士学位论文《高等教育属性论》[①]；在高校工作的前五年，我经历了从一线专职教师到中层干部"双肩挑"岗位身份的变化，研究方向也随之从教师教育研究转到关于大学教师的研究，最后完成了论著《大学教师的培养与成长》[②]。以上对于每一个主题的持续研究，都没有超过五年时间。但是，从浙江农林大学到绍兴文理学院，如前所述，工作场所与岗位身份均发生了变化，持续研究时间亦超出了五年，可我对创业型大学的研究热情不但没有减少，反而越来越强烈。个中原因，到底是什么呢？我认为，主要有以下三个方面的因素。

其一，关于创业型大学基本问题的研究尚未完成。2015 年撰写的《教师转型与创业型大学建设》一书，属于我前期对创业型大学持续研究

---

① 付八军：《高等教育属性论——教育政策对高等教育属性选择的新视角》，江西人民出版社 2008 年版。

② 付八军：《大学教师的培养与成长》，中国社会科学出版社 2010 年版。

的阶段性成果。该书基于"教师转型与大学转型具有天然关系，只有教师转型才能带来大学转型"的理论视角，从教师转型的障碍与路径出发，探讨了创业型大学建设的核心路径。然而，该书为了完成国家课题的预期研究任务，主要是从教师转型这种视角推导出创业型大学建设的一般规律，并没有让我们很好地理解"到底什么是创业型大学""创业型大学有哪些类型"等基本问题。更重要的问题是，创业型大学具有多样化的实践模式，该书未能亦不能为创业型大学的中国实践提供针对性的方案。因此，在完成《教师转型与创业型大学建设》一书之后，我立马开始了更高追求的创作工作，希望能将个人近十年对创业型大学的研究融通起来，产生一部既能通俗解答创业型大学的本质是什么，又能有效指引创业型大学在中国怎么建的理论著作。应该说，《创业型大学本土化的中国模式研究》一书就是在这样一种学术追求中诞生的。

其二，创业型大学研究与实践的意义被严重低估。20世纪末，美国两位学者伯顿·克拉克（Burton R. Clark）和亨利·埃兹科维茨（Henry Etzkowitz），分别依据欧洲的华威大学等教学型院校和美国的MIT、斯坦福等研究型大学，几乎不约而同地提出了"创业型大学"（Entrepreneurial University，简称EU）。应该说，不论是这两位作为"创业型大学"的理论奠基者，还是国内外众多针对创业型大学的后来研究者，都对创业型大学的未来充满希望。例如，麻省理工学院（Massachusetts Institute of Technology，简称MIT）被视为创业型大学的典范，埃兹科维茨曾指出："将基础研究和教学与产业创新结合在一起的MIT模式，正在取代哈佛模式成为学术界的榜样。"[①] 伯顿·克拉克在《大学的持续变革：创业型大学新案例和新概念》深入研究了14所案例高校，最后概括性地指出，创业型大学正是自力更生的大学，"大学的未来取决于它们的自力更生"[②]。又如，复旦大学前校长杨玉良院士曾经提出："创业型大学"这个提法"名字可能不是最好听"，但这将是大学未来发展的一个重要阶段，"如果复旦大学要成为世界一流大学，按照现在大家提出来的概念，就是创业型大

---

① ［美］亨利·埃兹科维茨：《麻省理工学院与创业科学的兴起》，王孙禺、袁本涛等译，清华大学出版社2007年版，第1页。

② ［美］伯顿·克拉克：《大学的持续变革：创业型大学新案例和新概念》，王承绪译，人民教育出版社2008年版，第246—247页。

学，麻省理工学院就是复旦最好的榜样"。① 2017 年 9 月 26—29 日，教育部学校规划建设发展中心在杭州举办了创新创业型高校建设高级研修班，得到了全国近 50 所高校的积极响应。2017 年，联合国大会通过决议，将每年 4 月 21 日指定为世界创意和创新日，并呼吁各国支持大众创业、万众创新，这意味着中国的"双创"理念得到世界的响应与肯定。但是，从总体而言，由于对创业型大学的理论误解或者安于现状的惰性心理，学术界对于创业型大学的否定与抵制远远强于肯定与推崇，中国高校在推动创业型大学本土化的过程中亦是冷观大于行动。作为一位以多重身份在多个高校、多种岗位甚至不同性质的单位有过丰富体验的高等教育研究者，我深信自己对中国高等教育存在的根源性问题、突出性问题等都有清醒的认识。当仔细品读伯顿·克拉克与埃兹科维茨关于创业型大学的论述之后，我觉得创业型大学理念为解决中国高等教育的这些根源性与突出性问题提供了极富针对性的思想武器。对此，我在正文中将有全面而又深入的论述。我甚至认为，若能推动国内若干所高校尤其是我国政府转变观念，按照伯顿·克拉克与埃兹科维茨两位学者倡导的办学理念推进创业型大学建设，那么，我这辈子对我国高等教育理论与实践所做的学术贡献，个人就非常知足了。可见，创作《创业型大学本土化的中国模式研究》一书，远远不只是完成未竟的研究任务，而且基于理论工作者的社会责任与学术使命。

其三，走到创业型大学外围重新审思会更加客观。我离开高举创业型大学旗帜的浙江农林大学之后，曾经思考过要不要更换自己的研究方向。但是，我没有找到比创业型大学这个主题更有价值与意义的研究方向。在新的单位与新的岗位，我或许会产生新的研究主题，但不会放弃创业型大学这个主题。有人对我说，创业型大学是一个小众话题。通过本书的论证，我将告诉大家，创业型大学不仅不是一个小众话题，而且是一个革命性、发酵性话题，只要准确理解与正确运用，必将搅动思想，结出硕果，带出大量的各种理论与实践话题，最后成为一个大众话题。如果我们硬要将创业型大学判定为小众话题，那只能表明当前我国对创业型大学的价值与意义发掘不够，研究人员太少，实践案例不足。这反而证明，创业型大学更值得我们关注与研究。有文提出，创业型大学在西方的研究热潮已经过去，不再是国际高等教育的热点主题与最新前沿，而是属于渐弱型前沿。[①] 这种基于文献统计而得出的热点与前沿问题，不是我们确定某个主题是否具有研究价值的依据。高等教育研究的重大主题，要从当代实践与未来社会中寻找。事实上，正如我在上一本专著中所说的："在中国，关于创业型大学的研究不属于渐弱型前沿，而是正处在爬坡状态，远没有达到研究高峰。"[②] 例如，在中国知网上以"创业型大学"为篇名来精确查找学术论文，自 2001 年的 1 篇开始，发文数量总体上呈现增长趋势，2015 年达到峰值 77 篇[③]，随后逐年有所下降，2016 年 68 篇，2017 年 51篇。对于一个如此重要的话题，学界关注度如此微弱，更加促使我把研究热情投入这个领域中来。只不过，我得好好琢磨，中国如此需要创业型大学却又为什么对其如此冷漠。当从熟悉的创业型大学圈里走出来，摆脱了中国行政层级文化的身份束缚之后，我更能本着实事求是的科学精神，客观与理性地研究创业型大学。这种研究，落脚点就在于创业型大学本土化的中国模式研究。

二

教育领域中的许多主题，既依存理论研究，又归于实践改革，还涉及价值判断，可以采取本体论、实践论与价值论三维模型来构建理论框架。创业型大学本土化的中国模式研究，主要回答在中国语境下的创业型大学是什么，都有哪些类型，到底如何建，以及时代价值与未来走向。显然，本书探讨的这个主题，采用本体论、实践论与价值论"三位一体"的理论框架是最好不过的。在本体论部分，主要明确在中国语境下创业型大学

① 潘黎、侯剑华：《国际高等教育研究的热点主题和研究前沿——基于 8 种 SSCI 高等教育学期刊 2000—2011 年文献共被引网络图谱的分析》，《教育研究》2012 年第 6 期。
② 付八军：《教师转型与创业型大学建设》，中国社会科学出版社 2016 年版，第 96 页。
③ 经查证，该年度关于创业型大学的期刊论文发表数相对较高，与几次学术会议的召开不无关系。例如，辽宁省高等教育学会 2015 年学术年会暨第六届中青年学者论坛组编了创新创业教育征文活动的大量成果，且这些成果可以在中国知网上进行查阅。又如，2015 年 11 月，浙江大学和中国工程院教育委员会联合举办了一次国际学术会议，主题正是"创业型大学——国际视野与最佳实践"。

的内涵与外延问题，这是开展创业型大学中国实践的理论前提；在实践论部分，需要根据本体论研究的基本结论，来寻找创业型大学中国实践的适切模式。只有理顺了在中国语境下创业型大学是什么、有哪些，以及建什么、如何建，我们才能更好地讨论创业型大学在中国的时代价值与未来走向，这便是本书最后探讨的价值论部分。为了进一步梳理本书的逻辑结构，同时引出基本观点，我在此对本书主体部分的上中下三篇依次予以较为详尽的论述。

　　上篇"本体论"，主要回答在中国语境下创业型大学的内涵与外延问题。该篇共有两章，即第一章"创业型大学的内涵"与第二章"创业型大学的类型"。在第一章，本书主要是从创业型大学这个概念传入中国之后产生的各种误解切入，分析创业型大学本土化进程中的种种理论误解，以便有针对性地回应社会各界对创业型大学的片面认识或者极端批判；然后再从创业型大学这个概念的提出者——伯顿·克拉克与埃兹科维茨两位学者入手，分析他们对于创业型大学的相应论述，为我们获悉创业型大学的确切内涵进行溯源性解读；最后在前面两种寻找创业型大学内涵途径的基础上，根据创业型大学中国实践的现实需要，发掘并诠释创业型大学本土化的基本内涵。通过这一章的论述，我们能够认识到：将创业型大学的含义局限于埃兹科维茨或者伯顿·克拉克的阶段性观点是不恰当的，将学术资本主义而不是学术资本转化视为创业型大学的组织特性不利于彰显创业型大学的历史使命，将创业型大学的学术资本转化局限于科研成果向生产力的转化忽视了创业型大学作为大学的本质特征与育人使命；同时，从伯顿·克拉克与埃兹科维茨两位学者的相关论述出发对创业型大学内涵进行溯源性的解读，实质上正是寻找两位学者关于创业型大学内涵的最大"公约数"，从这里出发，我们能够发现，营利性、商业化、企业化、创收型等都不能成为创业型大学的组织特性，而带有价值无涉、具有行动指向的学术资本转化、知识应用、自力更生等才能成为创业型大学的组织特性，这也正是各种类型的创业型大学或者说各种创业型大学模式的唯一"公约数"。在第二章，本书主要根据创业型大学学术资本转化的三大领域，① 再结合中国国情与校情，在第一章研究得出的有关创业型大学基本理论的支持下，将创业型大学分成两大类：教学服务类与学术应用类。每

---

① 付八军：《创业型大学的学术资本转化》，《中国高教研究》2016 年第 8 期。

类创业型大学，都可以再细分为营利型与公益型。明确了创业型大学的类型（两类四型），我们就能清楚地明白：创业型大学≠创收型大学，创业型大学≠商业化大学。

中篇"实践论"，主要寻找创业型大学中国实践的适切模式。该篇共有两章，即第三章"创业型大学的中国实践"与第四章"应用型大学的自力更生"。在第三章，根据本体论研究得出的相关基本结论，本书主要是从中国推进创业型大学建设存在的各种实践误区切入，以此来说明我们在推进创业型大学本土化过程中走偏了方向，然后再来分析中国建设创业型大学一直难有实质性突破的关键因素，最后根据中国实际情况寻找创业型大学本土化的适切模式。通过这一章的论述，我们能够认识到：凡是不能真正推动教师从传统型转向创业型的所有努力都不可能让大学从传统型转向创业型，以直接筹措经费为主导目标的创业型大学模式不适合占主体地位的中国公办普通本科院校，仅仅关注学术资本向现实生产力的转化而无视创造性人才培养的创业型大学建设不可能实现可持续发展。同时，在这一章，本书提出并论证了一个核心观点：对于中国公办普通本科院校而言，创业型大学本土化的最佳实践模式正是经过双重改造的应用型大学。其理由在于：我国普通本科院校向创业型大学转型的适切模式，正是学术应用类公益型的创业型大学；而且，无论在科学研究，还是人才培养上，创业型大学都以学以致用而不是学以致知作为学术目标。至此，我们发现，该类创业型大学与国内近年兴起的应用型本科院校何其相似。只不过，当我们采用更具涵盖性的"应用型大学"概念之后，应用型大学要从两个方面进行改造：在科学研究上更加突出科研成果的转化，在人才培养上更加突出创造性人才的培养，最后能以自身的学术声誉走上自力更生的道路，与创业型大学实现殊途同归。在第四章，本书正是具体论述应用型大学的双重改造，亦即如何强化应用型大学的科研成果转化与创造性人才培养，同时探讨应用型大学的经费结构现状以及多元化收入来源，最终建成中国化的创业型大学。

下篇"价值论"，主要讨论创业型大学在中国的时代价值与未来走向，为创业型大学的中国实践提供精神动力与方向指引。该篇共有两章，即第五章"创业型大学的历史使命"与第六章"创业型大学的未来展望"。在第五章，基于世界高等教育演进的一般规律，再从社会各界对于创业型大学的价值分歧出发，结合前面"本体论"与"实践论"的基本观点，全面而又深刻地揭示创业型大学中国实践的时代意蕴。通过这一章的论述，我们可以看到，无论在理论研究还是实践运作上，符合人类历史发展潮流的创业型大学，至今还处在风口浪尖的两个极端。从理论上看，许多学者高度赞扬并极力倡导创业型大学，然而，学界对于创业型大学的质疑甚至抵制从未中断过。从实践来看，没有哪位学者否认正是创业型大学模式成就了华威大学、MIT、斯坦福大学等世界一流大学的地位，然而，国内那些高举创业型大学旗帜的地方高校则是掣肘甚多，困难重重，以致南京工业大学一度更换"创业创新型大学"的战略目标地位。同时，当我们理顺中国语境下创业型大学的内涵与类型、明确创业型大学中国实践的适切模式之后，我们不难知道，建设创业型大学不仅有利于"促进高校办出特色"，克服同质化倾向，而且有利于推动科技成果转化、培养创造性人才，将高等教育的社会贡献度落在实处与明处。事实上，建设创业型大学最大的价值在于，有利于解放思想，打破僵化统一的办学模式，通过各方面的努力，最终实现高校真正成为面向社会自主办学、自力更生的法人实体。简言之，中国迫切需要一批创业型大学来倒逼高等教育体制的改革。然而，达此最终目标，并非一蹴而就，必定经历若干发展阶段，这也正是本书第六章探讨的问题。在第六章，本书分析了创业型大学本土化的三个发展阶段，并且从历史与现实、中国与外国等多个角度论证了创业型大学这个概念最终逐渐消亡，根本原因在于未来的大学就是学习者提升能力的地方，而不再是获得出身的地方，不能在政府的庇护中成长。也就是说，未来的大学在激烈的市场竞争中获得生存与发展空间，只不过不同的高校凭借的竞争优势各不相同，最终都属于面向社会自主办学、自力更生的法人实体，从而"创业型大学"这个概念因为完成了解放人们思想观念、推动高校类型多元的功能与使命而退出历史舞台。若中国政府能够顺应联合国教科文组织最近提出的以"共同利益"而不是"公共利益"作为教育决策的价值基础，那么我们能够加快创业型大学三个发展阶段的演进，早日让"创业型大学"这个概念"功成身退"。那个时候的中国高等教育世界，每所大学都是依法办学的市场主体，只要符合社会发展需要，它们可以坚守学术本位，亦可以奉行实用主义，体现出争奇斗艳的多元化办学模式。不过，值得我们警惕的是，在中国阻碍创业型大学推进的因素同样强大，"创业型大学"这个概念也许会因各种原因走向"夭折"而不是"善终"，呈现创业型大学概念消亡的第二条路线。总之，从世界范围来看，"创业型大学"这个名字或许会变，但这种发展方向不会改变。哪所大学最先觉醒，哪所大学就能更早地跟上时代步伐，就像华威大学、麻省理工学院与斯坦福大学一样，在未来社会变革的某一天，顺利地走向时代的前列。

三

　　一个人一旦成名，他的任何一部作品，都有可能成为经典。事实上，如此功利化与组织化的时代，这些作品所承载与反映的内容，或许已经超越了作者的情感与主张。2016 年 5 月，浙江大学邀请到了法国作家勒克莱齐奥（Jean-Marie Gustave Le Clézio）与中国作家莫言两位诺贝尔文学奖获得者，就文学的许多问题展开了一场别开生面的座谈会。在座谈会①上，勒克莱齐奥先生提道，"我在写作的时候基本上不考虑读者，很多硕士博士写论文研究我的作品，我读的时候觉得很奇怪，他们写的好像不是我"。莫言也说："有不少硕士生或者博士生把我的小说作为他们论文的研究对象，但当有人当面来请教的时候，我告诉他立刻换题，因为我说我没有什么值得研究的。他们的问题都好深奥，如果不承认显得我浅薄，如果说实话大家会很失望。其实我写的时候，很多的'意义'并没有想到。"当然，两位先生说得非常谦虚。任何一部优秀的作品，至少都有一个事先瞄准的主题，亦即小说蕴含的最大"意义"，否则写下来就像无头苍蝇、断线风筝。尤其对于一部学术论著而言，如果没有独特之处与创新所在，那么就相当于一个人没有思想与灵魂，这样的论著怎么会被一群思想高深与灵魂自由的学者们捧为经典呢？那么，这些独特之处与创新所在，是由伟大的读者寻觅得到的，还是由平凡的作者事先预设的？卡尔·马克思（Karl Heinrich Marx）有一段经典的话广为人知，体现了事先预设的创造性与人类性。他说："蜘蛛的活动与织工的活动相似，蜜蜂建筑蜂房的本领使人间的许多工程师感到惭愧。但是，最蹩脚的建筑师从一开始就比最灵巧的蜜蜂高明的地方，是他在建房以前已经在自己的头脑中把它建成了。"在撰写这部著作之前，我就知道该用哪种范式来研究创业型大

---

① 详见莫言、[法]勒克莱齐奥、徐岱《文学是最好的教育》，《浙江大学学报》（人文社会科学版网络版）2016 年 6 月。

学，能将研究工作推进到什么样的阶段；在完成这部著作之后，我就知道该书有哪些独特之处与创新所在，已经把研究工作推进到了什么样的阶段。在我看来，这也许是人文社会科学研究与自然科学研究的最大不同之一。人文社会科学研究更多地依赖人文社会科学学者的阅历（直接经验）、学识（间接经验）、智慧（思维素质）与德性（价值追求），而自然科学研究要取得重大业绩，除了人文社科学者的这些积累与品质外，更多地依赖自然科学工作者的敏锐、尝试与幸运。作为一位处在学术平台洼地的思考者，我从不奢求也不在乎伟大的读者发掘我每一部作品的独特之处与创新所在，只在乎个人享受这种创作的状态，追求内心的宁静与淡泊。但是，本书所探讨的主题与倡导的观点实在太重要了，当中国高等教育被政府玩戏法似地变换服装、唱着老调使劲地推着赶路的时候，我越来越觉得只有被广大学者误解的创业型大学理念才能为喧嚣却又沉闷的中国高等教育打开一扇天窗，呼吸到清新的空气，最终让中国更多的大学苏醒并站立起来，在政府办教育而不是办学校、重扶持而不是强捆绑的条件下，成为面向社会自主办学、自力更生的法人实体。正是这种学术责任、学术德性与学术追求，让我情不自禁地将本书的特点、新见与价值，通过作者而不是读者之口传达出来。

　　选题上的时代性、切题上的针对性、体系上的完整性、论证上的逻辑性、语言上的流畅性、内容上的全面性、方法上的适切性、观点上的辩证性、结论上的新颖性，可以成为本书的创作特点。国家近年如此密集地发布文件，鼓励各种形式的学术创业，这在中国其他领域并不多见。例如，2015 年国务院印发《关于发展众创空间推进大众创新创业的指导意见》，鼓励科技人员创业；2016 年出台《关于实行以增加知识价值为导向分配政策的若干意见》，允许教师适度兼职兼薪。2017 年，国家领导人再次提出，"双创"并非权宜之策，而是长久之计。但是，自 2008 年国内第一所普通本科院校高举创业旗帜以来，创业型大学十年实践并未取得实质性突破，亟须我们寻找创业型大学本土化的中国模式。可见，本书在选题上具有时代性，在切题上具有针对性。至于体系上的完整性、论证上的逻辑性、语言上的流畅性，乃至观点上的辩证性，在文字表面上能够体现出来，看一看读一读就知道答案。内容上的全面性、结论上的新颖性，也许需要专业的眼光才能辨识。但是，这在下文概述本书的价值时会提到。在此，我想说说方法上的适切性。思辨与实证，或者说"人文的与科学的"①，是教育研究的两种基本方法。有文指出，西方国家的教育研究，曾经走过实证主义的研究路线，但是，"现在这一方法正在西方走向黄昏，而在我国的教育学领域，实证研究方法却刚刚是黎明"②。我觉得，作为两种基本方法之一，实证与思辨一样都不会走向黄昏。不过，我相信，"美国教育学是以经验研究为主导，但已不囿于量化的实证研究，而是扩展到质性的研究，逐渐形成了量化和质性结合的混合研究方法，且未放弃教育的哲学分析"③。在研究方法的选择上，我向来主张，一方面，我们不能为了实证而实证，甚至通过一个错综复杂的模型、一堆真假难辨的数字来演绎一个常识性的结论，另一方面，我们也"不应以思辨作为研究的最高境界，以书斋为研究的唯一场所，以难读、难懂为研究的主要表达方式"④。进一步说，我们应该根据研究对象、研究内容来选择研究方法，便于揭示矛盾、寻找规律、解决问题的方法就是适切的方法。而且，在具体的行文过程中，我们还应该从有利于阅读与理解的角度来进行表述。我正是基于这种研究范式，完成本书的创作工作。例如，在研究创业型大学的过程中，我在高举创业旗帜的高校中开展过问卷调查，采取过正式的座谈调研，根据需要进行了大量的非正式访谈，但是，这些过程性的研究都消融于我的思想观点中，在撰写本书时有选择性地予以运用。

本书命名为"创业型大学本土化的中国模式研究"，除了研究成果应该"为中国所用"的本位价值取向外，还在于本研究较少关涉国外后来学者对于创业型大学较具个性化的观点，更多的是基于国内学界的研究与实践。创业型大学作为一个舶来品，本书对其外源性的解读主要是从其概念的提出者与理论的奠基者进行，同时能够抓住国外学界关于创业型大学理论研究的基本观点与主要结论。不过，从国内关于创业型大学的研究现状来说，本研究不仅把握了概况与全貌，而且洞悉了细微与具体，从而能够知道本书有什么样的新见。也就是说，本书在此强调的新见，虽然不敢

---

① 冯建军：《论教育学的生命立场》，《教育研究》2006 年第 3 期。

② 王鉴、姜振军：《教育学属于人文社会科学》，《教育研究》2013 年第 4 期。

③ 程亮：《多元的传统与交互的生成——教育学知识建构的跨文化比较》，《教育研究》2016 年第 5 期。

④ 郑金洲：《中国教育学研究的问题与改进路向》，《教育研究》2004 年第 1 期。

称是国际上关于创业型大学研究的创新，但必定是国内关于创业型大学研究的创新，体现了本书在研究结论上的新颖性。在上篇"本体论"部分，通过对创业型大学内涵的溯源性解读，本书第一次对创业型大学的外延进行了全面梳理，并将创业型大学分成教学服务类与学术应用类两类，每类又分成营利型与公益型。在中篇"实践论"部分，通过对创业型大学中国实践的理论分析，本书第一次提出，普通公办本科院校建设创业型大学的适切模式是经过双重改造的应用型大学。换一个角度来看，中国应用型本科院校在致力于实现"科研成果向现实生产力转化、培养创造性人才"的双重改造之后，可以逐步转型为创业型大学。① 当然，这是基于中国应用型大学建设的立场出发，而不是为了推进创业型大学本土化的中国实践，只不过两种建设模式最后实现了殊途同归。在下篇"价值论"部分，通过对世界高等教育演进的规律探寻以及学界关于创业型大学价值分歧的梳理，本书第一次从"解放思想，打破僵化统一的办学模式，倒逼高等教育体制改革"的视角高度强调了创业型大学中国实践的时代意蕴；第一次将创业型大学本土化的建设过程分成三个发展阶段，并且论证了"创业型大学"只是一个阶段性的概念；第一次对联合国教科文组织最近提出的由"共同利益"取代"公共利益"作为教育决策的价值基础进行了深入的解读，并且指出如果政府能够顺应该种教育理念的变革，则有利于加快创业型大学本土化三个发展阶段的进程；第一次根据创业型大学中国实践的相关因素分析，提出了创业型大学概念在中国的两条消亡路线；等等。

　　新见，不一定都是有价值的；有价值，也并非都属于新见。但是，本书提出的各种新见，均建立在严谨的论证与确凿的事实基础之上，属于具有理论价值与实践意义的新见。那么，除了以上论及的新见外，本书的价值还体现在哪些方面呢？有没有作者基于某种学术追求而特意赋予的作品价值呢？在此，我就针对这两个方面的问题来强调本书的这两大价值。一是从个人来说，本书是我这些年来研究高等教育的一个系统性与综合性成果，较为集中地体现了我的大学理念与教育主张。没有新观点或者新路

----

　　① 主张应用型大学向创业型大学转型，类似观点在国内并不少见。详见王天力《应用型大学向创业型大学转化刍议》，《长春工业大学学报》（高教研究版）2012年第4期；张维亚、严伟《创业型大学：应用型本科院校发展模式选择之一种》，《文教资料》2013年第28期。

径，仅仅体现在内容的综合性与系统性，还不能纳入新见范畴。但是，不少这样的系统综合，确实是很有价值的。"综合就是创新"，或许应该从这个角度来理解。也正因为如此，我在前文将内容上的全面性列为本书的创作特点之一。可以说，本书厚积薄发，把我近十年来对于创业型大学的研究成果、近二十年对于高等教育的研究心得、建立在教育实践与学术探究基础上的个人教育价值观都融入进来了，化解于无形，渗透在每一句话、每一个观点之中。进一步而言，本书既是我关于大学理念与教育主张的一次理性呈现与成果集结，也是人们从浩如烟海的创业型大学理论文献中寻找创业型大学中国化模式的精简读本。二是从社会来说，本书最大的价值不止于创业型大学本土化的学理贡献与实践意义，还在于本书揭示的该种创业型大学理念及其成功实践将对撬动和倒逼高等教育体制变革、真正确立中国高等院校独立自主面向市场办学的法人地位起着重要的作用。这是我在完成创业型大学系列论述与离开创业型大学实践平台再次撰写本书的情感动力与学术追求，故而我会在本书的多处地方从不同角度不厌其烦地强调这个问题。创业型大学真有这么神奇吗？这种神奇的功效是通过什么机制一步一步实现的？对此，本书正文中自有论述。在此，我只想从最为熟知而又可以简要表述的三件事来唤起国人对于高等教育危机感与体制改革紧迫感的认识。试想，大量大学教师缺乏教学热情且大学生找不到学习乐趣，课堂上死气沉沉，"低头族"群体日趋庞大①，通过这种教学渠道达成的人才培养质量会高吗？大量"高大上"的应用性科研成果被极高成本地供奉着却不能走下神龛服务苍生，而且还让多方力量趋之若鹜乐此不疲，这样的科学研究能称之繁荣与强大吗？大量的中国家庭将不同年龄段的孩子送到国外读书，而作为全球第二大经济体的中国却未能成为世界上重要的教育服务贸易出口国，这样的教育质量能与我们的国际地位相提并论吗？"大量"，还用得着需要一个确切的数字来说明吗？总之，破除铁板一块而又让人躁动的高等教育体制，我以为，"创业型大学"可以一试。

① 瞿振元：《着力向课堂教学要质量》，《中国高教研究》2016 年第 12 期。

上篇 本体论

本体论（ontology）作为哲学用语，是指关于存在研究的理论。1636年，德意志哲学家郭克兰纽（Rudolphus Goclenius）最早使用这个概念，之后许多哲学家都采用这个概念，并赋予了不同的含义。[①] 时至今日，作为一个概念的本体论广泛应用到各种学科领域的研究中，我们已经很难对其下一个确切的定义了。但是，一般情况下，关于对象事物的本体论研究，主要还是研究对象事物是什么、有哪些等内涵与外延问题。本书以创业型大学作为对象事物，开展关于创业型大学的本体论研究，也就是主要研究创业型大学的内涵与外延。只不过，本书以创业型大学中国化作为切入点，从而本书关于创业型大学内涵与外延的研究，其落脚点在于创业型大学本土化的理论与实践。这也正是本书在上中下三篇中，没有明确列出"创业型大学"本体论研究而只注明"本体论"的原因所在。从这个意义而言，本书构建本体论、实践论与价值论"三位一体"的理论框架，主要是为我们研究创业型大学本土化的实践模式提供一种分析问题的思路。

---

① 详见付八军《高等教育属性论——教育政策对高等教育属性选择的新视角》，江西人民出版社 2008 年版，第 21—22 页。

第一章　创业型大学的内涵

创业型大学的内涵，主要回答创业型大学是什么，或者说，什么样的大学属于创业型大学。这是我们开展创业型大学研究的逻辑起点，也是我们推进创业型大学建设的理论基石。研究创业型大学的内涵，主要有三种途径：一是从学界各种关于创业型大学的定义中寻找创业型大学的内涵；二是直接从概念提出者那里获悉什么样的大学属于创业型大学；三是研究者个人基于理论依据与实际需要进行创造性的构想。任何一种途径，只要能够达到研究预期，都是可取的。然而，单独地运用任何一种途径，都很难达到研究预期。原因在于：学界关于创业型大学的界定，众说纷纭甚至针锋相对，我们很难从中选择一个被学界广泛接受的定义；创业型大学概念的提出者与理论的奠基者，他们并没有像中国学者一样，将一个概念的内涵与外延界定得清清楚楚，我们很难从他们那里获悉一个确切的标准答案；创业型大学毕竟是一个舶来品，当前中国任何一位学者都没有这种影响力，能够无视国内外创业型大学的研究现状，自我创设出一个被学界奉为权威与经典的本土化概念。因此，本书综合三种途径的可行性分析，全面梳理创业型大学的内涵。如果不停留在某一点、不局限于某一节，而是审思整个论证过程，我们就会对创业型大学的内涵有更全面、更深刻、更准确的理解。这对于第二章关于创业型大学的类型划分，以及本书后面所有内容都能获得较为普遍的共识。

第一节　创业型大学本土化的理论误解

20 世纪末，"创业型大学"（entrepreneurial university）这个概念就被引入中国。此后，中国学者围绕创业型大学的理论与实践问题，展开了广泛的讨论。2012 年，笔者从概念界定、价值预设、发展起点、建设路径四个大的方面，对国内外学者关于创业型大学的研究现状进行了梳理。①
2016 年，笔者在拙著《教师转型与创业型大学建设》一书中，进一步梳
理了创业型大学本土化的最新理论成果，同时对创业型大学的内涵做了相
应解读。② 最近几年，中国学界对于创业型大学的研究，并没有突破笔者
原先确定的分析框架，只不过众多国内外创业型大学的新案例，被中国学
者不断披露出来乃至开展了跟踪研究。也就是说，在伯顿·克拉克
（Burton R. Clark）和亨利·埃兹科维茨（Henry Etzkowitz）两位学者介绍
过的 MIT（Massachusetts Institute of Technology）、斯坦福大学（Stanford U-
niversity）、华威大学（The University of Warwick）、约恩苏大学
（University of Joensuu）、斯特拉斯克莱德大学（University of Strathclyde）、
马凯雷雷大学（Makerere University）、莫那希大学（Monash University）、
密歇根大学（University of Michigan）、加州大学洛杉矶分校（University of
California，Los Angeles）等近 20 所国外创业型大学，以及笔者曾经系统
研究过的福州大学、南京工业大学、浙江农林大学与从未举旗却被众多学
者视为创业型大学的浙江大学、华中科技大学、清华大学等国内一批创业
型大学之外，在创业型大学理论研究者视野面前又浮现出更多新案例。例
如，有文介绍了 2009 年诞生于美国硅谷的奇点大学（Singularity Universi-
ty），从该文我们可以看出该校成为学术资本转化的典范；③ 有文比较了芬
兰阿尔托大学（Aalto University）自下而上（Bottom-Up）的创业模式与
新西兰奥克兰大学（University of Auchland）自上而下（Top-Down）的创
业模式；④ 有文分析了通过创业型大学模式在短短数十年之内便跻身世界

① 付八军：《创业型大学研究述评》，《黑龙江高教研究》2012 年第 7 期。该文基本观点
是：创业型大学是将知识生产、传承与应用融为一体的大学，代表了高等教育改革与发展的重要
方向。像"科学研究"成为大学的中心一样，"学术创业"在经历一个阵痛过程之后，最终将成
为大学的第三个中心。不管教学型大学，还是研究型大学，大都可以也应该转型为创业型大学。
建设创业型大学，要推进管理体制改革、采取企业化运作模式、实现学术资本转化、培养创造性
人才等。

② 详见付八军《教师转型与创业型大学建设》，中国社会科学出版社 2016 年版，第 57—
78 页。

③ 李威、李莉方：《创业型大学的转型与未来：以"奇点大学"为例》，《黑龙江高教研
究》2017 年第 2 期。

④ 张彦通、刘文杰：《创业型大学发展模式比较研究——以阿尔托大学和奥克兰大学为
例》，《高校教育管理》2017 年第 5 期。

一流大学之列的韩国高等科学技术院（Korea Advanced Institute of Science and Technology）；① 有文介绍了以印度管理学院（Indian Institutes of Management）为代表的大批传统大学转向创业型大学的发展趋势；② 有不少文章跟踪研究了德国慕尼黑工业大学（Technische Universität München）③ 和新加坡国立大学（National University of Singapore）④。又如，针对中国普通本科院校层面的创业型大学，除了继续深入研究曾经探讨过的创业型大学之外，再而出现了同济大学⑤、临沂大学等一批被学者视为创业型大学的新案例。特别值得创业型大学理论者关注的是，历来具有改革创新精神的临沂大学⑥，于 2015 年 4 月 24 日在党委会上通过了"全国知名、区域特色鲜明的创新创业型大学"的办学定位，该校党委书记李喆教授还指出："要确立'功成不必在我'的境界，一张蓝图绘到底，一代接着一代干。"⑦ 这些富有生命气息的实践案例，为我们研究创业型大学的内涵提供了丰富的思想素养。不过，这些案例高校的转型路径或者创业政策，在思想上并没有超越笔者前期对于创业型大学内涵的研究。也就是说，不同的案例高校，类同的办学路径。从而，通过案例高校来研究创业型大学的内涵，并不意味着创业型大学案例高校越多越好，而是要能从典型案例中发掘创业型大学的共同特征与普遍规律。对于这些，应该说，笔者前期都做了较好的研究。在此，本书从反向研究的新角度，对学界关于创业型大学的理论误解进行一次梳理与论证，以期使我们对创业型大学内涵有更加准确的领会与正确的理解。从目前的研究现状来看，中国研究创业型大学

---

①　陈娴：《新兴创业型大学的创业治理模式——以韩国高等科学技术院为例》，《世界教育信息》2016 年第 20 期。

②　蒙菊花：《印度高校产教融合发展的现状及启示》，《中国高校科技》2017 年第 5 期。

③　吴亮：《德国创业型大学的改革发展及其启示——以慕尼黑工业大学为例》，《高教探索》2016 年第 12 期。张炜、钟雨婷：《基于跨学科学术组织变革的创业型大学——德国慕尼黑工业大学的经验与启示》，《外国教育研究》2016 年第 7 期。

④　卓泽林、王志强：《构建全球化知识企业：新加坡国立大学创新创业策略研究及启示》，《比较教育研究》2016 年第 1 期。

⑤　喻娟：《基于创业型大学建设视角的"两创"生态环境建设探究——以同济大学为例》，《创新与创业教育》2015 年第 5 期。

⑥　详见陈敏、文辅相《整合大学内外资源　促进校地互动发展——临沂师范学院案例分析》，《高等教育研究》2006 年第 11 期。

⑦　李喆：《建设创新创业型大学的思考》，《临沂大学学报》2015 年第 3 期。

至少存在以下理论误解。

一　将创业型大学的含义局限于学者的个别化或者阶段性观点

作为一种办学类型的创业型大学（entrepreneurial university），首先是以一个概念的身份出现的。我们研究乃至关注创业型大学，自然会追问这个概念的出处，谁是这个概念的提出者。一般而言，尽管某个重要概念的理论论证与学理阐释或许会有不少人，但其概念本身的提出者往往只有一个人，理论鼻祖也只有一个人。但是，创业型大学这个概念显得较为特别。长期以来，我们普遍认为，美国学者伯顿·克拉克和亨利·埃兹科维茨在20世纪末期几乎不约而同地提出"创业型大学"，他们两位均是这个概念的提出者与奠基者。① 近期，笔者在阅读某些文献时，发现有学者指出，埃兹科维茨或许是这个概念的最早提出者。其理由是，早在1983年，埃兹科维茨就发表了《美国学术界的创业科学家和创业型大学》一文，1989年又发表了《学术界的创业型科学：模式转换的案例》，并在其著名的《三螺旋》一书中总结了创业型大学的五个特征：即知识资本化、相互依存性、相对独立性、混合形成性和自我反应性。② 确实，从这个时间节点上来比较，埃兹科维茨要比克拉克稍早一点向我们呈现"创业型大学"。众所周知，被誉为大学革新的"圣经"之作——《建立创业型大学：组织上转型的途径》（王承绪译，人民教育出版社2007年第一版）是克拉克于20世纪90年代的论著，初次出版时间是在1998年。但是，这个时间差不会影响两人同时被认为属于创业型大学这个概念的创设者，因为他们两位同样对创业型大学理论做出了具有开创性价值的重大贡献。要不然，国内外学界也不会普遍将"创业型大学之父"的美誉③献给在概念提出上或许稍晚一点的克拉克。因此，本书认为，创业型大学这个概念的诞生应该同时归功于埃兹科维茨与克拉克，他们两位都属于创业型大学的理论鼻祖。正因为有着两位不同的理论鼻祖且在概念提出初期两者的理

---

① 温正胞：《创业型大学：比较与启示》，博士后研究工作报告，华东师范大学，2008年。

② 转引自赵中建《将学术科学转变为经济引擎——美国创新创业型大学的兴起》，《全球教育展望》2016年第5期。

③ 马志强：《西方创业型大学的兴起与发展》，硕士学位论文，河南大学，2007年。

论视角不尽一致，从而国内学者在寻找创业型大学理论源头来论证自己的某些学术观点或者实践路径时，就不能完全依赖埃兹科维茨或者克拉克的个别化观点，更不能将他们两位初期的观点或者案例作为我们研究创业型大学的全部内容、理论基石或者金科玉律。

埃兹科维茨在提出这个概念的时候，是以 MIT、斯坦福大学等美国研究型大学为案例高校，论述这些高校如何通过学术成果转化、服务社会经济成为大学典范的。"从历史角度看，创业型大学是大学延续中世纪保存和传播知识的机构进而发展成为创造新的知识并将其转化到实际应用中去的多功能机构。"① 当前，创建于 19 世纪中期的 MIT，在学界被誉为世界上第一所成功的创业型大学。对于这所大学，埃兹科维茨给予过极高的评价，指出 MIT "开创了大学与企业联合的模式并且将其推广到其他院校。……将基础研究和教学与产业创新结合在一起的 MIT 模式，正在取代哈佛模式成为学术界的榜样"②。据说，美国人有这样一种看法："美国可以没有任何一所大学，但不可以没有麻省理工学院。"③ 埃兹科维茨是第二次学术革命的提出者，在中国最受关注的理论成果之一便是他研究大学、产业与政府三者关系的"三螺旋"（triple helix）理论，后来被国内外学者广泛应用到创业型大学理论研究上来。2013 年，笔者在策划与筹办创业型大学学术高峰论坛时，试图邀请埃兹科维茨参加我们的会议，但由于接洽方提出的报告费用超出会议预算，最后我们只能留下一个遗憾。就目前笔者对埃兹科维茨关于创业型大学的认识来看，需要在此强调的其代表性观点有这么两个：一是大学经历了教学型、研究型和创业型三种模式，创业型大学必须在研究型大学的基础上发展过来；二是创业型大学凭借自身独特的学术资本获取办学资源，推动学术成果转化，在理论上代表未来大学变革的一种走向。国内不少学者对于创业型大学的理论研究，正是基于埃兹科维茨的学术见解，认为创业型大学是研究型大学学术创业的升级版，只有研究型大学才能建立创业型大学。例如，有文认为，创业型

---

① ［美］亨利·埃兹科维茨：《麻省理工学院与创业科学的兴起》，王孙禺、袁本涛等译，清华大学出版社 2007 年版，第 13 页。

② 同上书，第 1 页。

③ 张森：《MIT 创业型大学发展史研究》，博士学位论文，河北大学，2012 年。

大学"是研究型大学的进一步发展和深化"①；在创业型大学本土化的理论研究上曾经有过深入研究的王雁博士甚至明确提出，"创业型大学首先是研究型大学"②。还有文指出，"所有的创业型大学都属于研究型大学，但并非所有的研究型大学都是创业型大学"③。"创业型大学始于 20 世纪后期，是欧美、澳洲和亚洲部分研究性大学率先推行的一种大学转型发展的新范式，也是大学发展的新阶段。"④ 国内学者之所以将创业型大学视为研究型大学的升级版，而否定教学型大学走向创业型大学的可能性，主要基于埃兹科维茨最初对于研究型大学学术创业的理论假设。⑤ 如果这些学者了解并且接受了克拉克关于创业型大学的观点，或许会得出另外一种结论。

研究克拉克关于创业型大学的思想，国内学者主要根据王承绪先生亲自翻译的两本著作，即《建立创业型大学：组织上转型的途径》与《大学的持续变革：创业型大学新案例和新概念》。在第一部著作里，克拉克以英国的华威大学（The University of Warwick，即沃里克大学）、荷兰的特文特大学（The University of Twente）等欧洲五所教学型院校作为案例

① 李世超、苏竣：《大学变革的趋势——从研究型大学到创业型大学》，《科学学研究》2006 年第 4 期。

② 王雁：《创业型大学：美国研究型大学模式变革的研究》，博士学位论文，浙江大学，2005 年。

③ 冒澄、操太圣：《走出象牙塔：西方创业型大学的实践及启示》，《全球教育展望》2009 年第 3 期。

④ 刘振亚：《美澳创业型大学的建构和发展研究》，《西南民族大学学报》（人文社会科学版）2014 年第 12 期。

⑤ 在创业型大学本土化的内涵研究中，还有一种非常特别的观点，由于只涉及个别学者，不具有普遍性，故而没有在书中展开论述。该学者认为，MIT、斯坦福大学等研究型大学，不能算是真正意义上的创业型大学，而是拥着"创业""创新"精神的研究型大学。详见陈霞玲《创业型大学组织变革路径研究》，北京理工大学出版社 2015 年版，第 28—29 页。事实上，这种观点的理论根源，或许认为创业型大学主要是教学型大学寻找变革的一种办学类型选择，这种办学类型正是克拉克早期基于教学型院校案例得出的所谓"前摄性大学"（Proactive University），从而研究型大学无须转型为创业型大学，具有创业特性的研究型大学也不能称为创业型大学。例如，陈博士指出："富有学术创业精神的研究型大学是已经成功的大学如何引领社会的发展，这与'一穷二白'的教学型和教学研究型大学，通过创业摆脱高等教育边缘位置的发展，是不一样的。"详见陈霞玲《中国创业型大学建设的实践与分析》，《国家教育行政学院学报》2015 年第 11 期。

高校，论述这些高校如何通过大学转型的五个要素（一个强有力的驾驭核心、一个拓宽的发展外围、一个多元化的资助基地、一个激活的学术心脏地带、一个整合的创业文化）成为大学典范的。这五个要素，后来成为我国许多学者探索创业型大学建设路径的金科玉律。从这里可以看出，克拉克最初研究创业型大学，是从教学型大学而不是研究型大学出发的。如果我们按照前面"创业型大学只能由研究型大学转型而来"的观点，那么克拉克在此表达的创业型大学就不是创业型大学了。显然，这个结论是不正确的。在克拉克这里，创业型大学既可以是教学型大学，亦可以是研究型大学。这一点，在他第二部著作所介绍的 14—16 所不同案例高校可以充分地体现出来。同时，如果我们只从第一部著作尤其是该书前面概述性文字表述中分析，很容易将克拉克关于创业型大学的内涵锁定在"创新型""组织转型"等关键词上。正如克拉克开篇所指出的，"针对这些大学，大家都有很好的理由称之为欧洲创新型大学联合会（European Consortium of Innovation Universities）"[1]。例如，有文提出的"创业型大学的本质在于通过谨慎地创新以更好地适应变化的环境"[2]，或许主要基于这些分析而得出的一个结论。应该说，这个结论并没有错。只不过，这不代表创业型大学的全部内涵，或者说这种表达过于含糊，不足以明晰创业型大学的精神实质。如果认真分析克拉克在该书中对欧洲这五所大学转型与发展的描写，尤其再看看第二部著作，我们就会悟出，创业型大学既不能局限于埃兹科维茨所谓的研究型大学学术创业的升级版，也确实不是克拉克最初拟以"创新型"为组织概念所能揭示的。对此，下文再进一步分析。

二　将创业型大学的组织特性或者说灵魂归结于学术资本主义

如前所述，创业型大学既可以由研究型大学转型而来，也可以由教学型大学转型出来；创业型大学必定属于创新型大学，但较为含糊的"创

---

① ［美］伯顿·克拉克：《建立创业型大学：组织上转型的途径》，王承绪译，人民教育出版社 2007 年版，第 2 页。

② 蒋丽君：《也说创业型大学的学术资本转化——与"创业型大学推进学术资本转化观点"的商榷》，《中国高教研究》2017 年第 8 期。

新"概念不能揭示创业型大学的组织特性。那么，综合埃兹科维茨与克拉克两位理论鼻祖的观点，到底以什么作为创业型大学的组织特性或者说灵魂最为合适呢？事实上，学界对于创业型大学的组织特性是有过界定与讨论的。一种观点认为，创业型大学注重商业运作，相当于企业化大学，学术资本主义可谓其组织特性。美国两位学者希拉·斯劳特（Sheila Slaughter）与拉里·莱斯利（Larry L. Leslie），对该观点起了重大推动作用。他们在合著的《学术资本主义——政治、政策和创业型大学》一书中指出，只有使用学术资本主义（academic capitalism）一词才能完全表现利益动机向学术界的侵入，体现创业型大学以市场效益作为发展准则。① 国内学者普遍认识到了创业型大学追求经济效益的利益诉求，为体现其与传统型大学的显著区别，不少学者直接将学术资本主义视为创业型大学的组织特性。② 不过，尽管这些学者将学术资本主义作为创业型大学的标签，笔者却很少看到正面论述这种观点的国内学者违背大学常识：筹措经费只是手段，学术提升才是宗旨。只有那些具有针对性的批判性论文，才会从捍卫高等教育的公益性立场出发，误以为创业型大学就是单一地以创收多寡来评判成败的大学。为了避免人们对于创业型大学的误解，在全面深入分析埃兹科维茨与克拉克两位学者观点的基础上，笔者提出了一个新的命题：创业型大学的组织特性不是学术资本主义，而是学术资本转化。在该文中，笔者从创业型大学组织特性确立的理论依据、事实判断与价值判断三个方面，论证了这个全新的命题。③ 通过该文的论述，我们可以看出，学术资本转化一词不仅能够精准揭示埃兹科维茨与克拉克关于创业型大学的核心观点，相当于他们两位乃至其他学者关于创业型大学内

① ［美］希拉·斯劳特、拉里·莱斯利：《学术资本主义——政治、政策和创业型大学》，梁骁、黎丽译，北京大学出版社 2008 年版，第 5 页。

② 温正胞、谢芳芳：《学术资本主义：创业型大学的组织特性》，《教育发展研究》2009 年第 5 期。

③ 详见付八军《学术资本转化：创业型大学的组织特性》，《教育研究》2016 年第 2 期。在该文中，笔者第一次提出要从历史使命与社会贡献的角度来看待社会组织的特性。同时，特性是在比较中凸显出来的，某种组织的特性是指其相对于同一层次组织而言所具有独特使命。因此，大学的组织特性，是大学相对于其他社会组织而言所体现出来的独特使命，那就是培养人才；创业型大学的组织特性，就是大学相对于传统型大学而言所体现出来的独特使命，那就是学术资本转化。

涵的唯一"公约数"，又有利于扭转创业型大学在人们心目中逐利、商业等功利主义色彩。为避免行文的重复，在前面研究的基础上，本书从另一种角度对创业型大学及其学术资本转化再做论述。

国内不少学者将创业型大学的组织特性归于学术资本主义确有学理依据，这一点我们事先必须认识到。如果看不到这一点，在论述创业型大学时就容易滑入创新型大学的维度。埃兹科维茨在论述创业型大学的学术资本转化时，远远不只是从推动学术成果转化、服务社会经济发展等历史贡献角度而言的，同时也意识到了创业型大学需要通过学术成果转化筹措办学经费、维护大学自身独立等本位价值。正如埃兹科维茨所言，这是"大学摆脱其以往从社会其他部门获得支持的接受救济或者是慈善机构形象的过程"①。至于克拉克关于创业型大学以经济作为手段的论述，只要仔细读读那两部著作，都可以获得充足的证据。例如，在《建立创业型大学：组织上转型的途径》一书，克拉克介绍了华威大学"顶部切片和交叉补助"的创收分配办法，②成为国内众多学者构建创业型大学分配制度的重要参考。结合华威大学在位时间长达20年之久的首任副校长巴特沃斯（Jack Butterworth）不顾一切阻止推行"亲工商路线"的曲折过程与巨大业绩，谁也无法否认华威大学的成功，"最为突出的一条，就是用经营的理念去办大学，即用企业的精神办大学"③。再例如，在《大学的持续变革：创业型大学新案例和新概念》一书中，克拉克的观测对象由原来的五所欧洲教学型大学扩大到全球各种类型的16所大学，包括了MIT和斯坦福大学。在该书中，作者论述的主线之一就是办学经费的来源构成，政府核心资助的比例是否不断下降，这些都体现了鲜明的市场经营理念与学术资本主义气息。可以说，在这部著作中，把这些大学成功的要素再进行归纳整合，能够用该书第三个部分的四个字来概括，那就是"自力更生"。笔者越来越觉得，"自力更生"是破解创业型大学概念纷争最重要的关键词，甚至可以说，所谓创业型大学，就是自力更生的大学。这

①　[美]亨利·埃兹科维茨：《麻省理工学院与创业科学的兴起》，王孙禺、袁本涛等译，清华大学出版社2007年版，第208页。

②　[美]伯顿·克拉克：《建立创业型大学：组织上转型的途径》，王承绪译，人民教育出版社2007年版，第25页。

③　雷茹：《经营大学：一个新的大学管理理念——以英国沃里克大学为例》，硕士学位论文，西北师范大学，2007年。

与埃兹科维茨"摆脱慈善机构形象"的观点如出一辙，成为两位理论鼻祖关于创业型大学研究的理论支点。那么，创业型大学怎样实现自力更生？显然，大学只能主要依靠自身独特的学术资本来筹措办学经费。从而，学界将学术资本主义视为创业型大学的组织特性，也就顺理成章。

但是，"学术资本主义"的称谓，容易让那些只关注只言片语的论者误以为我们所推崇的创业型大学，仅仅是那些以营利为目的的商业化大学，或者要把传统型大学推向商业化大学。更重要的理由在于，创业型大学以学术资本筹措办学经费，在许多情况下不是直接的经济行为，而是间接的经济行为。例如，MIT、斯坦福大学鼓励师生创业，但学校并不直接创办企业，师生创业的收益主要归创业者个人，学校为师生创业提供帮助但从中直接获利甚少。这些名校凭借学术资本，除了从政府与学生那里直接获取经费之外，另从校友那里间接获得了大量的捐赠。进入 21 世纪初期，斯坦福获得的社会捐赠占总收入的比例为 25%，MIT 也不低于研究型大学平均数的 16.25%，① 这种比例还有增加的趋势。校友为什么要给母校捐赠，在很大程度上源于感恩情怀，亦即广义的教育质量。可见，创业型大学凭借学术资本开展的"自力更生"活动，在某些高校或者某些领域，不是一种直接的金钱交换关系，我们使用"学术资本转化"代替"学术资本主义"更为妥当。如此一来，学术资本转化就成为创业型大学的一个核心概念，而且其内涵已经与表面的商业活动没有直接关系。

三　将创业型大学学术资本转化局限于科研成果向生产力转化

将学术资本转化作为创业型大学的组织特性，在潜心研究创业型大学的学者中，能够获得较为广泛的支持。不过，学界在研究创业型大学学术资本转化的过程中，往往主要关注科技成果向现实生产力的转化，很少看到作为创业型大学在人才培养上的作为与贡献。创业型大学首先属于大学，大学自然要以培养人才作为天职，离开或者淡化了人才培养的创业型大学，肯定不是我们所推崇的创业型大学。可以说，这是一个常识问题，每位研究创业型大学理论的学者不难知道这个浅显的道理。但是，为了突

① 李勇、闵维方：《美国研究型大学经费来源与支出结构的特征分析与启示》，《中国高教研究》2004 年第 3 期。

出创业型大学与传统型大学的显著区别，我们在表述创业型大学的学术资本转化时，往往只强调了显而易见的科技成果转化。正如有文在梳理各种关于创业型大学的定义时指出的，这些定义普遍"对创业型大学的人才培养只字未提"①。自 2011 年研究创业型大学以来，笔者其实一直在努力纠偏人们对于创业型大学的这种误解。2012 年，笔者先后提出了"创业型大学的内部着力点在于培养创造性人才"②"创业型大学的外部着力点在于实现成果转化"③。当将学术资本转化视为创业型大学的组织特性之后，笔者开始尝试以一个关键词来统合创业型大学的两个着力点。这种尝试，就是笔者在《创业型大学的学术资本转化》一文中提到的"创业型大学学术资本转化的三大领域"④。对于这个全新的观点，笔者在拙著中亦有论述。⑤ 笔者认为，创业型大学推进学术资本转化，重点关注三大领域：一是科技成果的应用与推广；二是针对校外学习者的教学服务；三是针对校内学习者的教学服务。尤其是第三种转化工作，属于学术资本向人力资本的转化，亦即实现教学服务产品向个体内在素质的转化，该种转化工作不仅显得疲软，而且最容易被忽略，这正是当前大学课堂缺乏活力、创业型大学备受质疑的症结所在。这种创新观点确实能够以"学术资本转化"一个关键词来统合创业型大学的内外部两个着力点，但若缺乏详尽的解释，人们很难理解教学服务领域的学术资本转化，尤其当读者未能充分阅读全文的论述时，很容易凭主观感受产生观点误解。例如，有文就

---

　　① 该文提到，在笔者找到的 7 条国内学者关于创业型大学的定义中，"只有一条提到了人才培养，其他都是在强调大学如何组织创新，整合力量，建立各种社会关系，直接以科学技术推广及其他方式为社会服务，实现知识的资本化和商业化，但对创业型大学的人才培养只字未提，这无论如何都不符合大学的本质要求"。详见杨兴林《关于创业型大学的四个基本问题》，《高等教育研究》2012 年第 12 期。

　　② 详见付八军《创业型大学的内部着力点在于培养创造性人才》，《中国教育报》2012 年 3 月 26 日。

　　③ 详见付八军《创业型大学的外部着力点在于实现成果转化》，《中国教育报》2012 年 4 月 30 日。

　　④ 详见付八军《创业型大学的学术资本转化》，《中国高教研究》2016 年第 8 期。

　　⑤ 详见付八军《教师转型与创业型大学建设》，中国社会科学出版社 2016 年版，第 125—139 页。

以为笔者欲把校内教学服务纳入商业化轨道，从教学服务中直接创造经济效益。① 应该说，在教学服务领域实现学术资本向人力资本的转化，是强调教学服务产品向个体内在素质的转化，而不是实现知识的商品化。为了进一步明确创业型大学学术资本转化的三大领域，尤其是教学服务领域的学术资本转化，本书在前期研究的基础上，再次对这个新观点从其他新角度予以论述。

创业型大学在这三个领域上的学术资本转化，并不是从直接的商品交换而言，而是从学术资本的有用性角度进行论述。换句话说，大学的学术资本贵在转化，这种转化不是针对经济效益的转化，而是转化为现实的社会生产力，转化为社会大众以及在校学生的内在素质。否则，大学创造再多的学术资本，都是没有多大价值与意义的。例如，在科技成果的应用与推广领域上，笔者强调要让学术资本从潜在的生产力转化为现实的生产力，并没有强调要由科技成果转化为经济效益。事实上，大学教师的科技成果转化为现实生产力，许多高校不能由此直接获得经济效益，也只有让创造者个体享受这种经济回报，才能激发广大教师推动成果转化的热情。又如，在校外以及校内两种学习者的教学服务领域上，笔者强调要让学术资本从知识状态转化为人们的素质，内化到个体身上，成为自身的一部分，并没有强调要让这种教学服务变成赤裸裸的商品交换。在校内教学服务领域上，如果教学服务产品向个体内在素质的转化相当成功，给学生留下了刻骨铭心的回忆，那么这些校友就容易尽自己所能回报母校。国内外高校在谈论给母校捐赠的校友时，背后都是一个又一个感人至深的故事。正是从"有用性"这个角度上，笔者才在文章中提出，"我们若能做好以上三种转化工作，一所大学的活力就释放出来了。……创业型大学正是当前有利于推进这三大转化工作的实践平台"②。可以说，这三个领域的学术资本转化，从面上来看，商业取向并不明显。

那么，为何有文会从这三个领域尤其针对校内教学服务的"学术资

---

① 蒋丽君：《也说创业型大学的学术资本转化——与"创业型大学推进学术资本转化观点"的商榷》，《中国高教研究》2017 年第 8 期。

② 详见付八军《创业型大学的学术资本转化》，《中国高教研究》2016 年第 8 期。

本转化"反而感受到浓烈的商业气息呢?[1] 从笔者的理解而言，主要源于两点。一是未能领会拙文的基本观点与学理逻辑，从而导致理解偏差。例如，理解知识有价是创业型大学校内教学服务领域"学术资本转化"的理论基础，仅从个别字眼上联系起来思考就会误解作者本意。知识有价并不意味着要让学生承担全部教学服务成本。在中国的公办高校，政府是教学服务产品的最大买家。现实的问题是，无论传统型大学还是创业型大学，在推动教学服务产品到学生内在素质的转化上并不令人满意，没有体现出等价交换的原则。直白地说，就是政府与学生花了这么多钱来购买教学服务产品，但这种产品值不了这么多钱，加上大学的独特使命正在于人才培养，创业型大学在培养人才上尤显乏力，从而在校内教学服务这个领域，更应该是创业型大学重点推进的领域，以实现等价交换的原则。二是从不同视角来理解"学术资本""人力资本"等概念，从而导致理解偏差。在教育学界，不少概念边界并不明确，存在讨论与变换的空间。"学术资本""人力资本"等，就是这样的一些概念。对于这些概念，在阅读过程中，我们更多地要根据前文上下论述来理解其内涵；同时，在运用过程中，只要不至于误解一些在学界获得普遍共识的概念及其内涵，我们可以根据自己的理论需要来运用这些概念。例如，"学术资本"就是一个备受争议的概念，有文将之视为"学术资本化"的同义词，认为只要贴上"资本"标签，就具有"牟利"取向。应该说，相对于"学术资本化"和"学术资本主义"而言，"学术资本"是一个不含特殊情感或者价值倾向的中性词。[2] 也就是说，"学术资本"本身并没有表明"牟利""商业化"等价值倾向，只意味着学术本身相当于一种很重要的资源。与此类似，"人力资本"主要是指劳动者通过教育培训等方面的投资而获得的知识和技能的积累，[3] 也是一个不含特殊情感或者价值倾向的中性词。如果我们从一种商业视角来看待各种"资本"，又不去分析作者在运用这些概念的实际所指，那么我们就会对靶子论文的观点与价值做出误判，影响到我们从学术资本转化这个关键词来统合创业型大学的内外部两个着力点。

---

① 蒋丽君：《也说创业型大学的学术资本转化——与"创业型大学推进学术资本转化观点"的商榷》，《中国高教研究》2017年第8期。

② 胡钦晓：《何谓学术资本：一个多视角的分析》，《教育研究》2017年第3期。

③ 谢沁怡：《人力资本与社会资本：谁更能缓解贫困?》，《上海经济研究》2017年第5期。

　　通过以上论述，本书在于说明，学术资本转化作为创业型大学的组织特性，我们不能仅仅局限于科研成果向生产力的转化，还要关注教学服务领域的学术资本转化，亦即实现教学服务产品向个体内在素质的转化。当以"学术资本转化"来统合创业型大学的内外部两个着力点之后，我们在认识与践行创业型大学的组织特性之际，就会兼顾成果转化与人才培养两个方面，并且突出创业型大学人才培养的应用性与实效性。最终，所有创业型大学的研究者与建设者都要认识到，如果在人才培养上没有胜出，创业型大学学术创业做得再出色，也不能成为一所真正伟大的大学，更不能成为代表未来高等教育变革趋势的大学。

第二节　创业型大学内涵的溯源性解读

　　直接从概念提出者那里获悉什么样的大学属于创业型大学，可谓创业型大学内涵的溯源性解读。根据前文分析，我们得知，伯顿·克拉克与亨利·埃兹科维茨（Henry Etzkowitz）在 20 世纪末针对不同的考察对象各自提出了创业型大学这个概念，两位学者均对创业型大学的理论起了重要的奠基作用，可以同时被追认为创业型大学的理论鼻祖。从而，开展创业型大学内涵的溯源性解读，我们需要分析两位学者的创业型大学观。最后，本书还将对两位学者的创业型大学观进行比较研究，从溯源性解读的角度来提取创业型大学内涵的最大公约数，为下一节创业型大学本土化的内涵诠释提供理论基石。

一　解读伯顿·克拉克的创业型大学观

　　本书对于克拉克创业型大学观的解读，主要依据前文提到的由王承绪先生亲自翻译的两部著作以及克拉克散见于一些期刊的学术论文，外加国内学者对于克拉克创业型大学思想的研究成果。同时，笔者前期曾从创业型大学的概念界定、价值预设、发展起点、建设路径四个方面，对国内外学界关于创业型大学的研究进行过梳理，[①] 在此，可以依然使用该分析框架对克拉克的创业型大学观第一次进行全面系统的梳理。

　　在概念界定上，我们很难从克拉克这里寻找到一个内涵与外延予以完

---

① 详见付八军《创业型大学研究述评》，《黑龙江高教研究》2012 年第 7 期。

全明确了的关于创业型大学的定义。在 1998 年出版的《建立创业型大学：组织上转型的途径》（*Creating Entrepreneurial Universities*：*Organizational Pathways of Transformation*）一书中，克拉克并没有对创业型大学进行确切的概念界定，针对他考察的欧洲五所教学型院校，他甚至曾经考虑采用"创新型"作为这些院校的共同称谓。但是，他最终选择了"创业型"（entrpreneural）而不是"创新型"（innovative）作为该书的组织概念，原因在于"创业型"更有力地指向经过深思熟虑的努力，指向导致改变组织姿态的行动。① 从这里可以看出，"创业型"更能体现出一所大学的积极主动与持续努力，尤其注重整体的组织转型与变革，推动一项事业的发展。国内学者在分析克拉克关于创业型大学的内涵时亦指出，"'创业型'带有'事业'的含义——在需要很多特殊活动和精力的建校工作中的执着努力"②。还有学者分析指出，"在伯顿·克拉克看来，那些努力调整大学组织内部原有的运作方式，调适自身特定的运行机制，以适应社会和环境的需求，这样的大学可称之为创业型大学"③。在 2000 年《改革》杂志上发表的《前摄性大学的创业精神：来自欧洲的经验》（*Collegial Entrepreneurialism in Proactive Universities*，*Lessons from Europe*）一文，克拉克指出，许多现代大学面临办学资金短缺、有效需求不足的问题，要在激烈的竞争环境中生存下去，必须主动出击，成为前摄性的大学，甚至是创新的大学。④ 应该说，克拉克在该文提出的所谓前摄性大学（Proactive Universities），亦即主动进取型的大学，正是他长期研究并积极推动的创业型大学。对此，在他 2004 年出版的《大学的持续变革：创业型大学新案例和新概念》（*Sustaining Change in Universities—Continuities in Cases Studies and*

① ［美］伯顿·克拉克：《建立创业型大学：组织上转型的途径》，王承绪译，人民教育出版社 2007 年版，第 2 页。

② 付淑琼：《大学进取与变革的路径——论伯顿·克拉克的创业型大学观》，《教育研究》2010 年第 2 期。

③ 吴仁英：《伯顿·克拉克的创业型大学思想及其启示》，《临沂大学学报》2015 年第 3 期。

④ Burton R. Clark："Collegial Entrepreneurialism in Proactive Universities, Lessons from Europe"，*Change*，Jan/Feb 2000.

Concepts)① 一书中，可以从他同时使用 Proactive Universities 与 Entrepre-neurial Universities 两个概念得到确证。在该书中，克拉克还指出："'创业型'是一个含义丰富但是具有针对性的词语，指最可靠地导致现代自力更生和自我驾驭的大学的态度和程序。"② 可见，从概念界定本身而言，克拉克描绘的创业型大学，确实如国内学者解读出来的"进取性大学"③"引领型大学"④ 一样，具有相同的内涵与外显特征。

在价值预设上，克拉克对于创业型大学在让许多高校走出办学困境方面寄予很大的希望。在被誉为欧洲大学革新"圣经"的《建立创业型大学：组织上转型的途径》一书中，克拉克开篇就肯定了创业型大学建设的价值与意义。在他看来，创业型大学是 21 世纪大学组织上转型和大学进取与变革的必然趋势。⑤ 在《大学的持续变革：创业型大学新案例和新概念》一书的许多地方，都可以看出克拉克对于创业型大学的肯定与赞扬。例如，当面对学界关于创业型大学难以逃脱创业文化与学术文化的矛盾冲突时，克拉克指出："终点似乎证明采取更多的创新型做法是正当的；我们并没有牺牲核心学术价值，实际上，看来与可能发生的事情正好相反。""对于那些因担心如果它们积极地寻找非政府收入而会'丧失大学灵魂'而感到烦恼的人们，就讲这么多。"⑥ 又如，克拉克最后还总结性指出："国家主导的道路，明显地不是一条适合 21 世纪快速前进的环境中的复杂的大学变革的道路。"⑦ "战争、火灾和地震等灾难的这一边

---

① 该书正是克拉克《建立创业型大学：组织上转型的途径》一书的继续与深入，全书探讨的 14—16 所案例高校均属于创业型大学，因此，尽管其书名上没有"创业型大学"的字眼，但王承绪先生在翻译该书时直接加上了"创业型大学"。应该说，这是非常正确且果断的。

② ［美］伯顿·克拉克：《大学的持续变革：创业型大学新案例和新概念》，王承绪译，人民教育出版社 2008 年版，导言第 9 页。

③ 详见赵中建《全球教育发展的研究热点——90 年代来自联合国教科文组织的报告》，教育科学出版社 1999 年版，第 181 页。

④ 张丽：《伯顿·克拉克的创业型大学思想研究》，《天津市教科院学报》2016 年第 4 期。

⑤ ［美］伯顿·克拉克：《建立创业型大学：组织上转型的途径》，王承绪译，人民教育出版社 2007 年版，第 1 页。

⑥ ［美］伯顿·克拉克：《大学的持续变革：创业型大学新案例和新概念》，王承绪译，人民教育出版社 2008 年版，第 4 页。

⑦ 同上书，第 243 页。

(以及压制性的政府专制)，大学的未来取决于它们的自力更生。"① 这也正如克拉克·克尔 (Clack Kerr)② 于 1993 年在《高等教育发展中的普遍性问题》(*Universal Issues in the Development of Higher Education*) 一文中所说："一个真正国际化的、高度竞争性的学术界，首次正在涌现。如果你想进入这个领域，你必须凭功绩进去。你不能依靠政治或者别的什么东西。"伯顿·克拉克所谓的创业型大学，正是这种凭自身功绩进去的大学，体现其锐意进取的精神与自力更生的能力。事实上，鉴于王承绪先生 (1912—2013) 与克拉克教授的国际友谊与学术情缘，再从王先生晚年孜孜不倦地亲自翻译克拉克关于创业型大学的两部著作，我们亦可以间接感受到克拉克对于创业型大学的偏爱与执着。据徐小洲教授介绍，80 多岁开始学电脑的王先生，在 90 多岁之际，他一个字一个字地电脑上翻译这两部著作，当徐教授建议王先生请学生帮忙翻译时，王先生说："这个事情很重要，我一定要亲自把它翻译出来。"③ 没有克拉克对创业型大学的美好寄托，也就没有王承绪先生耄耋之年的情之所钟。

在发展起点上，从克拉克不断扩大的观测对象可以看出，他最终认为不同办学层次的大学均可以转型为创业型大学。在 1998 年出版的《建立创业型大学：组织上转型的途径》一书中，克拉克主要以欧洲五所教学型院校作为考察对象。但是，在 2004 年出版的《大学的持续变革：创业型大学新案例和新概念》一书中，除了继续以欧洲五所大学作为案例之外，该书还介绍了非洲的马凯雷雷大学、南美洲的智利天主教大学、澳大利亚的莫那希大学，以及美国的斯坦福大学、麻省理工学院、密歇根大学、加州大学洛杉矶分校、北卡罗来纳州立大学、佐治亚理工学院等高校的转型与发展情况。如果不包括书中简要介绍的美国两所高校，即加州圣迭戈分校和犹他大学，该书主要探讨了 14 所创业型大学案例。在这 14—16 所案例高校中，就有 MIT、斯坦福等一批研究型大学。国内有学者在

---

① ［美］伯顿·克拉克：《大学的持续变革：创业型大学新案例和新概念》，王承绪译，人民教育出版社 2008 年版，第 246—247 页。

② 伯顿·克拉克 (1921—2010) 与克拉克·克尔 (1911—2003) 均属于美国高等教育领域的知名人士。只不过，前者没有担任大学校长，被认为是理论派；后者担任过几所大学的校长，被认为是实践派。

③ 徐小洲：《创业型大学与创业教育》，付八军《纵论创业型大学建设》，浙江工商大学出版社 2014 年版，第 26 页。

研究克拉克的创业型大学观时，将克拉克建设创业型大学的路径分为三种：一是以美国斯坦福大学为例的研究型大学进取与变革路径；二是以澳大利亚莫那希大学为例的地方综合型大学进取与变革路径；三是以芬兰约恩苏大学为例的职业型大学进取与变革路径。① 可见，在克拉克这里，不仅教学型院校可以转型为创业型大学，研究型大学亦可以转型为创业型大学。只不过，各自进取与变革的路径不尽一致。

在建设路径上，克拉克提出的"五个要素"已经成为传统型院校转向创业型大学的理论框架。在《建立创业型大学：组织上转型的途径》一书中，克拉克提出并分析了大学如何依靠创业行动使它们自己转型的五个要素：一个强有力的驾驭核心；一个拓宽的发展外围；一个多元化的资助基地；一个激活的学术心脏地带；一个一体化的创业文化。② 也就是说，该书以大学转型为主题，选择了英格兰、荷兰、苏格兰、瑞典、芬兰五所各具特色的大学作为研究对象，围绕作者提出的实行转型的五个要素，展开深入的个案研究，采用概念分析和校史描述相结合的方法，阐明了创业型大学是如何建成的。在《大学的持续变革：创业型大学新案例和新概念》一书中，克拉克进一步重申了这五要素的观点，并且继续以此来分析这些创业型大学案例高校。"朝着从转型到可持续性的转型概念移动，我进一步阐明多样化的筹资基地（diversified funding base）、加强的驾驭核心（strengthened steering core）、精心构建的外围（elaborated periphery）、动员起来的心脏地带（mobilized heartland）和信奉的创业文化（embracing entrepreneurial culture）。"③ 不过，在开展创业型大学本土化的理论研究中，尽管学界已经广泛运用这五大要素，但缺乏对这五大要素之间的逻辑关系的分析与解读。笔者认为，这五大要素都非常重要，甚至缺一不可。但是，每个要素的作用与地位是不一样的。"激活的学术心脏地带"应该是五大要素的核心所在，其他要素都是为这个要素服务或者由此带动出来的。例如，能够激活学术心脏地带，必定具有强有力的驾驭核

---

① 详见付淑琼《大学进取与变革的路径——论伯顿·克拉克的创业型大学观》，《教育研究》2010 年第 2 期。

② ［美］伯顿·克拉克：《建立创业型大学：组织上转型的途径》，王承绪译，人民教育出版社 2007 年版，第 3—7 页。

③ ［美］伯顿·克拉克：《大学的持续变革：创业型大学新案例和新概念》，王承绪译，人民教育出版社 2008 年版，第 96 页。

心。至于具有什么样的驾驭核心，并没有也不可能统一要求。克拉克在总结欧洲案例高校加强驾驭能力的经验之后，提出了三个值得关注的方法：第一，寻求平坦结构，例如沃里克大学，排除中间单位，使校部中心和基层单位之间的障碍最小化；第二，在已有的多元层次，特别是在校部中心、学院和系增强权威和责任；第三，从上到下，特别是在校部中心使行政专业化。① 这三种方法，代表了至少三种模式。每种模式都相当于一种手段，激活学术心脏地带则是目标。手段可以多种多样，但目标只有一个。又如，激活了学术心脏地带，在有效的管理推动下，自然能够导致拓宽的发展外围、多元化的资助基地以及一体化的创业文化。笔者在研究创业型大学的建设路径时，根据"只有教师转型，才能带来大学转型"的理论视角②，从小处切入，以小见大，通过研究教师转型来推动大学转型。这种研究范式，也正是基于抓住"激活的学术心脏地带"这个核心要素。当将大学的转型具体到教师的转型层面之后，我们就不难理解，实现传统型教师转向创业型教师，关键在于教师评聘标准的转变，这可谓"激活的学术心脏地带"的牛鼻子。③ 因此，克拉克从案例高校提炼出来再用来分析这些高校的"五个要素"，只是建设创业型大学需要我们考虑的几个因素，并不意味着这几个因素具有同样的地位与作用。激活学术心脏地带，亦即最终激活一线教师的创新精神、创造能力与创业动力，才是这五大要素中的核心要素、关键要素与目标要素。正如克拉克多次重申的，"大学中的变革需要用渐进的词语来理解。营造结构能力和文化氛围是很费时间的，而且是渐进地形成的。变革并不是因为一个委员会或者一位校长坚持一个新理念而发生的。操作的单位、系和科研中心，仍是完成科研、教学和服务的场所：他们做什么和不做什么最终成为主要问题。当变革发生在战壕里时，变革就来到了"④。

---

① ［美］伯顿·克拉克：《大学的持续变革：创业型大学新案例和新概念》，王承绪译，人民教育出版社 2008 年版，第 105 页。

② 详见付八军《论大学转型与教师转型》，《教育研究》2017 年第 4 期。

③ 详见付八军《从教师转型看创业型大学建设的三个命题》，《教育发展研究》2015 年第 9 期。

④ ［美］伯顿·克拉克：《大学的持续变革：创业型大学新案例和新概念》，王承绪译，人民教育出版社 2008 年版，第 116 页。

二　解读亨利·埃兹科维茨的创业型大学观

本书对于埃兹科维茨创业型大学观的解读,主要依据国内学者周春彦教授翻译的《三螺旋:大学·产业·政府三元一体的创新战略》①、王孙禺教授等翻译的《麻省理工学院与创业科学的兴起》②、陈劲教授编译的《三螺旋创新模式》③ 等著作以及埃兹科维茨散见于一些期刊的学术论文,外加国内学者对于埃兹科维茨创业型大学思想的研究成果。与前面从概念界定、价值预设、发展起点、建设路径四个方面梳理克拉克的创业型大学观一样,笔者在此同样使用该分析框架对埃兹科维茨的创业型大学观第一次进行全面系统的梳理。

在概念界定上,与克拉克一样,埃兹科维茨同样没有对创业型大学的内涵与外延做出明确规定。但是,从他的许多表述中,我们能够判断出,埃兹科维茨所谓的创业型大学是一种在传统教学与科研的基础上注重知识转化与经济发展的大学。"从历史角度看,创业型大学是大学延续中世纪保存和传播知识的机构进而发展成为创造新的知识并将其转化到实际应用中去的多功能机构。"④ "研究型大学主要是平衡教学和科研的关系,创业型大学则增加了经济发展的任务,因而需要在三个学术使命之间保持一种创造性的张力。"⑤ "创业型大学的扩展包含了研究型大学,通过把非线性动力学引入经典线性模式促进了研究型大学的发展。"⑥ "创业型大学应该

---

① 〔美〕亨利·埃兹科维茨:《三螺旋:大学·产业·政府三元一体的创新战略》,周春彦译,东方出版社 2005 年版。该书的许多观点,已经编入陈劲教授编著的《三螺旋创新模式》一书中。

② 〔美〕亨利·埃兹科维茨:《麻省理工学院与创业科学的兴起》,王孙禺、袁本涛等译,清华大学出版社 2007 年版。该书史论结合,思想深刻,而且可读性强,没有翻译腔。在笔者 2012 年撰写的读后感言中,对该书有这么一句评价:为何这些先进的思想,大都来自国外呢?

③ 〔美〕亨利·埃兹科维茨:《三螺旋创新模式》,陈劲译,清华大学出版社 2016 年版。该书选择了埃兹科维茨博士 30 篇关于三螺旋创新模式的相关论文,每篇都附英文参考文献,扫描二维码可以阅读每篇文章的英文原文。国内出版的有关埃兹科维茨的相关论著尤其合著,许多观点都纳入进来了。

④ 〔美〕亨利·埃兹科维茨:《麻省理工学院与创业科学的兴起》,王孙禺、袁本涛等译,清华大学出版社 2007 年版,第 13 页。

⑤ 同上书,第 27 页。

⑥ 〔美〕亨利·埃兹科维茨:《三螺旋:大学·产业·政府三元一体的创新战略》,周春彦译,东方出版社 2005 年版,第 52 页。

以一种积极主动的姿态把知识应用到实践，并在学术知识的创造过程中增加投入。因此，创业型大学的创新不是一种简单的线性模式，而是一种交互式的创新模式。"① 国内学者在解读埃兹科维茨的创业型大学观时亦指出："创业型大学改革和发展的本位应该从学科转向市场，围绕市场开展科研，建立符合市场经济运作规律的运营机制和组织模式，使高校和科研机构具有自我发展的能力和自动为经济建设服务的活力。"② "传统的研究型大学主要是平衡教学和科研关系，真正做到服务经济社会的大学功能是有限的，而创业型大学突出的特点是在教学、科研、经济发展三大职能之间保持一种创造性的张力。创新创业是创业型大学的基础。"③

在价值预设上，埃兹科维茨对创业型大学予以极高的评价，认为这是大学发展的最高形式，是"学术生活的一个新的阶段"。④ 他深入地考察了麻省理工、斯坦福等研究型大学，认为"建立于 19 世纪中期的 MIT 是第一所创业型大学"⑤，并且指出："MIT（Massachusetts Institute of Technology）一百年在美国学术界发挥着独特的作用，它开创了大学与企业联合的模式并且将其推广到其他院校。……将基础研究和教学与产业创新结合在一起的 MIT 模式，正在取代哈佛式成为学术界的榜样。"⑥ "将大学当作企业家——一个在一些学者眼中略带贬义的想法——正在逐步成为一种正面的学术特征。"⑦ 埃兹科维茨对于创业型大学的论述，在许多情况下是在三螺旋创新模式的背景下进行的。一方面，三螺旋创新模式是创业型大学建设的理论基础，正如埃兹科维茨和荷兰学者雷德斯多夫（Leydesdorff）所言："在传统的教学与科研基础上，大学越来越要求承担发展经

---

① ［美］亨利·埃兹科维茨：《三螺旋创新模式》，陈劲译，清华大学出版社 2016 年版，第 269 页。

② 张秀萍、迟景明、胡晓丽：《基于三螺旋理论的创业型大学管理模式创新》，《大学教育科学》2010 年第 5 期。

③ 陈笃彬、李坤皇：《三螺旋视角下的创业型大学发展范式——以莫纳什大学为例》，《科技管理研究》2014 年第 4 期。此文中的莫纳什大学，亦即王承绪先生译本中的莫那希大学。

④ 详见［美］亨利·埃兹科维茨《三螺旋创新模式》，陈劲译，清华大学出版社 2016 年版，第 113 页。

⑤ ［美］亨利·埃兹科维茨：《麻省理工学院与创业科学的兴起》，王孙禺、袁本涛等译，清华大学出版社 2007 年版，第 27 页。

⑥ 同上书，第 1 页。

⑦ 同上书，第 26 页。

济与服务社会的第三使命。这一使命的产生，根源正在于大学、产业与政府之间的三螺旋关系。"① 另一方面，"创业型大学也成为大学—产业—政府三螺旋关系发展的推进器"②。正如有文指出的，进入 20 世纪 90 年代，大学又正在向产业论"三螺旋"关系视角下的创业型大学发展。③ 因此，从这段话，我们亦可以看出埃兹科维茨对三螺旋创新模式下的创业型大学充满信心——"三螺旋结构将大学描绘成：区域创新组织者、无私的观察者、社会评论家和一个很大的机构，这个机构在寻求真理、美丽和财富等方面能够将多重功能融合以及能够协调明显对立的两个目标。"④ 国内学者结合埃兹科维茨的论述，进一步指出创业型大学在三螺旋模式的不同类型中扮演着不同的角色，在区域创新中发挥着不同的作用，充分肯定了创业型大学的历史贡献与社会价值。⑤

在发展起点上，埃兹科维茨的研究视角主要是研究型大学通过学术创新来发展经济与服务社会，认为创业型大学是研究型大学的一个更高级的发展形态。对此，我们在他的论著中，可以找到许多证据。例如，他从研究型大学的角度来研究创业型大学，认为创业型大学的第一个变体是朝研究型大学转变。⑥ 虽然我们能够在其论著的某些地方看到如此描写，"当

① Leydesdorff L. , Etzkowitz H. : "Emergence of a Triple Helix of university-industry-government relations", *Science and Public Policy*, 1999, 23 (5).

② 张卫国：《三螺旋理论下欧洲创业型大学的组织转型及其启示》，《外国教育研究》2010 年第 3 期。

③ 陈笃彬、李坤皇：《三螺旋视角下的创业型大学发展范式》，《科技管理研究》2014 年第 4 期。布鲁贝克在《高等教育哲学》一书中提出了政治论与认识论的高等教育哲学，现在看来，我们还可以加入产业论或者市场论的高等教育哲学，形成政治论、认识论、产业论（或者市场论）三维高等教育哲学观。

④ ［美］亨利·埃兹科维茨：《三螺旋创新模式》，陈劲译，清华大学出版社 2016 年版，第 267 页。

⑤ 详见韩高军《三螺旋理论视角下的创业型大学》，《教育学术月刊》2010 年第 6 期。在埃兹科维茨论述的基础上，该文进一步指出了创业型大学扮演的三种角色：一是区域创新驱动者，亦即大学推动的三螺旋类型，主要出现在美国。典型案例就是 MIT 与斯坦福，该两所大学分别带动了 128 公路、硅谷的区域发展。二是区域创新辅助者，亦即政府拉动的三螺旋类型，中国属于这种类型。三是区域创新合作者，如果企业承担了区域创新发动者角色而真正成为技术创新主体，则属于大公司引导的三螺旋类型，德国、韩国等属于这种类型。

⑥ ［美］亨利·埃兹科维茨：《三螺旋：大学·产业·政府三元一体的创新战略》，周春彦译，东方出版社 2005 年版，第 38 页。

今的创业型大学是各种大学模式的综合体，包括传统的教学学院（teaching college）、多科性技术工程学校（polytechnic engineering school）、赠地学院（land grant university）和研究型大学（research university）"①，但是，我们应该更多地将其理解为在一所创业型大学内部包括不同发展层次以及不同学术使命的学科。这是因为，我们在许多地方，确实可以发现埃兹科维茨似乎将大学由低级到高级分成了三种类型。例如，埃兹科维茨指出，大学的第一次学术革命至少从 19 世纪中期开始，实现了大学由第一个使命扩展到了第二个使命，亦即从教学和知识保护扩展到科学研究，后来，在研究的基础上又引发了第二次学术革命，亦即大学承担经济与社会发展的使命。"大学作为中世纪保护和保存知识的机构，相继转型为研究型大学，然后又转型为创业型大学。"② 在这些论述中，我们不难看出，研究型大学成为第一次学术革命的载体，创业型大学成为第二次学术革命的载体。国内许多学者在研究创业型大学时，正是从埃兹科维茨的创业型大学观出发，认为只有研究型大学才能转型为创业型大学。对此，前文已有论述，在此不再赘述。

在建设路径上，"三螺旋"创新模式既是创业型大学的理论基础，也是推进创业型大学可持续发展的行动指南。由埃兹科维茨教授于 20 世纪 90 年代率先提出并经阿姆斯特丹科技发展学院的罗伊特·雷德斯多夫（Loet Leydesdorff）教授予以发展的三螺旋创新模式，是关于"大学—产业—政府"在国家创新中的互动关系创新结构理论。③ 该理论走出以前大学—政府、政府—产业、产业—大学，特别是大学—产业双螺旋关系的框架，从"大学—产业—政府"三螺旋相互作用来开展研究。"三螺旋"的理论假设是，在知识型社会中，大学—产业—政府的互动是强化创新条件的关键。④ 从而推动创业型大学，就是要让大学、产业、政府三个主体发

---

① 〔美〕亨利·埃兹科维茨：《麻省理工学院与创业科学的兴起》，王孙禺、袁本涛等译，清华大学出版社 2007 年版，第 26 页。

② 〔美〕亨利·埃兹科维茨：《三螺旋创新模式》，陈劲译，清华大学出版社 2016 年版，第 259 页。

③ 〔美〕亨利·埃兹科维茨：《三螺旋：大学·产业·政府三元一体的创新战略》，周春彦译，东方出版社 2005 年版，第 52 页。

④ 〔美〕亨利·埃兹科维茨：《三螺旋创新模式》，陈劲译，清华大学出版社 2016 年版，第 270 页。

挥各自的独特作用，同时又能增强三者之间的合作与共进关系。至于怎样才能达到"三螺旋"共赢的目的，其具体路径则是丰富多元且不具确定性的。埃兹科维茨的思想确实博大精深，根据其关于创业型大学的四根柱石①，我们至少能够寻找到埃兹科维茨关于建设创业型大学的某些举措：（1）培养学术带头人是前提，以便推动战略构想的形成与实施；（2）加快成果的培育与转化是关键，包括建立成果转化平台，通过授予专利、颁发许可和孵化等方式推进技术转移；（3）形成学术文化与创业文化共存的办学氛围，培育管理人员、广大师生的创业精神；（4）保证高校享有较大的办学自主权，能够对学校财产包括知识成果带来的收益进行管理与经营。② 还有文指出，"三螺旋"理论视角下的创业型大学范式是指形成"大学—产业—政府"三螺旋结构关系，通过创造资源和实现知识的资本化，解决学校发展资金"瓶颈"问题；鼓励科研成果转化，加强同企业和政府的联系，逐渐形成"企业家精神"和"创业文化"以及通过全面推进创业教育培养 21 世纪需要的创业型人才。③

三　提取克拉克与埃兹科维茨关于创业型大学内涵的最大公约数

根据以上分析，我们可以看出克拉克与埃兹科维茨两位学者的创业型大学观既有相同的地方，亦有不同的地方。对于他们两位最大的不同点，主要有三点：一是在创业型大学的起点问题上的区别。克拉克对于创业型大学的理解，内涵极为丰富，外延也相当广泛，不仅包括了先前考察的五所欧洲教学型院校，还包括后来关注的研究型大学。也就是说，在克拉克看来，教学型院校与研究型大学，都可以直接转型为创业型大学。埃兹科维茨对于创业型大学的理解，主要基于研究型大学的转型与发展，基于原创性高新科技成果的转化与应用，与克拉克将教学型院校同样视为创业型大学的起点是不一样的。二是在创业型大学的研究角度上的区别。正如有

---

① ［美］亨利·埃兹科维茨：《三螺旋：大学·产业·政府三元一体的创新战略》，周春彦译，东方出版社 2005 年版，第 31 页。

② 参阅韩高军《三螺旋理论视角下的创业型大学》，《教育学术月刊》2010 年第 6 期。

③ 陈笃彬、李坤皇：《三螺旋视角下的创业型大学发展范式——以莫纳什大学为例》，《科技管理研究》2014 年第 4 期。

文指出的，对于创业型大学的界定，克拉克采取的是大学组织系统转型的角度，而埃兹科维茨则是选取大学与产业界合作的角度，但他们的研究成果共同奠定了创业型大学研究的基调与基本概念。① 三是在创业型大学的理论基础上的区别。克拉克提出的"五个要素"论，成为创业型大学研究与实践的理论基础。埃兹科维茨基于麻省理工学院和波士顿地区、斯坦福大学和硅谷两个案例提出的"三螺旋"理论②，同样成为埃兹科维茨对于创业型大学理论与实践的重要学术贡献。毫无疑问，"三螺旋"理论仍在不断发展之中。例如，有文提出将中介机构纳入进来变成第四螺旋，③还有文正在研究将市民社会等作为第四个螺旋纳入进来。④ 但是，作为风靡欧美的组织创新理论，与克拉克专门针对创业型大学建设而提出的"五个要素"论一样，都为创业型大学的理论大厦构建以及样板高校建设奠定了基础、指引了方向。至于他们两位关于创业型大学观的相同点，则是我们开展创业型大学理论溯源的主要目标，可以达成关于创业型大学内涵的基本共识，成为创业型大学本土化研究与实践的理论基点。本书认为，在以下几点上，两位理论鼻祖能够达成一致。而且，这几点对于建设中国化的创业型大学理论体系非常重要。

（一）从价值来看，创业型大学代表高等教育变革的重要走向

在创业型大学的价值预设上，两位学者的看法高度一致，他们均认为创业型大学代表了未来高等教育变革的重要走向。对此，前文对两位学者均有论述。那么，两位学者是否意识到传统的惯性甚至对学术创业的抵制，使得创业型大学长期处在负面的舆论旋涡中？应该说，两位学者之所以不遗余力、一如既往地致力于创业型大学的理论探索，外部原因正在于创业型大学的价值与意义远未得到社会各界应有的重视，个体原因则是他们对于创业型大学未来的信心与期待。19 世纪出现的第一次学术革命，

---

① 张卫国：《三螺旋理论下欧洲创业型大学的组织转型及其启示》，《外国教育研究》2010年第 3 期。

② 周春彦：《大学—产业—政府三螺旋创新模式——亨利·埃兹科维茨〈三螺旋〉评介》，《自然辩证法研究》2006 年第 4 期。

③ 张秀萍、迟景明、胡晓丽：《基于三螺旋理论的创业型大学管理模式创新》，《大学教育科学》2010 年第 5 期。

④ Etzkowitz H. , Zhou C. : Triple Helix twins: innovation and sustainability, *Science and Public Policy*, 2006, 33 (1) .

催生了研究型大学；20 世纪中期出现的第二次学术革命，催生了创业型大学。从教学型大学到研究型大学，其间有过尖锐的观点对立与长期的实践摸索；从传统型院校到创业型大学，已经从象牙塔内的知识生产与传承，发展到走出象牙塔的知识应用，必定要比大学的第一次转型经历更多的质疑与更长的磨合。"如今在大学里，教授同时承担教学和科研工作，已经被认为是理所当然的了。然而，在 19 世纪中期到晚期，当研究刚刚被引入美国的时候，这个问题常常引发争议。"① 学术创业引入高校，自然也正如克拉克所说的一样，"一所公立大学也许羡慕创业型模式，而且甚至承认它的成功，但是可能并不确信在它自己那里行得通"②。但是，无论怎样，"创业型大学是大学发展不可逆转的方向"③。"知识的资本化已经取代了无私，成为科学规范。"④ 大学教师"既是学者，也是发明家""知识就是财富"⑤ 已成现实，我们不能"误将黎明当黄昏"⑥。

（二）从途径来看，促进教师转型同时积极推动科研成果转化

只有教师的转型，才能带来大学的转型。一所大学从传统型转到创业型，其基础与前提便是该校教师在整体上要从传统型转到创业型。可以说，大学转型与变革的着眼点，便是大学教师参与的热情与条件。无论克拉克还是埃兹科维茨，他们谋划创业型大学建设蓝图时都将此作为一个核心问题在考虑。克拉克关于创业型大学建设的"五大要素"，虽然每个要素的地位与作用不一样，但是它们均指向推动教师的转型与发展，然后加快学术成果的转化与办学资源的变现。只要能够促进教师转型并同时积极推动科研成果转化，克拉克提出的"五大要素"也就都实现了。例如，对于许多由传统型院校转型而来的创业型大学而言，加强的驾驭核心可谓

---

① ［美］亨利·埃兹科维茨：《麻省理工学院与创业科学的兴起》，王孙禺、袁本涛等译，清华大学出版社 2007 年版，第 43 页。

② ［美］伯顿·克拉克：《大学的持续变革：创业型大学新案例和新概念》，王承绪译，人民教育出版社 2008 年版，第 230 页。

③ 李培凤：《基于知识图谱的创业型大学国际研究动态分析》，《比较教育研究》2015 年第 4 期。

④ ［美］亨利·埃兹科维茨：《三螺旋创新模式》，陈劲译，清华大学出版社 2016 年版，第 148 页。

⑤ 同上书，第 93—95 页。

⑥ 同上书，第 438—442 页。

是一个先导性因素。没有强有力的驾驭核心，根本无法实现其他四个因素。但是，强化领导核心，并不意味着走向管理主义，忽略基层组织以及专业教师的创新活力。从某个角度来说，加强领导的目的，正是激发基层与教师的活力，从而实现学术资源向办学资源的转化。这是因为，实现大学转型、筹措办学经费，最终还是依赖广大教师。没有教师的积极参与和有效服务，仅仅停留在大学组织层面的理念乃至制度上，那是没有任何效果的。"创业型大学以创业型的系为基础——有动力的场所吸引教授、学生和资源提供者。它们愿意做的事就干成功；他们坚决反对的事情就慢下来或者沿途消灭掉。在尝试大学转型中最常犯的错误是管理团队从一开始就没有带动教授和他们的系统而独自前进。"① 埃兹科维茨在三螺旋创新模式下论述创业型大学建设路径时，从来没有离开教师转型与成果转化这两个基本点来探讨大学转型。在埃兹科维茨关于创业型大学的许多论述中，都是以教师个体作为典型案例来介绍的，然后上升到一般性、普遍性的规律。例如，在介绍 MIT 的创业型学科之后，埃兹科维茨提出"美国的学术科学家都是创业者"② 。又如，"基因泰克（Genentech）公司的科学和商业实践一体化为很多高校教师的学术事业提供了很好的选择机会。……一部分大学教师基于他们的科研工作，创建了公司。之前，只有少数学院的教师这样做，比如麻省理工学院和斯坦福大学，但是在过去的十年里，越来越多的学院的教师也开始效仿这一行为"③ 。

（三）从目标来看，追求通过学术创业来摆脱高校的依附地位

学界普遍认为，创业型大学的诞生，与知识经济的时代召唤和区域经济的发展需要不无关系，更与高等教育财政的紧缩政策直接相关。④ 事实上，从克拉克与埃兹科维茨重点考察的案例高校变迁史，也可以体现出来。克拉克重点考察的华威大学，诞生于 20 世纪 60 年代，首任副校长巴特沃斯（Jack Butterworth）最初推行亲工商路线时，遭到了校内师生的强

---

① ［美］伯顿·克拉克：《大学的持续变革：创业型大学新案例和新概念》，王承绪译，人民教育出版社 2008 年版，第 236 页。

② ［美］亨利·埃兹科维茨：《麻省理工学院与创业科学的兴起》，王孙禺、袁本涛等译，清华大学出版社 2007 年版，第 171 页。

③ ［美］亨利·埃兹科维茨：《三螺旋创新模式》，陈劲译，清华大学出版社 2016 年版，第 39 页。

④ 付八军：《学术资本转化：创业型大学的组织特性》，《教育研究》2016 年第 2 期。

烈反对，自己一度也被赶下了台。但是，在 20 世纪 70 年代英国政府不断
削减大学经费预算之际，许多高校遭遇到了严重的办学经费危机，但华威
大学最终安全地走出困境。此后，巴特沃斯先生的办学理念才开始得到重
视，并成为华威大学的一种办学文化发展到今天，最终也成就了华威大学
的国际声誉。埃兹科维茨考察的 MIT，诞生于 19 世纪 60 年代，在"大萧
条"时期，"曾被提议作为哈佛的附属机构"①，差点被哈佛大学合并，直
到第一次世界大战开始尤其是第二次世界大战期间，MIT 承担了大量军工
项目，赢得了"战争学府"之美誉，战后继续推动成果转化，积极参与
社会服务，最终发展成为"世界理工大学之最"。两所经典的创业型大
学，其成功之道均是凭借独特的学术资源优势，筹措办学经费，以经济作
为手段，实现学术提升的目的，最终摆脱对政府资源的严重依赖，走上自
力更生、独立自主的发展道路。对此，从两位学者的具体论述中，亦可以
体现出来。例如，克拉克在分析创业型大学建设成效的一条重要标准，就
是看政府核心资助的比重有没有下降，下降到什么程度。在分析沃里克大
学时，克拉克指出："沃里克从政府教学和科研的核心拨款所得的收入，
从 20 世纪 70 年代占学校总收入的 70%，下降到 1995 年占 38%，然后进
一步下降到 2000 年占 27%。"② 在分析苏格兰的斯特拉斯克莱德大学时，
克拉克指出："该校在从 1975 年至 1995 年的二十年内对政府核心资助的
依赖已从 80%降至 45%。来自政府科学研究委员会的资金总数，在 1997
年只占收入的 4%，被第三条非政府渠道大大增加 50%以上所湮没。"③ 在
分析芬兰的约恩苏大学时，克拉克指出："在 1980 年至 1995 年期间，来
自教育部的核心资助从总收入的 96%下降到 66%，来自科学研究委员会
的资金从 1%上升到 7%，来自'所有其他来源'的资金已经成为一个重
要项目，从 3%上升到 27%。"④ 在分析荷兰的特文特大学时，克拉克指
出："1980 年和 1995 年之间，其中来自主办的政府部门的核心资助从全
部收入的 96%下降至 76%；来自科学研究委员会的收入依然很少，占 2%

---

① ［美］亨利·埃兹科维茨：《麻省理工学院与创业科学的兴起》，王孙禺、袁本涛等译，
清华大学出版社 2007 年版，第 33 页。

② ［美］伯顿·克拉克：《大学的持续变革：创业型大学新案例和新概念》，王承绪译，人
民教育出版社 2008 年版，第 4 页。

③ 同上书，第 37 页。

④ 同上书，第 67 页。

到 3%；来自其他来源的经费增长了 4 倍，从 4%增长到 21%。五年以后，在 2000 年，来自三个主要来源的收入稍微转移到第三类来源。"① 在分析智利天主教大学时，克拉克指出："政府资助从 1973 年的 90%急剧地下降到 20 世纪 80 年代中期的 70%，到 2000 年的 17%，而且仍旧在下降。……比核心资助更重要的一个来源，即学费占 29%，其次就是来自被大学界定为'出售服务'的收入，占 48%或者更多。"② ……又如，埃兹科维茨之所以将 MIT 的创新创业模式视为高等教育领域的榜样，根本原因在于该模式能够实现大学自力更生地运行。"大学拥有致力于教学、研究和经济发展事业的独特地位，其传统的角色和新的角色彼此加强，这使它在新经济中处于中心地位。此外，这更是大学摆脱其以往从社会其他部门获得支持的接受救济或者是慈善机构形象的过程。"③

（四）从要求来看，创业型大学成为社会创新体系的平等主体

在克拉克的创业型大学观中，政府核心资助比例的减少与办学收入的多元化是衡量创业型大学的重要依据之一。这实际上意味着，创业型大学需要成为面向社会自主办学的法人实体。也只有这样，创业型大学才可能成为自力更生的大学。克拉克在其著作的许多地方，亦强调保证大学自主办学的重要性，甚至认为这是传统型院校走向创业型大学的前提条件。例如，克拉克指出："国家引导还是自我驾驭？每个方面都有一些，这是肯定的。但是，大学的雄心和意志鼓励后者。"④ 如果政府干涉过多，甚至可能会导致政府的"奖励变成惩罚"。⑤ 在分析美国一些州立大学向创业型大学转型时，克拉克指出："更多的公立大学已经摆脱传统的全部由州领导的姿态，更加接近一个庞大而又不断发展的非营利部门私立大学。"⑥

---

① ［美］伯顿·克拉克：《大学的持续变革：创业型大学新案例和新概念》，王承绪译，人民教育出版社 2008 年版，第 53 页。

② 同上书，第 143 页。

③ ［美］亨利·埃兹科维茨：《麻省理工学院与创业科学的兴起》，王孙禺、袁本涛等译，清华大学出版社 2007 年版，第 208 页。

④ ［美］伯顿·克拉克：《大学的持续变革：创业型大学新案例和新概念》，王承绪译，人民教育出版社 2008 年版，第 39 页。

⑤ 同上书，第 232 页。

⑥ 同上书，第 224 页。

　　在建设创业型大学的理论构想中，埃兹科维茨对于大学相对独立地位的论述更加明确与坚定。埃兹科维茨关于创业型大学模式五个方面的标准和特征，亦即知识资本化、相互依存性、相对独立性、混合形成性、自我反应性，就有大学必须成为一个相对独立社会机构的基本要求。① 事实上，三螺旋理论的基本观点之一，便是大学、政府与产业三者平等独立，均是创新创业的主体，但是每一个主体又承担其他主体的相应职责，在形式上体现出三者的交叉与融合，最终达到 1+1+1>3 的三方共赢目的。"大学—产业—政府之间相互作用，在各种各样的结合中，每个机构范围在保持传统作用和独特身份的同时又起着其他机构作用的三螺旋模式，是组织创新的兴奋剂。"② 国内学者研究亦指出，传统的创新理论包括近年来享誉全球的"国家创新体系"（National Innovation System）理论，都认为企业应是创新的主体，但在埃兹科维茨与雷德斯多夫所提供的创新三螺旋模型中，大学、产业和政府中的每一方都是创新主体，都可以发起创新并在其中起领导作用，在地位上三者是平等的。③ 三螺旋模式在美国之所以能成功，关键因素在于政府既不直接干预教育，高校具有较大的办学自主权，又不直接参与或者干预产业发展。④ 创业型大学概念一经提出，便被传入中国并随后引发中国出现了一批高举创业型大学旗帜的高校。但是，时至今日，中国创业型大学建设并未取得实质性突破。应该说，根本原因还是在于这些大学并未成为真正面向市场依法自主独立办学的法人实体，政府仍然是创新创业的唯一领导者、策划者、推动者与评价者。如果借用埃兹科维茨三螺旋模型的三种类型来说，中国的创业型大学仍然处于中央集权模式的三螺旋模型，而不是自由放任模式的三螺旋模型，更不是理想化的等效并重叠的机构三重螺旋模型。⑤ 由于中国缺乏成功的创业型大学实践案

---

　　① ［美］亨利·埃兹科维茨：《三螺旋：大学·产业·政府三元一体的创新战略》，周春彦译，东方出版社 2005 年版，第 51—52 页。

　　② 同上书，第 6 页。

　　③ 张金波：《三螺旋理论视野中的科技创新——基于美国创业型大学的分析》，《高等工程教育研究》2009 年第 5 期。

　　④ 周春彦：《大学—产业—政府三螺旋创新模式——亨利·埃兹科维茨〈三螺旋〉评介》，《自然辩证法研究》2006 年第 4 期。

　　⑤ ［美］亨利·埃兹科维茨：《三螺旋创新模式》，陈劲译，清华大学出版社 2016 年版，第 273—275 页。

例，进一步抑制了创业型大学中国化的理论研究进程。

第三节 创业型大学本土化的内涵诠释

各种关于某个概念的内涵诠释，更多地属于研究者个人基于一定的理论依据与实际需要进行创造性的构想。本书对于创业型大学本土化的内涵诠释，亦不例外。前文（第二节）分别对克拉克与埃兹科维茨的创业型大学观进行溯源性的解读，提取两位学者关于创业型大学内涵的最大公约数，正是为诠释创业型大学本土化内涵提供理论依据。同时，前文（第一节）对创业型大学本土化的各种理论误解进行分析，而不是按常规程序来梳理学界各种关于创业型大学的定义，除了避免重复研究之外，其目的正是为诠释创业型大学本土化内涵提供方向指引，亦即体现我们构建中国创业型大学内涵的实际需要。那么，许多人或许会问，创业型大学本身就具有也应该具有确定性的内涵，将其概念移到中国之后，难道还需要我们重新赋予其内涵？难道中国的创业型大学与欧美的创业型大学，在内涵上不尽一致？本书对这些问题的回答是肯定的。也就是说，我们借用欧美国家的创业型大学概念，需要对其内涵重新梳理，甚至赋予新的内容。那么，理由何在？我们从哪些方面对创业型大学本土化的内涵进行诠释？每个方面的基本内容又是什么？这种中国化的创业型大学内涵诠释，到底有什么意义？下面，本书就分别对这些问题予以回答。

一 建立创业型大学本土化理论体系的现实需要

学习与借鉴是进步的起点，中国学习与借鉴西方发达国家的教育理念与制度，是中国大学迈向世界一流大学的必经阶段与必要途径。但是，长期以来，我们总是习惯于用别人的理论来解释我们的现象，用别人的模型来装我们的数据。这就自然而然地陷入美国学者阿尔特巴赫（Philip G. Altbach）的教育依附理论窠臼,[①] 使得中国高等教育研究领域成为西方话语体系的文化殖民地。摆脱依附理论的"中心—边缘"界说，倒不是我们开展西方理论中国化探索的动因，而是"洋为中用、他为我用"地学习与借鉴的自然结果。换言之，走出对西方理论的盲目从属、依附，建

---

① 谭菲、陈时见：《阿尔特巴赫教育依附论思想述评》，《外国教育研究》2011 年第 10 期。

立中国化的特色话语体系，是以西方理论为手段来实现中国化研究不断繁荣与实践改革不断进步的需要。在创业型大学本土化的理论构建问题上，我们同样不是异举以鸣高，为了本土化而本土化，而是中国创业型大学的理论研究与实践改革，亟须我们对西方创业型大学理论予以诠释，从而实现创业型大学理论与实践的中国化。

（一）学界关于创业型大学的观点纷争，有赖于开展本土化的理论诠释

自20世纪末创业型大学这个概念诞生以来，学界对其就一直存在各种各样的争议。从开展创业型大学本土化理论诠释的必要性而言，以下三大争议非常值得我们关注。

首先，克拉克与埃兹科维茨作为创业型大学概念不约而同的提出者，他们虽然在赞扬与推崇创业型大学的价值上保持高度一致，但在研究视角、发展起点、具体路径等许多方面仍然存在分歧。从某个角度来说，这也正是创业型大学理论传入我国之后出现概念纷争甚至价值纷争的理论根源。例如，埃兹科维茨是以研究型大学为观测对象，认为只有研究型大学才能成为创业型大学，国内许多学者依此理论见解，判定教学型院校不能直接成为创业型大学。① 然而，不仅克拉克研究的创业型大学，许多是以教学型院校为案例高校，而且中国高举创业型大学旗帜的许多地方普通本科院校，尤其是职业技术学院与民办本科院校，它们仍然属于教学型大学。作为创业型大学典范的华威大学，走的是一条从教学型院校到创业型大学，再到研究型大学的发展之路，而不是从教学型院校到研究型大学，再到创业型大学。也就是说，教学型院校同样可以通过学术创业，实现学术资源转化为办学资源，再而反哺学术资源，最后走上研究型大学的道路。

其次，创业型大学在学界处在风口浪尖的两个极端，一方将之视为"学术界的榜样"②，认为这是中国"迫切需要的大学模式"③，另一方则

---

① 详见付八军《创业型大学研究述评》，《黑龙江高教研究》2012年第7期。
② [美]亨利·埃兹科维茨：《麻省理工学院与创业科学的兴起》，王孙禺、袁本涛等译，清华大学出版社2007年版，第1页。
③ 马陆亭：《创业型大学：我国迫切需要的大学模式》，《中国教育报》2017年5月8日第10版。

将创业型大学等同于商业化大学、创收型大学，① 认为"创业型大学的本质是反大学的"②。埃兹科维茨与克拉克作为创业型大学的理论鼻祖，他们是以 MIT、斯坦福、华威大学等一批世界一流大学为案例高校。当撇开创业型大学字眼，我们一般都不会将这些高校定性为商业化大学、创收型大学，更不会指责它们在本质上反大学。近来，如本章第一节所述，在不断的批判与质疑声音中，还有越来越多的大学被学界誉为创业型大学。例如，有文指出："哈佛大学也是主动向创业型大学转型的典范。……在美国政府的推动下，西海岸的北卡罗来纳州立大学和杜克大学等更多的大学也转型为创业型大学。"③ 在此，我们不去讨论这些大学到底是否属于创业型大学，但这里无疑告诉我们，推崇创业型大学的声音至少与反对创业型大学的声音一样强大。那么，到底是什么原因导致人们对创业型大学有如此大相径庭的判断呢？显然，理论前提还是在于我们对于创业型大学内涵的理解问题。诠释创业型大学本土化的具体内涵，明确创业型大学研究的边界，化解由理解偏差导致的毫无意义的学术争议，这是我们学习与借鉴西方创业型大学理论来指导中国创业型大学建设的基础性工作。

最后，创业型大学理论奠基者开创的创业型大学理论模式，也处在不断地发展与完善中，并不是不容置疑的金科玉律。埃兹科维茨的创业型大学观，建立在其"三螺旋"创新理论基础之上。然而，如前所述，有文提出将中介机构纳入变成第四螺旋，还有文正在研究将市民社会等作为第四个螺旋纳入，都是对于"三螺旋"理论的进一步发展与完善。克拉克的创业型大学观，建立在其"五大要素"论基础之上。从这里，我们可以解析克拉克关于创业型大学的基本观点。但是，在学界分析这五大要素之间的关系时，有些学者认为这五大要素不是所有传统型院校向创业型大学转型的共同特征与必经途径，从而也就无法提升到"基本要素"的地位。例如，阿切勒·玛苏（Azèle Mathieu）等人在研究比利时布鲁塞尔自由大学（Université Libre de Bruxelles）这所创业型大学时，认为强有力的

---

① 彭宜新、邹珊刚：《从研究到创业——大学职能的演变》，《自然辩证法研究》2003 年第 4 期。

② 王建华：《我们需要什么样的大学》，《高等教育研究》2014 年第 2 期。

③ 刘振亚：《美澳创业型大学的建构和发展研究》，《西南民族大学学报》（人文社会科学版）2014 年第 12 期。

驾驭核心、多样化的资金来源，尤其是拓宽的发展外围，更为直接地推动了创业活动的开展，是促进创业活动的决定性要素，而激活的学术心脏地带、整合的创业文化这两个要素，对创业活动只起了辅助性的作用，并不对区域性创业活动和成果产生带来必然影响。① 马瑞克·克威克（Marek Kwiek）教授研究欧洲私立创业型大学之后发现，在这些创业型大学中只存在克拉克提出的五个要素中的 2—3 个要素，即强有力的驾驭核心、整合的创业文化（也许只在某些情况下还会包括激活的学术心脏地带）。② 笔者在解析克拉克关于创业型大学建设的"五大要素"时，如本章第二节所述，亦认为这五者不是平等与同等重要的关系，其中"激活的学术心脏地带"是五大要素的中心与目标，其他各要素要么为此服务，要么由此延伸出来。

（二）中国的创业型大学建设停滞不前，受制于本土化理论的严重滞后

在信息化时代，中国介绍与引入西方先进理念并不落伍。创业型大学的概念一经问世，便被中国学者迅速传入中国。但是，在运用西方创业型大学理论来指导创业型大学本土化实践上，中国的创业型大学建设一直没有取得实质性突破。③ 从创业型大学理论本身的原因而言，除了前文提到了观点纷争导致理论武器的指导性不强外，更重要的理由在于无论是克拉克还是埃兹科维茨的创业型大学观，以及以学术资本主义（Academic Capitalism）④ 为组织特性的创业型大学观，都不能有效地对接与指引中国的创业型大学实践。如果不对这些创业型大学理论进行本土化改造，直接拿来指导中国的创业型大学建设，必然出现因水土不服而导致无效甚至负效。以下两点，足以说明这个问题。

其一，西方成功的创业型大学，大都具有独立自主面向市场办学的广

---

① Mathier A., Meyer M., Pottelsberghe de la Potterie, B.: "Turning science into business: a case study of a major European research university", *Science and Public Policy*, 2008, 35 (9).

② 转引自张卫国《三螺旋理论下欧洲创业型大学的组织转型及其启示》，《外国教育研究》2010 年第 3 期。

③ 付八军：《国内创业型大学建设的路径比较与成效评析》，《高等工程教育研究》2016 年第 6 期。

④ Leslie L. L., Slaughter S.: *Academic Capitalism: Politics, Policies, and the Entrepreneurial University*, Baltimore: Johns Hopkins University, 1997.

阔空间与制度保障，而中国大学至今属于政府的附属机构，不能真正成为独立自主面向市场办学的法人实体，在政府主导的各种评价机制下，自主办学的空间非常有限。无论是克拉克提出的"五大要素"论，还是埃兹科维茨倡导的"三螺旋"创新理论，都有一个理论前提，那就是大学能够面向市场独立自主地办学，在既定的法律框架里，政府与大学的关系不是发布指令与执行命令的从属关系，而是平等的协商关系（事实上，任何国家的大学都处在政府的掌控中）。只有这样，大学才能面向市场自主办学，办得别开生面而不是千校一面。正如克拉克所言："公立大学要成为创业型大学，首先要受到国家轻轻的点触，在运行的优势方面，意味着增加而不是减少信任。"① 埃兹科维茨亦指出，中央集权模式的三螺旋，"其改革的第一步就是要放松这种自上而下的控制，提高社会的创造力。一旦人们可以形成自由创造的新观念，那么自下而上的创新模式就能形成"②。英国虽然是一个较为保守与传统的国家，但华威大学的办学自主权还是较大的。要不然，该校也很难将"公开艺术表演、出租剧院和学生宿舍、开办银行、美容室、书店和新闻社等"都当成拓宽办学经费的渠道。③ 麻省理工学院在走上创业型大学之前，曾经有过激烈的讨论。但是，他们讨论的问题不是寻求面向市场办学的自主权，而是选择完全基于市场开展学术活动是利大于弊还是弊大于利的问题，诸如约翰·邦克教授（John Bunker）警告性地指出，"从专利获得收入，可能危及大学免税的地位"④。中国一些普通本科院校虽然明确将创业型大学作为战略目标定位，但它们却因为缺乏相应的办学自主权而难以按照西方创业型大学模式真正走上创业型大学道路。例如，中国公办高校主要领导由政府任命，普遍任期时间较短，他们主要面向政府办学，办学业绩取决于政府的评价，从而很难像华威大学首任副校长巴特沃斯（Jack Butterworth）以及斯坦福

---

① ［美］伯顿·克拉克：《大学的持续变革：创业型大学新案例和新概念》，王承绪译，人民教育出版社 2008 年版，第 232 页。

② ［美］亨利·埃兹科维茨：《三螺旋创新模式》，陈劲译，清华大学出版社 2016 年版，第 275 页。

③ 刘叶：《创业型大学的发展之道：以沃里克大学为例》，《高教发展与评估》2010 年第 5 期。

④ ［美］亨利·埃兹科维茨：《麻省理工学院与创业科学的兴起》，王孙禺、袁本涛等译，清华大学出版社 2007 年版，第 88 页。

大学转型关键人物弗雷德·特曼（Frederick Emmons Terman）那样，克服一切阻力与困难，坚持不懈地推动大学面向市场办学，从社会尽可能获取各种办学资源，推动学校迈上创业型大学道路。正如有学者提出的，中国大学很难办出特色，实现飞跃，但也不会办得太差，因为一切都由政府掌控。① 在这种情况下，克拉克"五大要素"论中的"激活的学术心脏地带"，以及埃兹科维茨"三螺旋"理论中的"政府、产业与大学三者平等关系"，都无法在中国高等教育实践中落地生根，自然无法指引中国创业型大学的建设。又如，建设创业型大学，必须积极推动科研成果向现实生产力转化，确立"以转化实绩论英雄"②的观念与机制。然而，当前中国高校的科研奖励与激励愈演愈烈，甚至陷入一种恶性竞争的境地，不仅不能引导传统型院校转型为创业型大学，而且使得传统型大学的精神圣殿蒙上了厚厚的灰尘。这种局面的造成与改变，都非一所大学所能完成。在这种不断强化的办学氛围中，任何一所大学想突破重围，都感到非常孤单与无助，寻找不到转型的机会与空间。

　　其二，西方创业型大学理论虽然存在各种各样的流派，且两位创业型大学理论鼻祖亦没有明确其商业化、营利性大学的身份，但是，学术资本化、办学商业性的特征在各种各样的创业型大学理论流派中或多或少地闪现。克拉克是从组织变革角度来研究创业型大学的，国内学者在分析其创业型大学观时曾指出，克拉克"阐述的欧美创业型大学，生动诠释了甘冒风险、追求卓越是创业型大学的重要精神特质和组织特性"③。但是，克拉克在论述创业型大学案例高校的过程中，非常明显地体现了这些高校办学商业化、市场化的特征。例如，华威大学在诞生初期的成长史，就是一部亲工商路线的斗争史，当学术创业的政策路线在全校达成共识之后，该校"顶部切片和交叉补助"的创收分配政策，④ 还被众多创业型大学移植过来调节校内财富不均；在1997年和1999年，苏格兰斯特拉斯克莱德大学的年报主要集中于两个专题："商业化"和"使事物

---

① 张应强：《我国高等教育改革的反思和再出发》，《深圳大学学报》（人文社会科学版）2016年第1期。

② 夏宝龙：《立德树人要成为高校立身之本》，《浙江日报》2017年2月22日第1版。

③ 杨兴林：《关于创业型大学的四个基本问题》，《高等教育研究》2012年第12期。

④ ［美］伯顿·克拉克：《建立创业型大学：组织上转型的途径》，王承绪译，人民教育出版社2007年版，第25页。

发生的科研";① 智利天主教大学创办的电视台，在 1999 年仍然是该校额外储备收入的主要来源：电视广告 33%，医疗服务 30%，学费 20%，政府资金 11%；② ……这就不难理解，国内许多学者研究克拉克的创业型大学观时均指出："一种赚钱的意识和创收政策（A Earned Income Policy）就成为进取性大学（Proactive University）适者逢生的生存方式"③；克拉克的创业型大学思想，强调"知识的资本化……重视大学研究成果的商业化"④。埃兹科维茨是从大学、政府与产业三者的"三螺旋"关系论述创业型大学的，其出发点是推动成果转化，而不是筹措办学经费，但是，追求经济利益与遵循商业规范，却自始至终都是埃兹科维茨先生论述的基调。他指出，传统的科学规范并没有要求科学家们直接参与将其研究成果转化为有经济价值的实物的过程，但近来越来越多的学术科学家已经把他们在学术上的成就转变为有价产品，以此来拓宽他们的利益，同时大学也在积极地推进与产业之间的连接，并为教师研究成果的市场化而制定策略。⑤ 国内学者亦普遍将商业性作为埃兹科维茨创业型大学观的重要特征。例如，有文指出，"埃兹科维茨认为，在大学里组建自己的公司的能力、学术要素和商业要素整合成新的组织模式的能力，是大学之所以成为创业型大学的关键标志"。⑥ "为巩固自身在官产学联盟中的核心地位，大学应加速自身现有科研成果的商业化，并在不妨碍传统教学与科研使命的前提下，以商业应用为导向进行基础和应用研究。"⑦ 当然，从最为明显与强烈的商业性、市场化特征来界定创业型大学的代表性人物，是希拉·斯劳特（Slaughter Slaughter）与拉里·莱斯利（Larry L. Leslie）两位美国

---

① ［美］伯顿·克拉克：《大学的持续变革：创业型大学新案例和新概念》，王承绪译，人民教育出版社 2008 年版，第 30 页。

② 同上书，第 146—147 页。

③ 张丽：《伯顿·克拉克的创业型大学思想研究》，《天津市教科院学报》2016 年第 4 期。

④ 吴仁英：《伯顿·克拉克的创业型大学思想及其启示》，《临沂大学学报》2015 年第 3 期。

⑤ ［美］亨利·埃兹科维茨：《三螺旋创新模式》，陈劲译，清华大学出版社 2016 年版，第 19 页。

⑥ 转引自陈笃彬、李坤皇《三螺旋视角下的创业型大学发展范式——以莫纳什大学为例》，《科技管理研究》2014 年第 4 期。

⑦ 张金波：《三螺旋理论视野中的科技创新——基于美国创业型大学的分析》，《高等工程教育研究》2009 年第 5 期。

学者。他们在其合著的《学术资本主义——政治、政策和创业型大学》一书中，分析了学术资本主义的含义与影响，以及创业型大学产生的动力与政策因素。他们指出："因为没有人能想出更精确的术语，我们决定使用学术资本主义，另一部分原因是其替代用语——学术创业主义或创业活动，似乎只是学术资本主义的委婉语，不能完全表现利益动机向学术界的侵入。"① 从此，创业型大学便与学术资本主义连接在一起，以致国内学者直接将学术资本主义视为创业型大学的组织特性。② 然而，中国公办普通本科院校迈向创业型大学，无论是在政策上还是在文化上，都很难走上商业化的学术创业之路。例如，中国公办大学没有自定学费的权利，缺乏自主花钱的灵活性与主动性；高等教育仍被社会舆论视为公益事业，忙于赚钱创收被批评为不务正业；等等。这些都使得中国建设创业型大学，不能沿用以学术资本主义为组织特性的创业型大学理论，需要对西方创业型大学理论进行中国化改造与诠释。

二 创业型大学中国化的分析框架及其内涵要点

西方创业型大学理论的本土化改造与诠释，对于我们来说亦即实现创业型大学中国化。毫无疑义，具有中国特色的创业型大学理论，既要遵循西方创业型大学理论界尤其是克拉克与埃兹科维茨关于创业型大学内涵的共同的基本观点，又要能够对接中国的国情与校情使之能在中国高等教育土壤上落地生根，更要指引中国创业型大学向着打破高等教育僵化体制的突破口、树立高等教育创新平台的示范点、点亮中国高等教育前进方向的指示灯迈进。那么，这样的创业型大学，如何下一个定义？我们又选择什么样的分析框架，对其内涵要点进一步剖析与论证？笔者曾经给创业型大学下过一个定义。所谓创业型大学，就是将知识的生产、传承与应用融于一体的大学，就是在教学育人与科学研究的基础上倡导创业职能、积极推动学术资本转化的大学。③ 该定义既体现创业型大学作为大学的普遍职

---

① [美] 希拉·斯劳特、拉里·莱斯利：《学术资本主义——政治、政策和创业型大学》，梁骁、黎丽译，北京大学出版社 2008 年版，第 8 页。

② 温正胞、谢芳芳：《学术资本主义：创业型大学的组织特性》，《教育发展研究》2009 年第 5 期。

③ 付八军：《教师转型与创业型大学建设》，中国社会科学出版社 2016 年版，第 60 页。

能——教学育人与科学研究，又体现了创业型大学相较于传统型高校的特殊职能——创业职能与学术资本转化；该定义既有利于我们赋予学术资本转化丰富的含义，又避免了西方创业型大学理论中学术资本主义带来的商业聒噪。可见，该定义具有极强的包容性、针对性与适应性，能够成为"中国创业型大学"的概念定义。为了进一步把握创业型大学中国化的含义，本书采用从建设动因、人才培养、科学研究、学术创业、办学文化五个方面进行内涵诠释。

（一）建设动因：致力于实现学术资本转化，而不是直接筹措办学经费

推动传统型院校向创业型大学转型的目的，最能体现我们对于创业型大学的价值追求。中国普通本科院校向创业型大学转型，着眼点不应该是直接筹措办学经费，而是实现学术资本转化，提升高等教育的社会贡献度。在这种价值取向的指引下，创业型大学若能开辟多元化的资金来源渠道，则既是学术资本转化的自然结果，也是为了更好地推进学术资本转化。如前所述，本书所谓的学术资本转化，不只是针对科学研究领域内学术成果向现实生产力的转化，还包括人才培养领域内学术资本向人力资本的转化。对于第一个转化，学界普遍没有异议。当前，高校大量的科研成果束之高阁，仅仅供小圈子里几个人为了科研本身的目的翻阅，成为象牙塔内少数学者的自娱自乐。或许我们会认为，科研成果的溢出效应，能够促进社会的进步。事实上，科研成果每年不断推陈出新，如果它们不能尽可能及时转化，若干年以后，面对浩如烟海的理论文献，没有几位学者能够在有生之年研读完毕，更不用说将它们吸收、综合、创新再而转化。我们不放弃为了知识而知识的科学研究，大学要给学术本位的科学研究预留空间，但我们不能否定基于应用目的的科学研究之重要性与迫切性。作为一种办学类型的创业型大学，就是为推动学术成果向现实生产力转化而设。对于第二个转化，即学术资本向人力资本转化，则是笔者力图以"学术资本转化"统合创业型大学的内外部两个着力点[①]而率先提出。人力资本是一个具有多重释义的概念，本书所谓的人力资本，"是指劳动者受到教育、培训、实践经验、迁移、保健等方面的投资而获得的知识和技

---

① 详见付八军《教师转型与创业型大学建设》，中国社会科学出版社 2016 年版，第 118—132 页。

能的积累，亦称'非物力资本'"①。基于这个定义，本书倡导学术资本向人力资本转化，就不带有任何商业色彩，是指实现教学服务产品向个体内在素质的转化②，而不是"把教学服务产品当成赤裸裸的商品，以此提高学费"③。"学术资本向人力资本转化"的提出，表明创业型大学建设的动因之一，正是以一种更加务实的精神，推动学术文化产品向个体内在素质转化。当前中国高等教育最大的问题之一，便是大学课堂教学的低效、人才培养质量的疲软。中国推进创业型大学建设，以此来化解高等教育的重重矛盾，这就是一个最难解决也最需要解决的重点领域。

（二）人才培养：面向社会需求培养创造性人才，体现学有所值的等价交换原则

在创业型大学培养什么人才、如何培养人才问题上，创业型大学理论鼻祖克拉克与埃兹科维茨的论述确实并不多。国内对创业型大学下过定义的学者，也较少关注创业型大学在人才培养上的特殊性，而往往关注科研成果的转化。④ 为什么创业型大学理论研究者较少关注人才培养呢？应该说，不是这些理论研究者无视创业型大学的人才培养，而是他们未能充分关注创业型大学在人才培养上的特殊性，从而也就没有将创业型大学的人才培养作为一个重要问题提出来。事实上，无论在目标定位上，还是在培养过程中，相较传统型院校而言，创业型大学的人才培养均有其特殊性。从培养目标来看，创业型大学自然要培养创业型人才。但是，这种创业型人才并不等于实际的创业工作者，更多是具有一种创业精神与创造能力。显然，这种创业型人才，正是我们所谓的创造性人才。在弘扬创新创业文化的创业型大学，要比关注象牙塔内高深学问的传统型院校提供更优越的创造性教育，培养更优秀的创造性人才。⑤ 从培养过程来看，无论是课堂教学这条主渠道，还是合作研发这条新途径，奉行市场论而不是认识论知识观的创业型大学，都要比学术本位、知识本位的传统型院校更有利于培

---

① 谢沁怡：《人力资本与社会资本：谁更能缓解贫困？》，《上海经济研究》2017 年第 5 期。

② 详见付八军《创业型大学的学术资本转化》，《中国高教研究》2016 年第 8 期。

③ 蒋丽君：《也说创业型大学的学术资本转化——与"创业型大学推进学术资本转化观点"的商榷》，《中国高教研究》2017 年第 8 期。

④ 详见杨兴林《关于创业型大学的四个基本问题》，《高等教育研究》2012 年第 12 期。

⑤ 详见付八军《从创造性人才、创造性教育到创业型大学》，《高校教育管理》2017 年第 4 期。

养创造性人才。培养任何人才，都是需要成本的。中国公办高校的人才培养成本由学生与国家共同承担，其共同支付的费用可视为高等教育服务产品的价格。面向市场生存的创业型大学，必定具有质量意识与竞争意识，其向学生提供的高等教育服务，其价值应该与成本价格相吻合，亦即学有所值。这种意识在传统型院校是不存在的，但是创业型大学必须拥有。否则，这就不是一所真正面向市场办学的创业型大学，也不能成为一所有朝一日在政府削减公共经费之后依然能够独立面向市场、自力更生的创业型大学。

（三）科学研究：面向社会需求开展科学研究，确立学术成果贵在转化的原则

与传统型院校相比，创业型大学的科学研究有这么几个特点：其一，在研究目的上，以成果转化业绩论英雄。传统型院校的科学研究，以出成果为价值追求，至于这些成果是否具有转化价值、能否转化，并不是最为关心的。创业型大学强调学术成果贵在转化，以实践为检验科学研究成果的标准，突出科学研究的应用价值。正如埃兹科维茨所言，"创业型大学主动将知识运用于实际"[1]。创业型大学的人文社会科学知识，同样存在转化的可能与方向。例如，"大学文科教授可以成为大众读物市场的主角、社会人文讲座的明星或者社会智库建设的嘉宾"[2]。其二，在研究类型上，以应用研究、问题研究、政策研究为主。研究目的，决定了研究类型。在创业型大学，有一种研究值得推崇，那就在成果转化取得预期目的之后，将研究与转化过程以学术报告的形式呈现出来。这种研究报告不仅有利于让同行从中获得知识甚或启发，还可以实现创业型大学文理工不同学科的交叉创新。其三，在研究过程上，科技成果转化机构功不可没。在传统型院校，教师将以论文、论著、课题、获奖、专利等形式存在的学术成果交由科研管理部门确认统计之后，其研究过程差不多就完成了。但是，在创业型大学，科研成果管理部门不只是统计成果，更重要的功能在于甄别成果的应用领域与市场前景，并积极协助转让或者转化。对于创业

---

[1]　［美］亨利·埃兹科维茨：《三螺旋创新模式》，陈劲译，清华大学出版社2016年版，第284页。

[2]　付八军：《学术成果转化：创业型大学教师的历史使命》，《教育发展研究》2017年第7期。

型大学的教师来说，他们的主要职责还是教学育人与科学研究，科研产品的"最后一公里"更多地落在创业型大学科技成果转化机构上。这也正是斯坦福大学首创的技术许可办公室（the Office of Technology Licensing,OTL），成为众多传统型院校转向创业型大学之际首先重点学习与借鉴的原因所在。其四，在激励机制上，学术创业的收入取代了过去的学术成果奖励。在传统型院校，每年的学术成果奖励既是激励教师开展科学研究的最大动力之一，也是同一所大学教师收入差距的重要砝码。其实，这种过于功利化、计量化的科研激励机制，在全球少见且属于重复奖励①，已经给中国学术带来了严重的负面影响。创业型大学在尽可能提高教师岗位津贴的基础上，不再对任何科研成果以奖金、配套经费等任何方式进行奖励，公开发表论文论著、争取纵向横向项目、获得各级政府奖项等，都是教师获得学界认可、提高学术声誉、实现职称晋升的重要途径。而且，创业型大学对于教师的职称评聘，不重视理论成果的数量，在达到基本业绩要求之后，重点考评学术成果的社会价值与转化效果。② 创业型大学尽最大可能支持教师的科研成果转化，但成果收益主要归教师个人所有，这是创业型大学教师增加个人收入的重要渠道，也是他们履行其历史使命的重要途径。

（四）学术创业：推动各种学术资源转化为办学资源，确立"经费筹措是手段、学术贡献是目标"的原则

学术创业（Academic Entrepreneurship，简称 AE）是一个见仁见智的概念，不同的学者赋予其不同的内涵或者有不同的侧重。本书研究的 EU（创业型大学，全称 Entrepreneurial University）以及 USO（大学衍生企业，全称 University Spin‑off）、UTT（大学技术转移，全称 University Technology Transfer），都会被一些学者作为关键词与 AE 同时搜索与分析，

① 以一篇论文为例：在年终统计时有奖励，在职称评聘时可用，在申报人才工程时可用，在申报项目时可作为前期成果来用，甚至还可以用来申报奖项，等等。当前中国高校之所以普遍存在这种激励机制，一是高校教师工资性收入太少，高校便采取这种方法来补助与留住优秀教师；二是外在评价与高校竞争带来的压力，高校只能将这种压力转嫁给大学教师；三是高校缺乏面向社会自主办学的权力，导致全国千校一面。

② 详见付八军《教师转型与创业型大学建设》，中国社会科学出版社 2016 年版，第 221—232 页。

以免遗漏;① 20 世纪 80 年代以后出现的 "技术科学" (Techno-science, Latour B. , 1987)、"后学术科学" (Post-academic Science, Ziman J. , 1996)、"学术资本化" (Academic Capitalism, Renault C. S. , 2006)、企业科学 (Corporate Science, Rudy A. P. , 2007) 等, 可谓 "学术创业" 在不同语境的学术表达。② 近几年, 学界普遍使用学术创业来说明学术资本化、商业化的现象。不过, 在西方语境下, "创业不等于创办一家企业去盈利, 而是一种改变世界的独特思考和行动体系"③。克拉克最初选择创业型大学作为该类大学的概念, 更多地亦指向组织创新与事业进步。正如有文解析指出的, "克拉克认为, '创业型' 是许多社会系统的一个特征, 即全部大学及其内部系科、科研中心、学部和学院的一个特征。'创业型' 带有 '事业' 含义——在需要很多特殊活动和精力的建校工作中的执着努力"④。因此, 本书所谓的学术创业, 是指高校将学术资本由潜在的生产力转化为现实生产力的活动, 是指高校将自身独特的学术资源转化为办学资源的活动, 是指高校自力更生、坚持不懈地推动大学不断进步的活动。可见, 学术创业的内涵相当丰富, 已经走出纯粹商业化、学术资本化的范畴, 指向一项事业的不断变革与进步。创业型大学以学术创业作为身份标识, 就是要创造一切可能, 推动学校不断发展。钱是大学的生命线,⑤ 是大学最为基础与通用的办学资源。显然, 其中最为关键也是最显学术创业特质的一条, 便是将各种学术资源转化为办学资源。在这个过程中, 既有通过学术成果寻求外部资金的商业化行为, 也有寻求社会各界尤其校友捐赠的非商业化行为。例如, 克拉克作为创业型大学案例高校之一来介绍的智利天主教大学, 就有如此的学术创业取向, "如果一位科研人

---

① 详见姚飞、孙涛、谢觉萍《学术创业的边界、绩效与争议——基于 1990—2014 年文献的扎根分析》,《科技管理研究》2016 年第 6 期。

② 参阅黄扬杰、邹晓东、侯平《学术创业研究新趋势: 概念、特征和影响因素》,《自然辩证法研究》2013 年第 1 期。

③ 李华晶:《间接型学术创业与大学创业教育的契合研究》,《科学学与科学技术管理》2016 年第 1 期。

④ 付淑琼:《大学进取与变革的路径——论伯顿·克拉克的创业型大学观》,《教育研究》2010 年第 2 期。

⑤ [美] 大卫·科伯:《高等教育市场化的底线》, 晓征译, 北京大学出版社 2008 年版, 第278 页。

员没有创新寻求外部资金，他就是一项坏的投资"①。但是，创业型大学
筹措办学经费，正是为了改善办学条件，提高教师福利，吸引一流生源，
最终反哺学术，激励与扶持教师专心致志地培养创造性人才、推出应用性
成果。

　　（五）办学文化：坚持实用主义办学文化，实现学术文化与创业文化
的共融互促而不是冲突对立

　　创业型大学中国化的不断推进，必定会培育出一种新型的办学文化。
这种文化不是金钱至上的商业文化，而是一种学以致用的实用主义文化。
在办学理念上，创业型大学以学术资本转化为其组织特性，亦是中国建设
创业型大学的第一动因，体现了创业型大学的历史使命与社会责任。在人
才培养上，创业型大学不再局限于认识论的高等教育哲学观，而是按社会
需要来培养各种应用型的创造性人才，并力争让学生在接受高等教育服务
过程中感到"学有所值"，体现其市场论的教育哲学与务实的育人精神。
在科学研究上，"与传统高校以理论水平、学术价值为标准的评价机制不
同，创业型大学更关注科研成果产业化后的经济效益和社会效益"②，强
调应用性、对策性研究，体现了研究的实用主义取向。在学术创业上，这
是创业型大学区别于传统型院校的标志性外显特征，更体现了创业型大学
走出象牙塔范式之后大力弘扬的自力更生精神与求真务实文化。在传统型
院校仍占高等教育阵营中主体且传统学术评价机制尚未改变的中国，创业
型大学的实用主义文化不可能一帆风顺，必将像 19 世纪科学研究职能在
大学中逐渐确立一样经受各种围啄与阻挠。但是，时代的洪流是任何人无
法阻挡的。在社会变迁过程中，大学推动社会的发展，社会也在改变大学
的面貌。面向社会办学的创业型大学，自然会主动对接时代潮流，协调学
术文化与创业文化的关系，让两者实现共存共赢，而不会是冲突对立。③
将知识生产、传承与应用结合起来，构筑完整学术生产链条的创业型大
学，其秉承的这种实用主义文化也许会成为大学的精神向导，指引创业型

---

① ［美］伯顿·克拉克：《大学的持续变革：创业型大学新案例和新概念》，王承绪译，人
民教育出版社 2008 年版，第 148 页。

② 王军胜：《地方本科院校如何建设创业型大学》，《教育发展研究》2016 年第 23 期。

③ 详见宣勇、付八军《创业型大学的文化冲突与融合——基于学术资本转化的维度》，
《中国高教研究》2013 年第 9 期。

大学在自力更生的道路上走得越来越好，最后成就中国创业型大学的传奇故事。正如伯顿·克拉克所指出的，"一种创业型文化的发展，可以看作从理念（idea）到信念（belief），到文化（culture），到传奇（sage）的运动"①。

三 确立中国创业型大学本土化内涵的时代意义

"创业型大学"一词是一个舶来品，由于其内涵在学界存在争议，并且无法指导中国的创业型大学实践，从而需要对其进行本土化诠释，建设具有中国特色的创业型大学理论。创业型大学中国化的内涵诠释，属于本书本章开篇指出的第三条研究路线，亦即从研究者个人基于理论依据与实际需要进行创造性的构想。但是，这种构想必须基于创业型大学理论奠基者的基本要义。对于创业型大学这样一个有着两位理论鼻祖的概念来说，也就是基于克拉克与埃兹科维茨关于创业型大学内涵的最大公约数。从前面关于创业型大学本土化内涵的五点诠释来看，结合本章第二节关于创业型大学内涵的溯源性解读，尤其两位理论鼻祖能够达成一致的前面三个基本观点，本书完全遵循了基于创业型大学理论奠基者的基本要义来构建中国化创业型大学的原则。至于创业型大学应该成为社会创新体系平等主体的要求与前提，则是政府办大学、政府管大学、政府评大学条件下中国高等院校普遍缺乏的制度环境，这也正是本书试图通过创业型大学中国化的成功实践逐渐突破的方面。因此，本书对于创业型大学本土化内涵的诠释，没有偏离克拉克与埃兹科维茨关于创业型大学内涵的共同要义。那么，基于一定理论依据来诠释创业型大学本土化的内涵，这项工作有什么样的价值与意义呢？

（一）有利于进一步构建创业型大学中国化的理论体系

为什么要诠释创业型大学本土化的内涵，与诠释创业型大学本土化内涵的作用，这是一个问题的两个方面，而且都牵涉创业型大学理论体系问题。就第一个方面而言，我们没有用来指导中国创业型大学建设的现存理论，从而需要从诠释创业型大学本土化内涵开始。实质上，这是在论述诠释创业型大学本土化内涵的必要性，发生在我们开展这种理论探索之前。

---

① ［美］伯顿·克拉克：《大学的持续变革：创业型大学新案例和新概念》，王承绪译，人民教育出版社 2008 年版，第 113 页。

这正是本节第一部分论述的问题。就第二个方面而言，我们诠释创业型大学本土化的内涵，其目的是构建具有中国特色的创业型大学理论体系，其作用也是有利于进一步构建创业型大学中国化的理论体系。这是因为，创业型大学的内涵是其理论体系的核心要件，也是构建其理论体系的逻辑起点。构建中国特色的创业型大学理论体系，自然要先对创业型大学内涵进行本土化改造与诠释，然后在此基础上从分类角度理顺创业型大学的外延，再而探讨创业型大学本土化的实践论与价值论，初步完成中国特色创业型大学理论体系的构建。理顺这些关系，也就能把握本节内容的逻辑结构，并且理解本节对于本书后面内容的基础性与先导性作用。

（二）有利于在国际上展现创业型大学理论的中国流派

对于一个新生的概念，尤其当这个概念还是一个舶来品时，中国学者倾向于坚守其原创者的意蕴。一旦我们稍微背离甚或扩大其意蕴，好像我们触犯了学术天条一样罪不可赦。也就是说，西方概念内涵或者理论体系本土化的诠释，在中国学者中并不多见，普遍采取"拿来主义""教条主义"。从某个角度来说，这种坚守是值得鼓励的。但是，当这种坚守不符合客观实际，或者不利于事物发展时，我们的坚守就变得没有意义。因为我们不是要去炒作或者弘扬某个概念，而是要去领会概念背后的精神实质，吸收其合理内核，创造性地应用到我们的相应改革与实践中来。尤其像创业型大学这样的概念，我们发现其至少有两个理论鼻祖，如果只是坚守某一方某一阶段的观点，并且以此内涵来囊括该概念的所有外延，仅就概念本身的理解而言，势必陷入以偏概全的境地。对于一个本身就具有主动创新精神与锐意进取品质的创业型大学概念来说，中国以此作为指引来推进传统院校变革，就应该按照中国实际与迫切需要来实现本土化改造与诠释，最终形成中国特色的创业型大学理论。这种做法，其意义远不只是指导中国的创业型大学建设，当然也不敢妄言开创中国特色学术话语体系的先河。但是，只要创业型大学在中国的实践取得了较大的成果，形成了具有世界认可的创业型大学之中国案例，那么，创业型大学中国化的理论体系就能在国际上占有一席之地，或许被全球研究创业型大学的学者称之为创业型大学理论的中国流派。也就是说，当中国能够走出一批具有中国特色的成功创业型大学之后，中国的创业型大学研究者与西方的创业型大学研究者能够在一个共同的平台上进行学术交流，彼此吸取对方的思想与智慧以推动各自创业型大学理论与实践的发展，在国际大舞台上形成不同的创业型大学理论流派。这应该是中国学术走向独立自主、坚持理论自信的开始，也是我们真正学习与借鉴西方理论、汲取全人类共同智慧为我所用的标志。

（三）有利于让创业型大学理论研究扎根在中国实践上

世界是变化的，变化是绝对的。来源于世界并用来改造世界的各种理论学说，自然也是需要因时因地而发生变化的。战国末期《察今》（选自《吕氏春秋·慎大览》）一文，就已经深刻地揭示了这个道理。"凡先王之法，有要于是也，时不与法俱至。法虽今而至，犹若不可法。故释先王之成法，而法其所以为法。"对于一个国家的祖训，尚且如此，对于西方的理论学说，更应该领会其精神实质，对其予以本土化改造与诠释。而且"世易时移，变法宜矣"。这对于理论学说的与时俱进，尤有指导意义。也就是说，随着时代潮流的变迁，各种理论学说自然也应该发生相应变化。如此一来，我们不仅要建立中国特色的创业型大学理论，而且这个理论也会随着社会进步而不断发生变化。事实上，我们只有对西方创业型大学理论进行本土化改造与诠释，才能让中国化的创业型大学理论在中国实践中不断完善发展，最终让本土化的创业型大学理论永远扎根在中国高等教育实践上。本书构建的创业型大学本土化理论，是适应当下中国教育改革与发展需要的。创业，更多地体现一种进取的姿态；创业型大学，其最大价值在于传达一种自力更生的办学理论。本书将在适当的地方来充分论证：当前没有任何一个概念，有比创业型大学更能体现中国大学改革的紧迫性、方向性与突破性。同时，本书构建的创业型大学本土化理论，在未来某些时候会变成一种过时的理论。或者说，该理论因为完成了某种任务而退出历史舞台。在那个时候，创业型大学这个概念也许并不存在，就像"师范教育"（normal education）这个概念于 20 世纪中期以后逐渐在美国消失一样，它们已经被其他更具涵盖性的概念所取代。对此，本书亦将在适当的地方来充分论证：创业型大学这个概念是一个阶段性的概念，必将随着中国创业型大学建设热潮的退潮而退潮，这就像美国已经存在多样化的创业型大学实践而使创业型大学理论研究呈现渐弱型前沿特征一样。总之，无论是创业型大学理论研究在中国的兴起，还是创业型大学这个概念在中国的消亡，都是中国高等教育实践改革与发展的需要，而这都要从诠释创业型大学本土化内涵、构建中国特色创业型大学理论开始。

第二章　创业型大学的类型

关于对象事物的本体论研究，主要关注对象事物是什么、有什么两个方面的问题，这实质上正是事物概念的内涵与外延问题。传统逻辑认为，内涵与外延类似于一般性与个别性的辩证关系。① 也就是说，内涵是所有对象事物抽象概括出来的东西，具有普遍性与一般性特征。内涵越大，外延越小；反之，内涵越小，外延越大。例如，从生物到动物，再到人，最后到男人，其内涵不断增加，外延则不断减少，这正说明内涵越丰富，外延越小。② 不过，现代逻辑不再将内涵与外延的这种反比关系作为一种规律，会视不同情况区别对待。确实，"大""小""丰富"等概念都具有相对应，参照对象不同，其表述就会有差别。而且，"越大"与"越丰富"在形容"内涵"时，分析视角是不一样的。例如，内涵"丰富"的本质，增加了"种差"，从而限制了对象事物的数量，外延应该会减少；内涵"越大"的本质，减少了"种差"，从而扩大了对象事物的数量，外延应该会增多。可见，过于强调内涵与外延的反比关系，在当前已经没有太大的意义。但是，传统逻辑关于内涵与外延的辩证关系，为我们分析许多问题提供了理论框架；而且，无论传统逻辑，还是现代逻辑，都会从内涵与外延的辩证关系来研究对象事物的性质。本书在第一章探讨的内涵，是本章各类创业型大学的共同属性；本章从类型角度来研究创业型大学的外延，正是基于第一章揭示的创业型大学内涵而展开。也就是说，不管中国创业型大学分成哪几种类型，不管这些创业型大学体现出什么方面的特征，每类创业型大学都不会违背创业型大学中国化的内涵。否则，这样的大学可以不被视为创业型大学。

---

① 王建士：《从内涵与外延的辩证关系看物质概念》，《华侨大学学报》（哲学社会科学版）1983 年第 1 期。

② 俞思义：《概念的内涵与外延有着反比（变）关系吗?》，《重庆理工大学学报》（社会科学版）2013 年第 9 期。

第一节 创业型大学的分类依据

对于同一种事物的分类，关键在于选择分类依据。这种分类依据，正是研究的理论基础。理论站得住脚，分类才是科学可取的；理论站不住脚，分类也就不科学了。以"人"为例。根据不同分类依据，可将人分为不同的类型。从性别来看，有男人与女人；从国别来看，可分为本国人与外国人，等等。不钻牛角尖的话，或者从普遍角度而言，动物世界确实以男女、雄雌两分天下。同理，在现代社会，活跃在世界舞台上的组织与个人，普遍都有着"国家"归属。可见，性别与国别是具有确定性内涵的，在理论上站得住脚。但是，将"人"分为好人与坏人，在理论上就站不住脚。因为我们无法从人格、人品甚至人性上，将某个人定格在好人或者坏人之列。在同一个时间与地点，他既可能是所谓的好人，也可能是所谓的坏人。本书对于创业型大学的分类，同样要选择某种分类依据，也就是要寻找可靠的理论基础。本书在提出自己的创业型大学分类依据之前，先来梳理学界对于创业型大学的分类及其依据。

一 基于两位创业型大学理论鼻祖的案例高校进行分类

伯顿·克拉克与亨利·埃兹科维茨作为创业型大学理论的奠基者，他们最初选择的创业型大学案例高校是不一样的。克拉克主要以欧洲的教学型院校作为考察对象，最具代表性的高校便是华威大学；埃兹科维茨主要以美国的研究型大学作为考察对象，最具代表性的高校便是 MIT、斯坦福。对此，本书在第一章中都有较为详尽的论述。不同的案例高校，其转型的路径就会不一致。对于欧洲的教学型院校而言，需要实现组织的整体变革，采取全方位的创业模式；对于美国的研究型大学而言，重点在于基层学术组织的学术转向，在政府—产业—高校的三螺旋结构中，积极推动科研成果转移转化，引领高等教育的变革与发展。于是，不少学者从两位理论鼻祖最初选择的案例高校分野出发，将创业型大学分为"革新式"创业型大学与"引领式"创业型大学两种类型；或者分为线性模式的创业型大学与非线性模式的创业型大学。

例如，有文指出，伯顿·克拉克以英国华威大学作为典型案例，其研究路径是将大学作为一个能动的组织主体，关注的是大学这一组织如何像企业那样进行创业、革新，以便应对外在环境的变化，可以称之为"革新式"的创业型大学；亨利·埃兹科维茨以美国麻省理工学院作为典型案例，其研究路径是将大学置于"三螺旋"模式的分析框架中，如何推动知识转移，实现学术创业，推动大学与社会的协同发展，可以称之为"引领式"的创业型大学。① 这种两分法能够让我们更好地知道，两位创业型大学理论鼻祖最初是从不同类型的观察对象出发，然后得出了不同的研究范式以及转型路径。确实，我们所处的环境与接触的事物，在很大程度上影响了我们思维的角度、高度与深度。同时，该两分法对创业型大学的实践亦具有指导性。教学型院校向创业型大学转型，可以从克拉克的"革新式"创业型大学吸取智慧；研究型大学向创业型大学转型，可以从埃兹科维茨的"引领式"创业型大学吸取智慧。不过，这种两分法不能建立在两位创业型大学理论鼻祖的理论观点或者欧美两个区域的实践模式之上，只能建立在教学型院校与研究型大学两种不同层次的办学实体上。也就是说，这不能代表克拉克与埃兹科维茨各自的创业型大学模式，也不是欧洲与北美两个区域的创业型大学模式，只能说是基于教学型院校抑或研究型大学转型而来的创业型大学模式。这是因为，克拉克后来对于创业型大学的研究，不仅指欧洲的教学型院校，还包括了美国的研究型大学，从而我们不能将克拉克的创业型大学观局限于教学型院校；同时，美国高等教育的竞争性、多样性，会导致不同类型、不同层次的传统型院校走向创业型大学，从而美国创业型大学的实践模式不能局限于研究型大学。例如，在《大学的持续变革：创业型大学新案例和新概念》一书中，克拉克不仅研究了一些教学型院校，而且研究了美国的 MIT、斯坦福、密歇根大学等研究型大学；同时，美国不只有研究型大学向创业型大学转型的典范，其开放的办学环境能让各种类型的院校都有可能走向创业型大学，正如克拉克所言："更多的公立大学已经摆脱传统的全部由州领导的姿态，更加接近一个庞大而又不断发展的非营利部门私立大学。"②

又如，有文在继续肯定革新式与引领式两种类型的创业型大学模式基

① 详见邹晓东、陈汉聪《创业型大学：概念内涵、组织特征与实践路径》，《高等工程教育研究》2001 年第 3 期。

② ［美］伯顿·克拉克：《大学的持续变革：创业型大学新案例和新概念》，王承绪译，人民教育出版社 2008 年版，第 224 页。

础上，直接将革新式称之为欧洲模式，引领式称之为美国模式。① 显然，这种分类就缺乏理论基础，或者说与实际情况不完全吻合。克拉克的创业型大学理论，远远不只是建立在欧洲案例上，不只是建立在教学型院校案例上，已经扩展到全球各类高校。埃兹科维茨以美国研究型大学作为案例高校，不代表美国没有教学型院校成功转型为创业型大学，更不能说明欧洲没有研究型大学转型为创业型大学。因此，从教学型院校与研究型大学这两个不同的转型起点来对创业型大学进行分类是合理的，但是我们不能将之等同于两位理论鼻祖的创业型大学分类，更不能直接以欧洲模式、美国模式取而代之。当然，如果将那些沿着教学型大学、研究型大学再到创业型大学的转型模式称之为线性模式，将那些从教学型大学直接到创业型大学，再而发展成为研究型大学的模式称之为非线性模式，这种分类是可取的。这种分类的理论依据，就是创业型大学的发展起点，即要么从研究型大学而来，要么亦可由教学型大学而来。不过，我们绝不能将线性模式等同于美国模式，将非线性模式等同于欧洲模式，更不能将线性模式等同于埃兹科维茨的创业型大学模式，将非线性模式视为克拉克的创业型大学模式。② 否则，我们又将重新回到按克拉克与埃兹科维茨最早观察的对象来划分，即根据欧洲与北美非常有限的案例高校来划分。

如果说，埃兹科维茨先生以美国研究型大学作为创业型大学的发展起点具有广泛认同度，那么，克拉克以欧洲教学型院校作为创业型大学的发展起点则是不被认可的。克拉克后来对于创业型大学的研究，已经扩展到全球不同性质、不同层次、不同起点的创业型大学。我们已经不能将最初的组织变革作为克拉克创业型大学观的本质与灵魂，其对于创业型大学的理解已经远远超出了组织变革、院校类型的范畴。从两位理论鼻祖的角度来分析创业型大学类型，无论是革新式与引领式、欧洲模式与美国模式，抑或线性模式与非线性模式，都是不恰当的。事实上，不只美国存在包括以教学型院校作为起点的创业型大学，欧洲也有大量以研究型大学作为起点的创业型大学。例如，被国内学者广泛介绍的慕尼黑工业大学（Technical University of Munich，TUM），就是一所研究型大学向创业型大

---

① 任智勇：《学术导向的创业型大学：学术资本主义语境下中国大学的理性回应》，《高等农业教育》2017 年第 3 期。

② 同上。

学转型的成功典范，并被视为欧洲标杆的创业型大学。① 因此，在创业型
大学本土化理论的构建过程中，我们不能从两位理论鼻祖最初的观测对象
那里寻找分类的理论依据，更不能将创业型大学简单地分成欧洲模式与美
国模式，而是需要再从创业型大学理论的溯源性解读出发寻找到具有中国
元素的分类标准。

二　基于战略目标定位而对中国的创业型大学进行分类

在领会创业型大学的精神实质基础上，为构建具有中国特色的创业型
大学理论体系，我们可以直接基于中国实践与中国需要来研究创业型大学
的类型，这也是创业型大学本土化理论建设的最高发展阶段。只有对西方
创业型大学有过深入系统的研究，而且对中国高等教育实践有着丰富的体
验与领悟，我们才能直接按中国实践与中国需要来确定创业型大学的类型
划分标准。由于创业型大学理论在中国尚处于以翻译介绍与案例推介为
主，中国学界较少有人从现有中国案例或者未来变革趋势出发来研究创业
型大学分类问题。不过，我们也能发现中国学界已有学者从中国案例高校
的战略目标定位或者其体现出来的主要特征出发，研究中国创业型大学的
分类问题。例如，在对欧美创业型大学进行梳理的基础上，陈霞玲博士将
中国的创业型大学建设分成五种模式：服务区域经济社会发展模式、学术
创业模式、专业创业模式、创业教育模式、企业经营模式。为便于比较与
分析，本书根据作者论述，再结合其他资料，将其以表格形式做如下梳理
与概括② （详见表2-1）。

表 2-1　　　　　　　　　　中国创业型大学的五种模式

创业类型	案例高校	战略定位	战略重点	起始年份	成熟程度
服务区域经济社会发展模式	福州大学	面向海西建设，提升三大贡献，走区域特色创业型大学的强校之路	关注产学研的合作，紧跟政府海西建设的步伐，通过加大技术转移，加强大学服务区域经济发展的能力	2008 年	探索阶段

① 吴亮：《德国创业型大学的改革发展及其启示——以慕尼黑工业大学为例》，《高教探索》2016 年第 12 期。

② 详见陈霞玲《创业型大学组织变革路径研究》，北京理工大学出版社 2015 年版，第128—156 页。

续表

创业类型	案例高校	战略定位	战略重点	起始年份	成熟程度
学术创业模式	浙江农林大学	到 2020 年把学校初步建设成为国内知名的生态性创业型大学	两步走战略："十二五"期间，完成学术资本的积累；"十三五"期间，全面推进学术创业。确定十大重点领域，每个领域确立三个优先主题，形成 1030 发展战略	2010 年	探索阶段
专业创业模式	齐齐哈尔工程学院	办学从单一性向多元化转变，教育从适应型向创业型转变。坚定不移地探索"学校品牌靠专业，办学经费靠产业"的创业型大学建设之路	2004 年出台《专业法人条例》，确立了"开一个专业、办一个实体、兴一份产业、创一个品牌"的专业建设原则。依托专业办企业、实行专业法人制度。升本后将"兴一份产业"改为"建一个会所"，即研究会、协会、学会及研究所	20 世纪末21 世纪初	初创阶段
创业教育模式	浙江工贸职业技术学院	学校坚持教育服务理念，以办人民满意的教育为宗旨，深化创业型高校建设，"立足市场，产学结合"，培养德智体美劳全面发展、具有创新创业素养、能适应经济社会发展需求的高层次技术技能型人才	立足浙江，面向全国，着眼国际，以工为主，工贸并举，重点发展先进制造技术专业，完善和推行政产学研市一体、学园城联动、职教集团合力的办学机制，以创新创业为驱动，深化教育教学改革，以工学结合、产教融合为路径，提升人才培养质量	20 世纪末21 世纪初	初创阶段
企业经营模式	欧亚学院	以"国际化、应用型、新体验"教育理念为特征的应用型民办本科大学。创新产学研合作人才培养体系，面向行业和地方经济，培养有道德，会思考，能表达，具有较强实践能力的高素质应用型人才	确立了拓宽多元收入来源的七大经营战略：主营业务（学费）、继续教育、教育服务、管理会计、校产经营、教育基金、产业孵化。例如，驾校培训与驾校考官培训，为学校增加了大量收入	20 世纪末21 世纪初	初创阶段

对中国高举创业旗帜的高校（欧亚学院没有明确提出创业型大学的战略目标定位，但明显地体现出克拉克与埃兹科维茨关于创业型大学的基

本特征）进行研究并分类，概括出五种创业型大学模式，有利于我们对中国创业型大学建设现状的整体把握，有利于我们从中获悉创业型大学本土化建设的基本路径，有利于为我们构建中国特色的创业型大学理论体系提供新思想与新素材。当然，这五种模式的划分标准，主要基于学校的战略目标定位或者发展战略重点，缺乏具有普适性的理论基础，从而无法作为未来更多中国创业型大学的分类依据。而且，一所创业型大学或许兼具几种模式所体现出来的特征。例如，福州大学与浙江农林大学一样，都走学术创业的发展道路，甚至可以说，所有具备一定研究实力的普通本科院校，都会致力于学术成果的转移转化，通过学术创业来服务社会，并以此提升自己办学地位与学术声誉。又如，福州大学在建设创业型大学的过程中，战略重点随着学术创业的艰难推进而发生转移，近几年已经"由全面推进转向以创业教育作为主要抓手"[1]，体现出创业教育模式的特征。可见，中国创业型大学五种模式的分类方法，可以初步勾勒当前中国创业型大学本土化建设现状，事实上，作者也只是从这个层面进行梳理与归纳，如果要将此作为中国创业型大学分类的标准，我们还需寻找更具普适性的理论依据。

三　基于科学能力与创业能力而对创业型大学进行分类

既不从克拉克或者埃兹科维茨阶段性的观测高校出发，也不从中国零星出现的创业型大学典型特征出发，而是从一般性、规律性的角度来对创业型大学进行分类，且能指引中国创业型大学的建设与发展，这样的研究成果在中国学界更为少见。应该说，王雁博士等学者对此做了富有启发意义的探索与尝试。他们根据美国 90 所研究型大学的相关资料，提取科学能力因子与创业能力因子，并将横坐标作为科学能力因子轴，纵坐标作为创业能力因子轴，用十字坐标绘制出美国 90 所大学因子得分散点图，由此得出创业 I 型大学、创业 II 型大学、一般研究型大学、学术研究型大学等四种类型（详见图 2-1）。[2]

如图 2-1 所示，将创业型大学分成创业 I 型、创业 II 型两大类，体

---

① 付八军：《国内创业型大学建设的路径比较与成效评析》，《高等工程教育研究》2016 年第 6 期。

② 王雁、李晓强：《创业型大学的典型特征和基本标准》，《科学学研究》2011 年第 2 期。

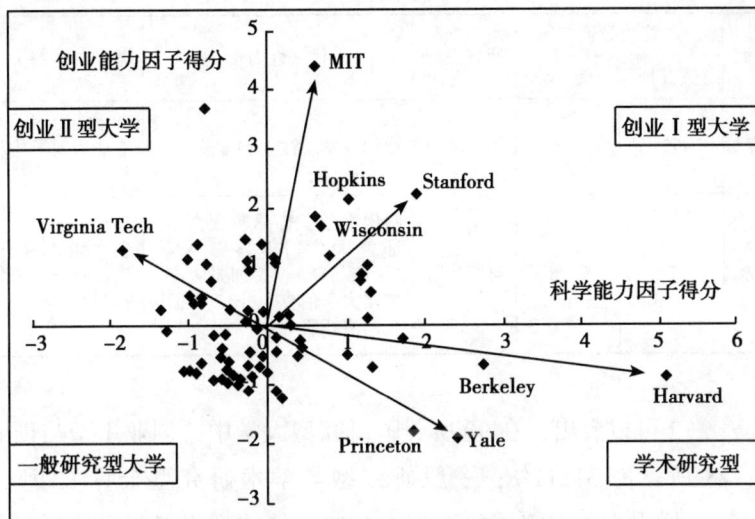

图 2-1 美国 90 所大学因子得分散点

现了学术能力与创业能力的非对称性，表明了创业型大学有着不同的发展阶段，为创业型大学理论大厦的构建提供了方法视角与理论基础。同时，根据这幅"散点图"，我们能够方便地获悉哪些研究型大学属于创业 I 型，哪些属于创业 II 型，哪些还停留在传统的研究型。本书根据作者的研究与图标，绘制成表 2-2，以便我们进一步来研究。

表 2-2 美国 90 所研究型大学与创业型大学分类

大学类型	院校数量		所在象限	代表性高校	基本特征
	总数（所）	比例（%）			
创业 I 型	12	13.33	第一象限	麻省理工学院、斯坦福大学、加州理工学院、哥伦比亚大学、康奈尔大学、约翰·霍普金斯大学、宾夕法尼亚大学、密歇根大学安娜堡分校、威斯康星大学麦迪逊分校、华盛顿大学、杜克大学、加州大学圣地亚哥分校	学术能力因子强，创业能力因子强，属于典型的创业型大学
创业 II 型	16	17.78	第二象限	南加利福尼亚大学、弗吉尼亚理工大学、北卡罗来纳州立大学、佛罗里达大学	学术能力因子稍弱，创业能力因子强，属于有潜力的创业型大学

续表

大学类型	院校数量		所在象限	代表性高校	基本特征
	总数（所）	比例（%）			
一般研究型	55	61.11	第三象限	纽约大学、波士顿学院	学术能力因子与创业能力因子均相对较弱
学术研究型	7	7.78	第四象限	哈佛大学、普林斯顿大学、耶鲁大学、华盛顿大学（圣路易斯）、芝加哥大学、加州大学伯克利分校、加州大学洛杉矶分校	学术能力因子强，创业能力因子相对较弱

从表 2-2 可以看出，在 90 所美国研究型大学中，创业 I 型与创业 II 型合计 28 所，占 31.11%；一般研究型与学术研究型合计 62 所，占 68.89%。这样看来，在美国研究型大学中，传统型仍属于主体，创业型属于少数派。不过，这种分类法仍然存在很大的局限性，有待我们进一步探索。从以下几个方面来看，该分类法类似于从研究型大学到创业型大学的比色分析法，为我们研究创业型大学本土化进程中的不同发展阶段提供了理论视角，但仍然无法作为中国创业型大学的分类标准。

其一，该分类法主要基于研究型大学，体现了埃兹科维茨先生的创业型大学观——"创业型大学是在研究型大学的基础上发展而来的"。[①] 然而，迫切希望从传统型转到创业型的主体，在中国不是那些办学资源丰厚的研究型大学，而是那些办学资源极为有限的教学型、教学研究型院校。

其二，根据高层次学术论文数、在校研究生数、院士数、诺贝尔奖获得数、联邦来源研究经费数等提取科学能力因子，根据专利数、衍生公司数、有收益的授权或者选择权转让数、工业来源的研究经费数等提取创业能力因子，这种分析方法为我们评判大学是否属于创业型大学提供了有益的启示，比克拉克在其案例高校分析中特别关注核心资助比例减少幅度，考虑得更加全面，也更符合中国实际。但是，提取这些因子的指标内容，远远没有这么简单，例如校友创业如何纳入就具有挑战性。同时，不是所有高校将相关信息予以全部公布，从而在分析与比较时就难以客观评判。

---

① ［美］亨利·埃兹科维茨：《三螺旋：大学·产业·政府三元一体的创新战略》，周春彦译，东方出版社 2005 年版，第 38 页。

也就是说，要全面与真实地获取这些因子，本身就颇费周折。

其三，本研究的某些结论与其他学者的观点相左。例如，克拉克在《大学的持续变革：创业型大学新案例和新概念》一书中，将加州大学洛杉矶分校作为美国创业型大学的案例高校，[①] 但该校在这里却属于创业能力因子较弱的学术研究型大学，而不能归为创业型大学。又如，第一章曾经提到，有文认为，"哈佛大学也是主动向创业型大学转型的典范。……在美国政府的推动下，西海岸的北卡罗来纳州立大学和杜克大学等更多的大学也转型为创业型大学"[②]。哈佛大学普遍被视为麻省理工学院等创业型大学的对应类型，在此分类法中也被认为属于学术研究型而非创业型，那么为何有学者视之为创业型大学的典范呢？这表明，过于纠缠于某所大学是否属于创业型大学毫无意义。在此再次凸显本书对于创业型大学研究与实践的定位非常有价值，其定位就是指引更多的高校向着人类社会的前进方向不断变革，向着能够达成自力更生能力的大学未来走向不断发展。创业型大学这个概念属于一个过渡性的概念，当大学普遍依靠本身的服务水平与社会贡献在市场中竞争性地生存与发展，而不是依靠特权或者政府的文凭保护等非市场化因素来让人们趋之若鹜，创业型大学理论研究与实践建设的历史使命就完成了，这个概念也就可以退出人们的视线了。

四　基于创业型大学学术资本转化的三大领域进行分类

选择的理论视角不同，创业型大学的分类就会不同。前面三种创业型大学模式分类，分别基于创业型大学理论鼻祖初期的案例高校、基于中国创业型大学的战略目标定位，基于研究型大学的学术能力因子与创业能力因子，都有各自的合理性与可取性，对构建创业型大学本土化的分类体系具有启发性。但是，正如前文所言，每种分类模式都具有一定的局限性与适应性，不能成为中国现有及将有的所有创业型大学的分类标准。本书从创业型大学的组织特性以及由此进一步推导出来的三大领域出发，构建中国创业型大学的分类体系。简言之，也就是利用创业型大学独特的学术资

---

① ［美］伯顿·克拉克：《大学的持续变革：创业型大学新案例和新概念》，王承绪译，人民教育出版社2008年版，第204—207页。

② 刘振亚：《美澳创业型大学的建构和发展研究》，《西南民族大学学报》（人文社会科学版）2014年第12期。

本构建创业型大学的实践模式。

　　创业型大学的组织特性，不是学术资本主义，而是学术资本转化。①
创业型大学的学术资本转化，可以延伸到三大领域：一是科技成果的应用
与推广；二是针对校外学习者的教学服务；三是针对校内学习者的教学服
务。② 对于第一大领域，这是人们探讨学术资本转化时最为普遍的理解，
已经为学界广泛接受；对于第二、三大领域，这是笔者对学术资本转化含
义的丰富、扩展与延伸，将科学文化知识等教学服务产品转化为学习者个
体内在素质的活动，称之为学术资本向人力资本的转化。这种延伸，不仅
能够通过创业型大学的组织特性将笔者前期对创业型大学研究的两个基本
观点统合起来，亦即"创业型大学的内部着力点在于培养创造性人才"③
"创业型大学的外部着力点在于实现成果转化"④；而且作为关键概念的
"学术资本"⑤"人力资本"⑥，本身属于不含特殊情感或者价值倾向的中
性词，并不意味着必然存在"牟利""商业化"的价值行为。对此，本书
第一章第一节已有论证，在此不再赘述。因此，本书提出创业型大学学术
资本转化的三大领域，其创新性的观点具有深厚的理论基础，能够成为我
们对创业型大学进行类型划分的学理视角。

　　根据上述分析，一所大学利用自身独特的学术资本服务社会，推动科
学技术成果向现实生产力转化、科学文化知识向个体内在素质转化，主要
体现在三大领域：科技成果的应用与推广、校外学习者的教学服务、校内
学习者的教学服务。针对校外学习者的教学服务，不管营利还是非营利，
对于大学的类型归属影响不大。例如，中国公办高校存在大量具有创收取
向的各类培训。只不过，笔者希望这类培训的主体要从"考证考级、职
称培训、出国进修等刚性需求"转到"主动报名以实现自我提升、个性

　　① 详见付八军《学术资本转化：创业型大学的组织特性》，《教育研究》2016 年第 2 期。

　　② 详见付八军《创业型大学的学术资本转化》，《中国高教研究》2016 年第 8 期。

　　③ 详见付八军《创业型大学的内部着力点在于培养创造性人才》，《中国教育报》2012 年 3
月 26 日。

　　④ 详见付八军《创业型大学的外部着力点在于实现成果转化》，《中国教育报》2012 年 4
月 30 日。

　　⑤ 详见胡钦晓《何谓学术资本：一个多视角的分析》，《教育研究》2017 年第 3 期。

　　⑥ 详见谢沁怡《人力资本与社会资本：谁更能缓解贫困?》，《上海经济研究》2017 年第
5 期。

修养、知识扩展等软性需求"。① 因此，从创业型大学独特的学术资本构建创业型大学的实践模式，本书不考虑针对校外学习者的教学服务这个领域，主要基于科技成果的应用与推广、校内学习者的教学服务两大领域。这两大领域，也就是我们平常所说的成果转化和人才培养。一个只从事成果转化工作而没有人才培养职能的学术机构，肯定还称不上大学。这就表明，一所大学，要么以教学作为主要甚至唯一办学使命，属于教学服务类；要么兼顾教学育人与科学研究两大职能，属于学术应用类。同时，人们看到创业型大学，首先想到的便是营利与非营利。由此，本书构建出一个简约型的创业型大学实践模式图（详见图 2-2）。

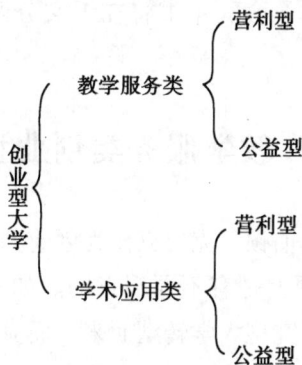

图 2-2　创业型大学的实践模式

如图 2-2 所示，创业型大学可以分成两类：教学服务类与学术应用类。所谓教学服务类创业型大学，是针对那些以教学育人作为单一职能的教学型大学，亦即主要关注从学术资本向人力资本转化的创业型大学。所谓学术应用类创业型大学，是针对那些贯彻教学育人与科学研究两个中心的教学研究型大学、研究型大学，亦即兼顾学术资本向现实生产力与人力资本同时转化的创业型大学。这就表明，不管教学型大学，还是研究型大学，都可以成为创业型大学。这种分类，能让我们走出将创业型大学局限于研究型大学的固定思维，比较符合中国转型为创业型大学的主体是地方本科院校的现实基础。同时，每一类创业型大学，都有营利型与公益型两

---

① 付八军：《创业型大学的学术资本转化》，《中国高教研究》2016 年第 8 期。

种。这就表明，是否营利不是判断创业型大学的关键指标。一所收取高额学费的私立大学，如果离开了政府的文凭保护就无法生存下去，不能凭借自身的教学服务质量赢得市场，那么，哪怕该校办学成本百分之百来源于学费，而且还有大量盈余，办学者从中获得了超过其他公益高校办学者的收益，也不能称之为创业型大学，更不用说营利型的创业型大学。只有当其完全凭借自身的学术资本，在竞争的教育市场中获得了自力更生的能力，这样的大学才能称为创业型大学。因此，基于创业型大学独特的学术资本来构建创业型大学的实践模式，其意图就是要引导更多的高校向着自力更生的方向转型，向着服务与推动社会进步的方向转型。只有这样的创业型大学，才能真正代表未来高等教育的走向。为揭示图 2-2 所示不同类型的创业型大学之具体含义，本书将在下文分两节予以全面与深入的论述。

第二节　教学服务类创业型大学

亨利·埃兹科维茨与伯顿·克拉克作为创业型大学的理论鼻祖，他们在创业型大学的起点问题上是有不同观点的。如前所述，埃兹科维茨认为，创业型大学只能从研究型大学转型而来，而克拉克则是以各种类型与层次的高校作为创业型大学案例。由于两位理论鼻祖有着不同的创业型大学起点论，从而在创业型大学中国化的理论诠释过程中，基于不同的起点论出现了不同的创业型大学类型划分。例如，前文提到的按学术创业模式、专业创业模式、创业教育模式等类型来划分，则是基于克拉克的创业型大学起点论；按创业 I 型、创业 II 型来划分，则是基于埃兹科维茨的创业型大学起点论。中国迫切转型为创业型大学的主体，不是研究型大学，而是教学型或者教研型院校，从而，在对创业型大学本土化进程中的类型划分上，我们特别提出了教学服务类创业型大学（Entrepreneurial University of Teaching Service）的概念。从字面理解，教学服务类创业型大学是指那些基于教学育人单一职能的创业型大学，亦即由教学型院校转型而来的创业型大学。那么，将教学服务类创业型大学单独作为创业型大学的一种模式而设立，仅仅基于上述理论基础与现实背景吗？这与当前国内热切讨论的教学服务型大学有什么样的关系呢？该种创业型大学仅仅针对单一教学型的高职高专、地方本科院校？这类教学型院校转型为创业型大学之后，会不会收取高额学费，变成营利性大学？在对这些问题做出确切的回答后，我们就能较好地把握教学服务类创业型大学。

一　彰显有效知识传承：教学服务类创业型大学的时代价值

如果从活动类型来解读创业型大学学术资本转化的三大领域——科研成果向现实生产力的转化、科学文化知识向校内学生个体素质的转化、科学文化知识向校外学习者个体素质的转化，创业型大学的学术资本转化主要包括两种活动类型：一是科研成果向现实生产力的转化，二是科学文化知识向学习者个体素质的转化。作为一所大学，必然存在第二种转化。如果没有第二种转化，只存在第一种转化，那么我们就可将其称为研究院，而不是大学。由此推导出，从创业型大学学术资本转化的角度来对创业型大学进行分类，可以设立以第二种转化作为单一职能的教学服务类，以及同时兼顾这两种转化的学术应用类——教学育人与第一种转化工作一样，都是学术文化知识的应用。可见，设立教学服务类创业型大学，不只是为了让我们摆脱埃兹科维茨关于创业型大学起点论的局限性，也不只是因为中国传统型院校向创业型大学转型的主体是那些实力并不雄厚的教学型院校，关键在于该种创业型大学的类型设置是根据创业型大学的组织特性——学术资本转化——推导出来的，寻找到了有比创业型大学理论鼻祖个性化观点更有力的理论依据。

教学服务类创业型大学能够在理论上予以确立，还与教学或者说知识传承的相对独立性密切相关。也就是说，一所没有研究任务的高校，同样可以凭借教学学术①在市场上赢得声誉与资源；而且，这种专门以知识传承作为唯一任务与要求的高校，既是高等教育原始的样式，也是人类社会永恒的需要。当仔细品味英国著名高等教育思想家纽曼（John Henry New-man）的经典话语——"发现和教学是两种迥异的职能，也是迥异的才能，并且同一个人兼备这两种才能的情形并不多见"②，再认真审思在教学与研究上均有极高造诣的鲁迅先生之经验总结——"教书和写东西是

---

① Boyer, E. L.: *Scholarship Reconsidered: Priorities of the Professoriate*, New Jersey: The Carnegie Foundation for the Advancement of Teaching, Princeton University Press, 1990: 25.

② ［英］纽曼：《大学的理想》，徐辉、顾建新、何曙荣译，浙江教育出版社 2003 年版，第4—5页。

势不两立的，或者死心塌地地教书，或者发狂变死地写东西，一个人走不了方向不同的两条路"①，我们会更加强烈地感受到，以知识传承作为唯一任务与要求的高校确实具有存在的合理性、必要性乃至永恒性。从创业型大学的角度来设立该类教学服务型高校，就要推动并强化教学学术在市场中接受检验，使得广大学习者不是为了文凭而学习，更不是"为了不被教师点名而进课堂"②，而是被富有针对性和实效性的教学服务本身吸引而来，为了提高个人素质与能力而学习。

如果说，前面的各种理论分析为我们设立教学服务类创业型大学提供了可能性与合理性，那么，彰显知识的有效传承则是我们设立教学服务类创业型大学的使命驱动和价值追求。大学本应是知识传承的殿堂，人类学习的圣地，现如今，教学育人的精神颓废，人才培养的中心地位只停留在宣传性的口号上。正如有文指出的，"倾斜和表彰过后，教学继续没有人重视，教学的地位依然脆弱"③。传统型院校在这个方面，做了许多探索与努力，包括"在教师职称晋升标准中增加教学学术的内容，并将其视为教师职称晋升的基本条件"④，但至今没有改变教学中心地位在事实上旁落的局面。在未来不断变革的社会潮流中，如果这种局面再不改变，大学仍然以文凭授予与学生选拔作为生存的尚方宝剑，还不能从教学服务质量本身的角度满足学习者的需求，那么，那些坚守象牙塔、不求新适应的传统型院校必将难以为继。在美国，我们就已经看到了这种在中国尚属未来趋势的现实。近年来，美国大量高校倒闭，由于"传统教学模式将被颠覆，未来 20 年内大量美国大学将破产倒闭"⑤。创业型大学就是为市场而生，教学服务类创业型大学，正是为彰显知识传承价值、拯救大学教学危机而设。教学服务类创业型大学的教学，不局限于滔滔不绝绘声绘色的教学，而是把握一个关键词——"有效"。那就要求我们从学习者的真实需求与接受能力出发，科学有效地设计教学。无论讲授式还是尝试教学

---

① 转引自商友敬《坚守讲台》，华东师范大学出版社 2005 年版，第 84 页。

② 参阅吴艳、陈永明《大学课堂教学的现状分析及思考——基于全国十所高校的实证调查》，《高教探索》2015 年第 11 期。

③ 刘华东：《试论大学教学学术的内涵》，《中国高教研究》2017 年第 6 期。

④ 朱炎军：《教学学术视角下的高校教师发展：来自美国的经验》，《外国教育研究》2017 年第 3 期。

⑤ 李慧翔：《破产狂潮下的美国大学》，《南方周末》2017 年 11 月 30 日。

法、无论传统课堂授课还是翻转课堂教学，只要在达到课程目标的前提下让学生乐于接受并高效内化，就是有效的知识传承。这样的大学，哪怕离开政府的庇护与资助，也能在市场中自力更生，走出自己的一条路。

二　强化市场竞争能力：区别于教学服务型大学的显著特征

刘献君教授于 2007 年提出了"教学服务型大学"概念，此后国内众多学者对此开展了研究。理顺教学服务型大学的内涵，有利于我们进一步认识教学服务类创业型大学。与本书提出教学服务类创业型大学一样，刘教授同样是从高等学校分类的角度提出教学服务型大学的。在他看来，在研究型大学、教学研究型大学之后，应该增加"教学服务型大学"这种类型，其后才是教学型本科院校、高职高专院校。① 从这里可以看出，刘教授所谓教学服务型大学，介于教学研究型大学与教学型本科院校之间。由此观之，刘教授倡导的教学服务类大学至少有两个要义：其一，在层次上，相对于教学研究型强调教学与研究并重而言，教学服务型以教学育人为主，以科学研究为辅；相对于教学型而言，教学服务型的科学研究基础更强。正如刘教授所指出的："教学服务型大学以本科教学为主，根据条件和需要适度进行研究生教育；教学和科学研究以服务地方为宗旨，培养地方需要的应用型人才，产出地方需要的应用性成果；大力开展以满足社会需要为目的的各种服务活动，形成为地方全方位服务的体系。"② 其二，在类型上，相对于教学研究型、教学型两个相邻的办学类型而言，教学服务型更加强调走出象牙塔，关注应用型人才的培养与应用性成果的生产。正如刘教授所指出的："从高等学校的分类和定位来看，我国高等教育界参照美国卡内基分类法，将高等学校划分为研究型、教学研究型、教学型、高职高专四类。虽然有一定的合理性，但也带来两个严重问题：一是引导所有大学都往学术研究型大学发展；二是加剧了我国高等学校的自我封闭。这种高校的自我封闭到了非打破不可的时候了。"③

刘教授关于教学服务型大学内涵的分析，在类型上较为清晰，那就是

---

① 刘献君：《建设教学服务型大学——兼论高等学校分类》，《教育研究》2007 年第 7 期。

② 同上。

③ 刘献君：《经济社会发展转型与教学服务型大学建设》，《高等教育研究》2013 年第 8 期。

相当于当前学界较为关注的应用型高校，推动从知识本位向服务本位的转向，倡导学以致用而不是学以致知。对此，许多学者亦表示赞同。"服务本位是新建本科院校较为理想的转型模式，教学服务型大学是服务本位转型的可能趋向。"① "教学服务型大学是一种以服务为宗旨并通过以培养应用型人才为主兼顾科技、文化艺术服务社会的应用型大学。"② 不过，刘教授的教学服务型不等于应用型。"'应用型'是相对'学术型'而言的，主要适用于人才培养目标，强调培养应用型人才。'教学服务型'是相对'研究型'、'教学研究型'和'教学型'而言的，是高等学校分类中的一种类型，有助于解决学校的战略定位问题。"③ 在这里，学界又产生了较大分歧。例如，侯长林教授认为，"教学服务型大学是应用型大学的一个类别"；何万国教授认为，"中国的大学总体上分为两类，一类是学术型，另一类是应用型，教学服务型大学属于应用型大学"④。笔者认为，何万国教授的论述，并没有否定刘教授对于教学服务型大学的学术贡献，同时简洁明了地概括了高等教育的某种分类视角及其关系。

刘教授关于教学服务型大学内涵的分析，在层次上还有待我们进一步明晰。这是因为，研究型、教学研究型、教学服务型、教学型、高职高专这五种类型的高校，从学术水平而言，实质上就是五种办学层次。将教学服务型介于教学研究型与教学型之间，在外延上会出现交叠现象。也就是说，我们很难区分教学研究型、教学服务型与教学型三者之间的边界。例如，刘教授将教学服务型大学定义描绘为："在我国高等教育大众化发展进程中出现的，以推动知识的创新、传授、应用与地方经济社会发展相结合为宗旨，全面构建新型的教学与科研模式、组织制度形式和资源配置方式的现代大学。其特征有：开放性（为他人服务，必须打破封闭，走向开放）、应用性、多样性（服务对象的多样性，决定了服务内容与形式的

---

① 陈新民、王一涛：《新建本科院校的重要发展趋势》，《教育发展研究》2011 年第 17 期。

② 侯长林、罗静：《论教学服务大学的哲学基础》，《贵州社会科学》2017 年第 1 期。

③ 刘献君：《经济社会发展转型与教学服务型大学建设》，《高等教育研究》2013 年第 8 期。

④ 罗家才：《教学服务型大学建设：转型战略与本土创新的结合——第二届"全国教学服务型大学建设"学术研讨会综述》，《高等教育研究》2016 年第 6 期。

多样性）、地方性。"① 如果教学研究型在概念本身没有发生改变的前提下注重了应用，教学型关注社会应用也必然涉及应用性研究，那么，这三类高校的边界在层次上就不清晰了，以至于有文认为教学服务型大学"比较适合于一般地方高校和民办高校的定位"②；而且该定义的涵盖性极强，蕴含高等教育变革的先进理念，可以成为现代大学的指引性概念。

根据以上分析，教学服务型大学的概念在内涵与外延上，尚未在学界达成共识。事实上，从思想源头来看，作为一种本土化创新的概念，③ 教学服务型大学是西方服务型大学（service university）中国化的产物。19世纪美国的赠地学院，可谓服务型大学的萌芽。林肯总统签署的《莫雷尔法案》（Morill Act）规定：按照各州在国会中参议院和众议院人数的多少分配给各州不同数量的国有土地，其出售或投资所得收入，在 5 年内至少建立一所"讲授与农业和机械工业有关的知识"的学院，以服务于美国农业和机械化的发展。这实际上是从国家制度安排上，确立了高校的服务功能。④ 20 世纪 90 年代以来，西方国家开始对"服务型大学"开展研究。威廉·卡明斯（W. K. Cummings）将服务型大学定义为："寻求将旨在创造新知识的科学研究与将新知识的实用价值转让给地方需求两者相结合"⑤ 的大学；对该概念有着重要理论贡献的挪威奥斯陆大学（Universitetet i Oslo）阿瑞德·特捷达夫（Arild Tjeldvoll）教授认为，"服务型大学"的最重要特征在于"以市场为导向，生产在知识市场里有竞争力的产品"⑥。由此看来，西方的服务型大学强调创造知识并服务社会，"将知

---

① 刘献君：《经济社会发展转型与教学服务型大学建设》，《高等教育研究》2013 年第 8 期。

② 徐绪卿：《浅议教学服务型大学的若干问题——兼论地方院校和民办高校的发展定位》，《教育研究》2012 年第 2 期。

③ 罗家才：《教学服务型大学建设：转型战略与本土创新的结合——第二届"全国教学服务型大学建设"学术研讨会综述》，《高等教育研究》2016 年第 6 期。

④ 徐绪卿、周朝成：《教学服务型大学：民办高等学校的新定位》，《中国高教研究》2011 年第 10 期。

⑤ Cummings W. K.："The Service University in Comparative Perspective"，*Higher Education*，1998，35（1）．

⑥ 转引自徐绪卿、周朝成《教学服务型大学：民办高等学校的新定位》，《中国高教研究》2011 年第 10 期。

识的创新与将知识服务于地方经济发展相结合的大学"①；同时，"它的一切活动，包括教学和科研，都以公众和社会的需要为标的，将顾客利益放在学校工作的首位"②。国内学者亦认识到，西方的服务型大学主要针对科技服务，从而这些大学往往属于研究型大学或者研究教学型大学，而中国的教学服务型大学主要针对教学服务，重点在于人才培养，从而普遍是那些科研相对较弱的一般本科院校。③

梳理了中国的教学服务型大学，再而阐述了西方的服务型大学，我们会发现，前者与教学服务类创业型大学，后者与创业型大学，在内涵上均有许多相同之处，而且四者都强调服务导向。对于服务型大学与创业型大学的关系，有文甚至指出："在很多学者的论述中，这两个概念可以互换"，只不过当前学界普遍采用"创业型大学"这个概念。④ 当然，如果学界将服务型大学定位于研究型大学，那么我们探讨创业型大学，则不只针对研究型大学，还包括教学型大学，此处的教学服务类创业型大学就属于教学型大学。对于教学服务型大学与教学服务类创业型大学的关系，由于前者的内涵尚未确定，从而我们难以得出明确的结论。但是，作为该概念的理论奠基者，刘献君教授指出：大学类型的演进遵循两条路径，如"高等学校分类"所示，一是"教学型—教学研究型—研究型"，二是"教学型—教学服务型—创业型"。⑤ 从图2-3可以看出，教学服务型只差一步，就可以发展成为创业型。正如刘教授所言："在教学服务型大学中，一部分优秀的学校可以朝着创业型大学的方向发展。"⑥ 那么，这一步，或者说更加"优秀"，主要指称什么呢？应该说，这就是以教学服务

---

① 转引自刘献君《经济社会发展转型与教学服务型大学建设》，《高等教育研究》2013年第8期。

② 黄学军：《论服务型大学的缘起和发展策略》，《湖南师范大学教育科学学报》2008年第3期。

③ 徐绪卿、周朝成：《教学服务型大学：民办高等学校的新定位》，《中国高教研究》2011年第10期。

④ 刘献君：《经济社会发展转型与教学服务型大学建设》，《高等教育研究》2013年第8期。

⑤ 罗家才：《教学服务型大学建设：转型战略与本土创新的结合——第二届"全国教学服务型大学建设"学术研讨会综述》，《高等教育研究》2016年第6期。

⑥ 刘献君：《经济社会发展转型与教学服务型大学建设》，《高等教育研究》2013年第8期。

产品本身来赢得市场，正如前所述，哪怕没有政府的庇护与资助，亦能够直面市场，搏击市场，在市场中自力更生的竞争性能力。

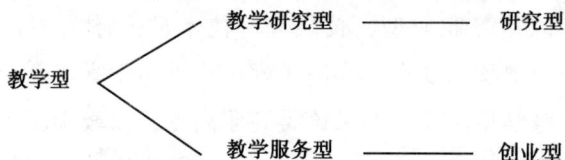

图 2-3　高等学校分类①

三　打造教学服务平台：教学服务类创业型大学的变革趋势

前面对几类服务型大学的比较，有利于我们认识到创业型大学具有较为宽泛的外延，同时抓住创业型大学以服务本身赢得市场这个最具革命性的特征。但是，就像教学服务型大学的外延尚未明确一样，教学服务类创业型大学的外延亦很难从上文的比较中体现出来。从定义来看，所谓教学服务类创业型大学，是指那些仅仅依靠教学学术（Scholarship of Discovery）② 赢得市场、走上自力更生道路的大学。依此来判断一所大学是否是教学服务类创业型大学，主要关注两点：一是属于教学型院校，以教学作为组织的单一职能；二是教学服务水平很高，学习者从教学活动本身受益匪浅，甚至哪怕这种学校不颁发文凭，也会有人主动自愿前来学习，也就是说，这些院校具有随时离开体制并具有在竞争市场中生存与发展的能力。从这两点解读，我们可以获悉，本书设立的教学服务类创业型大学，区别于国内近年来倡导的教学服务型大学，亦不完全局限于克拉克考察的那些教学型院校，而是在遵循创业型大学基本内涵的前提下，体现了中国

———————————

① 刘献君：《教学服务型大学在实践探索中发展》，《高等教育研究》2016 年第 7 期。

② 1990 年，在美国学者欧内斯特·博耶（Boyer E. L.）主持撰写的《学术水平反思：教授工作的重点领域》这份报告中，提出大学教师的学术活动包括四种类型：发现的学术（Scholarship of Discovery）、整合的学术（Scholarship of Integration）、应用的学术（Scholarship of Application）和教学的学术（Scholarship of Teaching）。（详见 Boyer E. L., Scholarship Reconsidered：Priorities of the Professoriate. New Jersey：The Carnegie Foundation for the Advancement of Teaching, Princeton University Press, 1990：25.）从此，"教学学术"成为破除"教学非学术"刻板印象的理论武器，被国内学者广泛接受与应用。

特色、中国需要以及概念提出者的价值诉求。具体而言，教学服务类创业型大学的外延，主要包括这么三种类型的院校。

（一）由高职高专转型而来的创业型大学

高职高专以培养职业型、技能型、技术型人才为主，从总体上来说，对于经验与熟练的要求，要高于理论思维与学术创新，从而这类院校可以定位于教学型院校。如果该类高职高专，以教学服务本身赢得了市场，甚至在离开政府的文凭庇护与政策保障之后，亦能凭借卓越的教学服务吸引大批生源，让学校在市场竞争中生存并发展，那么，它们就是名副其实的教学服务类创业型大学了。至于这些院校是否自我冠之为创业型大学，这已经不重要了。毕竟，在本研究中的创业型大学，也仅仅属于一个过渡性的概念。特别值得注意的两点是：一是当前中国真正称得上创业型大学的高职高专极为少见，大多数高职高专还是在政府的文凭庇护与政策保障下生存，以现有的教学服务水平，一旦进入自由竞争的教育市场就会出现生源锐减，最后只能关门。二是高职高专不是"忠实取向"的教学服务类创业型大学，这类院校在加快应用性研究步伐之后，可以转型为教学与科研并重的学术应用类创业型大学。在我国台湾省，高等职业技术教育与普通高等教育是两条并列平行且地位平等的轨道，都可以通至博士研究生教育阶段。① 这表明，高职高专既可以转型为教学服务类创业型大学，亦有机会转型为学术应用类创业型大学。

（二）由民办本科、中外合作办学甚至独立学院等高校转型而来的创业型大学

从当前来看，这几类院校均属于教学型院校，而且在相当长的时间内，以教学育人作为主要职能，不会在科学研究上投入太多。例如，民办本科院校本身就具有经营理念与市场意识，② 不会像公办本科院校一样对教师的科研活动有如此大力度的支持与奖励，这类大学对教师的评价，不以科研作为标尺，而是以学生的满意度与教学的有效性作为关键

---

① 详见付八军《高等教育属性论——教育政策对高等教育属性的新视角》，江西人民出版社 2008 年版，第 260—268 页。

② 潘留仙、陈文联：《民办高校内部治理中校长应有的角色》，《中国高教研究》2016 年第 8 期。

指标。对于中外合作办学，"教学工作始终是其中心工作，教学质量更是该机构和项目生存的关键"①。对于独立学院，大多依赖母体高校师资，其专职教师肩负着比新建本科院校教师更重的教学负担，且办学体制的完善还处在不断的探索过程中，② 在相当长的时间都难以在科学研究上发展起来。但是，这些高校普遍还未真正成为具有市场竞争能力的创业型大学，在很大程度上依赖政府的文凭保护或者政策保障。在未来社会变革之后的某一天，一旦学习者将接受高等教育的动因由获得凭证转向提升素养，那么，该类具有市场取向但缺乏竞争能力的教学型院校同样会面临关门破产的危机。例如，我们寄予厚望的中外合作办学，因师资等核心要件导致的教学质量问题，已经引起社会各界的关注。③ 由此可见，这几类院校在理论上最有可能转型为教学服务类创业型大学，但大多数仍处在向教学服务类创业型大学转化的进程中。同时，这些院校也不属于"忠实取向"的教学服务类创业型大学，存在向学术应用类创业型大学转向的可能性与现实性。例如，中国的民办本科院校，在理论上可以像美国的私立大学那样，成为世界一流研究型大学，再而发展成为教学与科研并重的学术应用类创业型大学。中外合作办学，如果进一步发展为世界名校在中国的分校，④ 同样在理论上可以成为教学与科研并重的学术应用类创业型大学。我国的独立学院虽然方向尚未明确，但这类院校既有可能走新建本科院校的道路，也可以走前文提到的高职高专的道路，最后都通过应用性科研的提升走上教学与科研并重的学术应用类创业型大学。

（三）以兼职教师为主致力于教学服务平台打造的创业型大学

当前，形式多样的教学服务平台层出不穷。例如，针对职业人才培养的校企合作一体化教学服务平台⑤、在开发数字化教学资源基础上的个性

① 林金辉：《中外合作办学教育学》，厦门大学出版社 2011 年版，第 114 页。
② 阙明坤：《独立学院混合所有制办学模式研究》，《高等教育研究》2017 年第 3 期。
③ 薛卫洋：《对中外合作办学质量建设的思考》，《高校教育管理》2017 年第 6 期。
④ 熊丙奇：《谁来改变教育?》，中西书局 2014 年版，第 55 页。
⑤ 李梅芳、张亮：《校企共建一体化教学服务平台的建设研究》，《中国信息技术教育》2014 年第 24 期。

化教学服务平台①、以"慕课"为代表的网络课程教学服务平台②，等等。这些教学服务平台，有些是以教学作为单一职能的教学型院校所开设，有些是教学与科研并重的高校所开设，还有的则属于大学之外的培训机构所开设。如果不是从大学的角度来论述教学服务平台，那么笔者极为期待的各种培训机构在此会予以探讨，它们将是打造创业型教学服务平台的未来之星。前面提到的两种教学服务类创业型大学，均可以打造类似教学服务平台。那么，笔者在此重点推出的教学服务平台，到底是一种什么样的组织机构呢？作为一所大学，要提供高质量的教学服务，没有科学研究作为基础，那是很难实现持续发展的。但是，这所大学可以仅仅成为一个教学服务的提供平台，大量承担核心课程教学的兼职教师们，其科研工作是在该校之外完成的，而且该校属于提供学历教育的高等教育机构。学校以购买教学服务的方式，包括全程录像，聘请国内乃至世界一流学者前来授课，再由学校专职的相应课程教师协助负责课程辅导、作业检查、成绩评定等。科研是该校专任教师获得聘任并提升学术影响力的自觉行为，不是学校需要奖励与重申的工作。因此，学校关注的就是一点：提供让学习者学有所获、学有所值的教学服务。随着办学声誉的提升，该类高校也会吸引到一流的学者加入专任教师队伍，从而其学术声誉大大提升。但是，这类高校永远不会主动参与乃至关注各种大学科研排行榜，永远只做一件事：打造教学服务平台，引领现代教学革命，培养社会精英人才。因为它们坚信：科研到底好与坏，均能从教学上体现出来；不同的科研成果，则有不同的教学方式；如果教学上体现不出来，这样的科研也是伪科研。这样的高校一旦以教学服务赢得市场，就是教学服务类创业型大学，而且是"忠实取向"的教学服务类创业型大学，也正是本书极力倡导的教学服务类创业型大学。

四　公益型与营利型：教学服务类创业型大学的两种模式

在前面论述教学服务类创业型大学的过程中，笔者多次强调该类院校

---

① 高新成等：《面向数字化校园的个性化教学服务平台研究》，《黑龙江科技信息》2017 年第 4 期。

② 韩丽媛：《基于 MVC 的慕课教学平台的设计与实现》，《课程教育研究》2015 年第 24 期。

具有市场竞争的意识与能力。也就是说，这类院校是需要也能够面向市场、以教学服务质量赢得市场的大学。但是，我们千万不要一看到"市场"两字，就以为这类创业型大学都是商业化的大学。高等教育市场确确实实存在，而且一直且永远存在，只是政府这只看得见的手有时会遮蔽教育的市场属性。从中国政策的走向来看，市场化将是主导方向。例如，"市场在社会主义国家宏观调控下对资源配置起基础性作用"，这是我国自改革开放以来逐渐确定的政策方针，在 2013 年中共十八届三中全会之后，该政策方针已经更改为要让"市场在资源配置中起决定性作用"，进一步明确了市场化取向的改革路线。在公共教育领域，为避免不必要的争议与质疑，我们不宜提"产业化""商业化"，但可以提"市场化"。因此，这种类型的创业型大学，可以再细分为营利型与公益型两种模式。营利型的大学并非就没有公益性了，这些大学同样要以教学质量取胜。营利与公益，只是从办学的第一出发点而言的，换个角度说，亦即依据消费者直接承担办学经费的比重而定。同时，营利与公益也是可以转化的。例如，一所以教学服务赢得市场的创业型大学，最初可能以获得经济回报作为第一追求，学生承担全部乃至超额教学服务成本，但当该校财力充裕之后再来反哺教学学术，在人才培养上淡化商业色彩，最终因教学质量卓越而赢得社会各界尤其校友的资助，又有可能回到公益型。笔者不敢说作为公立大学的华威大学最初属于营利型的创业型大学，但该校从一所名不见经传的教学型院校在短期内发展成为世界著名的研究型大学，这与该校整合学校一切资源包括教学场地来筹措办学经费是分不开的。现如今，我们谁也不会否认华威大学属于公益类创业型大学。有文提出，"美国那些以教学服务为主导的营利性大学的做法，并不值得仿效"。"迄今为止，还没有证据显示市场力量会鼓励那些确证可提高学习质量的方法的传播。"[1]但是，我们需要看到这样一种事实。"教育私有化趋势出现在世界各地的各级办学层面，而且正在逐步增强。"[2] 既然存在这种趋势，我们为何不在大学分类理论中为可能出现的这类创业型大学预留空间呢？

---

[1]　蒋丽君：《也说创业型大学的学术资本转化——与"创业型大学推进学术资本转化观点"的商榷》，《中国高教研究》2017 年第 8 期。

[2]　联合国教科文组织编：《反思教育：向"全球共同利益"的理念转变？》，联合国教科文组织总部中文科译，教育科学出版社 2017 年版，第 65 页。

从个人情感而言，笔者对某种组织是否赚钱并不感兴趣，关注的是该组织能为社会与人们做什么。美国鲁克（Richard S. Ruch）教授的这段话，更加坚定了笔者的这种信念。"坦白地说，几年前我还认为所有的私营教育机构都是学术界的渣滓。因为我无法明白追求利润的动机怎么能够和教育宗旨恰到好处地共存。……现在置身（营利性大学）中，我知道自己对营利性学校的未加检验的看法是错误的，对营利性学校只是为了追求金钱的宗旨的想法是非常幼稚的，对高等教育中营利动机本质的了解是错误的。"① 不过，笔者对那些完全由专任教师提供教学服务的此类创业型大学之未来并不看好。这是因为，没有一流的研究，就难有一流的教学。如果一所大学依靠自己那些不从事研究活动的专任教师来提供教学服务，那么这所大学的教学水平不可能上得去，从而也就走不出一条自力更生的创业之路。笔者比较看好的教学服务型创业型大学，是指那些邀请相应领域优秀专家、真正以教学服务水平赢得市场的大学，这种大学主要属于一个教学服务的提供平台，专家们各自的研究活动主要是在这个大学之外完成的。这种大学，就是前文所说的第三种教学服务类创业型大学。这种大学可以是公益的，也可以是营利的。例如，一所学生教育成本分担比例较小甚至不用缴纳学费的教学服务类创业型大学，其外显特征就体现出公益性；一所学生教育成本分担比例较大乃至高额收缴学费的教学服务类创业型大学，其外显特征就体现出营利性。如果不从大学角度来严格限定的话，那些具有创业取向的教学服务类培训机构，也可以从公益与营利角度进行分类。例如，能够获得社会资助且学员自愿选择的常设性培训甚或学历教育活动，就属于公益性的教学服务平台；那些销售课程且主要由学员自愿直接购买教学服务的活动，就属于营利性的教学服务平台。

第三节 学术应用类创业型大学

伯顿·克拉克与亨利·埃兹科维茨在提出创业型大学这个概念之际，既没有对其下过确切的定义，更不用说从某个角度对其进行分类。事实上，分类让我们更好地明白该概念的外延，从而更有利于我们了解这个概

---

① ［美］理查德·鲁克：《高等教育公司——营利性大学的崛起》，于培文译，北京大学出版社 2007 年版，第 19 页。

念的内涵。例如，从创业型大学学术资本转化的三大领域出发，将创业型大学分为教学服务类与学术应用类两类，每一类又都可以分为营利性与公益性两种。通过这种分类，我们就能明白，创业型大学不等于商业化大学、企业化大学，营利与否不是判断一所大学是否属于创业型大学的关键指标，避免了人们将创业型大学等同于"商号"① 的理论误解。同时，将教学服务类创业型大学作为一种类型单独提出来，那就意味着以教学育人作为单一职能的教学型大学，打造有针对性的高水平教学服务平台，完全以教学服务赢得市场，在理论上是可以走向创业型大学的。那么，对于学术应用类创业型大学，是否意味着只需实现科研成果向现实生产力的转化，放弃了学术资本向人力资本的转化，亦即放弃了科学文化知识向学习者个体素质的内化？该类创业型大学，还需要开展基础理论研究吗？到底有哪些高校，可以成为学术应用类创业型大学？如果将该类创业型大学分为营利性与公益性，那么，它们各自都有什么样的特征？理顺这些问题，学术应用类创业型大学的内涵也就明朗了。

一　教学科研双螺旋发展：学术应用类创业型大学的基本特征

一般而言，学术应用亦即知识的应用，强调科研成果向现实生产力的转化。从这一点来看，学术应用类创业型大学就是指那种强化其外部着力点②、注重科研成果向现实生产力转化的大学，突出了创业型大学在科研成果转移转化、服务社会经济发展等方面的职责与使命。但是，这并不意味着该类创业型大学不重视教学育人工作，不再把培养创造性人才作为其内部着力点。③ 相对于教学服务类创业型大学而言，学术应用类创业型大学同样重视教学育人工作，只不过同时强化科学研究的地位与作用，实现教学育人与科学研究相辅相成、互促共进的双螺旋模式发展。那么，学术应用类创业型大学这个概念在内涵上能够体现教学科研的双螺旋发展吗？

---

① 温正胞：《大学创业与创业型大学的兴起》，浙江大学出版社 2001 年版，第 170 页。

② 付八军：《创业型大学的外部着力点在于实现成果转化》，《中国教育报》2012 年 4 月 30 日。

③ 付八军：《创业型大学的内部着力点在于培养创造性人才》，《中国教育报》2012 年 3 月 26 日。

应该说，该概念本身就包括了知识传承与教学育人的要求，培养应用型人才的职责与使命内隐于这个概念之中。

其一，没有人才的培养，就不能称其为大学。无论将大学的起源锁定在哪里，无论从哪个角度来解读大学，无论给大学叠加什么样的修饰词，大学都是与培养人才联系在一起的。可以说，培养人才是大学区别于学校系统之外其他社会组织的核心特质。例如，19 世纪以前的大学，教学育人是其唯一的职责与使命。① 19 世纪初期，德国洪堡（Humboldt）倡导教学与研究相结合，引发了第一次学术革命，大学的职责与使命从教学扩展到研究。但是，大学育人中心地位丝毫没有任何变化，那时的科学研究仍然主要为人才培养服务。19 世纪六七十年代，美国的赠地运动推动了服务型大学的兴起，引发了第二次学术革命，大学的职责与使命从教学、研究再而扩展到社会服务、发展经济。后来，威斯康星大学校长查尔斯·范海斯（Charles Richard VanHis）概括性地提出了"威斯康星思想"（Wisconsin Idea），确立了"服务应当成为大学的唯一理想"② 的办学理念，初步奠定了大学的三大社会职能。但是，服务社会仍然是人才培养与科学研究的延伸，大学培育人造就人的特质并没有发生改变。20 世纪 40 年代以来，尤其是在第二次世界大战结束之后，美国出现有如阿尔特巴赫（Philip G. Altbach）所言的"高等教育大众化革命"③，被称为第三次学术革命。但是，这仍然是以人才培养为中心所发生的冲击与挑战。从 20 世纪 90 年代末开始的中国高等教育大众化进程亦可以看出，人们对中国第三次学术革命的关注点，还是高校的人才培养质量问题。④ 第四次学术革命是指 20 世纪 80 年代以后的资本化及美国创业型大学的兴起。⑤ 如果说前面三次学术革命的标志分别是科学研究进入大学、社会服务进入大学、

---

① 冒荣、赵群：《两次学术革命与研究型大学的发展》，《高等教育研究》2003 年第 1 期。

② 转引自蔡克勇《创造一流大学需要先进的办学理念》，《中国高教研究》2003 年第 11 期。

③ ［美］菲利普·阿尔特巴赫等：《全球高等教育趋势——追踪学术革命轨迹》，姜有国等译，上海交通大学出版社 2010 年版，第 5—6 页。

④ 张瑞、潘懋元：《高等教育大众化的贡献、困惑及建议》，《教育财会研究》2016 年第 3 期。

⑤ 陈超：《从学术革命透视美国研究型大学崛起的内在力量》，《清华大学教育研究》2012 年第 4 期。

高等教育大众化,① 那么, 第四次学术革命则是创业型大学的兴起。② 创业型大学在被中国众多学者推崇的同时③, 亦有一些学者视其为 "在本质上是反大学的"④。创业型大学之所以遭到批评甚至否定, 根本原因还是人才培养中心工作的疲软与疏忽。因此, 教学育人是学术应用类创业型大学归属大学的核心特质, 只有重视人才培养工作, 创业型大学才能获得更加广泛的支持。

其二, 知识传承的实质, 体现为学术的应用。从职能的角度来阐述, 高等学校有三大职能: 培养人才、发展科学、直接为社会服务。⑤ 如果从知识的层面来分析, 大学则有五种功能: 知识选择、知识传承、知识创造、知识应用和知识储备。⑥ 例如, 教材是人类创造的文化成果, 但不是所有的文化成果都进入教材, 从而大学课程在很大程度上体现了大学选择知识的功能。又如, 除了大学传统的知识储备中心——图书馆外, 各具特色的博物馆在大学设立、非物质文化遗产研究受到大学青睐, 都表明大学储备知识的功能越来越受到重视。至于知识的传承、创造与应用, 则分别对应着教学育人、科学研究与直接服务社会。"大学传统的功能是传播知识, 换言之, 是通过传授知识来培养人才。"⑦ 当然, 如果要深入挖掘, 知识传承不仅体现在教学育人方面, 还体现在横向的学术交流、学术讲座等方面。但是, 无论是哪一种类型的知识传承, 实质上都属于知识的应用。这就像 "无论是教学育人还是科学研究, 实质上都属于服务社会" 一样毫无疑义。而且, 从知识应用角度来说明高校社会服务职能, 不只强调科研成果向现实生产力的转化, 还包括像培养校内学生一样培养社会各

---

① 梁燕:《对 "学术立校" 大学价值追求的当代反思——兼谈应用型大学新时期战略走向》,《北京教育》(高教版) 2016 年第 3 期。

② 在埃兹科维茨等学者看来, 大学从教学扩展到科学研究, 再而扩展到了发展经济, 主要通过两次学术革命得以实现。从而, 大学也经历了教学型、研究型与创业型三种模式。详见 [美] 亨利·埃兹科维茨《三螺旋创新模式》, 陈劲译, 清华大学出版社 2016 年版, 第 269 页。刘叶《建立创业型大学: 管理上转型的路径》, 博士学位论文, 华中科技大学, 2010 年。

③ 马陆亭:《创业型大学: 我国迫切需要的大学模式》,《中国教育报》2017 年 5 月 8 日。

④ 王建华:《学科的境况与大学的遭遇》, 教育科学出版社 2014 年版, 第 279 页。

⑤ 详见潘懋元《潘懋元高等教育论述精要》, 福建教育出版社 2015 年版, 第 30 页。

⑥ 详见付八军《大学理性——一位大学中层干部的教育随笔》, 湘潭大学出版社 2013 年版, 第 27—28 页。

⑦ 叶赋桂、陈超群、吴剑平等:《大学的兴衰》, 清华大学出版社 2016 年版, 第 49 页。

界人才。可见，知识应用可以包括知识传承，知识传承也是知识应用的一种方式。"在知识融汇的基础上，便是学术层面上的进展。例如，一种理论既是知识，也是学术。"① 在知识系统化与理性化的过程中，知识发生了分层与分类，也就会导致学科的分化与学术职业的出现。② 因此，学术应用自然也是知识的应用。经过这番分析，我们不难知道，学术应用类创业型大学，其"学术应用"不仅包括知识的应用，体现出创业型大学直接为社会服务的职能，而且包括知识的传承，体现出创业型大学培养人才的职能。

其三，学术应用的指向，表明人才培养规格。伯顿·克拉克与亨利·埃兹科维茨在研究具体的创业型大学案例高校时，会论及教育目标定位的"实用取向"或者强调学术应用的办学氛围。例如，克拉克在研究苏格兰的斯特拉斯克莱德大学（University of Strathclyde）时，是在"有用学习200年"③ 的主题下开展论述的，"有用学习的精神气质成为联系过去和现在并完善地投射到未来的一个大学理念"④。埃兹科维茨在研究麻省理工学院理科院系中众多独立的研究小组时指出："这些小组中有许多仍然是学生，或者在科研生涯初级阶段的人。助理教授负责3—4个学生，副教授负责7个，教授可以最多负责15—20个学生，在某些学科可能会更多。……一些这样的研究小组已经有了许多小生意的特征，如果有机会，就只差一步成为真正的公司。"⑤ 但是，两位创业型大学理论鼻祖关于创业型大学人才培养规格的专门论述是极为少见的。当我们将"学术应用类"作为修饰词加在"创业型大学"概念前面时，就表明该类创业型大学不仅要生产应用性的科研成果，而且要培养应用性的专门人才，体现了创业型大学在人才培养理念上的定位与规格。这就像有文解释服务型大学

---

① 详见邵建《知识与学术之间》，《文史资料》2006年第6期。

② 详见李志峰：《论高深知识与学术职业》，《中国地质大学学报》（社会科学版）2009年第5期。

③ ［美］伯顿·克拉克：《建立创业型大学：组织上转型的途径》，王承绪译，人民教育出版社2007年版，第76页。

④ ［美］伯顿·克拉克：《大学的持续变革：创业型大学新案例和新概念》，王承绪译，人民教育出版社2008年版，第21页。

⑤ ［美］亨利·埃兹科维茨：《麻省理工学院与创业科学的兴起》，王孙禹、袁本涛等译，清华大学出版社2007年版，第178—179页。

的指向一样，同样从人才培养与科学研究两个方面论述服务本位的内涵与外延。"服务本位型的本科院校关注以下两方面：通过培养应用型人才以服务社会、通过开展应用性研究以服务社会。"①

二 研究的目的在于应用：学术应用类创业型大学的科研取向

关于大学要不要开展科学研究，学界曾经有过争议与质疑，如今已经取得广泛共识。正如著名科学家钱伟长所言，"教学没有科研做底蕴，就是一种没有观点的教育，没有灵魂的教育"，"你不教课，就不是教师；你不搞科研，就不是好教师"②。但是，大学的科学研究取向，却有两个极端性的观点，至今争论不休，时而相互攻击。一种观点认为，大学应该固守象牙塔，成为纯粹的文化殿堂，与"世俗保持一定的距离"③，坚持知识本位、学术本位④或者学科本位。正如有文指出的："大学尤其要鼓励那种不食人间烟火、超越世俗功利的科学研究和人生态度，要培养和造就一批除学术外什么都不懂的学术动物。"⑤ 另一种观点认为，大学应该成为社会经济发展的引擎，坚持应用本位、实践本位，"坚持走实用主义办学道路"⑥。埃兹科维茨先生在回答"是知识的本质还是商业的本质使得以知识为基础的经济发展一定会来？这是理性的经济选择的结果还是学术文化的结果？"这个问题时，他指出那是大学的学术目标使然，亦即大学"第三使命"的必然结果，以此推动社会与经济的发展。⑦ 也就是说，推动知识的应用，实现科学研究成果的转化，已经成为大学的"第

---

① 陈新民、王一涛：《新建本科院校的重要发展趋势》，《教育发展研究》2011 年第 17 期。

② 钱伟长：《大学必须拆除教学与科研之间的高墙》，《群言》2003 年第 10 期。

③ 陈春声：《大学应与世俗保持一定的距离》，《青岛大学报》2014 年 7 月 4 日。

④ 张涛：《蔡元培教育思想论析——以学术本位为视角》，《河南师范大学学报》（哲学社会科学版）2016 年第 3 期。

⑤ 王学典：《坚持"学术本位"：大学精神的实质》，《清华大学学报》（哲学社会科学版）2012 年第 6 期。

⑥ 冯典、黄雪梅：《"以学校发展教育，以教育复兴祖国"——李登辉在复旦大学的实用主义教育思想与实践》，《复旦教育论坛》2016 年第 6 期。

⑦ ［美］亨利·埃兹科维茨：《三螺旋创新模式》，陈劲译，清华大学出版社 2016 年版，第251—252 页。

三使命"。事实上，当还有许多人在捍卫《乌托邦大学》①（The University of Utopia）一书所弘扬的传统大学理念之际，麻省理工大学、斯坦福大学已经成功地走出了象牙塔，实现了教学育人、科学研究与学术创业三者相得益彰，被埃兹科维茨等许多学者誉为未来高等教育变革的重要走向。

　　但是，固执地坚持学术本位或者应用本位，将之作为大学科学研究之准则强加给每一所大学，那是既不正确也是极为有害的。一方面，社会需要大学从事为了学术而学术的学术本位研究，需要学者基于个人兴趣从事探索性的研究。例如，阿基米德（Archimedes）于公元前 245 年在洗澡中悟出了浮力原理，牛顿（Isaac Newton）于 17 世纪 60 年代从苹果落地中看到了万有引力，富兰克林（Benjamin Franklin）于 18 世纪中叶用风筝捕捉到雷电并进而提出避雷针的建议，亚历山大·弗莱明（Alexander Fleming）于 1928 年在一次偶然的实验中发现了青霉素，这些发现当时都具有偶然性以及非功利性，在较长一段时间都没有应用性。时至今日，我们都已经看到了这些发现的重大应用价值。事实上，自然界中许多对人类具有极大利用价值的事物，都需要科学家在毫无功利目的的前提下不经意地发现。发现的原始动力，就在于学术兴趣，而不是经济增长。例如，电鳗是一种能够在水中放电的淡水鱼类，输出的电压高达 800 伏，有水中"高压线"之称。笔者在观看该类电视纪录片时就在思考，假如全世界的科学家都缺乏探索自然奥秘的好奇心，一切科研活动都从成果应用与经济发展出发，那么像电鳗这样神奇的水中"高压线"是很难被人类发现的。另一方面，大学不少应用性研究成果，若不及时转化为现实生产力，不仅造成大量理论成果堆积与浪费，而且也很难衡量这些成果到底是否有用。中国科技成果转化率低，固然与科研价值取向有关，但也存在研究成果的科学性问题。实践是检验真理的标准，瞄准应用的研究成果就应该在实践中得到检验，而不只是停留在期刊文献、研究报告或者政府奖项中。在科学研究的基础上实现知识的应用，只是延长学术链条，走完"最后一公里"，而这段路程如何走、方向在哪里，没有人比科研成果的创造者更清楚。在知识日新月异、成果不断涌现的今天，如果这些成果长期以知识形态存在，若干年之后它们堆积在浩如烟海的学术文献中，没有哪几位学者

---

① Robert M. Hutchins：The University of Utopia，John Wiley，New York，1953.

有时间、精力甚或兴趣将之发掘出来，更不用说将它们转化为现实的生产力。埃兹科维茨在强调成果贵在转化时亦指出："就其性质而言，任何特定的知识产权都是短暂的，总是存在被新知识替代的风险。为了获得最大的经济价值，具有潜在经济价值的知识产权必须及时利用，并不断更新。"① 由此可见，人类社会既需要基于学术本位的形而上研究，也需要基于应用本位的形而下研究。两类不同取向的科学研究，必然会形成不同办学定位的大学。显然，学术应用类创业型大学坚持应用本位的研究取向，将科学研究的目的定位为学术应用，以此作为身份标识与办学文化而成为高等教育多元化体系中的一种类型。

学术应用类创业型大学坚持应用取向的科研观，相对于坚守学术本位科研观的传统型大学而言，其科学研究有这么几个明显的特征：第一，在科研评价上，以实际应用与社会价值作为衡量科研成果的唯一标准。在该类高校，不再以学术论文、课题奖项等学术业绩论英雄，而是真正贯彻"以转化实绩论英雄"② 的办学理念，哪怕那些以文字符号形式表现出来的学术业绩，也是转化实绩的自然呈现。一位大学教师一辈子只要能够做出一件有实际价值的学术贡献，然后再以文字符号形式的方式将其成果呈现出来，那么该教师就已经体现其学术创业的社会价值了。第二，在成果激励上，教师的成果转化实际收益代替了传统的学术业绩奖励收入。在该类大学，教师们仍然会从事基础理论研究、申报纵向科研课题、发表学术理论文章等，但这是他们获得学术声誉、争取研究经费的自觉行为，甚至也是他们生产应用性成果、推动成果转化的前期准备工作。该类创业型大学虽然会为教师们的这些学术活动提供各种帮助，但不会对任何学术业绩采取任何方式的奖励。在尽可能不断提高教师福利待遇的基础上，传统型大学教师的那种学术业绩奖励收入，在该类创业型大学已经被成果转化收益取代了。也就是说，在该类创业型大学，转让转移转化成果的收益成为教师收入的增长点。第三，在研究范式上，从传统的线性创新模式发展到非线性创新模式。在创新模式论上，主要有两种：传统的线性创新模式

---

① ［美］亨利·埃兹科维茨：《三螺旋创新模式》，陈劲译，清华大学出版社 2016 年版，第114 页。

② 夏宝龙：《立德树人要成为高校立身之本》，《浙江日报》2017 年 2 月 22 日。

（Linear Model of Innovation）① 和现代的非线性创新模式（Non‐linear Thinking）。所谓线性创新模式，以美国罗斯福总统的科学顾问万尼瓦尔·布什（Vannever Bush）的观点为代表，强调创新遵循"基础研究→应用研究→开发→生产经营"的路线。事实上，该种观点正好代表了传统型大学的学术本位观。所谓非线性创新模式，是指一切不属于线性思维的思维类型，该创新模式不再局限于以基础研究作为起点，不再遵循逻辑思维、线性思维的传统路线，系统辩证思维、发散思维、逆向思维、直觉思维和灵感思维等都是非线性创新模式的基本形式。该类创业型大学的科学研究，正是遵循非线性创新模式。应该说，这两种模式不是非此即彼的对立关系，"只要应用得当，都是系统思维，都是科学思维"②。这就像坚持学术本位的传统型大学与应用本位的创业型大学一样，都可以成为人类需要且受欢迎的现代大学。

三　地方新建本科院校：学术应用类创业型大学的建设主体

相对于教学服务类创业型大学而言，学术应用类创业型大学不只是提供竞争性的教学服务，而且重视生产创新性的科研成果。只不过，该类创业型大学的科研成果，不再以传统型院校的学术业绩作为考量标准，而是以成果转化实绩与社会贡献度来衡量。那么，这种学术应用类创业型大学在中国主要由哪些高校转型而来？应该说，除了仅仅定位于教学服务平台且以兼职专业教师为主的教学型大学之外，所有的本科院校乃至高职高专院校都有机会转型为教学服务类创业型大学。但是，最有迫切意愿且最有可能成功转型为学术应用类创业型大学的高校还是新建本科院校，或称地

---

① 有文将传统的创新模式分为两种：线性创新模式与逆线性创新模式。所谓逆线性创新模式，是指不以基础研究作为起点，往往从实践需要出发开展研究。日本"二战"后的经济腾飞，在很大程度上得益于逆线性创新模式。该文认为："三螺旋"创新模式，不再按以前的研究起点和经济终点或者相反的顺序推进，而是形成了可以起始于线性谱系中间任何一点的创新模式。由于三种创新主体是平等的，它形成了"自下而上"和"自上而下"的双向创新路径。详见张金波《三螺旋理论视野中的科技创新——基于美国创业型大学的分析》，《高等工程教育研究》2009年第5期。

② 苗东升：《非线性思维初探》，《首都师范大学学报》（社会科学版）2003年第5期。

方新建本科院校①，或称新建地方本科院校②，或称地方本科院校。③

所谓新建本科院校，有些学者从广义和狭义两个层面来界定。从广义上讲，主要是指"文化大革命"后新建或升格的本科院校。从狭义上讲，主要是指 1999 年以来，随着我国高等教育规模的扩张和体制改革的不断深化，由多所不同层次、不同类型合并或专科独立升格的新型本科院校。④ 一般情况下，学界主要是从狭义的层面来论述新建本科院校。当前，新建本科院校占据了普通本科院校的"半壁江山"，已成为中国高等教育的重要组成部分。⑤ 但是，相对于传统本科院校而言，该类院校发展起点低、办学资源相对不足、政府支持力度较小，如果继续跟随传统本科院校的发展轨迹，则很难取得突破性进展，从而急切实现由"新建"向"新型"的转向，建设学术应用类创业型大学就成为多元化战略中的一种选择。同时，相对于高职高专院校而言，新建本科院校具有较好的学术积累、集聚了一批高学历高层次高水平的人才、在理念乃至制度上形成了教学与科研并重的办学文化，有比高职高专院校更容易建设学术应用类创业型大学。事实上，主张地方高校转型为创业型大学的学术观点，虽然尚未成为一种普遍共识，但在我国学界已汇成一股强大的话语流。例如，在建设创新型国家的时代背景下，地方高校走创业型大学之路具有必要性;⑥以地方高校生态化多样化为基础，建构地方高校向创业型大学转型的可行路径;⑦ 通过创新创业教育与专业教育相互融合、学术创造力与转化力相

---

① 李化树、黄媛媛：《地方新建本科院校发展战略转型的路径选择》，《高校教育管理》2011 年第 1 期。

② 王者鹤：《新建地方本科院校转型发展的困境与对策研究——基于高等教育治理现代化的视角》，《中国高教研究》2015 年第 4 期。

③ 刘振天：《地方本科院校转型发展与高等教育认识论及方法论诉求》，《中国高教研究》2014 年第 6 期。

④ 潘懋元、车如山：《做强地方本科院校的理论与实践研究》，高等教育出版社 2016 年版，第 56 页。

⑤ 董泽芳、聂永成：《关于新建本科院校转型分流现状的调查与分析》，《高等教育研究》2016 年第 4 期。

⑥ 苏益南、朱永跃、刘慧：《创业创新背景下地方高校建设创业型大学的思考》，《科学管理研究》2009 年第 6 期。

⑦ 王军胜：《创业型大学：地方高校生态多样化的新视角》，《中国成人教育》2016 年第 4 期。

互激活、学术要素与商业要素相互整合、学术文化与创业文化相互渗透，地方大学可以转型为特色鲜明、竞争力强的创业型大学；① 建议新建本科院校参考并实践伯顿·克拉克的大学转型发展模式。②

如果说，由于人们对于创业型大学内涵的认识不同，在新建本科院校转型为创业型大学的问题上还不能达成共识，那么，在新建本科院校转型为应用型院校的问题上则在中国学界已成共识。例如，大家普遍认识到，新建本科院校只有立足地方，在服务地方经济社会发展中才能赢得办学空间。③ 潘懋元先生等学者进一步指出了新建本科院校区别于传统老牌大学的几点特殊规定性：应用性、大众性、地方性与过渡性。④ 从对中国高等教育类型的划分，亦可以看出学界将新建本科院校定位于应用型的心理期待。例如，若从新建本科院校的角度来分类，中国高等院校可分传统本科院校、新建本科院校、高职高专院校三类；若从应用型院校的角度来分类，中国高等院校则可分为"研究型大学、应用型大学和技能型大学（高职高专院校）"⑤。显然，在比较两种不同标准的分类之后，我们不难发现新建本科院校被学界定位于应用型大学。在国家的宏观政策上，教育部、国家发改委、财政部于 2015 年 11 月联合发布了《关于引导部分地方普通本科高校向应用型转变的指导意见》，亦明确了地方本科院校的办学定位，那就是走"地方性""应用型"之路，就是走"需求导向""产教

---

① 颜建勇、黄珊：《地方高校建设创业型大学的必要性及路径探析》，《当代教育科学》2016 年第 21 期。

② 张宗海：《论新建本科院校转型发展的内涵及路径选择》，《国家教育行政学院学报》2017 年第 1 期。

③ 戴卫民：《新建本科院校协同创新的困境与出路》，《内蒙古师范大学学报》（教育科学版）2017 年第 1 期。

④ 潘懋元、车如山：《做强地方本科院校的理论与实践研究》，高等教育出版社 2016 年版，第 57 页。

⑤ 参见张宗海《论新建本科院校转型发展的内涵及路径选择》，《国家教育行政学院学报》2017 年第 1 期。该文认为，根据知识在社会实践中的不同形态，可以把知识分为基础性知识、应用性知识和技能性知识三类，以生产与传承这三种不同知识为主的大学则分别为研究型大学、应用型大学和技能型大学（职业技术学院）。该文继续指出："这三类大学只是侧重的知识不同，没有高低贵贱之分。一所大学注重生产和传播何种知识为主，不是政府说了算，也不是大学自己说了算，而是大学自身的办学资源条件说了算。"

融合、校企合作"之路。① 那么，这种应用型院校与学术应用类创业型大学没有相关性吗？研读两位创业型大学理论鼻祖的理论成果，如前所述，我们能够获悉，"自力更生"可以作为克拉克关于创业型大学内涵的一个关键词，"构建政府—产业—大学三螺旋模式，推动学术成果转化"可以作为埃兹科维茨关于创业型大学内涵的简约表达。无论是"自力更生"还是"成果转化"，大学都要以"应用知识""知识应用"作为前提与基础。也就是说，虽然不是每一所应用型大学都归属创业型大学，但强调"自力更生""成果转化"的创业型大学必定属于应用型大学。正如笔者曾经指出的，"创业型大学是最为彻底的'应用型'"。② 因此，以"应用型"这个核心特质作为两类高校的联结点，为新建本科院校转型为学术应用类创业型大学提供了理论上的可能与便利，也进一步推动新建本科院校成为中国学术应用类创业型大学的建设主体。

四　公益型与营利型：学术应用类创业型大学的两种模式

在理顺学术应用类创业型大学的基本特征、科研取向与建设主体之后，如果能够认识到该类创业型大学具有公益与营利两种模式，那么我们就能够比较准确与全面地抓住学术应用类创业型大学的本质。事实上，由于创业型大学长期以来被戴上"营利""商品化"的帽子，人们一听到创业型大学就容易将之定位于营利性大学、创收性大学或者商业化大学。应该说，这是对创业型大学的一种误解。笔者之所以逆转人们的认识逻辑，将公益与营利两种模式的论述放在最后一个部分，正是为了更加理性与客观地剖析创业型大学的实质，最后让我们顺理成章地接受"营利"不是创业型大学的身份标识，只是创业型大学可以选择的模式之一。根据前文论述，我们已经得知：相对于以"教学服务"作为唯一产品的教学服务类创业型大学来说，学术应用类创业型大学同时依靠科学研究成果转化赢得市场并走上自力更生的道路；当前中国学界探讨的创业型大学，主要针对学术应用类创业型大学，尤其是新建本科院校，成为中国学术应用类创

---

① 过建春、李志宏：《地方新建本科院校特色发展之路探索》，《中国高等教育》2017 年第 12 期。

② 详见付八军《创业型大学是最为彻底的"应用型"》，《中国教育报》2016 年 8 月 15 日。

业型大学的建设主体。接下来，我们可以从教学服务、科学研究以及经费来源三个方面，比较一下营利型与公益型两种模式的学术应用类创业型大学各有什么样的特征，从而清楚新建本科院校转向学术应用类创业型大学的方向与路径。

营利型的学术应用类创业型大学，以经济驱动为主，商业色彩明显，在很大程度上，相当于人们观念中的私有企业。虽然"手段是种子，目的是树"，但是我们不能说，只有培育人才才是"美好的目的"，而追求利润就是"邪恶的手段"。①笔者认为，合法合理地追求利润，在本质上是一种正当的手段，甚至是自古至今推动社会发展的有效手段，手段与目的的相互关系，只是揭示哪一个因素才是人们的根本出发点与落脚点。如果借手段与目的的相关性来分析，那么营利型的学术应用类创业型大学可以被认为是"以追求利润作为目的，以人才培养与成果转化作为手段"。这样的创业型大学，一旦不能达到利润预期，则有可能停办给社会带来积极意义的人才培养与成果转化活动。但是，我们不能因此就否定该类创业型大学的价值与贡献，甚至断定该类创业型大学就是低劣的学术产品提供商。正如前文提到的美国鲁克教授所说的：没有在营利性大学工作时，他以为这些院校都是学术界的渣滓；在这些营利性大学工作之后才发现，过去的那种狭隘的理解都是错误的。②从科学研究、教学服务与经费来源方面，可以进一步了解该类创业型大学的基本特征。在科学研究上，以大学名义成立学科性公司，开展学术创业活动，所获收益主要归学校法人所有；在教学服务上，学习者直接承担了全部或者绝大部分教学服务费用；在经费来源上，办学经费主要依靠学校独特学术产品（科研成果与教学服务）从消费者那里直接获取。

公益型的学术应用类创业型大学，以学术驱动为主，致力于培养创造性人才与推动科研成果转化，追求大学的社会贡献度。该类创业型大学体现了市场取向的办学特征，但不会呈现出营利性大学那样明显的商业色彩，从这个层面来看，在很大程度上相当于人们观念中的国有企业。如果再借用手段与目的的相关性来分析，那么公益型的学术应用类创业型大学

① 参见王建华《学科的境况与大学的遭遇》，教育科学出版社2014年版，第279页。
② 参见［美］理查德·鲁克《高等教育公司——营利性大学的崛起》，于培文译，北京大学出版社2007年版，第19页。

可以被认为是"以人才培养与成果转化作为目的，以筹措经费作为手段"。这样的创业型大学，哪怕不能达到筹措办学经费的目的，只能符合国家需要以及学校的长远发展需求，也不会贸然停止毫无经济效益的某些人才培养与成果转化活动。具体而言，该类创业型大学在科学研究上，学校协助教师转移转化科研成果，扣除必要的服务成本外，所获收益全部归教师个体所有；在教学服务上，学习者只有少量的教育成本分担甚至接受免费教育；在经费来源上，办学经费依靠学校独特学术产品（科研成果与教学服务）从社会各界获取，包括政府拨款、社会捐赠、学生缴费等多种渠道。相对于前一种营利型的创业型大学而言，该类创业型大学在中国属于免税的事业单位。埃兹科维茨考察的 MIT、斯坦福，克拉克重点考察且具有学术声誉的华威大学，以及国内曾经或者至今高举创业型大学旗帜的福州大学、南京工业大学、浙江农林大学、临沂大学等，都应归于学术应用类公益型的创业型大学。从学理层面而言，这些大学与传统型大学一个最重要的区别在于：创业型大学致力于科研成果的转化并以此作为自己的历史使命，同时能够依靠转移转化应用性成果和培养创造性人才赢得社会各界的支持，在激烈的高等教育市场竞争中走上自力更生的康庄大道。当社会有一天发生变化，大学需要独立自主地面向市场，在市场竞争中获得办学经费与生存空间，那么，这类大学凭借卓越的人才培养质量与符合社会需要的科学研究成果，能够很快地调适过来，实现自己的华丽转身。这种巨变迟早会到来，它们时刻准备着。

中篇　实践论

实践是马克思主义哲学的首要观点，也是马克思主义理解"人""生活"和"生活世界"的钥匙。① 遵循马克思主义哲学的观点来研究创业型大学，我们不仅要研究创业型大学的本体论，还要研究创业型大学的实践论，亦即不仅要知道创业型大学是什么、有哪些，还要知道创业型大学怎么样、怎么建。从本土化的角度来研究创业型大学的实践论，也就是要研究中国化的创业型大学怎么样、怎么建。根据上篇的本体论研究以及中篇的实践论研究，本书将得出一个研究结论：应用型大学是中国公办普通本科院校推进创业型大学本土化建设的最佳实践模式，只不过，这些应用型大学需要从培养创造性人才与实现成果转化两个着力点出发，以此作为自己的办学使命，最后能以自身的学术声誉走上自力更生的道路。于是，本书中篇关于创业型大学本土化的实践论研究，主要从第三章"创业型大学的中国实践"与第四章"应用型大学的自力更生"两个层面论述。

---

① 冯建军：《教育怎样关涉人的生活——马克思主义实践论的观点》，《高等教育研究》2011 年第 9 期。

第三章 创业型大学的中国实践

在信息化时代，中国对西方先进思想的吸收并不落伍。"创业型大学"于20世纪末一经诞生便被引入中国，并于21世纪初期催生了一批明确以创业型大学作为战略目标定位的公办普通本科院校。2008年年初，福州大学高举创业型大学旗帜，明确提出要走区域特色创业型强校之路，成为国内第一所正式提出创业型大学战略目标的公办普通本科院校。随后，南京工业大学、浙江农林大学等普通本科院校先后提出了创业型大学的战略目标定位。2015年4月24日，临沂大学党委会研究通过了"全国知名、区域特色鲜明的创新创业型大学"的办学定位。与此同时，国内还有大量没有将创业型大学作为战略目标定位而明确提出，但被学界作为创业型大学实践案例而予以研究的公办普通本科院校。例如，有文说，早在2005年，复旦大学就宣布建构创业型大学，把大学的学术成果与产业发展结合起来；① 不少学者将清华大学、浙江大学、华中科技大学作为以学术创业典范的中国特色创业型大学，并对三者的学术创业模式进行了比较分析；② 有文认为同济大学正在致力于创业型大学，并被推为国内创新创业教育的先行者；③ 有文认为，温州大学受永嘉学派"经世致用""工

---

① 刘振亚：《美澳创业型大学的建构和发展研究》，《西南民族大学学报》（人文社会科学版）2014年第12期。应该说，在2005年9月15日"百年复旦，知识扬浦"创业计划大赛颁奖典礼暨创业投资论坛上，复旦大学时任副校长杨玉良确实提出，"如果复旦大学要成为世界一流大学，按照现在大家提出来的概念，就是创业型大学，MIT（麻省理工学院）就是复旦最好的榜样"（详见陈振奎《复旦：又一次华丽转身》，《新民周刊》2005年9月21日）。但是，复旦大学是否明确提出创业型大学的战略目标定位，笔者无法查证。从而，本书依然认为福州大学是国内最早明确提出创业型大学办学定位的公办普通本科院校。

② 详见刘叶、邹晓东《探寻创业型大学的"中国特色与演变路径"——基于国内三所研究型大学学术创业实践的考察》，《高等工程教育研究》2014年第3期。

③ 详见喻娟《基于创业型大学建设视角的"两创"生态环境建设探究——以同济大学为例》，《创新与创业教育》2015年第5期。

商皆本"等思想的影响，正推动学校向创业型大学的方向发展；① ……至于明确定位于或者被学界归属于创业型大学的民办本科院校与高等职业技术院校，则就更多了。毫无疑问，创业型大学本土化的实践论研究，就需要梳理这些院校在创业型大学道路上的实践现状、发展困惑与建设路径。不过，笔者在《教师转型与创业型大学建设》一书中，不仅梳理了作为西方创业型大学经典案例的 MIT、斯坦福与华威大学，而且梳理了国内正在或者曾经高举创业旗帜的福州大学、南京工业大学与浙江农林大学，在此基础上还对国内外各三所创业型大学进行了比较与分析。② 一个经典的案例，胜过一千种遥远的理论；一个经典的案例，也代表一千种实践的个体。因此，为了避免重复研究，本书不再从案例高校的全面梳理与个别分析出发，而是在前期研究的基础上，进一步从学理角度来探讨创业型大学本土化的实践误区，寻找中西创业型大学建设实践出现"南橘北枳"现象的根本原因，最后理顺创业型大学中国化的最佳实践模式。

第一节　创业型大学本土化的实践误区

在高等教育领域，不少实践是先于理论而发生的。不过，自从确立理论以后，相应的实践便在广度与深度两个方面获得更大发展。创业型大学在国际与国内的发展，均体现出这种现象。在国际上，创业型大学的实践早已有之。但是，直到 20 世纪末，亨利·埃兹科维茨与伯顿·克拉克才率先开展创业型大学理论研究。时至今日，国际上关于创业型大学的理论研究与实践探索，已经蔚然成风，甚至在经历一个高峰后开始回落。创业型大学理论一经问世，便迅速传入中国，并引发国内一批高校举起了创业型大学大旗。自 2000 年以来，国内关于创业型大学的理论研究与实践探索，总体上呈现发展态势，只不过尚未成为高等教育理论研究的热点主题，在"双创"时代背景下亦未成为高等教育改革的发展主题。但是，创业型大学在中国的建设与创业型大学本土化的理论研究一样，仍然存在

---

① 详见辛琳琳、张爱丽《中外创业型大学办学定位研究》，《临沂大学学报》2015 年第 3 期。

② 详见付八军《教师转型与创业型大学建设》，中国社会科学出版社 2016 年版，第 7—56 页。

影响着创业型大学本土化进程的种种误区。

一　以直接筹措经费作为主导目标的创业型大学建设不合国情

创业型大学不等于创收型大学、商业化大学，那种认为创业型大学都是为了筹措办学经费而诞生的观点，是我们对于创业型大学的一种片面理解。创业型大学之所以被誉为"学术界的榜样"[①] "21 世纪大学转型与变革的必然趋势"[②]，自然不是因为它们能够筹措办学经费，主要是因为它们在注重知识应用与应用知识的实用主义文化氛围中，不断推动科技成果转化与培养大批创造性人才，为人类社会做出了更大的贡献，体现了大学范式转换的一种新方向。上篇关于创业型大学本土化内涵的学理诠释以及中国特色创业型大学的类型划分，已经明确中国创业型大学建设动因的定位，即"致力于实现学术资本转化，而不是直接筹措办学经费"；同时，为了给那些私立或者说民办高等教育机构预留空间，无论教学服务类还是学术应用类，每一类创业型大学都存在营利型与公益型两种。这些都表明，创业型大学的实践模式多种多样，中国公办普通本科院校转型为创业型大学，是以学术资本转化而非学术资本主义作为组织特性，以体现创业大学的历史使命与社会价值，而不是其商业属性与经济行为。本书之所以选择"创业型大学"作为该种大学范式的称谓，而不使用其他现存的或者个人创设的概念，在理论上是因为本书描绘的中国化创业型大学符合埃兹科维茨与克拉克关于创业型大学内涵的基本要义，在实践上是因为世界上已经有一批引领高等教育潮流且在学界获得共识的创业型大学典型案例，在价值判断上是因为笔者认为只有"创业型大学"的概念最能激发中国普通本科院校对于这种办学理念重要性、紧迫性与远见性的认识，亦即以培养有用人才与生产有用成果赢得市场、最后有能力走上自力更生道路的办学理念。在政府核心资助减少的情况下，这样的大学可以凭借良好的学术声誉、服务质量从社会上获得办学资源，真正成为面向市场办学的

①　［美］亨利·埃兹科维茨：《麻省理工学院与创业科学的兴起》，王孙禺、袁本涛等译，清华大学出版社 2007 年版，第 1 页。

②　［美］伯顿·克拉克：《建立创业型大学：组织上转型的途径》，王承绪译，人民教育出版社 2007 年版，第 1 页。

法人实体。只不过，中国传统型普通本科院校在向这种范式的创业型大学转型之际，囿于单个大学无法改变的现实环境，它们只能从创业型大学的最终目标出发，亦即从推动成果转化与培养创造性人才出发，来为未来高等教育变革奠定基础，而不能从创业型大学的阶段目标或者说重要手段出发，亦即从筹措办学经费出发，实现经济目标与学术目标齐头并进。这是中国高等教育的特殊性，亦体现了创业型大学内涵的包容性。但是，我们必须看到这么两个方面的问题。

一方面，MIT、斯坦福以及华威大学等创业型大学典范在其发展的第一个阶段，确实是以筹措办学经费作为主导目标的。例如，MIT 在两次世界大战期间，抢抓机遇，承接了大量军工项目，"二战"结束之际，MIT 与军方达成了 75 项军工合同，经费总额达 11700 万美元，远远超过排名第二和第三的加州理工学院和哈佛大学（分别为 8300 万美元和 3100 万美元），[①] 一度差点因资金短缺、师资薄弱而被哈佛吞并的高校发展成为世界理工大学之最。又如，斯坦福大学在转型发展之际，时任教务长特曼教授（Frederick Emmons Terman）为使学校依靠外部资金、赋予教师"企业家"新角色等，开展了包括削减教授职位（主要针对那些不能获取外部资助的古典系等）、倡导大班教学、多方寻找赞助等方面的改革，尽管阻力重重，但仍然不改初心。在了解斯坦福大学的转型发展史之后，我们会认识到国内创业型大学建设面临的阻力要小得多，改革的力度也要小得多。在校方与教师对立时期，曾有 60 位教授召开讨论会，批评斯坦福的管理者是"一帮最坏的从不放下长矛的流氓"，教授会到了"维护其权利"的时候了。[②] 至于华威大学，筹措办学经费的动机更加明显，以至将整个学校纳入经济运营轨道。例如，除了创办企业、服务企业外，华威大学还在校园内创办服务行业，与地方社区建立了长期合作关系，通过公开艺术表演、出租剧院和学生宿舍、开办银行、美容室、书店和新闻社等，服务社区，拓宽办学经费。[③] 现如今，我们从 MIT、斯坦福甚至华威大学

① Stuart W. Leslie：*The Cold War and American Science*：*The Military-Industrial-Academic Complex at MIT and Stanford*，New York：Columbia University Press. 1994：pp. 14-15.

② ［美］丽贝卡·S. 洛温：《创建冷战大学——斯坦福大学的转型》，叶赋桂、罗燕译，清华大学出版社 2007 年版，第 112—113 页。

③ 刘叶：《创业型大学的发展之道：以沃里克在大学为例》，《高教发展与评估》2010 年第 5 期。

看不出当初为筹措办学经费所进行的博弈斗争与商业聒噪，但只要我们认真研读这些院校的成长史，就很难让那些后发型的地方院校放弃以筹措办学经费作为驱动力的创业型大学之路。这也就像个人的创业史一样，在创业成功之前那种挣扎、卑微与争斗是少不了的。

　　另一方面，中国早期高举创业型大学旗帜的地方普通本科院校，无一例外地将筹措办学经费作为建设创业型大学的主要动因。例如，通过查阅《福州大学年鉴》以及阅读陈笃彬与吴敏生两位主要领导的讲话报告，我们不难发现福州大学当年吹响"创业型大学"号角的重要原因之一正是筹措办学经费。在该校看来，"政府财政投入不足，学费增长空间有限，可支配性资源短缺，基础建设投入不菲，发展性资金缺口巨大，可是学校还处在高额负债运行期"①，亟须通过学术创业走出办学经费窘境的桎梏。南京工业大学步入创业型大学之道，主要是欧阳平凯校长的推动与领导。早在 1994 年，欧阳先生就提出学校发展要抓两个"QIAN"（学科前沿和学校钱财）和两个"CAI"（师资人才和办学财力）。担任南京工业大学的校长之后，他更是主动出击，在政府投入不足、办学经费紧张的情况下力争有所作为。至于浙江农林大学，作为曾经在该校任职的一名中层干部，笔者更清楚其选择创业型大学战略目标的最初动因，那是以筹措办学经费作为第一驱动目标的。例如，作为该校创业型大学战略目标定位的主要倡导者，校党委书记宣勇教授提出了关于创业型大学的五个基本观点，其中一个观点便是创业型大学属于那种通过知识资本化实现自身发展的大学，这是一种"靠山吃山，靠水吃水"的发展策略。② 确实，国内任何一所大学尤其地方本科院校，如果像哈佛大学一样坐拥基金几百亿美元，那么我们就不会为了筹措办学经费而围着政府转，同时呼吁的办学自主权、学术自由等问题都会迎刃而解。例如，早在 2008 年，哈佛大学的收入就

---

　　① 付八军：《国内创业型大学建设的路径比较与成效评析》，《高等工程教育研究》2016 年第 6 期。

　　② 宣勇：《创业型大学的本土化探索与实践》，付八军《纵论创业型大学建设》，浙江工商大学出版社 2014 年版，第 49—52 页。宣教授关于创业型大学的其他四个观点是：创业型大学是一所大学的整体定位，不是局部的学术创业；无论研究型大学，还是教学型大学，都可以转型为创业型大学；学术资本积累是创业型大学开展学术创业的前提与基础；建设创业型大学必须要有承担风险的能力。

达 34.8 亿美元，学校总资产已达 386 亿美元；① 哈佛大学 2016 年的财务报告② （Harvard University's Financial Report for Fiscal Year 2016） 显示，学校总资产已达 424 亿美元，年度捐赠收入 17 亿美元，超过年度总收入的 1/3。资金是大学的生命之水，学术是大学的生命之花，两者缺一不可。这也许正是国内创业型大学借鉴西方、实现赶超的根本动力之所在。

　　根据以上分析可以得知，西方代表性的创业型大学在转型之际，同样着眼于经费筹措，从而我国后发型的地方院校以筹措经费作为创业型大学建设的原始动因，在经验借鉴乃至理论假设上都是没有问题的。但是，创业型大学本土化建设的十年实践告诉我们，没有一所普通本科院校通过创业型大学战略定位化解了债务危机，以直接筹措经费作为主导目标的创业型大学建设路径不合国情，难以成为中国高校特色发展、分类发展的有效举措。从目前来看，笔者认为原因主要有两点：一是中国地方普通本科院校缺乏主导自身重大发展方向的办学自主权。虽然这些院校确立了与众不同的办学定位，可在发展实务上仍然也必须与其他兄弟院校一样，基于政府制定的各项评价指标与工程项目而全力以赴。如此这般，这些院校就很难按照西方创业型大学筹措经费的路径顺利推进。而且，中国公办高校在资金使用权力上的各种限制，进一步抑制了地方院校自主筹措办学经费的活力与能力。例如，当前过于功利化、数量化的学术奖励制度已经严重影响到教师基于学术应用来开展科学研究，极不利于科技成果的转移转化，但是，哪怕某所中国公办高校坐拥几百亿美元的办学资金，该校依然不会也不敢通过大幅度提高教师福利、吸引一流学者来潜心治学，致力于培养创造性人才与实现成果转化。这就正如宣勇教授提出的，中国公办高校的领导管理体制与评价体制，都很难让创业型大学有承受风险的能力，而建设创业型大学必然要承担学术发展、文化冲突、市场经营等各种风险。③二是中国高校主要领导在一所大学的任职时间太短，尚未将学校带出转型发展的艰难期就离任了，从而很难奠定一所高校的办学特色，尤其是这种

---

　　① 叶通贤：《社会资本视阈下哈佛大学的资金筹措与启示》，《黑龙江高教研究》2012 年第 3 期。

　　② 数据来自 http：//finance. harvard. edu/files/fad/files/harvard_ ar_ 11_ 12016_ final. pdf，（2017 年 12 月 24 日）。

　　③ 宣勇：《创业型大学的本土化探索与实践》，付八军《纵论创业型大学建设》，浙江工商大学出版社 2014 年版，第 51—52 页。

需要面向外部市场而走自力更生道路的创业型大学。一所大学的重大转型，必然经历一次阵痛。华威大学之所以能够在建校 30 年时间内成为世界名校，在很大程度上要归功于其首任副校长巴特沃斯（Jack Butterworth）。他因推行"亲工商路线"引发了尖锐的矛盾，一度被学生赶下了台，在他再度掌权后依然推行同样的政策。20 年如一日坚持下来的"亲工商路线"让华威大学走出了转型的艰难期，学术创业的理念成为华威大学师生的共同信念，继任的校领导在推行同样的政策时没有阻力。然而，中国那些高举创业型大学旗帜的地方院校由于没有走出转型发展的艰难期，往往因更换主要领导而改旗易帜。例如，将南京工业大学带入创业型大学轨道的欧阳平凯先生于 2012 年退休，2013 年南京工业大学的办学定位正式更改为"综合性、研究型、全球化"高水平大学。笔者虽然对该校战略目标的更换表示遗憾，但能够理解继任领导重新拟定办学定位的苦衷，那就是在转型过程中矛盾重重，讨伐声音此起彼伏，新任领导难以强力推进。

二　无视创造性人才培养的创业型大学建设更加容易招致抵制

从一般意义上说，创业型大学必定要培养创业型人才。但是，这种人才不等于实际的创业工作者，在很大程度上只是培养某种创业潜质。在一个人的创业潜质中，最重要的素质是创新精神与创造能力，这正是创造性人才的核心素养。可见，培养创造性人才是创业型大学的基本职责与历史使命。① 然而，我国地方本科院校在推动创业型大学本土化建设的过程中，对人才培养的关注是较少的，更不用说去培养创造性人才了。也就是说，创业型大学本土化的早期实践更多地关注科技成果转化，淡忘了人才培养才是学校存在的根本，是各种类型大学永恒的中心。例如，国内研究创业型大学的学者，将福州大学的创业型大学模式称之为服务区域经济社会发展模式，② 其战略重点是在于实现科学技术的创新，服务海西区域经

---

① 付八军：《从创造性人才、创造性教育到创业型大学》，《高校教育管理》2017 年第 4 期。

② 陈霞玲：《创业型大学组织变革路径研究》，北京理工大学出版社 2015 年版，第 128—129 页。

济的升级。① 该校校吧里曾经有一篇帖子，认为福州大学的创业型大学道路走得过了头，在人才培养上过于强调让大学生去创业，使得整个校风学风很浮躁。② 又如，南京工业大学之所以更换战略目标定位，在继任领导黄维校长看来，主要原因之一正是在于"学风太差"。黄校长指出："我校曾创造性地提出'教师在岗创业、成果在园转化、人才在校成长'，现在要适时回归大学本源，重新审视大学的精神、使命、宗旨和价值观，改'在岗创业'为'离岗创业'，回归宁静，拒绝浮躁。"③ 再如，浙江农林大学为实现在 2020 年建成国内知名的生态性创业型大学的战略目标，在三年时间内出台了《浙江农林大学"十二五"创业发展规划》《浙江农林大学关于鼓励和扶持创业的若干意见（试行）》（浙农林大 [2012] 89号，简称"创业 15 条"）等一系列针对性的创业政策及制度，④ 但没有一条是针对创业型大学人才培养特殊性的政策。作为在该校工作三年的中层干部，笔者见证甚或参与了该校各种关于创业型大学本土化建设的政策文件出台，这些文件制定的出发点主要是激励教师开展学术创业、合理评价教师创业绩效等，尚未发现关于把学生培养成为创造性人才的针对性文件。如果这些院校仍然在不遗余力地推动创业教育，那么这不是因为学校走上了创业型大学的缘故，而是政府倡导高校重视创业教育，全国高校都在开展创业教育。总体而言，国内那些高举创业型大学旗帜的普通本科院校，在迈上学术创业道路的第一个发展阶段，学校的战略重点在于科技成果转化，而创业型大学的人才培养尤其该类大学在人才培养上的特殊性问题，往往未能进入学校决策的视野中，处在一种遵循传统、自然发展的状态。

　　人才培养是大学本源性的使命，也是大学永久性的使命，更是大学独

---

　　① 林锈戎：《我国地方高校实践创业型大学之路的若干探索——以福州大学为例》，《福建教育学院学报》2012 年第 5 期。

　　② 单挑中的小傻叉：《为什么我一直在说福大大氛围浮躁》，2013 年 7 月 16 日，http://tieba.baidu.com/p/2461866540（2017 年 12 月 24 日）。

　　③ 黄维：《改革统领全局　以创新推动发展　以团结凝聚力量　以实干成就事业——在2014 年新学期全校工作会议上的讲话》，2014 年 3 月 5 日，http://tyb.njtech.edu.cn/view.asp?id=5735&class=929（2017 年 12 月 25 日）。

　　④ 刘志坤：《学术创业的探索与实践》，付八军《纵论创业型大学建设》，浙江工商大学出版社 2014 年版，第 82 页。

特性的使命。一所大学从传统型转到创业型，其大学属性并没有改变，人才培养的中心地位没有改变。对于那些富有创新精神、敏锐思想、勇于担当的卓越高校领导来说，他们既然能够在传统型大学坚如磐石的学术生态环境中率先提出创业型大学的战略目标定位，那么他们必定能够认识到，创业型大学不仅要在人才培养上做得好，而且要做出与传统型院校不一样的人才培养模式与实效，实现人才培养与成果转化相得益彰。但是，为何国内第一批明确定位于创业型大学的普通本科院校在前期普遍显得人才培养氛围不浓、特色不明呢？笔者认为，原因或许主要与以下三点有关：其一，创业型大学理论在人才培养上关注较少。正如上编本体论所述，作为创业型大学的理论鼻祖，无论克拉克还是埃兹科维茨，他们很少有关于创业型大学人才培养的论述。克拉克的"五要素论"，基于组织转型与学术创业；埃兹科维茨的"三螺旋创新模式论"，基于政府、大学与产业三者的新型关系以及科研成果转化。而且，在他们对于案例高校的具体论述中，也较少涉及创业型大学的人才培养，更不用说创业型大学人才培养的特殊性问题。国内学者在对创业型大学理论进行本土化改造与诠释过程中，同样忽略了创业型大学培养人才的重要性与特殊性。例如，有学者在梳理国内各种关于创业型大学的定义时指出，这些定义普遍"关注知识的资本化和商业化，但对创业型大学的人才培养只字未提，这无论如何都不符合大学的本质要求"①。创业型大学关于人才培养理念的缺失，导致创业型大学本土化实践的偏颇。其二，同时同等兼顾多重任务在客观上难免顾此失彼。与传统型院校一样，创业型大学同样需要从事科学研究。只不过，创业型大学的科学研究不再是终极目标，培养创造性人才、推动成果转化、服务社会经济才是最终目的。显然，创业型大学比传统型院校肩负更多的职责与使命。对于一所新近迈入创业型大学道路的传统型院校而言，只是明确了自己的办学定位与前进方向，并未真正成为一所创业型大学，从而在面对传统的与新生的多重办学使命且无法全部兼顾之际，便只会重点关注新增的使命，导致顾此失彼现象的发生。确实，传统型院校在当前的学术生态环境中都存在重研轻教、重学轻术等顾此失彼的现象，新生的创业型大学是在传统型院校教学育人、科学研究"两个中心"的基础上延长学术生产链条，增加了学术成果转化的新使命，要在短时间内兼

---

① 杨兴林：《关于创业型大学的四个基本问题》，《高等教育研究》2012 年第 12 期。

顾三者的关系，实现知识生产、知识传承与知识应用三者相得益彰，其难度要比传统型院校协调教学与科研的关系大得多。其三，新生的创业型大学在转型初期重点瞄准学术创业在主观上或许属于一种战略路径选择。如前所述，国内第一批高举创业型大学旗帜的普通本科院校，其转型动因往往基于实现学术成果转化、拓宽办学经费。于是，在这些高校的办学者看来，只要学校能够拥有充裕的办学经费，较高的社会服务声誉，自然会吸引优秀的教师与生源，在建设省域或者全国乃至世界一流大学的征途上，这种办学路径要比通过抓好人才培养一步一步地逐渐提升学校品牌有效得多，快速得多。确实，当前的一流大学，更多地体现在一流师资与生源上，体现在一流成果与设备上，而很难体现在学习者从四年大学教育中所获知识、能力与素质的增量上。于 1965 年才建校的华威大学，[①] 能够在短短三十年的时间里从一所名不见经传的教学型"草坪大学"一跃成为世界著名的研究型大学，正是采取的该种战略路径。

无论国内创业型大学无视人才培养有多少种理由，这种仅仅关注学术创业的偏颇做法都不利于创业型大学本土化的顺利推进。至于其理由，倒不只是因为大学为培养人才而设，无视人才培养就成不了所谓大学，更在于创业型大学这个称谓容易让人们联系到创收型大学、商业化大学，从而在本能上就会对人才培养极为敏感。在坚守象牙塔理想的学术本位论者看来，他们倾向于将创业型大学定位于追求经济利润的大学，并且认为创业型大学会导致学术文化与商业文化的冲突，从而不利于高等教育育人功能的发挥。例如，笔者在论述创业型大学学术资本转化的三大领域时提出，要让学术资本向人力资本转化，亦即科学文化知识向学习者个体素质内化。[②] 然而，有文却误以为笔者要将教学服务完全推向市场，并且认为这样做的后果必然导致教学秩序的紊乱与教育质量的下滑。"学术资本化会败坏学术道德，扭曲教学服务。"[③] "学术资本""人力资本"，在此只代表"学术""人力"是重要的资源，属于价值无涉的中性词，并不等于

---

① ［美］伯顿·克拉克：《建立创业型大学：组织上转型的途径》，王承绪译，人民教育出版社 2007 年版，第 10 页。

② 付八军：《创业型大学的学术资本转化》，《中国高教研究》2016 年第 8 期。

③ 蒋丽君：《也说创业型大学的学术资本转化——与"创业型大学推进学术资本转化观点"的商榷》，《中国高教研究》2017 年第 8 期。

"学术资本化""人力商品"。该文之所以出现这种误解，还是囿于学术本位立场下对"资本""创业型大学"等字眼的敏感。这就可以理解一个现象：传统型院校在人才培养上的贡献度同样不令人满意，当前大学对于人才开发的作用与意义在很大程度上还体现在选才而不是育人上，这对于在大学工作的我们来说，反思一下个人或者观察一下身边教师对学生的影响就可以得知，但是，相较于传统型院校，社会各界对创业型大学的人才培养更为关注。也就是说，在学术创业业绩尚未体现出来的情况下，如果创业型大学在人才培养上毫无建树，那么创业型大学就会遭到社会各界更强烈的抵制。从我国创业型大学遭遇到的挫折或者曲折来看，也正是因为我国地方本科院校在推进创业型大学本土化建设过程中，过于强化教师的学术创业而淡忘人才培养的使命，甚至将学生作为创业型教师廉价的劳动力而遭到唾弃。例如，南京工业大学于 2013 年将创业创新型大学的战略目标定位更改为"综合性、研究型、全球化"高水平大学，正是为了扭转创业型大学只关注学术创业而忽略人才培养的办学文化。事实上，从MIT、斯坦福的成长历程来看，创业型大学不仅要让教师成为创业型教师，更要把学生培养成为创造性人才，造就未来优秀的创业工作者。可见，人才培养是大学的底线与红线，注重学术创业的创业型大学容易触犯这条底线与红线，其人才培养自然更受社会各界关注。

三　未能着力于推动教师转型而导致创业型大学建设劳而无功

　　教师与大学的关系，具有高度的一致性。从大学的类型来看，教师的学科归属决定了大学的科类属性。例如，一所以体育学科教师占主体的大学，必定是一所体育类的大学。从大学的层次来看，教师的学术水平决定了大学的办学层次。例如，如果一所大学占主体部分的教师都不从事科学研究，仅仅承担基础知识与基本技能的传承工作，那么该所大学不可能成为研究型大学。从大学的使命来看，教师才是大学使命直接的履行者。例如，培养人才、发展科学与服务社会被称为现代大学的三大社会职能，每一项职能最终都要由教师来完成。因此，无论基于哪个角度通过哪种渠道凭借哪种方法来推动大学从传统型转向创业型，都必须抓住一条主线，那就是推动教师从传统型转向创业型。可以说，只有教师的转型，才能带来大学的转型；教师未能实现转型，大学在事实上不可能转型。推动中国传统型院校向创业型大学转型，着眼点就在于推动教师转向创业型；评价中国创业型大学建设实效，从教师转型状况就可以获悉。创业型大学本土化的十年实践至今尚未取得突破性进展，[①]出现中西创业型大学的"南橘北枳"现象，最为直接的关键因素在于未能实现教师从传统型转向创业型。实现教师转型是推动大学转型的关键，这应该已经从一条高等教育规律上升到了一个高等教育常识，国内每位高举创业旗帜的高校领导深谙此理。那么，为何创业型大学的中国实践未能着眼于并实现教师从传统型转向创业型？对此，笔者认为可以从以下两个方面进行分析。

一方面，传统的教师考评体制没有在根本上实现变革。从上篇本体论的研究可以得知，创业型大学建设的基本目标主要有两个：培养创造性人才与实现成果转化。在创业型大学，科学研究本身不是最终的学术目标，实现知识在人才培养与社会生产上的应用，才是创业型大学终极追求的学术使命。也就是说，科学研究是创业型大学教师履行岗位职责、获得学界认同、实现职称晋升的基本途径与自觉行为，也是履行人才培养与成果转化两大使命的前提条件与基本要求，属于过程性、阶段性与手段性的学术工作，无须学校提升到岗位职责与学术使命的高度予以评价。因此，建设创业型大学，必须改变基于学术本位的科研评价体制与教师考评体制，[②] 改变让教师一切围着论文论著、课题奖项等学术业绩转的学术生态环境，把教师的智慧、时间与热情引导到培养创造性人才与实现成果转化上来。然而，国内普通本科院校在高举创业型大学旗帜之后，传统的教师考评体制并没有任何改变，至多增加了一些学术创业激励的条款，丝毫不改变原有考评体制的基本特征与价值导向。这就可以理解，十年过去了，创业型大学的教师还是与以前一个样，创业型大学除了这个自我设定的名称之后也与过去没有什么区别。事实上，由于缺乏真正推动教师转型的制度安排，中国高举旗帜的创业型大学至今还只停留在战略规划甚至宣传发动上。例如，笔者曾与某创业型大学相关部门负责人在该校多个二级学院进行调研，希望获悉一线教师对创

① 付八军：《国内创业型大学建设的路径比较与成效评析》，《高等工程教育研究》2016年第 6 期。
② 王军胜：《地方本科高校如何建设创业型大学》，《教育发展研究》2016 年第 23 期。

业型大学战略实施三年来的感受与意见。然而，前后调研的 30 多位专任教师中，没有一个人提及创业型大学，当笔者主动抛出这个话题时，他们都认为他们的工作与以前一样，创业型大学的办学定位对他们没有任何影响。这表明，由于传统的教师考评体制尚未发展改变，创业型大学开展得轰轰烈烈的宣讲活动乃至出台的学术创业政策，都没有对教师转型产生实质性影响。这就正如前文在引述克拉克那句话所说的，创业型大学的成功与失败，最终取决于教师，取决于教师的态度、行动与能力，"在尝试大学转型中最常犯的错误是管理团队从一开始就没有带动教授和他们的系统而独自前进"①。

另一方面，传统的教师考评体制难以在某一所高校实现革新。推动大学转型，关键在于教师转型；推动教师转型，关键在于评价机制。中国要实现一批传统型院校向创业型大学转型，关键就在于实现教师考评体制创新，引领教师转向创业型。对于这条办学逻辑，学界可以达成共识。② 例如，在传统型院校向应用技术型大学的转型路径上，有文从"理念引领、教师转型、制度创新"三个着力点出发，③ 正是遵循该条办学逻辑的建设路径。那么，为何中国新生的创业型大学不能放弃传统的教师考评体制，完全按照建设创业型大学的基本目标与历史使命来研制并践行新的教师考评体制？最根本的原因还是在于中国大学尚未成为真正面向市场依法自主办学的法人实体，政府不仅是高校办学资金的最大提供者，而且是高校教学育人与科学研究的间接管理者、牵引者与评价者。也就是说，中国大学一切围着政府转，而不是围着市场转、围着学习者转。政府如何管理与评价大学，大学自然也会这样来管理与评价教师。在这种情况下，传统的教师考评体制必然牢不可破，在"双一流"背景下甚至愈演愈烈，这是政府针对大学的考评体制在教师身上的延展。例如，在全国范围内评选一流大学与一流学科，依据的标准主要还是传统的学术业绩，这与创业型大学的价值追求是不一致的。或许我们认为，高举创业旗帜的多为地方本科院校，

---

① ［美］伯顿·克拉克：《大学的持续变革：创业型大学新案例和新概念》，王承绪译，人民教育出版社 2008 年版，第 236 页。

② 李世玉、董朝霞、姜福杰：《高校教师考核评价机制改革研究》，《人力资源管理》2017 年第 3 期。

③ 李保玉：《应用技术型大学：新建本科院校转型发展的现实选择》，《扬州大学学报》（高教研究版）2017 年第 2 期。

它们可以无视国家"双一流"建设，按照创业型大学模式走自己的路。但是，每个省级区域都有一流大学与一流学科的遴选，作为由政府任命的高校领导，都会紧盯政府的标准与指向，不敢另行其道。而且中国的一流大学与一流学科，只有从政府的文件中走出来才是最权威的，政府认定的一流大学与一流学科又进一步让这些高校能够获取包括优秀生源在内的更多的办学资源，于是在中国高等教育领域内形成了以政府办学为核心的"马太效应"。"中国的大学都是'孤岛'，和地方没有直接的关系"①，也就显得并不奇怪。在这样的学术生态环境中，没有哪位公办本科院校的领导勇于在教师考评体制上大胆创新。又如，创业型大学坚持实用主义办学文化，以成果转化作为科学研究的终极目标，并不意味着该校必然呈现急功近利、心浮气躁的办学文化。创业型大学的学术创业，在很大程度上是教师自由探索的延伸，同样强调并且需要一种"静"的力量。相较于传统型院校而言，创业型大学教师的创新活动，只是增加了用来检验真理的实践或者说应用环节，从而体现出创业的取向。在拼搏进取、刻苦钻研的基础上平心静气、淡泊名利，同样是创业型大学学术创业的重要前提与基本要求。然而，"双一流"建设中的一流学科遴选实行滚动淘汰制，不仅进一步强化了传统的学术业绩考评，而且不鼓励散兵游勇式的自由探索，反而不利于创业型大学教师基于学术发现而自然延伸出来的学术创业，不利于创业型大学教师基于服务社会的历史使命从容不迫地推动成果转化。

　　总之，从创业型大学本土化的实践误区来分析，尚未实现教师从传统型向创业型转向，确实是中西创业型大学"南橘北枳"现象的关键因素。不过，这个实践误区，与前面两点还是有所区别。如果说，前面两大实践误区的责任主体在于高举创业旗帜的普通本科院校，那么，尚未实现教师转型则更多地归因于整个高等教育管理体制。但是，要推进创业型大学本土化的实践，我们必须面对这个问题。对此，本书在下节专门论述。

第二节　创业型大学本土化的制度缺失

　　从上篇本体论研究可以得知，无论伯顿·克拉克还是亨利·埃兹科

　　① 罗家才：《教学服务型大学建设：转型战略与本土创新的结合——第二届"全国教学服务型大学建设"学术研讨会综述》，《高等教育研究》2016年第6期。

维茨，均认为创业型大学的顺利推进有赖于宽松的高等教育管理体制，让大学成为面向市场办学的主体是创业型大学得以存在与发展的制度要求。中篇实践论在梳理创业型大学本土化的实践误区时表明，创业型大学的中国实践至今没有取得预期进展，根本原因正在于制度环境的缺失，大学在市场中的主体地位尚未确立。在此，本书再从现有的制度环境分析、应有的制度环境构思、应对制度缺失的策略三个方面，对创业型大学本土化的制度缺失进行梳理与探索，以期寻找中国特色创业型大学的实践模式。

一　创业型大学现有的制度环境分析

当前，中国没有专门针对创业型大学的评价指标体系，创业型大学与所有传统型院校处在同样的管理体制中。[①] 也就是说，中国各种类型的高等院校都处在同样的制度环境中，分析中国创业型大学现有的制度环境，亦即分析中国高校现有的制度环境。《中华人民共和国高等教育法》（以下简称《高等教育法》）第十一条规定："高等学校应当面向社会，依法自主办学，实现民主管理。" 2015 年 12 月 27 日第十二届全国人民代表大会常务委员会第十八次会议通过了《高等教育法》的修改草案，对这一条没有任何变动。可见，中国高校的办学自主权在法律上是较大的，可以面向社会独立自主地办学。本书正从《高等教育法》及其赋予的七项办学自主权的落实情况来分析中国高校现有的制度环境。

相比于 1998 年公布 1999 年施行的《高等教育法》，2015 年修订 2016 年施行的《高等教育法》主要有以下几点变化：第一，在第二十四条，取消了"不得以营利为目的"的规定；在第六十条，将原有的"国家建立以财政拨款为主、其他多种渠道筹措高等教育经费为辅的体制"，更改为"高等教育实行以举办者投入为主、受教育者合理分担培养成本、高等学校多种渠道筹措经费的机制"。显然，这比较贴近中国高等教育的现状，符合高等教育改革与发展的需要，有利于进一步推动高等教育类型多元化、办学主体多样化，为创业型大学的中国实践提供了制度保障。第

---

① 宣勇：《创业型大学的本土化探索与实践》，付八军《纵论创业型大学建设》，浙江工商大学出版社 2014 年版，第 52 页。

二，在第四十四条，将原有的"高等学校的办学水平、教育质量，接受教育行政部门的监督和由其组织的评估"，更改为"高等学校应当建立本学校办学水平、教育质量的评价制度，及时公开相关信息，接受社会监督。教育行政部门负责组织专家或者委托第三方专业机构对高等学校的办学水平、效益和教育质量进行评估。评估结果应当向社会公开"。这体现了教育评价由过去的政府评价为主转向高校自我评价与社会组织评价相结合，在理论预设与制度规定上打破了政府单一的管理与评价体制，符合创业型大学建设与发展的制度环境要求。第三，在第四条，将原有的"为社会主义现代化建设服务，与生产劳动相结合，使受教育者成为德、智、体等方面全面发展的社会主义事业的建设者和接班人"，更改为"为社会主义现代建设服务、为人民服务，与生产劳动和社会实践相结合，使受教育者成为德、智、体、美等方面全面发展的社会主义事业的建设者和接班人"；在第四十条，对高等学校学术委员会履行的职责进行了更为具体的规定，尤其突出了其"调查、处理学术纠纷""调查、认定学术不端行为"等职责。类似这种修订，使得《高等教育法》具有更加科学的理论基础，更加适切的实践指向。例如，第四条增加"为人民服务"，亦可以解读为按照人们的需求提供高等教育服务，有利于扭转中国高等教育过强的工具理性、社会本位的价值取向，体现出教育政策的人本主义气息。从《高等教育法》的修订来看，中国高等院校的制度环境越来越宽松，不再将高等教育定位于非营利的公益事业，不再实行政府单一的评价与管理体制，有利于加快高等教育类型多元化、办学主体多样化的发展，有利于推动传统型院校向创业型大学的转型。但是，在现实中，中国高等院校的办学自主权并没有实质性的扩大。对此，本书结合高校七项办学自主权的落实情况一并分析。

修订后的《高等教育法》在七项办学自主权上没有变化。从这七项办学自主权的落实情况，① 可以看出创业型大学所处的制度环境。在招生

---

① 2012 年 7 月，教育部政策法规司委托浙江省教育厅课题组承担"高等学校办学自主权研究"，该课题已于 2013 年 3 月通过教育部审核。课题组负责人为宣勇教授，核心成员主要有三位，依次为付八军、钟伟军、张凤娟。通过赴多所高校调研，并在国家教育行政学院与几十位高校领导开展座谈，笔者撰写了关于高等学校七项办学自主权落实情况的长篇报告，本书在此仅做简要介绍。

自主权上，招生方案制定自主权和系科招生比例调节自主权基本落实，同时开展了自主招生等实践尝试，但是普遍缺乏主动选择学生的权力，包括学生在进入大学之后难以第二次选择高校（即转学）。高校招生是牵动高等教育公平问题这根神经最为敏感的问题，中国高校在相当长时期内不可能拥有美国高校那样的招生自主权。在学科、专业设置自主权上，高校可以自主设置专科专业，自主设置目录内本科专业，自主调整与设置二级学科，但学科专业目录制度在很长时期内都不可能实现以管理功能为主向以统计功能为主转变。在教学自主权上，高校可以自主制订教学计划、选编教材与组织实施教学活动，是七项权力中落实得最好的一项，但是，过细过多的教学规范、不断增加的必修课程等，在一定程度上也影响高校的教学自主权。而且，教学改革进展缓慢，远远不适应现代信息社会发展的需要。正如西方学者调侃所说的，"一个 15 世纪的人今天醒过来，发现世界什么都变了，唯有教堂和学校没有变，他还认识。这说明学校的变革很慢，培养人才的方法依旧"①。在科学研究与社会服务自主权上，高校已经享有较大的办学自主权，只不过在实践中，无论高校还是教师，都被某种无形的力量牵引着，缺乏真正的科学研究选择权与评价权。在境外科技文化交流和合作自主权上，高校能够自主开展一般性的对外交流合作，但政府有关部门在中外合作办学项目、招收留学生审批等方面控制较严，高校参加国际学术会议、聘请外国专家等方面还受到不少限制。在机构设置与人事自主权上，高校可以自主地设置校内机构，中层及以下干部的任免基本上由高校自行决定，同时享有具体的薪酬体系设计权，但高校不能享有充分的教师聘任权，且行政岗位的竞争性津贴偏低，这对于创业型大学招聘兼职教师、吸收社会专业人士有一定的制约。在财产管理使用自主权上，高校自主筹措社会资金的权力有所增强，在预算范围内拥有较大的资金自主支配权，但专项经费比例偏高，拨款自主支配程度较低，经费实际使用权仍受到较大的制约，不利于创业型大学根据学术创业需要统筹安排资金。

　　从七项办学自主权的梳理来看，中国建设创业型大学的制度环境虽然受到较大的约束，但不至于严重抑制创业型大学的诞生与发展。然而，在事实上，离《高等教育法》第十一条的规定相距甚远，中国高校远远没

---

① 转引自顾明远《中国教育路在何方》，人民教育出版社 2016 年版，第 40 页。

有成为面向社会依法自主办学的实体。那么，为何中国高校所处的制度环境，与政策法律赋予的办学空间有如此大的差距呢？在开展教育部政策法规司委托的课题研究时，我们也归纳出一些原因，例如"法律规定了，政策不配套"；"政策不被了解，执行者不知晓"；"学校管理者职业化水平不高，政策学习不到位"；"部门利益之争，政策文件难以落实"；"权益保障机制尚未建立，缺乏相应的权利救济渠道"；等等。而且我们还发现一个现象，那就是部属、省属和市属高校办学自主权存在递减现象。但是，笔者认为，最根本的原因还是政府管理大学、评价大学、牵引大学的传统模式并没有从根本上改变。例如，虽然《高等教育法》规定高校拥有科学研究与社会服务自主权，① 但"以学术业绩论英雄"且不断强化的科研激励机制，导致中国高校科学研究陷入功利化的旋涡，反而成为影响创业型大学顺利推进的第一大制度障碍。制造这种制度障碍的不是高校，更不是社会，而是政府管理、评价、牵引高校的传统模式。对此，我们在下文可以进一步分析，创业型大学到底需要什么样的制度环境。

二　创业型大学应有的制度环境构思

中国创业型大学建设步履维艰，其症结正在于高等教育管理体制，大学的市场主体地位尚未真正确立。那么，顺利推进创业型大学本土化的实践，最佳的制度环境是什么样子呢？观念、理念从来都是改革的先导，本书从观念、理念的转变角度出发，来说明创业型大学最为理想的制度环境。

（一）破除大学从属政府的办学观，树立大学属于市场主体的办学观

根据上编本体论的研究，创业型大学不等于商业化、营利性大学，但必定属于市场取向的大学。如果不能确立大学在市场中的主体地位，独立自主地开展各项学术活动，那么，其面向市场获取信息、基于市场培养人才、针对市场提供成果就难以实现。这就像一只从小到大豢养起来的狮子，其野外生存能力是较弱的。当该大学不能为市场提供适切性的服务，它自然就不能从市场上获得相应资源，只能继续依靠政府的财政拨款与政策庇护。这样的大学，就不是市场取向的创业型大学，难以完全凭借自己

---

① 详见付八军《高校科学研究与社会服务自主权约束机制调查研究》，《教育与考试》2017 年第 5 期。

的学术资源傲然挺立于大学丛林。当真正能够面向社会与市场自主办学之后，大学就会注重提高教育质量，赢得生源；就会注重学术成果的转化，增强科研的针对性，赢得办学资源。这样的大学，才是有活力的大学。从世界上成功的创业型大学来看，其共同经验无不以学术资源获取各种办学资本尤其是经费保证。只不过，不同的创业型大学，采取了不同的市场模式。例如，华威大学将学校整体投入运营，在前期注重教学学术的资本运作，后期以制造业集团等为生产主体增加了成果转化的资本运作，体现了直接筹措办学经费的运营模式；而如今的 MIT、斯坦福则既没有以学校名义创办企业，也不会鼓励教师在岗创办实体，更没有从各种形式的学术创业中获取大量实惠，在注重技术咨询、专利转让等"软活动"性质的学术创业以及培养学生的创新创业精神的基础上，从校友那里获得了大量的社会捐赠，体现了间接筹措办学经费的运营模式。中国走上创业型大学道路的普通本科院校，只是高高地举起了这面旗帜，远未树立市场主体的意识，从而既不能像华威大学那样将学校整体投入市场进行运营，也不能像 MIT、斯坦福那样培养适应社会需要的创新创业人才，最后依靠这些人才来反哺大学的发展。

中国大学之所以缺乏市场的主体意识，前提条件还是政府管理大学的本位思想没有转变。① 政府通过各种工程、课题奖项、评估检查等，牢牢地管理与制约着大学。国内创业型大学的改革与发展，每前进一小步都能感受到管理体制的约束。"一旦成了管理者、领导者，就以为自己立即变得比别人高明了。这是一个误会，自然也是管理者的忌讳。"② 当政府从管理的立场出发，将大学方面面限制得很死、高校只需按政府意图来操办的话，那么，大学很难办出活力。因为学术的本质就是基于学者个体兴趣基础上的创新，任何外在的操控或者约束都会影响到学术创新。哪怕是面向社会实践需要的应用性成果，在很大程度上亦属于学者的"灵机一动"。学术创新的这种本质特性，是以自由作为最佳生长土壤的。纵览世界范围内的高等教育，最好的大学往往正是最自由的大学。当前，世界一流大学主要集中在美国，这在很大程度上取决于美国大学拥有充分的自主

① 凌健、刘洁：《大学校长管理专业化中的政府责任转变》，《高校教育管理》2016 年第 6 期。
② 张楚廷：《教育管理者的心态》，《当代教育论坛》2016 年第 6 期。

权。十多年前笔者在撰写博士学位论文时，系统梳理与比较了中美两国政府对高等教育属性的选择，发现美国没有像中国一样将教育当成社会稳定、国家强盛的一种政治策略，而在很大程度上看作个人自我完善和发展的一种权利与自由。[①] 正因如此，美国政府长期以来没有"教育部"，成立之后更多地体现服务功能；在国民教育系统，美国至今没有一所国立大学；等等。所有这些，既体现了美国大学的自由，也保障了美国大学的自由。从纵向看，在美国成为世界高等教育中心之前，德国在 19 世纪拥有世界上最好的大学。那个时候，德国大学虽然从国家立场或者说社会本位的角度弘扬学术，但是，它们的学术活动是非常自由的。19 世纪初，担任内务部文教总管的洪堡筹建柏林大学时就提出，"新的柏林大学的原则，不是管理和从属，而是自由和独立"。[②] 正如张楚廷先生所言，"最自由与最高水平紧密相连，这是德美两国大学的根本共同点。如果论及大学规律，最自由与最优秀同在便是最根本的一条规律。"[③] 没有大学的自由，将大学视为政府的附属机构，绝对建不成世界一流大学，更谈不上对市场有更多要求的创业型大学。

（二）破除学历等于出身的教育观，树立基于知识本身而学的教育观

在经济学界，企业的本质一直存在争议。但是，任何将营利、"利己"[④] 视为企业本质的观点，都是不恰当的。"一个没有基本责任的企业不能称为企业，一个连产品（服务）都不肯表达自己对于顾客的承诺的企业不能称为企业。"[⑤] 大学在本质上正是一个企业，同时又区别于其他企业。基于创业型大学的视角，我们更好理解。例如，创业型大学以科研成果尤其教育服务呈现的教育产品，往往不是谁购买得起就卖给谁的，作为提供教育服务的大学在选择作为顾客的学生时，并不是只要谁愿意掏钱，就录取谁，这与一般企业以金钱作为唯一条件来销售商品是有区别的。从表面来看，似乎大学没有遵循市场原则。其实，这正是市场化的表

① 详见付八军《高等教育属性论——教育政策对高等教育属性选择的新视角》，江西人民出版社 2008 年版，第 192 页。

② 吴式颖、任钟印：《外国教育思想通史》（第 7 卷），湖南教育出版社 2002 年版，第 182 页。

③ 张楚廷：《校长·大学·哲学》，西南师范大学出版社 2016 年版，第 110 页。

④ 聂辉华：《企业的本质："利己"还是"利他"》，《决策探索》2006 年第 3 期。

⑤ 陈春花：《企业是什么?》，《21 世纪经济报道》2007 年 2 月 9 日。

现，而且所有追求卓越的大学均不例外。一所大学之所以这样做，是因为教育资源有限，只得限制性入学。但是，这种限制又与电影院因场地较少而实行名额限制不一样。在电影院，先购票者先入场，晚购票者或许就没机会了，这是因为这种方式不影响电影院的实际利益。然而，大学就不一样。大学不能采取先来后到的寻取模式，也不能采取金钱至上的模式，根本原因在于这些模式都不利于大学利益的最大化。在此，试以哈佛为例，做如下设想。如果按先来后到的模式，那么，或许前来接受教育的学生素质差参不齐，许多学生达不到毕业的要求，最后影响哈佛的管理甚至声誉；如果采取金钱至上的模式，那么，许多家庭贫困的优秀学生却因交不起学费而进不了哈佛，反而大量成绩平平的学生进入了哈佛，最后同样影响哈佛的管理甚至声誉。可以想到，如果哈佛凭金钱来入学，又不像法国高等教育那样实行严格的淘汰制，不出几年，这所大学的声誉就会大大下降。因此，哈佛会坚守学业标准，也不会无限拔高学费。当所有学校都在市场中生存与发展之后，大家都会遵循市场原则，行业自律也就形成了。

但是，达到这个层面还不够。因为这远远达不到学生为了获取知识而求学，甚至仍然是为了谋取出身而上大学。那么，怎样达到这个目标呢？最根本的一条，就是要让这些从学校毕业的学生获得市场检验的机会，而不是一张文凭能够包打天下，终身受用。也就是说，文凭仅当参考，个人素质才是核心竞争力。例如，一名从清华大学毕业的学生，如果其人品与能力还不如一位地方高校相同领域的学生，那么，单位就应该有勇气做出决定，留用并提任地方高校的毕业生。在人才招聘时，虽然其学位证书颁发学校、获奖证明、成果数量、论文所载刊物等外在凭证可以作为重要参考，但绝不是以此作为唯一标准，甚至由此可以替代专家评价，以致任何人都可以将人才分出上下高低。解决这些问题的有效办法，就是管理重心下移，实现行业专家领导。例如，一所大学招聘人才，如果让学校人事处统一负责，则可能按硬条件处理了，只有将权力下放给相应学院、学科甚至学科方向，才能在一定的基准条件上选择最适合的人才。对于人文社科学者来说，成果数量体现其勤奋程度，甚至思维广度，但是，学术水平则主要看其观点与推导，而不是论文所载刊物等。现在的问题是，我们都太忙了，根本没有这多时间来分辨真假与高低，就匆忙下了结论，也倾向于简单的结论。于是，只是凭借外在硬通货来选择。这样做的后果危害很大，影响到社会的方方面面。例如，造成大家都很浮躁，着眼于知识与能力之外的凭证，而不是知识与能力本身；形成的权威与中心，不是市场选择出来的，而是外在的平台等因素造成的；某些先天或者既定的光环优势，造成某些人的孤傲与特权，也给其他人形成了无形的卑怯与从属，对于社会发展有百害而无一利；等等。在笔者看来，任何一个人、一个组织、一个奖项、一个凭证等都不应该成为不可逾越的标杆。一位社会权威人士，并不意味着他说的任何话都是金科玉律；一个哈佛文凭，只能说明持有者有过这种学习经历，在许多方面获得准入机会，但并不意味他就比别人优秀；高校的职称评聘，千万不要把在某个杂志发表文章当作必备条件，这样是在造就权威与中心，而不是让权威与中心在市场中形成；……总之，我们要极力呼吁，管理重心下移，行业专家理政，实现理论与实践的统一。

创业型大学推动学术成果转化，就是去除高校既定权威与中心的最佳路径，让大学在市场竞争中显现出来。只有这样，才能让大学提供的知识产品有用，有实用，而不是有名，仅有虚名。检验一所高校是否达到这种状态，我们从学生选择大学的价值取向就可得知。如果学生上大学，是为了知识本身，而远远不是为了文凭与出身，那么，这所大学就达到了这种状态。事实上，大学生毕业之后的工作问题，根本不是学校应该操心的事情。如果一位学生从大学中真正学到了知识，那么，哪怕没有找到工作，他也不会因此嗔怪学校教育的荒芜与无用。只有在这个时候，依靠学费而获得生存与发展的大学，才属于创业型大学。也就是说，如果一所大学真正依靠课程资源而赢得生源，赢得市场，那么，这所大学哪怕不接受政府任何拨款，且没有致力于学术成果的转化，该大学仍然属于一所创业型大学。这样的大学，不是贩卖文凭，而是销售课程；不是凭借权威，而是依靠市场。

（三）破除教师"以论文论英雄"的科研观，树立实践检验学术业绩的科研观

高等学校三大使命的履行，主体都是大学教师。传统学术型院校向创业型大学的转型，关键在于教师，难点也在于教师。在缺乏市场化传统的大学，要实现大学教师的转型，更为困难。例如，欧洲大学教授普遍抵制直接的学术创业活动，曾有一位英国大学教师拒绝某技术转移办公室官员的约见，不无怒气地说道，"除非我死了，否则绝不见他"。正像不是所有高校都要转型为创业型大学一样，也不是所有的大学教师都要转型为创业型教师。对于不少学科领域的教师来说，他们坚守象牙塔，注重基础知

识与基本技能的传承，注重思维素质与人格品性的培养，同样是个人成长与社会发展的必要条件。问题的关键在于，这样的教育教学要让学生真正受益。同时，对于致力于学术成果转化的创业型大学来说，以应用性知识作为主导的学术生产模式，检验教育教学实效的重要标准则是看学生能否尽快适应实际工作，检验科学研究业绩的重要标准则是看学术成果能否转化为现实生产力。创业型大学的组织特性，决定了创业型大学的教师必须从传承知识到"销售"知识、从创造知识到应用知识转变，与创业型大学一起成为市场的主体。显然，这对于中国的传统型大学来说，其难度是可想而知的。

教师转型的难度有多大，大学转型的决心就要有多大。① 从教学育人来看，例如，一位不从事商品销售且也不研究市场规律的教师在给学生谈空洞的市场营销学，其实效性不可能有多大。脱离实践的理论，或者缺乏研究的经验，都是不能作为优质教育资源的。虽然大学课程本身就是实践经验的理论化成果，但是，没有一定实践经历的教师在谈这些理论时，往往从理论到理论，从书本到书本，不能将课程背后丰富的现实素材激活出来，这样的课程对学生的帮助是不大的。教育，是心与心的沟通，而不只是文字的流转。从科学研究来看，例如，一位研究药品的大学教师，若不以转化来评价，只以论文、课题、获奖等来评价，我们很难真实把握该教师的学术水平。2017 年 4 月，曾隶属著名国际出版商施普林格公司旗下的《肿瘤生物学》，撤销 107 篇中国学者的论文非常值得我们反思，"我们到底需要什么样的学术？"如今已不再是 18 世纪以前的科技发展速度了，世界上每天诞生数不胜数的各种理论成果，如果我们不能将创新性的学术成果迅速转化出来，若干年后这些成果堆积在浩如烟海的文献中，再也难以被人发现更不用说去转化了。大学教师的学术创业，是在教学育人与科学研究的基础上，延长学术生产链条。对于创业型大学的教师来说，就是在学校的帮助下再往前走一步，推动其科研成果向现实生产力转化。应该说，这对于教师个体，亦是大有效益的。一位教师一辈子只要做成一件事，转化一件科研成果，其社会贡献就体现出来了。古代许多工匠，手艺之所以如此精湛，就是因为他们一辈子就做那么一件事情。可见，"以

---

① 付八军：《论大学转型与教师转型》，《教育研究》2017 年第 4 期。

转化实绩论英雄"①，要成为创业型大学教师的行动指南。

一个站在知识前沿的组织，一定是相应领域组织及个人所需要的。在理工科学领域，例如研制机械制造的，一定受到机械制造厂商的关注，成为合作伙伴；在人文社科领域，例如研究家庭教育的，一定受到千家万户的关注，成为天下父母的良师益友。否则，仅在圈子里自娱自乐，既无意义，也没活力，体现不出其是否站在知识前沿。至于文史哲的大学教师，他们的市场前景其实是广阔的，在课堂上深入浅出、赢得学生的尊敬，在社会上传经送道、赢得社会大众，都是他们参与社会实践的有效体现。正是从这个意义上，埃兹科维茨将 MIT 视为"正在取代哈佛模式成为学术界的榜样"②。复旦大学前校长杨玉良院士曾提出，"创业型大学"这个提法"名字可能不是最好听"，但这将是大学未来发展的一个重要阶段。③

三　创业型大学应对制度缺失的策略

依上所述，推进中国的创业型大学建设，需要在观念、理念上实现"三个破除，三个树立"：破除大学从属政府的办学观，树立大学属于市场主体的办学观；破除学历等于出身的教育观，树立基于知识本身而学的教育观；破除教师"以论文论英雄"的科研观，树立实践检验学术业绩的科研观。达此目标，中国不仅能够涌现出成功的创业型大学，而且能够在不同层次、不同领域办出特色，争创一流。但是，中国要在观念、理念再而在实践上实现以上"三个破除，三个树立"，其道路仍然相当漫长。当前，政府在处理其与大学的关系时仍然坚持"管理"而不是"服务"的观念，尽管《高等教育法》赋予了高校"面向社会依法自主办学"的法律地位，但在实践中根本难以落实，高校领导干部任命体制、专项经费制度、各种形式的重点大学（例如"双一流"）建设、各种审批与计划等，已经让中国高校围着政府而不是市场转成为定势，大学在市场中的主体地位难以确立，自然办不出富有活力的个性化大学。但是，凭借自身的

---

①　夏宝龙：《立德树人要成为高校立身之本》，《浙江日报》2017 年 2 月 22 日。

②　[美] 亨利·埃兹科维茨：《麻省理工学院与创业科学的兴起》，王孙禺、袁本涛等译，清华大学出版社 2007 年版，第 1 页。

③　陈统奎：《复旦：又一次华丽转身》，2005 年 9 月 21 日，http://news.sohu.com/20050921/n227021310.shtml（2017 年 12 月 28 日）。

服务质量与学术声誉走上自力更生的道路，这必定是未来高等教育变革的重要趋势。中国那些先觉先知、具有忧患意识的传统型院校主动迈向创业型大学，就是顺应历史潮流、应对教育变革的改革典范。当这些院校的改革成功了，或许整个社会的观念会发生改变，政府管理本位的模式也会改变，这正是这些院校努力探索创业型大学实践模式的重要意义之一。那么，在当前既定的制度环境中，这些高校怎样才能实现从传统型转向创业型？采取什么样的模式？对此，笔者在此谈谈两点：一是国内研究型大学比较务实的转型路径；二是创业型大学本土化的适切模式。

教育部统计数据表明，截至 2017 年 5 月 31 日，全国普通高等学校共计 2631 所（含独立学院 265 所）。[①] 在这 2000 多所普通高校中，哪些属于创业型大学，我们是很难判断的。但是，中国不少普通高校在建成创业型大学之前，就已经高举创业型大学大旗，明确了自己属于创业型大学的身份定位。从普通本科院校来看，2008 年明确提出创业型强校办学定位的福州大学，可谓国内第一所高举创业型大学旗帜的普通本科院校。随后，南京工业大学于 2010 年在办学定位中正式提出要走一条美国斯坦福和加拿大滑铁卢式的创新创业大学发展之路；浙江农林大学于 2010 年提出"到 2020 年把学校建设成为国内知名的生态性创业型大学"的发展战略目标，后来将这一战略目标写进学校章程；等等。在推进创业型大学本土化建设的过程中，笔者发现有一个现象值得我们关注，那就是这些地方性的普通本科院校往往首先举起创业型大旗，向社会公开自己的发展战略目标，然后再来具体谋划创业型大学的实践。这种做法，与国际上创业型大学的典范高校以及国内同样走创业型大学道路的研究型大学是不一样的。当前，学界没有人否认 MIT、斯坦福、华威大学属于创业型大学的典范，但是，这些高校自始至今都没有标榜自己属于创业型大学。国内的浙江大学、华中科技大学等一批研究型大学，被众多学者推为创业型大学，[②] 但这些高校从未在办学定位中明确要走创业型大学的发展道路。那么，地方普通本科院校的这种做法，是否妥当呢？对于那些勇于改革创新

---

① 中华人民共和国教育部：《全国高等学校名单》，2017 年 6 月 14 日，http://www.moe. gov.cn/srcsite/A03/moe_ 634/201706/t20170614_ 306900.html（2018 年 1 月 1 日）。

② 刘叶、邹晓东：《探寻创业型大学的"中国特色与演变路径"——基于国内三所研究型大学学术创业实践的考察》，《高等工程教育研究》2014 年第 3 期。

的高等教育实践，我们应该大力鼓励；同时，我们也应该看到，国内那些举旗的普通本科院校在推进创业型大学建设过程中，并不是振臂一呼就会应者云集各方支持，有时还会遭到更为强烈的抗拒。为此，地方本科院校向创业型大学转型，不妨借鉴国内研究型大学的做法：不举旗，但是坚定不移地走创业型大学道路。2013 年，笔者具体负责策划了一次全国性的创业型大学建设高峰论坛，现任浙江大学党委书记邹晓东研究员以"探寻创业型大学的中国特色与发展路径——以浙江大学为例"为题做了一个务实的报告。他在报告中指出，"浙江大学没有把创业型大学作为学校发展的目标"，但他们一直在努力推进学术创业工作。① 从邹先生的讲话中，笔者能够感受到，不举旗是一种比较务实的策略，举旗有可能会产生各种误解甚至遭到抵制。确实，创业型大学本身就是一个颇具争议的概念，凡具商业性的教育改革计划最不容易被人接受。我们与其在一个概念上、口号上争来争去，不如沉下心来，从提高高等教育贡献度的角度出发，研制出切实可行的制度文件，扎实推进科技成果转化、着力培养创造性人才。华威大学、MIT、斯坦福在推进创业型大学的过程中，就走了一条比较务实的发展之路。对此，在拙著《教师转型与创业型大学建设》一书中有较多的论述，② 在此不再赘述。例如，斯坦福大学并不像华威大学那样在创校初期就明确了"亲工商路线"，而是在后面的发展过程中逐渐明确创业取向的，尤其是在特曼（Frederick Terman）教授时期予以确定并不断发扬光大。但是，该校校训"让自由之风劲吹"由第一任校长取自德国箴言，不仅在第一次世界大战中因此产生过风波，而且没有为斯坦福指明学以致用、创业兴校的方向，却沿用至今，从未更改。

　　高举创业型大学旗帜并没有错，甚至更能体现高校的方向与决心，只不过在同样的方向与决心之下不举旗更为务实。除此之外，国内普通本科院校在推进创业型大学本土化建设过程中，还有没有其他可以借鉴的办学模式？根据上篇本体论的研究得知，我国普通本科院校推进创业型大学本土化建设的适切模式，正是学术应用类公益型的创业型大学；而且，无论

---

① 邹晓东：《探寻创业型大学的中国特色与发展路径》，付八军《纵论创业型大学建设》，浙江工商大学出版社 2014 年版，第 13—17 页。

② 详见付八军《教师转型与创业型大学建设》，中国社会科学出版社 2016 年版，第 26—56 页。

在科学研究上，还是在人才培养上，创业型大学都以学以致用而不是学以致知作为学术目标。至此，我们会发现，这种类型的创业型大学与国内近几年兴起的应用型本科院校何其相似。只不过，我们要从"应用型大学"的高度与广度来推进传统学术型向应用型转轨，使得"应用型大学"这个概念不仅涵盖新建地方本科院校，还包括高水平、研究型的行业特色大学。① 于是，当许多学者提出应用型大学应该向创业型大学转型之际，②本书则认为，该种类型的创业型大学以应用型大学作为自己的身份标识更为合适。试想，如前所述，创业型大学并不是一个大受欢迎的大学类型称谓，我国公办的普通本科院校又不能通过科研成果转移转化直接筹措办学经费，培养适应乃至引领社会的创新创业类人才反而在应用型大学战略定位中更容易得以体现，那么，我们为何不将办学旗帜从创业型大学转移到具有本土特色的应用型大学？只不过，值得特别提醒的是，这些应用型大学要以前面研究指出的两个着力点作为自身的办学使命：在科学研究上更加突出科研成果的转化，在人才培养上更加突出创造性人才的培养，最后能以自身的学术声誉走上自力更生的道路。杨德广教授曾指出，在中国最具备条件培养拔尖创新人才的"985 工程"大学，除少数学校坚持学术研究型之外，大多数学校应走出仅围绕学科专业、高深知识研究的"象牙塔"，转变为与经济、企业、社会紧密结合，参照国外创业型大学模式，构建创业教育体系，成为创业型大学。③ 基于上述论述，杨教授所谓的创业型大学，并不是营利型的创业型大学，正是笔者在此倡导的应用型大学。如此看来，按照前面论述的应用型大学模式来推进创业型大学建设，既是中国普通本科院校实现创业型大学本土化建设的最佳实践模式，更是实现中国高等院校分类发展、加快高等教育变革步伐的重大时代课题。为此，本书在下一节以及下一章专门论述该种类型的应用型大学。

---

① 付八军：《学以致用：应用型大学的灵魂》，《教育发展研究》2016 年第 19 期。

② 王天力：《应用型大学向创业型大学转化刍议》，《长春工业大学学报》（高教研究版）2012 年第 4 期。张维亚、严伟：《创业型大学：应用型本科院发展模式选择之一种》，《文教资料》2013 年第 28 期。

③ 杨德广：《应将部分研究型大学转变为创业型大学——从"失衡的金字塔"谈起》，《高等理科教育》2010 年第 2 期。

第三节　创业型大学建设的中国化模式

在西方创业型大学理论传入中国之际，国内正在轰轰烈烈地开展应用型本科建设。应该说，这不只是巧合，而且是社会发展的必然。不同生产形态的社会，需要不同学术观的大学。在知识经济时代，大学不能再沉迷于天理人伦，不能再局限象牙塔式的知识生产，需要有更多的高校提供应用性的知识与成果。只不过，在不同制度环境与文化土壤的国家或者地区，这类高校的具体表现形式不尽一致。在欧美，创业型大学正是这类高校的重要载体之一；在中国，应用型本科院校才是这类高校的最佳实践模式。① 应用型本科院校在中国具有特定含义，普遍将其定位于新建本科等教学型本科院校，为了改变其思维定式，扩大各类应用取向本科院校的内涵，本书将之称为应用型大学。应用型大学，在注重科研成果转化与创造性人才培养的前提下，正是创业型大学中国化的适切模式。为此，本书在此对应用型大学的内涵进行分析与论证，寻找其与上篇本体论研究指出的创业型大学之共同基因。

一　从应用型大学的高度与广度推动地方高校转型

在我国教育政策的语境下，尚未出现过"应用型大学"的概念。无论是政府文件和领导讲话，还是政府推动的教育活动，一般提及"应用型本科（院校）""应用型高校""应用技术型高校""应用技术大学（学院）"等。例如，在教育部的推动下，2013 年，35 所地方本科院校在天津成立了"应用技术大学（学院）联盟"（AUAS）；2014 年，178 所高校就"实现地方本科高校转型发展"和"建设中国特色应用技术大学"等问题达成了《驻马店宣言》。在这些体现政府改革愿望的教育活动中，我们很难看到"应用型大学"的字眼。不过，自 2015 年以来，政府或许认识到，可以且需要转型为应用型的地方本科院校并不全是技术类院校，地方高校的转型方向也不仅仅是"技术"类大学，从

---

① 根据上篇本体论的研究，无论教学服务类，还是学术应用类，创业型大学都可以分为营利型与公益型两种模式。如果未做特别说明，本书主要针对普通公办本科院校转型而来的创业型大学，从而都是从公益型学术应用类的创业型大学进行论述。

而在政府的文件乃至领导的报告中，很少再提"技术"两字。例如，在 2016 年的《政府工作报告》中，国务院总理李克强如此表达地方高校的应用转型，"提升高校教学水平和创新能力，推动具备条件的普通本科高校向应用型转变"。

教育术语在政府文本中远远不只是一个教育概念，更是蕴含教育政策的价值指向。从"应用技术大学"到"应用型（高校）"，体现了我国政府对于"应用型"内涵认识的深化以及外延圈定的扩大，但是，远未从"应用型大学"的高度与广度来推进传统学术型向应用型转轨。迄今为止，在体现政府意志的教育术语中，"应用型高校"主要定位于新建本科院校、地方院校，至多扩展到独立学院、民办高校等，而且就像忌讳"教育产业化"等教育术语一样，极力避免提及"应用型大学"。显然，这样的"应用型高校"既不被希望向（专业）博士学位层次的高度发展，也不会包括高水平、研究型的行业特色大学，其广度被锁定在研究型大学与高职高专两者之间的中间地带，最后构建学术型、应用型、职业型三大高等教育体系。也就是说，无论是从概念名称来识别，还是从政策文本来分析，"应用型"道路似乎只是我国推动新建地方本科院校转型变革、高等教育类型多元化发展的一种应对策略。于是，相对于传统的"学术型"而言，"应用型"被认为低层次的办学，甚至将地方高校转向应用型视为降格到本科高职。[①] 这种观念不仅不利于新建地方本科院校的转型发展，而且不利于行业性研究型大学的转型发展，影响到整个高等教育在国家创新体系的地位与贡献。如此这般，地方高校从学术型转向应用型，就会缺乏目标的引领与变革的自觉，仅仅成为政府单方面描绘理想高教蓝图的行政指令。

为了让"应用型"建设的原动力从政府转到地方高校自身，政府要做的第一件事情就是明确这些高校转型的方向是应用型大学，而不只是介于研究型大学与高职高专的应用型高校。政府不应该将某些高校圈定在某个层次，只需要确定一个科学正确的变革方向，并予以相应的支持与规范。至于这些高校是否愿意或者能否达到应用的最高层次，亦即我们当前的专业博士教育阶段，那是高校自己的事情。如果政府事先就将"应用型"定位于本科至多硕士研究生层次，那么，这些地方高校也就失去了

---

① 吴少敏：《高校入选应用型大学是降格吗?》，《南方日报》2016 年 9 月 23 日。

改革的强大动力。因为当前地方普通本科院校基本上不担心生源，且可以沿着大家非常熟悉的路径从容不迫地前行，然而地方高校要从传统学术型发展到应用型，不仅要冒着改革的风险，而且依然停留在一个层次，在这种情况下，没有哪几所公办高校会主动折腾自己向应用转型。要让地方高校产生向应用转型的内驱力，政府应该做的就是从更大的范围与更高的层次来绘制应用型大学的美好图景，然后制定相应的标准、提供相应的资助，推动更多的地方院校主动迈向应用型大学。

从理论界的教育学术语言表达来看，各种各样的"应用型"称谓层出不穷。学者们不仅沿用了官方的教育术语，而且还有诸如"应用职业大学""应用科学大学""技术本科院校"等概念，不一而足。尤其值得注意的是，"应用型大学"早已成为学者的话语，散播在各种文献中，模糊了政策语言与学术语言对于"应用型"字眼的不同运用。例如，在中国知网中，以"应用型大学"作为篇名进行精确查询，1999年至今，其论文年发表量一直处在上升趋势。1999年1篇，2009年38篇，2014年80篇，2015年增至157篇，2016年244篇，2017年超过250篇。但是，在这些明确以"应用型大学"作为研究对象的论文中，学者们大多缺乏一种更宽广的视野来理解"应用型大学"。有些仅仅从新建本科院校、民办高校等类型与层次来谈论应用型大学，从这些高校推导与归纳应用型大学的组织特性，明显窄化了应用型大学的内涵与外延；有些虽然认识到应用型大学是一个包容性很强的综合性概念，但往往撇开一流的行业特色研究型大学而讨论地方高校的转型、高职高专的升格等，仍然看不到只要地方高校、高职高专发展得好，它们都可以像高水平的行业特色大学一样，成为一流的应用型大学。例如，1999年较早发表的《创建面向21世纪的新应用型大学》，作者理解的应用型大学是"创建新的培养技师、工艺师、管理师的实用型大学"，以区别"培养科学家、研究员、开发设计工程师的综合型大学"。① 显然，这种应用型大学只是高职高专的升级版，无法指称一流的行业特色研究型大学。又如，国内较早呼吁发展应用型本科的高等教育学科主要创始人潘懋元先生，根据《国际教育标准分类法》将高等教育分为5—6级，其中5A又分两类，5A1属于学术型，5A2属于

① 郑国强：《创建面向21世纪的新应用型大学》，《高等教育研究》1999年第5期。

应用型，他主张大量的地方高校转向 5A2 型。① 有文②甚至认为，潘懋元先生提出了应用型大学概念，划分出本科层次的理论型与应用型。应该说，潘先生关于应用型大学的概念，与政府对于"应用型高校"的理解，基本上是一致的。

应用型大学的实践与理论，更多地来源于国外。从国际视野来看，应用型大学的称谓不尽相同，而且其层次与地位经历了一个不断提升的过程。例如，20 世纪 60 年代兴起的英国多科技术学院，于 1992 年更名为大学；德国的高等专科学院，于 1998 年改称为"应用技术大学"；等等。现如今，德国、奥地利和瑞士的应用科技大学不只培养本科生与硕士生，③ 而且在不断发展博士研究生教育。例如，2013 年底，德国的石勒苏益格——荷尔斯泰因州率先决定赋予应用科技大学（FH）博士学位授予权，随后不久德国南部的巴登——符腾堡州和黑森州也决定赋予该州应用科技大学（FH）博士学位授予权。④ 在我国台湾的高等教育体系中，高等职业技术教育与普通高等教育是平行且平等的两条轨道，都可以从本科、硕士通向博士研究生教育。尽管台湾地区科技大学培养的博士数量少，但不能由此否定应用型高校不宜发展博士研究生教育，这与应用型高校的本科、硕士研究生更容易就业，而博士研究生反而更难以就业是有关的。据报道，2015 年台湾共有 54 个大学的博士班注册率挂零，其中台湾大学的农业经济学系、生命科学系、戏剧系、海洋所等 4 个博士班注册率都挂零，还有成功大学 5 个博士班、中兴大学 3 个博士班、台湾"中央大学"8 个博士班、台湾中山大学 3 个博士班、阳明大学 2 个博士班，注册率都是零。博士班招生状况不好，主要原因在于博士失业率高达 95%，不少优秀学子不愿读博士了。⑤ 可见，从世界范围来看，各国或者各地不再将应用型高校定格在某一个层次，而是从更大的范围与更高的层次来推动应用型大学建设，最后在教育市场中检验建设成效。

---

① 潘懋元、车如山：《做强地方本科院校的理论与实践研究》，高等教育出版社 2016 年版，第 11 页。

② 时伟：《应用型大学的文化定位与建构路径》，《中国高教研究》2016 年第 9 期。

③ 马陆亭：《应用技术大学建设的若干思考》，《中国高等教育》2014 年第 10 期。

④ 周海霞：《德国应用技术大学（FH）获博士学位授予权之争议》，《外国教育研究》2014 年第 10 期。

⑤ 雷蕾：《台湾优秀人才为啥不愿读博士?》，《人民日报》（海外版）2015 年 12 月 7 日。

二　应用型大学的精神实质或者灵魂在于学以致用

根据以上分析，中国政府亟须以"应用型大学"取代"应用技术大学""应用型高校"等各种称谓，不仅在外延上大大扩展应用型高校的范围，而且在内涵上大大提升应用型学术的层次。只有政策文本中的教育术语，已经从如此的广度与高度来理解"应用型大学"，理论研究中的教育术语，才能不再将"应用型大学"仅仅局限于本科乃至硕士研究生层次的 5A2。由此得知，应用型大学是一个笼统的概念，既包括应用技术大学、应用型本科院校，也包括创业型大学，还包括各种致力于应用型人才而不是纯粹学术型人才培养的大学。从本义上来说，应用型大学包含以应用型研究为主导的研究型大学、一流的行业特色高水平大学。当我们的新建地方本科院校，以及独立学院、民办高校等，能够从这样的一种广度与高度来推进应用转型，那么，加快应用型建设的政府意愿就会转化为高校的自觉行为。那是因为，任何一所优秀的高校都能意识到，当前我国高校的买方市场主要取决于政府的文凭保护，处在高校塔尖的研究型大学乃至地方公办高校，都还没有感受到明显的危机。但是，当有一天高校需要通过自身的优质教育服务来赢得生源与社会支持，那么，哪所大学真正转向应用型，成为优秀的应用型，哪所大学就能占领市场，处于不败之地。这种大学，正是本书倡导的创业型大学。

世界各国各地可以称为应用型大学的高校，名称多种多样；我国以"应用型大学"统称各类应用型高校之后，仍然存在多种类型、不同层次的应用型。那么，这些应用型大学的共同点是什么呢？我们能否依据这种共同点，来判断一所高校是否属于应用型呢？这种共同点，正是应用型大学的精神实质或者说灵魂。为了提炼出应用型大学的灵魂，本书试从以下三个方面进行分析。

第一，从历史中寻找应用型大学的灵魂。应用型大学的诞生，与作为社会组织的各类大学一样，必定基于某种社会需要。困惑的问题在于，我们很难断定应用型大学的源头在哪里。为此，本书仅从学界现有观点出发，分析应用型大学诞生的历史使命。不少研究表明，20 世纪 60 年代以来，国际范围内的高等教育进入大众化发展阶段，一大批有别于传统大学的新型高等教育机构，例如英国的多科技术学院、法国的短期技术大学、日本的技术科学大学、德国的高等专科学校、澳大利亚的技术与继续教育学院以及我国台湾的科技大学等纷纷诞生，这些高校便是应用型大学较早的形态。① 显然，这些高校不是以研究高深学问作为历史使命，而是以实现学生就业作为主要目的。在精英教育阶段，高等教育具有较强的选拔性，学生处在人才的高端，他们不需要接受与市场无缝连接的教育，也能实现充分就业。但在大众化尤其是普及化高等教育时期，大量的大学生只有接受与市场无缝连接的教育，才能在毕业之后迅速找到相应的工作岗位。可见，从历史的角度来分析，应用型大学诞生的历史使命在于让更多的学生学到一技之长，然后凭此获得安身立命的资本。

第二，从称呼中寻找应用型大学的灵魂。要从名称上来确定一所大学是否属于应用型大学，这在当前是非常困难的。但是，对于那些我们普遍认为属于应用型大学的高校，它们的名称是有一些共同特征的。从我们前面介绍的这些应用型大学来看，它们普遍以"技术""科技"等指向性的定语来称呼。其至有文②在介绍美国应用型本科院校的特色发展之路时，选择的代表性高校"罗斯—霍曼理工学院"亦体现"理工"的校本特色。从这些高校的名称来看，应用型大学偏向理工、科技尤其是技术，具有很强的实用性，能够解决具体的问题。显然，这与那些重视学理基础的文理学院、关注一流学术的研究型大学在名称上还是有区别的。在中国政府视野中的应用型本科院校，更能鲜明地体现应用型大学的特色。仅从名称上来分析，政策语境下的"应用技术型大学"表明了应用型大学的"应用性"与"技术性"。当应用型大学的外延有所扩大并去除了"技术"两字之后，政策语境下的"应用型高校"从名称上依然体现了两种价值诉求：一是这类院校以"应用"作为办学宗旨，一切知识与学习以是否能够"应用"作为前提；二是这类院校称"大学"还为时尚早，不能与综合性的研究型大学并驾齐驱。于是，名称上折射出来的应用型大学只能关注生产生活实践中具体的应用，而不是太空宇宙、高深学问等重大的长远的应用。这种较低学术层次的应用属性，进一步强化了应用型大学的"应用"取向。

---

① 何淑通、何源：《独立学院如何向应用型大学转型——基于学位制度改革的思考》，《重庆高教研究》2016 年第 5 期。

② 刘志文、郑少如：《美国应用型本科院校的特色发展之路——罗斯—霍曼理工学院的经验与启示》，《江苏高教》2015 年第 4 期。

　　第三，从比较中寻找应用型大学的灵魂。大学分类是一个世界难题，至今没有统一的见解。随着"应用型"研究热潮的兴起，国内不少学者支持高等教育三种类型的说法：研究型大学、应用型大学、高职高专院校。① 当然，也有文②认为"学术型、应用型、职业型"三分法既不科学，也无法操作。但是，应用型大学相对于传统的学术型大学而言，这是毫无疑义的。那么，这两者的根本区别是什么呢？应该说，学界对此已有较多的论述。例如，有文指出，传统的学术型教育以"认识世界"为己任，而应用型本科教育则以"改造世界"为己任。③ 还有文在比较的基础上提出了应用型本科教育的基本特征表现为：定"性"在行业，定"向"在应用，定"格"在复合，定"点"在实践。④ 这些研究结论表明，应用型大学主要面向现实世界，关注知识的实际应用。

　　当从以上三个方面进行一番梳理后，"一技之长""应用""技术""实践""改造世界"等字眼便密集地闪现出来。这些关键词的共同指向，便是应用型大学的灵魂。与此同时，体现传统学术型大学的关键词例如"高深学问""基本理论""认识世界"等，也在进一步强化我们对于应用型大学的认识。于是，在对这些关键词再次统合与概括之后，本书正式提出应用型大学的灵魂在于学以致用，而学以致知则成为传统学术型大学的基本特征。学以致用，这正是创业型大学的内核。

三　学以致用只是彰显应用取向的实用主义学术观

　　学以致用成为应用型大学的灵魂，那就意味着应用型大学的一切学术活动，都有为了知识的有效应用。例如，在人才培养上，着眼于学用统一、学用相长的专业型人才，包括"工程型人才、技术型人才与技能型人才"⑤ 三类；在科学研究上，着眼于解决生产生活实际问题的学术成

　　① 潘懋元、周群英：《从高校分类的视角看应用型本科课程建设》，《中国大学教学》2009年第3期。

　　② 胡天佑：《建设"应用型大学"的逻辑与问题》，《中国高教研究》2013年第5期。

　　③ 陈小虎：《"应用型本科教育"：内涵解析及其人才培养建构》，《江苏高教》2008年第1期。

　　④ 史秋衡、王爱萍：《应用型本科教育的基本特征》，《教育发展研究》2008年第21期。

　　⑤ 夏建国、刘晓保：《应用型本科教育：背景与实质》，《高等工程教育研究》2007年第3期。

果，即从"探究学术"转向"应用学术"①；在社会服务上，着眼于融入区域经济社会的发展，更强调"科技成果的应用与转化"②。应用型大学的这种知识观，并不难被理解，但却常常遭到批判，以致我们不时听到一种呼吁：多点"学以致知"，少点"学以致用"③。本书认为，"学以致知"与"学以致用"这两种学习观，本身并不是非此即彼、相互对立的，而且就像漫步与跑步作为锻炼的两种方式一样，只能因人而异，本身无所谓好坏优劣之别。亦有学者批判性地指出，"学以致用"与"学以致知"不是相互碰撞的理念，而是相辅相成并不矛盾的两个问题。④ 在此，本书试从社会各界对"学以致用"的批判点出发，进行合理的阐释，以论证学以致用只是彰显了应用取向的实用主义学术观。这就与上篇本体论研究中揭示创业型大学不等创业型大学、商业化大学一样，两者都是从实用主义而功利主义的角度进行定性的。

（一）学以致用并不否定"致知"的科学研究

要达到"用"的目的，就必须以"学"作为手段。没有学好，就难以运用，正如东汉唯物主义哲学家王充先生在《论衡》中所言："不学自知，不问自晓，古今行事，未之有也。"不同复杂程度的运用，就需要不同层面的学习。例如，在地球毁灭之前寻找到新的载体、攻克长期威胁人类生命健康的癌症问题等，这些高难度的"应用"就需要高难度的学习，这种学习就是高层次的研究。可以说，把应用型大学定位于教学型大学，⑤ 只是我们对应用型大学实然状态的一种事实描绘。在应然层面上，应用型大学不仅需要开展研究，而且只有通过研究，才能真正成为名副其实的大学。享有世界盛誉的德国应用技术大学，其科研能力在本国大学排名位居前列，体现其办学能力和社会信誉的重要标志也正是科学研究水

---

① 解德渤：《科研观转变：应用技术大学发展的关键》，《高校教育管理》2014 年第 6 期。

② 刘海峰等：《我国应用技术大学建设与科研工作的转型》，《中国高教研究》2015 年第 7 期。

③ 姜小玲：《多点"学以致知"，少点"学以致用"》，《课程教材教学研究：中教研究》2012 年第 Z2 期。

④ 张太原：《学以致用与学以求知：20 世纪 30 年代的职业教育与大学教育之争》，《人文杂志》2016 年第 1 期。

⑤ 魏鋆等：《试论应用型本科院校的性质》，《教育评论》2009 年第 6 期。

平。① 只不过，应用型大学的科学研究，如前所述，着眼于应用性研究。应用型科研，是应用型大学"区别于学术型高校和专科层次院校的基本特征之一"②。可见，学以致用并没有否定"致知"的科学研究，更不意味着其科学研究就一定属于低层次的。与传统的学术型大学相比，应用型大学的科学研究仅仅体现了应用取向的实用主义学术观。向来以实用研究见长的日本，自 2000 年以来的 17 年间，共有 17 位科学家获得诺贝尔自然科学奖，③ 就是对否定学以致用学术观最有力的回击。

（二）学以致用并不等于"近视"的功利主义

要接受学以致用在"致知"上的高层次性并不困难，但不少人很难改变既定观点：这种学习观、科研观会导致我们滑向短期近视的功利主义。可以说，凡是坚持传统大学理想的学者，普遍不太乐意学以致用的学术观进入大学象牙塔。例如，有文指出："在功利主义的驱使下，原来由非大学类高等教育机构提供的职业教育纷纷通过专业化的形式涌进大学，说大学教育有沦为职业培训的趋势绝不是危言耸听。"④ 其实，职业教育也有广狭义之分与层次之分，医生、律师等都可以纳入职业教育的轨道，由授予专业博士学位的应用型大学来培养；同时，这类大学学以致用的学术观，只是强调了学习的目的性与有效性，符合现实需要，体现实用主义，并不能由此将它们直接定性为功利主义。功利主义属于一种伦理观，实用主义属于一种价值观，两者并不是一回事。学以致用可以归为实用主义，但绝对不等于功利主义。而且学以致用并不否定探求事物本原的学习，其"用"体现在对于知识的正确性或者科学性问题上。也就是说，只要属于真理，便值得学习，这同样符合学以致用的实用主义原则。例如，一位建筑师根据"鸡蛋掉在地上易碎，但握在手里难捏破"的现象，发明了一种薄壳结构的建筑设计，广泛应用于大型体育馆、演艺堂等。在这里，我们暂且不论建筑师由蛋壳到建筑的联想，仅仅从他对于蛋壳"张力"现象的非功利性观察与研究来说，就体现了学以致用的价值观。

---

① 刘文华等：《论应用技术大学的高等教育属性》，《中国高教研究》2014 年第 10 期。

② 刘汉成：《地方本科院校转型发展的实践探索》，中国经济出版社 2015 年版，第 29 页。

③ 周程、秦晓梅：《17 年 17 人诺奖：日本科学为何"井喷"》，2016 年 10 月 8 日，http://news.china.com/zhsd/gd/11157580/20161008/23713823_ all.html，2017 年 12 月 29 日。2017 年 10 月，日裔英籍作家石黑一雄获得诺贝尔文学奖。

④ 王建华：《我们需要什么样的大学》，《高等教育研究》2011 年第 2 期。

只不过，这里的"用"不是直接的建筑应用，而是"壳形具有张力"的真理，也即前文所说的"致知"。这种学习，当然不存在急功近利的意图与行为。

（三）学以致用并不排斥"博雅"的愉悦学习

只要能够认识到学以致用不否定"致知"的科学研究，不等于"近视"的功利主义，我们就不难理解，作为中国最经典的学习目的观，学以致用并不会"使学习失去知识获取过程的乐趣，成为一种负担"①。理解学以致用，"用"字最为关键。无论"小用"还是"大用"，都可以享受作为手段"学"的过程，获得追求"用"的快乐。例如，当前普通高校中本科层次的学前教育专业，需要开设大量技能方面以体现"小用"的手工课程，在很大程度上相当于狭义上的职业教育，但是，我们能够否定这些学生在学习剪纸、练习钢琴等过程中享受着无与伦比的乐趣吗？又如，研发出体现"大用"的高智能、高科技产品，必须研读大量高难度的文献资料，进行高强度的各种实验，这与"学以致知"的学术观一样，难道在这里就突然失去了探索事物本原的乐趣？"学以致用，趣在求是"②，这正是科学家们孜孜不倦的精神动力。再如，在应用型大学中，无论培养"小用"的普通技能型人才，还是追求"大用"的一流工程型人才，他们首先应该是一位和谐发展且能跟上时代步伐的社会人，这就意味着尽可能学习一些拓宽基础、培育情操、陶冶性格的知识都是有用的，难道这里的学以致用就让人突然失去了"读以致悦"③？总之，我们并不否定部分研究型大学与少数纯粹学者追求形而上学的重要性，他们可以不关注实践应用，沉浸在自己的学术兴趣中，但是，我们不能以任何形式否定应用型大学学以致用学术观的人文性、合理性乃至必要性。

通过以上论述可知，应用型大学是一个笼统的概念，包括各种致力于不同种类不同层次应用型人才培养的大学。这些大学有一个共同的特征，那就是追求学以致用，而不是学以致知。学以致用是一种实用主义的学术观，但不等于低水平倾向的学术观，更不能归为功利主义的学术观。从这

---

① 于伟：《"学习目的"的三个层次》，《社会观察》2006 年第 1 期。

② 毕雁、任国凤：《学以致用 趣在求是》，《中国社会科学报》2014 年 10 月 29 日。

③ 徐雁：《从"读以致悦"到"学以致用"——基于莫言读书经历和阅读经验的文化学启示》，《图书情报工作》2013 年第 6 期。

一点出发，应用型大学就不只是政府推动高等教育类型多元化的一种应对
策略，仅仅成为我国新建本科院校转型的方向，而是基于高等教育变革与
发展的内在需求，同样成为众多高水平研究型大学尤其行业特色大学发展
的方向。可见，应用型大学不是低层次高校的代名词，只是彰显了应用取
向的学术观，这与上篇本体论诠释创业型大学所得出的核心特质相一致。
正如笔者在论述两者关系时指出的，创业型大学必定属于应用型大学，而
且最为彻底的应用型。① 由于中国尚未具备建设西方创业型大学的制度环
境，在致力于学术成果转化与培养创造性人才的双重改造之后，这种应用
型大学正是创业型大学中国化的最佳实践形式。按照该种应用型大学内涵
要求来建设中国特色的创业型大学，不仅是中国高校所处制度环境的无奈
选择，也是中国高校超越创业型大学概念之争的主动选择，更是中国高校
实现从传统型转向创业型，最终走上自力更生道路的必然选择。至于该种
应用型大学到底有什么样的成果转化与人才培养，以及创业型大学最为关
心的经费渠道，本书将在下章专门论述。

---

① 付八军：《创业型大学是最为彻底的"应用型"》，《中国教育报》2016 年 8 月 15 日。

第四章　应用型大学的自力更生

　　根据上篇本体论关于创业型大学内涵的溯源性解读得知，"自力更生"可以被视为亨利·埃兹科维茨与伯顿·克拉克关于创业型大学内涵的最大公约数。创业型大学的实践模式可以多种多样，但其"自力更生"的核心特质不会改变，也不能改变。那么，创业型大学凭借什么实现自力更生？显然，创业型大学只能凭借自身独特的学术资本达此目标。这种学术资本，既可以转化为现实的生产力，这正是创业型大学的外部着力点，① 亦可以转化为学习者的内在素质，或者称之为人力资本，这正是创业型大学的内部着力点。② 当将"学术资本转化"视为创业型大学的组织特性③之后，"自力更生"的创业型大学便正是实现学术资本转化的大学；而且，通过"学术资本转化"这个关键词，统合了创业型大学的内外部两个着力点。对此，本书上篇第一章已有论述，在理论上确立了其合理性与可行性。依此，建设中国特色的创业型大学，无论采取哪种实践模式，都需要从推动学术资本的两个转化出发，即"学术资本转化为现实的生产力"和"学术资本转化为人力资本"，最终实现创业型大学的自力更生。这两个转化，正对应着创业型大学的成果转化与人才培养。根据中篇实践论第三章的研究，创业型大学中国化的最佳实践模式是经过双重改造的应用型大学。这种双重改造，也正是创业型大学学术资本的两个转化。因此，探讨创业型大学中国化的实践模式，也就是探讨应用型大学的双重改造，或者说创业型大学学术资本的两个转化，亦即本章论述的成果转化

---

① 付八军：《创业型大学的外部着力点在于实现成果转化》，《中国教育报》2012 年 4 月 30 日。

② 付八军：《创业型大学的内部着力点在于培养创造性人才》，《中国教育报》2012 年 3 月 6 日。

③ 付八军：《学术资本转化：创业型大学的组织特性》，《教育研究》2016 年第 2 期。

与人才培养。同时，办学经费是大学实现自力更生的核心指标，双重改造之后应用型大学如何实现自力更生，最终要以办学经费作为凭借的手段与评价的依据。于是，本章从以下三个方面展开论述也就顺理成章。

第一节　应用型大学的成果转化

　　根据中篇实践论第三章的研究结论，应用型大学是一个笼统的概念，不只包括政府与学界主流观点限定的主要由新建地方本科院校转型而来的应用技术大学、应用型本科院校，还包括以应用型研究为主导的研究型大学。可以说，所谓应用型大学，是指各种致力于应用型人才培养、应用型科研生产而不是纯粹学术型人才培养、学术本位型科研生产的大学。相较于传统型大学而言，应用型大学最为外显的特征便是推动成果转化，以此来凸显自身服务社会的独特优势，并最终依此走向自力更生的道路，成为具有中国特色的创业型大学实践模式。这是因为，应用型大学坚守与弘扬学以致用的学术观，其知识运行逻辑与规律就是沿着知识生产、开发、转化、应用的轨道发展的，而且推动成果转化、完成高校科研的"最后一公里"，不仅是提升应用型大学社会贡献度、实现其历史使命的重要途径，也是检验应用型大学知识的应用性与应用性的知识之唯一标准。事实上，对于这个观点，学界持相同意见者甚众。例如，有文指出，"应用型本科教育应以高新技术研发与成果转化为主攻方向和主要特征"[1]；应用型大学的科技创新要突出"应用性研究、技术开发、科技成果转化与产业化"[2]；与传统本科大学重学术研究相区别，应用型本科院校更重视研究成果的应用与转化，积极与地方行业企业、研究机构合作，走合作创新之路；[3]与传统综合型或研究型大学相比，地方应用型大学更强调科研成

---

[1]　陈小虎：《"应用型本科教育"：内涵解析及其人才培养体系建构》，《江苏高教》2008年第1期。

[2]　王章忠、张相琼：《地方应用型本科院校科技创新体系的构建》，《技术与创新管理》2008年第1期。

[3]　焦玉奎：《对新建本科院校建设应用型大学的思考——以大庆师范学院为例》，《大庆师范学院学报》2014年第5期。

果的应用和转化，这正是体现应用型大学的特色发展、创新发展的核心要素；① 应用性科学研究的最终目的是将其成果转化为生产力；② 在知识创新上，应用型大学突出应用科学研究，大力发展应用学科，注重应用性学科成果转化；③ 科研成果转化是应用型大学科研工作的最终归宿，也是其科研工作的本质体现；④ "应用性科研是应用技术型高校区别于学术型高校和专科层次院校的基本特征之一……德国的许多应用技术大学，在科研上有与学术型大学分庭抗礼之势"；⑤ ……在实践中，国内有不少应用型大学已经开始致力于学术成果的转化。例如，上海应用技术学院成立产学研结合办公室，大力促进科技成果的转移转化；⑥ 北京联合大学确立了"学以致用"的校训，积极贯彻研以致用的原则，在直接面向社会服务的横向课题方面取得较大突破。⑦ 总之，相较于传统型院校而言，应用型大学的外显特征与历史使命，在于生产应用性知识，开展应用型科研，推动科研成果转化。学界已经对这个基本观点进行了充分的论证与阐述，本书在此基础上对如何实现应用型大学的成果转化展开论述。以下四大举措不是平列关系而是递进关系或者说扩展关系，由此形成了本书关于创业型大学成果转化的四步走战略。

一　科研转向：应用型大学成果转化的制度创新

针对传统型院校向应用型大学转型，学界提出了各种各样的路径。笔者认为，呈现过多似乎正确且必要的路径，并不是一种体现思考力的研究，更不利于我们在工作中抓住"牛鼻子"，从而实现"重点突破，各个击破"的战略举措。推动应用型大学的成果转化，同样要学会抓住"牛

① 何恩节、章毛连：《科研视角下的地方高水平应用型大学建设现状与发展建议》，《安徽科技学院学报》2016 年第 5 期。

② 崔永红：《应用型大学：地方本科院校转型发展之路》，《应用型高等教育研究》2016 年第 2 期。

③ 时伟：《应用型大学的文化定位与建构》，《中国高教研究》2016 年第 9 期。

④ 许静：《应用型大学科研评价体系的构建》，《中国市场》2017 年第 20 期。

⑤ 刘汉成：《地方本科院校转型发展的实践探索》，中国经济出版社 2015 年版，第 29 页。

⑥ 欧阳春发、张珏：《产学研在应用技术型大学中的改革》，《教育：教研探索》2015 年第 43 期。

⑦ 卢振洋：《科技工作在应用型大学建设中的作用》，《北京联合大学学报》2016 年第 1 期。

鼻子",在一所高校可以体现主观能力性的制度环境中,这个"牛鼻子"不是别的,正是科研转向。能够致力于科研转向,自然已经实现了观念的转变,再提观念问题就多此一举;致力于科研转向的努力,自然会关注应用型师资的培养与选聘、应用型学科的谋划与布局、应用型人才的培养与实现,这些都是实用主义科研观的逻辑演绎。这正如有文指出的,"科研观的转变,是应用技术大学发展的关键"①。也就是说,在探讨应用型大学推动成果转化的路径时,如果只提一条牵一发而动全身的关键路径,那么这条路径便是科研转向。这里的科研转向,既包括在办学观念上实现从知识本位或者说学科本位②转向"有用就是真理""有用才是真理"的实用主义科研观,也包括"逐步改变只以论文和课题数量论英雄的局面,制定鼓励教师开展与应用型大学建设相适应的教研和科研评价办法",③最终成为应用型大学在学术评价上的一次重大制度创新。

　　应用型大学要不要开展科研,这在学界已达成共识。"科技工作是应用型大学建设、发展中的关键所在,学术立校是办好大学的根本,学术是教师的立业之本,是做好教育教学的关键。"④ 没有一流的科学研究水平,就难有一流的人才培养质量,"两者并不矛盾,在根本上是一致的,就如同鸟之两翼,车之双轮"⑤。应用型大学采取什么样的科研定位,正如前所述,这在学界已成共识。应用型大学必须定位于应用型研究,而不是基础理论研究,"没有高水平的应用性研究,就不能形成高水平的应用型成果,培养不出高水平的应用型人才,建不成一流的应用型大学"⑥。但是,由地方本科院校转型而来的应用型大学普遍背离"学以致用"的科研定

① 解德渤:《科研观转变:应用技术大学发展的关键》,《高校教育管理》2014 年第 6 期。
② 陈新民、王一涛:《新建本科院校的重要发展趋势》,《教育发展研究》2011 年第 17 期。
③ 韩宪洲:《论科研工作与应用型大学办学体系建设》,《北京联合大学学报》2016 年第 1 期。
④ 卢振洋:《科技工作在应用型大学建设中的作用》,《北京联合大学学报》2016 年第 1 期。
⑤ 潘懋元、车如山:《做强地方本科院校的理论与实践研究》,高等教育出版社 2016 年版,第 265 页。
⑥ 李林、刘琳、刘华伟:《应用型大学科研管理工作研究》,《北京联合大学学报》2016 年第 1 期。

位，寻求向传统研究型大学看齐的所谓"学术漂移"（academic drift）[1]现象。有文通过对多所定位于应用型大学的地方院校之转型现状进行调研发现，这些院校存在以传统研究型大学作为最终目标追求的"学术漂移"趋向。[2] 这就出现了一个奇怪的悖论：应用型大学的学术目标定位与学术发展追求背道而驰。出现这种悖论的根本原因，还是在于"高度统一的计划管理体制，导致了严重的同质化现象"，寻找解决的办法最终在于高等教育管理体制改革，"建立实质性的大学法人治理结构，落实高校办学自主权"[3]。然而，推动传统型院校向应用型大学转向，真正落实高校办学自主权、让高校成为面向市场依法自主办学的主体，这不可能成为中国建设应用型大学的突破口。现有的高等教育管理体制，只会导致高等院校越来越同质化。只有当更多的应用型大学放弃传统学术业绩的学科竞赛模式，并且能在应用型成果生产与转化上取得明显的社会效益，最终以学以致用的办学实践赢得社会各界的支持，走上自力更生的道路，中国才有可能出现高等教育类型多元化的办学局面。因此，中国的应用型大学建设，只能采取倒逼政府改革的策略，首先实现应用型大学的科研转向，致力于科研成果的转化，实现学术评价体制的重大创新。应该说，在2008年国内率先成立的"安徽省应用型本科高校联盟"（又称"行知联盟"）的基础上，于2014年建立了"长三角应用型本科高校联盟"，后来又建立了全国性的地方本科高校联盟，即"C60"联盟，这是中国应用型大学抱团取暖、寻找制度创新的一个重要起点。如果这些大学能够在学术评价体制、科研成果转化、自力更生能力等方面有所突破，那么，这就像"小岗精神"拉开中国改革开放的序幕一样，安徽再次在高等教育领域发挥"小岗精神"，倒逼中国政府开展让高校真正成为法人实体的管理体制改革，拉开中国高等院校分类评估、分类发展的序幕。

倒逼政府开展高等教育管理体制改革，一定要认识到学术本位管理带来的危害。当前，在一所大学内部，所有矛盾的焦点最后都集聚在教师评

[1] 阎光才：《毕业生就业与高等教育类型结构调整》，《北京大学教育评论》2014年第4期。

[2] 聂永成、董泽芳：《新建本科院校的"学术漂移"趋向：现状、成因及其抑制——基于对91所新建本科院校转型现状的实证调查》，《现代大学教育》2017年第1期。

[3] 张宗海：《论新建本科院校转型发展的内涵及路径选择》，《国家教育行政学院学报》2017年第1期。

价体制与科研体制上。① 无论高校还是教师，一切为了科研业绩，一切根据科研业绩，科研业绩决定一切，这种功利主义、管理主义、量化考评的科研评价机制已经成为一个毒瘤，让我们忘记或者忽略大学存在的基础与价值。对此，学界有许多学者发出声嘶力竭的痛斥，浙江省教育厅曾经一度主张在职称评审时淡化学术论文的公开发表尤其所载期刊的层次，力推学术成果的应用与转化，但是，以传统学术业绩作为考评依据的局面至今没有改观。在"双一流"的背景下，连致力于应用型大学建设的新建本科院校，都无法走出"科研评价与高校科研定位相分离、科研评价与教师专业发展相偏离、科研评价与成果转化相脱节"② 的窘境与桎梏。任其发展下去，中国高等教育必将走向死胡同。可以说，对于学术本位管理的高等教育生态环境，国内学界甚至政府远未认识到其危害的严重性与紧迫性。这种追求数字业绩、政府奖励的学科竞赛模式，远远不只带来"科研水分太多，数据并不可靠，多数成果毫无用处，学术垃圾一堆"③，更深层的负面影响是恶化学术生态环境、扭曲学人学术品性，最终影响国民素质的培养与提高。具有"小岗精神"的部分应用型大学，能够通过科研评价体制的创新，扭转以学术业绩为导向的学术观，转向"以成果转化实绩论英雄"④ 的学术观，让大学学术在充分的同行交流与探讨基础上回归同行评价，接受市场检验，则是破除学术本位管理制度空间的有益探索与重大实践。

二　学科调整：应用型大学成果转化的院系改革

推动应用型大学的成果转化，如果只要求确定并抓住一个"牛鼻子"，那么这个"牛鼻子"便是包括思想观念与评价机制在内的科研转向。在此基础上，如果进一步寻找较为务实且具体的改革路径，那么就要调整学科专业布局，规划二级学院等组织机构的设置。可以说，以学科调

---

① 王云儿、伍婵提：《新建应用型本科教师评价指标探索》，《中国高等教育》2011 年第10 期。

② 王绿原：《对应用型高校科研定位和评价的思考》，《重庆第二师范学院学报》2016 年第3 期。

③ 张泳、余秀兰：《新建本科院校"学术弱势群体"何去何从——基于学术职业发展的审思》，《教育发展研究》2016 年第 1 期。

④ 夏宝龙：《立德树人要成为高校立身之本》，《浙江日报》2017 年 2 月 22 日。

整作为切入点的大学内部机构改革，是应用型大学推动成果转化的第二步战略举措。事实上，从一所大学二级学院与科研机构的名称，我们就能获悉该校实际的办学定位与科研取向。例如，一所大学的二级学院全部遵循学科门类或者一级学科的学科逻辑来命名，而没有体现出行业取向的设置原则，那么这所大学对于科研转向、成果转化的改革愿望就不会特别强烈；如果发现这些二级学院的命名逻辑混乱，出现不少重复、交叠、不顺的状况，我们还可以推知该校体制改革疲软、校内矛盾重重，难有办学业绩。应用型大学致力于成果转化，推动科研转向，应该把这种学术志向体现到校内组织结构的调整上，尤其体现在二级学院的架设上。对此，国内已有少量高校深刻领会其办学逻辑，甚至已经从行业取向的角度来设置二级学院。例如，皖西学院坚持以"壮士断腕"的魄力推进学科专业结构调整，引领应用型学科专业建设落地生根；[①] 苏州大学与排名全国装饰行业第一名的苏州金螳螂建筑装饰公司合作共建金螳螂建筑与城市环境学院，与国际知识传媒集团香港凤凰卫视合作成立凤凰传媒学院[②]……培养相应领导的高层次专业人才，致力于该领域的科研成果转化，就体现了苏州大学"学以致用""注重经营"的办学理念。事实上，树立"经营理念"既是应用型大学定位于应用性科研、瞄准科研成果转化的自然结果，也是应用型大学充分利用后发优势、最终实现自力更生的"必然选择"[③]。真正迈向应用型大学道路的中国地方本科院校，就应该在高举实用主义科研观的旗帜下，以"经营大学"的办学理念重新规划组织架构，在不违背学科逻辑的前提下以行业取向作为指针来调整二级学院布局。

推动应用型大学的成果转化，之所以要优化学科专业结构，尤其在二级学院的设置上体现出行业取向的办学定位，主要有三个方面的原因。其一，有利于改组应用型大学学术本位的遗传基因。在精英高等教育时代，综合院校、师范院校、工业院校、医科院校、农业院校所谓的"五大班

---

①　张穗萌、王修建：《"八个坚持"推进地方应用型大学建设，服务大别山革命老区振兴发展——皖西学院"应用型大学建设"经验总结》，刘建中、杨世国《应用型大学建设与发展》，安徽大学出版社 2016 年版，第 31～34 页。

②　付八军：《大学理性——一位大学中层干部的教育随笔》，湘潭大学出版社 2013 年版，第 216 页。

③　陈小虎、杨祥：《新型应用型本科院校发展的 14 个基本问题》，《中国大学教学》2013年第 1 期。

子"既是中国高等教育的五种类型，亦是中国传统高等教育的基本格局，这些院校总体偏重基础，凸显学术本位。[①] 作为应用型大学建设的重要主体之一，新建地方本科院校大都由过去的综合院校、师范院校转型而来，更加偏重基础，应用性科研开展不多，服务地方能力不强，[②] 亟须通过学科专业调整以及院系组织改革来强化科研转向，扭转中国应用型大学实用主义科研观的先天不足。这种改革，在本质上亦"是对传统高等教育模式的某种修正"[③]。其二，有利于实现应用型大学与区域经济、社会行业的对接。应用型大学定"向"在行业，定"性"在专业，定"型"在应用，[④] 从而必然要走出原来封闭的象牙塔，面向市场需求和行业需要开展学术活动。只有主动在学科专业结构尤其院系架构上体现其应用特征，才能获得更多企业的认同、接受并进一步加强深度合作，走出"剃头挑子一头热"的不和谐合作[⑤]或者企校"志不同"从而导致产学研校企合作"道不合"、不能在成果转化上有实质性突破的低层次合作。[⑥] 其三，有利于打造应用型大学追求学以致用、实现成果转化的实用主义学术氛围。应用型大学的科技工作要有浓郁的应用型氛围，[⑦] 按照行业取向来谋划学科专业布局以及架设二级学院框架，就是营造实用主义办学文化的一种重要途径。例如，一所定位于应用型的新建本科院校将原有的教育学院改为教师教育学院、经济与管理学院改为商学院，体现了由学科逻辑向行业取向的转变，能够更好地营造实用主义办学文化；某应用型大学将其数理学院更名为信息工程学院，就体现了该校将数学、物理等基础学科作为手段以

---

　　① 别敦荣：《应用型大学的发展与教学改革》，《玉林师范学院学报》（哲学社会科学版）2017 年第 3 期。

　　② 刘汉成：《地方本科院校转型发展的实践探索》，中国经济出版社 2015 年版，第 13 页。

　　③ 黄小灵：《应用型大学：生态定位、品质特征及区位功能》，《黑龙江高教研究》2017 年第 8 期。

　　④ 潘懋元、车如山：《做强地方本科院校的理论与实践研究》，高等教育出版社 2016 年版，第 24 页。

　　⑤ 陈维霞：《应用型大学协同育人管理机制研究——基于产教融合的视角》，《中国职业技术教育》2017 年第 32 期。

　　⑥ 何恩节、章毛连：《科研视角下的地方高水平应用型大学建设现状与发展建议》，《安徽科技学院学报》2016 年第 5 期。

　　⑦ 韩宪洲：《论科研工作与应用型大学办学体系建设》，《北京联合大学学报》2016 年第 1 期。

达成信息科学的广泛应用作为目的的办学取向，由此会自然牵引二级学院学科专业结构的调整，最终实现学校从传统型向应用型转变。应用型大学学科专业设置原则由学科逻辑转向行业取向，并不意味着基础学科不重要，只是表明基础学科是手段，是"体"，而应用学科以及科学应用才是目的，是"用"，以"用"作为外显特征实现体用的结合；同时，应用一线不等于低水平，同样可以形成高水平的应用性成果，甚至可以在技术的单线轨道上获得重大的理论突破，"是个广阔天地，其间大有可为、大有作为"①。

三　平台建设：应用型大学成果转化的组织保证

明确了以科研转向作为应用型大学建设的着力点，随后调整二级学院架构以及学科专业布局，并不意味着应用型大学的学术成果转化工作就能顺利推进。将成果转化作为一个组织的办学使命，应用型大学还需要架设成果转化平台，协助教师推动成果转化。相对于传统型院校教师而言，应用型大学教师的主要职责与工作内容，仍然是科学研究与教学育人。只不过，这里的科学研究，不再瞄准传统的学术业绩指标，而是"有用、有实用"的应用性知识与可以转化、产生实际效益的应用性成果；这里的教学育人，也不再只是传承理论知识，而是在尽可能短的时间内让学习者对基础知识"知其然，知其所以然，知其所以必然"，以便更好地融会贯通指向应用，达到培养具有创新精神与实践能力的创造性人才之目的。因此，"实现科技成果转移转化需要平台支撑"②，应用型大学实现科技成果转移转化的历史使命更需要平台支撑，我们不能将成果转化工作全部视为应用型大学教师个体的事情。否则，应用型大学就会与像少数急功近利的创业型大学一样，出现学术文化与商业文化的冲突与对立。③

应用型大学致力于成果转化的平台建设，既要借鉴创业型大学在实现技术转移转化方面的成功经验，也要充分利用并升级原有打通人才培养、

① 卢振洋：《科技工作在应用型大学建设中的作用》，《北京联合大学学报》2016年第1期。

② 乔均录：《科技成果转化需要平台支撑》，《北京观察》2014年第6期。

③ 宣勇、付八军：《创业型大学的文化冲突与融合——基于学术资本转化的维度》，《中国高教研究》2013年第9期。

科学研究甚至可以技术转移转化的产学研用合作平台。一方面，以学术资本转化作为组织特性的创业型大学，① 在推动成果转化的平台建设上确定富有成效。从理论研究来说，无论伯顿·克拉克还是亨利·埃兹科维茨，两位创业型大学理论鼻祖都极为重视成果转化平台建设。克拉克在大学组织转型的"五大要素论"中提出的"激活学术心脏地带"，实际上就是要把学系、学院打造成为成果转化平台，从而"更加强有力地扩展到校外，并且发展第三渠道收入"。② 埃兹科维茨协调大学、产业与政府三者关系的"三螺旋创新理论"，则更是直接指向科技成果的转移转化而提出。在埃兹科维茨看来，三螺旋合作伙伴关系是强化创新条件的关键，是推动成果转化、服务社会经济的创新模式，归根结底在于"三螺旋提供了一个灵活的框架来引导知识型经济和社会的发展"。③ 从实践运作来看，斯坦福大学首创的技术许可办公室，后经麻省理工学院借鉴并加以完善之后，成为全球众多高校尤其创业型大学建设成果转化平台的重要范本。斯坦福大学与麻省理工学院不仅是埃兹科维茨研究创业型大学的主要案例高校，麻省理工学院甚至被埃兹科维茨称为"世界上第一所创业型大学"④，而且也是克拉克在其《大学的持续变革：创业型大学新案例和新概念》一书中论述的创业型大学案例高校。⑤ 作为创业型大学的典范，两校的技术许可办公室已经成为知识产权管理模式的"黄金标准"，成为大学科技成果转化的实践平台。国内高举创业型大学旗帜的普通本科院校在架设校内科研成果与校外产业需求的桥梁时，第一时间想到的便是借鉴这两所创业型大学的技术许可办公室，根据实际情况组建形式多元的成果转化平台，例如福州大学的科学技术开发部、浙江农林大学的创业管理处等。应用型大学在推动成果转化的平台建设上，毫无疑问要向这些以学术资本转化作

① 付八军：《学术资本转化：创业型大学的组织特性》，《教育研究》2016 年第 2 期。
② ［美］伯顿·克拉克：《建立创业型大学：组织上转型的途径》，王承绪译，人民教育出版社 2007 年版，第 6 页。
③ ［美］亨利·埃兹科维茨：《三螺旋创新模式》，陈劲译，清华大学出版社 2016 年版，第 292 页。
④ ［美］亨利·埃兹科维茨：《麻省理工学院与创业科学的兴起》，王孙禺、袁本涛等译，清华大学出版社 2007 年版，第 27 页。
⑤ ［美］伯顿·克拉克：《大学的持续变革：创业型大学新案例和新概念》，王承绪译，人民教育出版社 2008 年版，第 180—187 页。

为组织特性且已有多年实践运作经验的创业型大学学习。另一方面，应用型大学打造成果转化的平台，亦不能忽略传统的平台建设，需要在原有平台的基础上转型升级，发挥其开发研究与成果应用的功能。本书所谓的应用型大学包括那些研究型的行业特色大学，但在研究过程中主要针对那些追赶型、后发型且定位于应用型大学的地方新建本科院校。因为研究型的行业特色大学凭借较高的学术声誉与平台效应，在高等教育竞争市场中可以获得比地方院校更多的资源，从而在向应用型大学乃至西方的创业型大学转型过程中，不会像那些寄望弯道超车的地方院校那样强烈，而是呈现出自然、平静甚至缓慢的转型图式。2015 年，教育部、国家发改委与财政部三部委联合出台《关于引导部分地方普通本科高校向应用型转变的指导意见》，大力推动地方本科院校从传统学术型转向应用型。应该说，这是地方本科院校突破传统思维、创新办学理念、形成办学特色、实现弯道超车的一次"战略机遇"①；同时，在应用性成果生产、应用型人才培养尤其应用性成果转化上做出业绩，则是其抓住了战略机遇、完成了大学转型的重要体现。在推动成果转化的平台建设上，这些地方本科院校没非属于零起点，它们在传统上普遍设立且较为重视的"产学合作"基地，就是"产学研用合作平台"的 1.0 版本。如果借鉴埃兹科维茨的"三螺旋创新理论"，尤其中国更适合走政府主导型的产学研合作教育模式，②我们还可以打造出"政产学研用"③ 五位一体的合作平台。这种合作平台，不再仅仅"将合作企业变成了实习或实践基地"④，而且成为科研合作、技术开发、成果应用的共享平台，最终成为"国家创新体系的重要

---

① 崔永红：《应用型大学：地方本科院校转型发展之路》，《应用型高等教育研究》2016 年第 2 期。

② 段丽华：《国外应用型大学产学研合作教育的驱动机制——以伯顿·克拉克的"三角协调模型"为分析框架》，《高教发展与评估》2016 年第 3 期。该文指出：根据驱动主导因素的分类，产学研合作教育模式主要分为政府主导型、市场主导型和学术主导型三种模式。政府主导型，具有代表性的是德国、瑞士等国家的应用科技大学产学研合作教育模式。市场主导型：英国教学公司项目和华威产学研合作教育模式。美国的研究中心、科技园、孵化器模式具有典型的学术主导性。

③ 王文礼：《政产学研用协同创新的典范——澳大利亚第一份〈国家创新和科学议程〉报告述评》，《中国高等教育》2016 年第 8 期。

④ 何恩节、章毛连：《科研视角下的地方高水平应用型大学建设现状与发展建议》，《安徽科技学院学报》2016 年第 5 期。

组成部分，有利于加速科技成果转化"。① 应该说，体现"产业模式"特征的产学研合作在中国研究型大学有成功的案例，② 定位于应用型大学的地方本科院校既要借鉴研究型大学的这种"产业模式"，还要不断完善与改造传统的产学研合作"教育模式"，实现两者的相得益彰，共促互进。只有从这一点出发，政产学研用协同创新才"是应用型大学发展的应有之义，是应用型大学错位发展的战略选择，是应用型大学创新要素整合的有效途径"③。在西方国家，通过政府主导来有效促进校企深度融合，甚至让一些应用型大学直接办成了"企业型大学"。④

四　教师选聘：应用型大学成果转化的文化塑造

教师是大学使命的直接履行者，大学各项任务最终依赖教师来完成。而且，教师的学科归属决定了大学的科类特色，教师的学术水平决定了大学的办学层次。如此就不难理解，只有教师的转型才能带来大学的转型。⑤ 这既是一种规律，也是一种常识。从这一点来看，推动传统型院校向应用型大学转型，并积极推动学术成果的转化，关键还是在于教师要从传统型转向应用型，并由教师来生产应用性知识，最终实现知识生产力向现实生产力的转化。可以说，应用型大学成果转化的四步走战略，"教师转型"因素是第一战略，是决定性要素，是贯穿始终的一条主线。前面论及的科研转向、学科调整、平台建设三个方面，都是围绕教师转型、基于教师转型而展开的。以评价体制创新为核心的科研转向，正是针对教师评价体制的转变，改为过去单纯基于学术业绩来评价教师的做法，倡导以成果转化实绩论英雄的实用主义评价方式。至于学科调整与平台建设两大方面，则分别针对教师提供应用性成果的生产平台与转化平台。只有遵循

---

① 刘维：《应用型本科院校产学研用合作模式创新研究——以电子商务专业为例》，《创新科技》2017 年第 3 期。

② 徐权：《地方应用型本科院校产学研合作教育模式探究》，《大庆师范学院学报》2014 年第 6 期。

③ 黄彬、周梓荣：《应用型大学产学研用协同创新机制研究》，《现代教育科学》2016 年第 3 期。

④ 黄腾：《国外高层次应用技术型人才培养模式研究》，华东师范大学出版社 2015 年版，第 158—159 页。

⑤ 付八军：《论大学转型与教师转型》，《教育研究》2017 年第 4 期。

行业取向来优化学科专业布局，甚至重新规划二级学院架设，才能为置身其中的广大教师创造更适合应用性成果不断涌现的学术生产平台；只有"让专业的人做专业的事"①，将延长学术生产链条、实现成果转化的"最后一公里"交由应用型大学的成果转化平台，才能确保教师专注于应用性知识的生产与应用型人才的培养，在实现两者互促共生的基础上再而不断提升教师生产应用性成果的层次性与贡献度。因此，前面三个方面虽然没有直接论及教师，但实质上都是基于教师因素而展开论述的。事实上，国内各种关于地方院校从传统型向应用型转型的路径探讨，都可以从教师转型这一个切入点上来综合与概括。例如，无论强调的"思想观念、师资队伍、人才培养'三个转型'"②，还是"观念转换是前提，人才培养模式的转型是核心，转型的保障是师资"③，归根到底都是教师的转型。试想，仅仅思想观念转换，而没有教师的转型，这有意义吗？教师已经成功转型了，思想观念不就已经转换了吗？创新人才培养模式，乃至具体培养人才，哪一项能够离开教师而自动完成？当然，这样的关系罗列并不表明上述观点的重复，也不意味着作者没有抓住切入点、关键点，只是体现了他们针对相关工作思路的一种理论主张。那么，既然教师因素才是切入点与关键点，而且前面都针对这个因素，本书在此为何还要论述教师因素，而且作为四步走战略的最后一个因素？这是因为，这里不是论及教师因素的全部内容，只是强调教师选聘这个环节；同时，只有确立应用型大学全新的教师评聘制度，构筑了适用应用型大学独特使命的学术生产平台与成果转化平台，我们才能更有针对性与实效性地招聘具有学术应用价值认同的相应教师，最终成就应用型大学学以致用的实用主义办学文化。

　　无论传统型院校还是新型应用型大学，无论高等院校管理者还是高等教育研究者，对教师招聘重要性的认识是远远不够的。例如，在公办院校辞退一位不合格的教师远比引进一位优秀教师甚至撤并一个专业都要棘手得多，但没有多少高校在招聘教师时考虑过这个问题。一位教师在入职之

---

　　①　欧阳春发、张珏：《产学研在应用技术型大学中的改革》，《教育：教研探索》2015 年第 43 期。

　　②　涂宝军、王峰：《新建本科院校向应用型高校的转型发展》，《江苏高教》2016 年第 5 期。

　　③　许会杰、唐拥军：《应用型大学与传统大学的对比与思考》，《教育现代化》2016 年第 27 期。

际体现出来的学术水平与其职后学术职业发展的高度具有一致性，但没有多少学者在研究大学教师学术职业规划时考虑过这个问题。高校在招聘教师时较多地重视应聘者的科学研究能力，却不太重视应聘者具体的学科研究领域，不仅造成亟须打造学科团队的学术组织体现不出学科研究特色，而且最后导致该学术组织要么"闪烁的都是萤火虫，就是看不到星星"，要么山头林立、争权夺利、大伤元气。……笔者在《大学教师的培养与成长》一书中曾指出，办大学就是抓师资，办一所什么层次与水平的大学，取决于吸纳并稳定一批相应层次与水平的教师；同时，一所大学打造适合自身需要的、最佳结构与水平的师资队伍，主要抓住人才招聘、职称评聘与教师福利三个环节，这亦是一所大学校本培育教师的三个关键点、开展师资队伍建设的着力点，常抓不懈，久而久之，就会培育出一所大学独特的文化。[①] 本书在前面论述的科研转向，正是指向职称评聘；论述的学科调整与平台建设，则是助推教师的成果实现转化，这正是应用型大学教师提升福利待遇的增长点。原因在于，应用型大学将逐渐放弃对论著、课题、奖项、专利等传统学术业绩的奖励，在最大限度不断提升教师岗位津贴的基础上，将学术成果转化收益全部或者主要归教师个人所有，体现应用型大学实用主义而非功利主义的办学取向。可见，本书在此提出应用型大学实现成果转化的四步走战略，实际上也是应用型大学教师实现成果转化的四步走战略，甚至还可以说是应用型大学师资队伍建设的四步走战略。只不过，我们应该特别关注到，推动传统型院校向应用型大学转型并致力于学术成果转化，更需要在"进人关"或者说"入口关"上重视师资队伍建设。当一所高校开始从教师招聘环节就注重应用型师资的选择之后，其应用型大学的办学定位就已经从理念转变为实际的行动了。再在该校强调成果应用与转化实绩的指引下，在应用性学术生产平台的熏陶下，在专业化成果转化平台的协助下，应用型大学教师就能较快地转向成熟的应用型教师。在那个时候，无论"双证说""双职称说""双能说"或"双素质说"的"双帅型"教师，[②] 还是"既是经师，又是人师，还是工

---

① 详见付八军《大学教师的培养与成长》，中国社会科学出版社 2010 年版，第 171—225 页。

② 王庆功：《转型与超越：应用型大学改革发展之道》，《山东高等教育》2016 年第 3 期。

程师"的"三师型"教师,① 都会把科学研究仅仅视为一种工作手段,而成果转化与人才培养才是最终追求。如前所述,常抓不懈,久而久之,就会培育出应用型大学独特的文化,并且走出一条自力更生的道路。美国威斯康星大学服务社会的那句名言——"鞋子上沾满牛粪的教授是最好的教授"② ——就会在中国应用型大学落地、开花并结果。

第二节　应用型大学的人才培养

根据上篇本体论研究结论,创业型大学能够以学术资本转化统合其内外部两个着力点,亦即不仅要推动学术资本向现实生产力转化,实现创业型大学的外部着力点,而且要推动学术资本向人力资本转化,实现创业型大学的内部着力点。作为创业型大学中国化的实践模式,应用型大学自然也需要遵循这两大转化。本章第一节论述了第一个转化,在此再来论述第二个转化。这个转化,本质上正是科学文化知识向学习者个体素质的内化。创业型大学对这个转化的考察,主要关注学习者(包括资助方国家与社会)的教育投入是否与学校提供的教育服务存在等价关系,其目的正是激励学校提高教育服务质量,体现"学有所值""等价交换"的原则,以获得自力更生的能力,在学校有朝一日缺少或者没有政府的财政支持时,亦能在竞争激烈的教育市场中凭借良好的学术声誉与教育质量生存下来并不断发展。从这个角度来解读应用型大学的人才培养,那就意味着应用型大学要把人才培养质量作为关系到学校生死存亡的战略高度来思考。确实,不少传统型大学在人才培养质量上是一笔糊涂账。例如,一流的生源进入一流的大学,哪怕这些大学什么都没有提供,这些学生在大学毕业之后仍然是一流的人才,我们从这里看不到这些大学为学习者素质提高所提供的大学特有且不可或缺的帮助。又如,许多在校大学生是茫然不知所措的,③ 既对人才培养主渠道的课堂教学毫无兴趣,④ 厌学现象从研

---

① 别敦荣:《应用型大学的发展与教学改革》,《玉林师范学院学报》(哲学社会科学版)2017年第3期。

② 转引自刘献君《建设教学服务型大学——兼论高等学校分类》,《教育研究》2007年第7期。

③ 付八军:《理想的人生——人生编号论》,中国言实出版社2015年版,序言第1—4页。

④ 高慧斌:《大学生课堂参与度亟待提高》,《中国教育报》2015年7月8日。

究型大学到职业技术学院普遍存在,① 也感受不到大学为自己提供的教育服务到底产生了多大的实际价值,似乎除了用青春与金钱来换取文凭之外别无其他。对于由新建本科院校转型而来的应用型大学来说,它们既没有一流大学的光环效应,目前吸引不到一流的生源,也不能在教育服务的提供上违背等价交换的市场准则,放弃寻找自力更生的道路。从而,应用型大学注定要创建一种有别于传统型院校的人才培养模式,为未来大学独立自主面向市场奠定基础。当有一天,哪怕不颁发文凭,也不愁没有生源,这样的人才培养质量就达到"极致"了。虽然这就像反比例函数 $y = k/x$(k 为常数,$k \neq 0$)在十字坐标轴某个象限的图像,曲线无限接近坐标轴却永远无法接轨,但是,这种不断接近坐标轴的过程,正是应用型大学追求"极致"人才培养质量的过程。毫无疑问,这种"极致"的人才培养质量观,在当前传统型院校是难以实现的,甚至就像正比例函数 $y = kx$(k 为常数,$k \neq 0$)在十字坐标轴某个象限的图像,直线离坐标轴愈来愈远。那么,应用型大学进行了什么样的人才培养模式改革,使得其教育教学质量不断接近理想中"极致"的人才培养质量观?这种人才培养模式改革,也正是当前倡导的供给侧改革,这与应用型大学自力更生的发展方向完全一致。只不过,本书对于应用型大学人才培养供给侧改革的研究,远远不只局限于"精准供给"② 式的适应性供给,就像应用型大学不只局限于新建地方本科院校一样,其内涵已经从适应需求的单向目标向着适应、满足、引领乃至创造需求多元目标转化。为此,本书试从以下几个方面论述应用型大学人才培养的供给侧改革。

一　供给侧改革与应用型大学人才培养的契合度

供给侧改革是供给侧结构性改革（structural reform of the supply）的简称,不仅属于经济领域的词汇,而且作为一个概念也是舶来品。19 世纪初,法国学者萨伊（Jean Baptiste Say）提出的"萨伊定律"（Say's Law）认为,在供需关系上"供"是矛盾的主要方面,起着决定性作用,

---

① 尤瑞:《高等院校学生厌学问题及对策研究》,《课程教育研究》2016 年第 2 期。

② 张宝君:《"精准供给"视域下高校创新创业教育的现实反思与应对策略》,《高校教育管理》2017 年第 1 期。

"供给创造需求，无须刻意干涉"①。"萨伊定律"被认为是供给侧经济学派（supply-side economics）的理论之源，开启了欧洲古典自由主义的时代。② 20 世纪上半叶，被誉为"宏观经济学之父"的英国经济学家凯恩斯（John Maynard Keynes），反对经济的市场自由化，倡导政府的干预与调控，倾向于从需求侧进行改革。随后，西方"供给侧"学派经历了多轮拉锯式的观点争鸣。正如有文指出的，以萨伊定律为逻辑起点，"供给侧"学派经历并呈现出从"萨伊定律—凯恩斯主义—供给学派"到"供给学派—凯恩斯主义复辟—供给管理"的两轮"否定之否定"的历史发展脉络。③ 2015 年 11 月 10 日，习近平总书记在中央财经领导小组第 11 次会议上讲话指出："在适度扩大总需求的同时，着力加强供给侧结构性改革，着力提高供给体系质量和效率，增强经济持续增长动力。"之后，"供给侧改革"成为我国经济领域乃至教育领域的高频词。那么，西方经济学领域的供给侧改革理论，与应用型大学人才培养有着什么样的契合度呢？我们能够从供给侧改革视角研究应用型大学的人才培养吗？应该说，两者具有高度的契合性，供给侧改革理论可以成为高等院校人才培养的理论基石，应用型大学有比传统型大学更需要供给侧改革理论的引领。

其一，与供给侧改革主要以"供"作为矛盾的主要方面一样，高校人才培养的数量、质量与规格等亦主要取决于"劳动能力"的供方。我们可以批评新古典主义与凯恩斯主义仅仅关注于供需的静态平衡，仅仅关注双方的总量分析而不是结构分析，④ 但是，对于"新供给经济学"理论来说，均能认识到供给侧与需求侧既是一枚金币的两面，缺一不可，也是矛盾的共同体，相互促进。"供给"催生"需求"，"需求"刺激"供给"；没有"需求"，无所谓"供给"。如果要将供给侧与需求侧拆分开来，独立对待，则如同"分隔电池的正负极一样荒唐"⑤。只不过，供给

① ［法］萨伊：《政治经济学概论》，商务印书馆 1963 年版，第 199 页。

② 金保华、刘晓洁：《高等教育供给侧结构性改革的理论逻辑与实践路径》，《教育与经济》2016 年第 6 期。

③ 郭静：《职业教育供给侧改革的内涵与推进路径》，《中国职业技术教育》2016 年第 27 期。

④ 金保华、刘晓洁：《高等教育供给侧结构性改革的理论逻辑与实践路径》，《教育与经济》2016 年第 6 期。

⑤ 吴敬琏：《供给侧改革：经济转型重塑中国布局》，中国文史出版社 2016 年版，第 78 页。

侧改革的重点与关键已从"需求侧拉动"转向"供给侧推动"。而且相对于需求侧管理偏重解决总量性问题、着眼短期目标而言，供给侧管理更多地追求解决结构性问题、着眼于长期目标，从根本上推动经济的长足发展。可见，供给侧改革不是无视需求侧，只不过是以供给侧作为矛盾的主要方面，再而"更好满足升级的需求和创造新的需求，促进经济增长"①。高等教育领域的供给侧改革，同样存在供需双方的结构性矛盾问题。例如，一方面，我国许多企业招不到可用之才，"用工荒"局面愈演愈烈；②另一方面，大学生就业越来越困难，可视为人才培养的"产能过剩"。这种人才供需双方的矛盾，不是数量上的矛盾，而是结构性的矛盾。解决这种矛盾，当前需要基于"供给"侧进行改革，通过优化人才培养结构来适应社会经济的发展，而不能再通过扩大高等教育总规模、刺激高等教育消费等途径来解决。可见，与经济领域的供给侧改革一样，高等教育领域的人才培养供给侧改革，同样要以"供给"侧作为矛盾的主要方面。确实，相对于需求侧而言，供给侧不仅处于主导地位，而且处于问题治理的源头，人才培养供给侧改革的"痛点"和重心自然应该在供给侧。③

其二，与供给侧改革的基本内容一样，高校人才培养同样存在相似内容的供给侧改革问题。从新供给经济学理论的基本观点来看，投资、消费、出口属于需求侧管理的"三驾马车"，劳动力、资本（包括物质资本与土地资本）、创新（包括管理创新与科技创新）可视为供给侧管理的"三大要素"。④ 对于高校人才培养的供给侧改革来说，同样存在需求侧管理的"三驾马车"以及供给侧管理的"三大要素"。例如，政府的财政投入（尤其是以推动高等教育大众化、普及化为目标的外延式发展）、家庭

---

① 刘云生：《供给侧结构性改革：教育怎么办?》，《教育发展研究》2016 年第 3 期。

② 陈正权、朱德全：《高等教育供给侧结构性改革：目标、内容和路径》，《现代教育管理》2017 年第 2 期。

③ 周海涛、朱玉成：《教育领域供给侧改革的几个关系》，《教育研究》2016 年第 12 期。

④ 对于供给侧管理到底有哪"几驾马车"或者"几大要素"，学界的观点并不统一。例如，有文认为，"劳动力、土地、资本、创新则属于供给侧管理的'四大要素'"（详见冯志峰《供给侧结构性改革的理论逻辑与实践路径》，《经济问题》2016 年第 2 期）。亦有文认为，"劳动力、土地与自然资源、资本、制度、创新等五要素属于供给侧"（详见刘云生《供给侧结构性改革：教育怎么办?》，《教育发展研究》2016 年第 3 期）。还有文章认为，"从经济供给侧改革的逻辑来看，劳动力、资本和技术是经济供给侧的'三驾马车'"（详见金保华、刘晓洁《高等教育供给侧结构性改革的理论逻辑与实践路径》，《教育与经济》2016 年第 6 期）。

的高等教育消费以及国际留学生的往来等构成了高等教育领域需求侧投资、消费、出口的"三驾马车"。① 同理，以教师与学生等作为主体的劳动力、以土地与"学校资金、无形声誉"② 等作为非人力基础性资源的资本、以教育理念与管理体制等思想性资源作为创新，"对于整个高等教育系统的可持续发展有着至关重要的作用"③，构成了高校人才培养供给侧管理的"三大要素"。从当前我国提出供给侧改革的基本思路来看，经济领域的供给侧改革与高等教育领域的供给侧改革，在主要内容上也是相通的。例如，我国在"十三五"期间倡导创新、协调、绿色、开放、共享五大发展理念，通过"三去一降一补"（去产能、去库存、去杠杆、降成本、补短板）五大任务为主要内容的经济社会发展举措，旨在以供给侧改革作为突破口与着力点，提高产品供给的质量与效率，实现经济增长模式的有效平稳转变，推动社会经济可持续快速发展。当前我国高校人才培养的供给侧改革，其时代任务与经济领域的供给侧改革任务虽然名称不尽一致，但是，两者的基本原理与内容指向是相通的。例如，国内有些高校尤其职业技术院校完不成政府下达的学额指标，导致公共教育资源的浪费，就属于产能过剩，需要从供给侧方出发开展"去产能"的教育改革；大学生就业出现困难，国家倡导"大众创业，万众创新"，高校践行创新创业教育，以创业带动就业，正是高校人才培养活动的"去库存"；④ 不断完善高考改革，尽可能扭转"一考定终身""以分数论英雄"等弊病，可谓高校人才培养活动的"去杠杆"；本来专科生可以胜任的岗位却有大量研究生同台竞聘，形成人才高消费，需要优化高校人才培养结构，提升不同层次人才培养质量，这正是基于供给侧"降成本"改革的典型事例之一，事实上，"高等学校供给侧改革的经济学诉求是降低办学成本、提

---

① 金保华、刘晓洁：《高等教育供给侧结构性改革的理论逻辑与实践路径》，《教育与经济》2016 年第 6 期。

② 姜朝辉：《以供给侧改革引领高等教育发展》，《重庆高教研究》2016 年第 1 期。

③ 金保华、刘晓洁：《高等教育供给侧结构性改革的理论逻辑与实践路径》，《教育与经济》2016 年第 6 期。

④ 朱玉成：《政府职能转变视角下的高等教育供给侧改革》，《高等教育研究》2016 年第 8 期。

高办学效益"①；我国社会主要矛盾已经转化为人民日益增长的美好生活需要和不平衡不充分的发展之间的矛盾，与此相适应，我国人民对高等教育的需求亦由"有学上"转化为"上好学"，优质高等教育服务仍然稀缺则是我国高校人才培养中最大的一块短板。

其三，与传统型院校相比，应用型大学的人才培养更需要供给侧改革理论的引领与指导。供给侧改革的精神实质，就是从供给侧、生产端出发，提供适应市场需要的服务，不断满足社会对于产品数量、质量、品种等多元化需求。简言之，供给侧改革正是要通过调整"供"基于"供"来实现供需平衡。显然，这与应用型大学人才培养的办学理念是完全一致的，甚至这是应用型大学区别于传统型大学在人才培养理念上的重要特征之一。应用型大学不再将自身视为社会的"孤岛"，不再局限于"象牙塔"内的知识生产与传承，而是需要通过提供社会所需的学术成果与教学服务，来从社会取得生存与发展的办学资源，最终有能力走上自力更生的创业之路。从而，应用型大学人才培养的定位与使命，在于培养社会欢迎的有用、有实用的高层次人才，倡导学以致用而不是学以致知的成才观。不同于研究型大学，亦有别于高职高专，应用型大学"主要开展务实教育"②，"培养的学生是生产第一线，必须能够解决实际问题"③。虽然我们不能狭隘地理解应用型大学需要采取"以销定产"的培养模式，④但是，"研究型大学毕业生就业率在96.73%，而应用型大学则为88.23%"⑤的现实，更加需要我们借助供给侧结构性改革理论，推进应用型大学供给侧管理"三大要素"改革，不断提升应用型人才培养质量。正如有文指出的："人才培养是应用型大学的基本职能，是应用型大学供给侧的主要产品。应用型大学在专业结构、质量结构、素质结构方面存在

① 张务农：《从经济学命题到教育学命题——供给侧改革之于高等教育发展意义审思》，《江苏高教》2017年第3期。

② 吴建宁、董本清、王星辉：《应用型大学校园文化建设策略》，《湖南农业大学学报》（社会科学版）2008年第3期。

③ 许莹：《应用型本科院校创新型人才培养模式研究》，《人力资源开发》2015年第1期。

④ 张慧丽：《以就业为导向的应用型大学人才培养模式创新研究》，《中国成人教育》2016年第13期。

⑤ 靳泽宇：《应用型大学学生就业问题的原因与对策分析》，《教育理论与实践》2017年第18期。

供给侧结构性问题，致使应用型大学的人才培养效率不高，同质化现象严重。"① 还有文进一步指出，提升应用型人才培养的质量则是高等教育供给侧改革的核心问题，这"不仅关系到高等教育综合改革的成败，而且关系到社会经济结构的战略性调整和转型发展"②。这些都表明，"高等院校转型发展的实质正是高等教育供给侧改革"③，应用型大学的人才培养更需要供给侧结构性改革理论的引领与指导。

二　应用型大学人才培养供给侧改革的内涵要点

按照供给侧改革理论推进应用型大学人才培养，就是要从"劳动能力"的生产端、供给方出发，创新人才培养模式，提高人才培养质量，使得培养出来的应用型人才能够在社会各行各业下得去、用得上、适应快、反响好、后劲足。具体而言，应用型大学人才培养的供给侧改革，至少需要体现以下三大内涵要点。

（一）在培养目标上，培养市场需要的应用型人才

关于高等学校以及专门人才的分类，学界有各种各样的标准与观点。例如，上海市制定的《上海高等教育布局结构与发展规划》（2015—2030年）明确地将其所属高校划分为学术研究、应用研究、应用技术和应用技能四种类型。④ 有文认为在学术型人才与应用型人才的基础上，将应用型人才再分为工程型人才、技术型人才、技能型人才，接着又将工程型人才细分为工程研究型、工程规划型和工程应用型，将技能型人才细分为技术研究型、技术开发型和技术应用型。⑤ 不过，联合国教科文组织《国际教育标准分类》对高等学校进行三分法的方案，"比较符合国情逐渐为人

---

① 曹雨平：《应用型大学供给侧改革，改什么怎么改》，《光明日报》2016 年 6 月 22 日。

② 张宝君：《"精准供给"视域下高校创新创业教育的现实反思与应对策略》，《高校教育管理》2017 年第 1 期。

③ 金保华、刘晓洁：《高等教育供给侧结构性改革的理论逻辑与实践路径》，《教育与经济》2016 年第 6 期。

④ 袁广林：《供给侧视野下高等教育结构性改革》，《国家教育行政学院学报》2016 年第 6 期。

⑤ 夏建国、刘晓保：《应用型本科教育：背景与实质》，《高等工程教育研究》2007 年第 3 期。该文最后提出，高等教育体系由科学教育、工程教育和技术教育三种类型组成，它们分别以培养科学型、工程型和技术型人才为主。

们所认可"①。该分类方案将高校分为三种基本类型：学术性研究型大学、专业性应用型的多科性或单科性的大学或者学院、职业技术型院校。为了便于称呼与运用，同时遵循中国教育话语逻辑，我们不妨将这三类高校简约概括为学术型大学②、应用型大学与技能型院校③（高职高专），三者相应地培养学术型人才、应用型人才与技能型人才。该种人才分类标准具有相对性，主要基于人才的活动属性与职业面向。例如，学术型人才主要从事理论研究工作，面向学术职业；技能型人才主要从事操作类、手艺类、服务性等具体实践工作，在生产、管理与服务一线从事学术性要求不高的具体工作；应用型人才介于两者之间，比学术型人才具有更强的实践指向性，比技能型人才具有更强的学术指向性。有文甚至将应用型人才与应用型人才区分开来，认为前者属于上位概念，概括性更强，后者具有更强的应用与实践指向性。④ 为避免毫无意义的概念纷争，本书一律称为应用型人才。从以上三种人才类型可以看出，应用型人才培养既要瞄准市场发展需要，又要强化学术素质，做到"专精实用"与"理论研究"相得益彰，注重"综合运用理论知识和方法解决实际问题的综合能力和实践能力"⑤，"能够真正满足经济社会发展的需要"⑥。当前应用型大学人才培养存在的突出问题，正是未能实现人才培养的有效供给，导致人才培养与市场需求的脱产，从而不能体现应用型大学应有的特色与优势。正如有文指出的："应用型大学没有从根本上完成培养应用型人才的根本任务，而更多的是沿用传统大学的精英教育培养理念，没有跟踪市场的变化，摸准市场的脉搏，难以真正成为应用型人才培养的摇篮。"⑦ 遵循供给侧改革理论的基本要求，应用型大学人才培养的第一要务，就是要确立基于市

---

① 潘懋元、周立群：《从高校分类的视角看应用型本科课程建设》，《中国大学教学》2009年第3期。

② 洪艺敏：《学术型大学办职业性教育的质量问题》，《现代大学教育》2002年第3期。

③ 汪敏生、杨旭辉：《技能型院校实训运行机制改革的探索》，《教育与职业》2008年第33期。

④ 邵波：《论应用型本科人才》，《中国大学教学》2014年第5期。

⑤ 刘汉成：《地方本科院校转型发展的实践探索》，中国经济出版社2015年版，第90—91页。

⑥ 王庆功：《转型与超越：应用型大学改革发展之道》，《山东高等教育》2016年第3期。

⑦ 张慧丽：《以就业为导向的应用型大学人才培养模式创新研究》，《中国成人教育》2016年第13期。

场需求培养应用型人才的目标,"促进人才培养供给侧和产业需求侧结构要素全方位融合"①,达到人才培养"去产能、去库存甚至补短板"的效应。

(二)在培养途径上,开发"政用产学研"新模式

应用型大学人才培养存在的突出问题,在于未能按照社会产业发展需求培养相应的应用型人才,亦即人才结构与产业结构不匹配,这正是供给侧改革体现出来的结构性问题。解决这个问题的必由之路②甚或"唯一途径"③,还需要从人才培养端的供给侧出发,创新"政用产学研"④合作教育模式。从"产学研"到"政产学研",体现"政府"在创新驱动中的主导作用,"解决合作动力不足这个瓶颈问题",⑤符合中国政府办学的国情与要求;从"政产学研用"到"政用产学研",体现"用户"在创新驱动中的关键作用,强调了基于应用、面向应用的价值追求。正如有文指出的,"应用与用户,才是技术创新的出发点和落脚点。突出'用',可以减少技术创新的盲目性,可以降低技术创新的风险和成本"。⑥"政用产学研"合作教育模式,在坚持教育性作为根本原则的前提下,根据政(政府)、用(用户)、产(企业)、学研(大学与科研机构)四大主体不同的功能定位协同创新,是在埃兹科维茨三螺旋(大学、产业与政府)

---

① 国务院办公厅于2017年12月19日发布了2018年1号文件《国务院办公厅关于深化产教融合的若干意见》,该文件正是供给侧改革理论的视角审视产教融合教育与应用型人才培养,同时提出了许多具有针对性的措施。例如:"引导高校将企业生产一线实际需求作为工程技术研究选题的重要来源。完善财政科技计划管理,高校、科研机构牵头申请的应用型、工程技术研究项目原则上应有行业企业参与并制定成果转化方案。完善高校科研后评价体系,将成果转化作为项目和人才评价重要内容。……探索符合职业教育和应用型高校特点的教师资格标准和专业技术职务(职称)评聘办法。"

② 别敦荣:《应用型大学的发展与教学改革》,《玉林师范学院学报》(哲学社会科学版)2017年第3期。

③ 徐权:《地方应用型本科院校产学研合作教育模式探究》,《大庆师范学院学报》2014年第6期。

④ 邹华、何得雨:《开放式创新视角下政用产学研联动机制研究》,《沈阳工业大学学报》(社会科学版)2017年第6期。

⑤ 段丽华:《国外应用型大学产学研合作教育的驱动机制——以伯顿·克拉克的"三角协调模型"为分析框架》,《高教发展与评估》2016年第3期。

⑥ 黄彬、周梓荣:《应用型大学产学研用协同创新机制研究》,《现代教育科学》2016年第3期。

创新理论基础上的继续与发展，完全可以成为指引我国应用型大学人才培养及其科学研究的创新模式。在国外，德国的双元制职业教育模式、英国的"三明治"教育模式、美国"以能力为基础"的 CBE 合作教育模式、日本的"产官学"一体化培养模式等，① 在国内，安徽科技学院推进了人才培养模式多元化改革，探索出"3+1"培养模式、"校企合作"培养模式、"多证书"培养模式、"产学研合作"培养模式、"主辅修"培养模式、国际合作培养模式、卓越人才培养模式等，② 都是"政用产学研"合作教育的具体创新实践模式，均体现了产教融合、校企合作、协同育人的办学理念与基本精神。事实上，培养主动对接国家战略发展需求的应用型人才，我们必须贯彻学与术相融通、理论与实践相结合的育人主线，在"政用产学研"合作教育的框架下，"积极探索应用型大学与产业行业企业共同培养应用型人才的新模式"③。这不仅是应用型人才培养与成长的基本规律，也是应用型大学通过培养应用型人才服务经济领域供给侧改革的客观需要，④ 更是应用型大学最终赢得市场、走向自力更生的必然要求。

（三）在制度空间上，增强应用型大学办学自主权

供给侧改革的着力点在于激活生产端，而激活生产端的前提在于打破制度约束，赋予产品供给方充分的权力与自由，让它们成为真正面向市场的法人实体。只有供给方具有应对市场需求的主动性、创造性与灵活性，才能最终畅通与优化供需关系，使得供给侧改革达到满足人们日益增长的物质文化生活需求的目的。对此，学界亦有同样的认识。例如，有文指出，在体制层面上，"供给侧改革最大的举措就是简政放权"⑤；"政府需要恪守自己的权力边界，不能把供给侧改革变成供给侧管理，或者回到计

① 陈维霞：《应用型大学协同育人管理机制研究——基于产教融合的视角》，《中国职业技术教育》2017 年第 32 期。

② 汪元宏、郭亮：《应用型本科人才培养的实践探索——以安徽科技学院为例》，合肥工业大学出版社 2015 年版，第 79—85 页。

③ 方展画：《以创新驱动应用型大学供给侧结构性改革》，《光明日报》2016 年 6 月 22 日。

④ 王芳：《基于供给侧改革的高校应用型人才培养》，《江苏高教》2016 年第 5 期。

⑤ 朱玉成：《政府职能转变视角下的高等教育供给侧改革》，《高等教育研究》2016 年第 8 期。

划经济的旧思路"①。应用型大学人才培养的供给侧改革,关键同样在于转变政府职能,让政府"简政放权"②"放权让利"③,赋予高校充分的办学自主权,使得应用型大学真正成为面向社会依法自主办学的法人实体。自20世纪80年代中期以来,高等学校的办学自主权总体上不断扩大。党的十八大以后,高等教育领域的"放管服"改革不断推进,"政校分开、管办分离"的办学方向已成共识。但是,政府管办评一体化的高等教育管理模式并没有从根本上改变,"一包二统"(一切由国家包办,一切由教育行政部门统一起来)④ 的高等教育行政化倾向仍然明显。我国高等教育领域这种大一统、科层制的行政管理体制,只能导致"千校一面、千篇一律"⑤ 的格局,最后培养出的人才也只能是从"一个模子"⑥ 里走出来。因此,遵循高等教育供给侧结构性改革的要求,形成"多层次、众规格、新模式、异要求"⑦ 的人才培养规格体系,必须减少政府对高校的行政干预,明确政府与大学属于基于服务而不是控制的治理关系。对于应用型大学人才培养的供给侧改革来说,则更需要政府主动放权赋权,充分发挥应用型大学办学的自主性与灵活性。这是因为,面向市场需求的应用型人才培养,其数量需求与人才规格、岗位能力与职业发展等都处在变化中,没有任何一个政府能够准确预测到这种市场行情的变化,只能由直接面向市场的应用型大学根据实际情况灵活应对。例如,统一的专业目录无法反映现代产业与经济社会的变化,无法跟上科学不断分化又不断融合的趋势,更不可能满足不同区域不同类型高等教育的现实需求,"任何统一

---

① 朱玉成:《政府职能转变视角下的高等教育供给侧改革》,《高等教育研究》2016年第8期。

② 张万朋、程钰琳:《探析教育领域的供给侧结构性改革》,《复旦教育论坛》2017年第5期。

③ 王鹏、王为正:《高等教育:供给侧结构性改革》,《河北师范大学学报》(教育科学版)2017年第2期。

④ 金保华、刘晓洁:《高等教育供给侧结构性改革的理论逻辑与实践路径》,《教育与经济》2016年第6期。

⑤ 程书强:《供给侧结构性改革视角下高等教育改革思路》,《国家教育行政学院学报》2016年第12期。

⑥ 张有声:《从供给侧改革本科专业人才培养思路》,《中国高等教育》2016年第1期。

⑦ 王鹏、王为正:《高等教育:供给侧结构性改革》,《河北师范大学学报》(教育科学版)2017年第2期。

的专业目录都将滞后于知识经济时代的实际需要"①。可以说，只有将学科专业的设置权全部还给应用型大学，彻底解除政府统治而不是治理高校的"镣铐"，才能保证应用型人才培养与供给切实与区域产业链、创新链实行紧密对接，使得应用型大学在应用型人才培养上"跳出最完美的舞蹈"。②

三　应用型大学人才培养供给侧改革的终极追求

根据上述分析得知，经济领域的供给侧改革理论可以应用到高等教育领域，尤其适合用来指导应用型大学人才培养的探索与实践；应用型大学人才培养的供给侧结构性改革，前提条件在于"政府主动放权赋权、学校合理接权用权"③，基本途径依靠"政用产学研"合作教育模式，培养目标正是市场需要的区域或者行业"适切性"④ 应用型人才。但是，培养市场需要的应用型人才，绝不意味着应用型大学仅仅培养就业岗位的适应者，各个行业产业领域的一线生产者、管理者与服务者。应用型大学人才培养供给侧改革的理想目标，就是其人才供给不仅要在数量与质量上"满足经济结构调整的需要"⑤，体现高等教育供给侧改革的核心与首要任务在于"精准供给"⑥，而且要有一批应用型人才能够引领行业、产业以及社会经济的转型与升级，体现高等教育供给侧改革的任务不只是"精准性与有效性的教育供给"⑦，还包括引领性的教育供给。精准性与有效性的人才供给，自然不可能马上成为引领性的人才供给，换句话说，适切性人才不一定属于引领性人才。但是，引领性的教育供给一定能够实现精准性与有效性的人才供给，换句话说，引领性人才一定属于适切性人才。

---

① 潘懋元、车如山：《做强地方本科院校的理论与实践研究》，高等教育出版社 2016 年版，第 53 页。

② 王芳：《基于供给侧改革的高校应用型人才培养》，《江苏高教》2016 年第 5 期。

③ 周海涛、朱玉成：《教育领域供给侧改革的几个关系》，《教育研究》2016 年第 12 期。

④ 张金福：《提升地方本科高校的区域适切性：供给侧结构性改革的视角》，《中国高教研究》2017 年第 1 期。

⑤ 张有声：《从供给侧改革本科专业人才培养思路》，《中国高等教育》2016 年第 1 期。

⑥ 张宝君：《"精准供给"视域下高校创新创业教育的现实反思与应对策略》，《高校教育管理》2017 年第 1 期。

⑦ 曹洪军：《论大学生就业的供给侧结构性改革》，《学术论坛》2016 年第 5 期。

于是，对于任何一所应用型大学来说，其人才培养供给侧改革的终极目标就是培养引领性的应用型人才。这种价值预设不仅符合应用型大学本身就包含行业特色研究型大学的理论依据，而且有利于不同层次的应用型大学基于"学以致用"的办学原则顺理成章地达至一流的应用型大学。更重要的理由在于，高等教育的人才使命不只是被动地适应社会，更要主动引领社会的发展，从而一流的应用型大学自然应该培养引领社会发展的一流应用型人才。

（一）"应用型大学"属于综合性概念，引领性的应用型人才属于行业特色研究型大学的人才目标定位

时至今日，"应用型大学"的概念已经在学界得到广泛应用。但是，国内学者在研究应用型大学时，往往将其限定在学术水平不够强的新建地方本科院校，视应用型大学为新建地方本科院校转型与发展的一种办学目标定位。"新建本科院校必须向应用型大学转型，打造升级版的应用型大学。"① 政府大力推动地方普通本科高校向应用型转变，也只是让那些无法在学术上比肩传统研究型大学的地方本科院校放弃传统的学术平台晋升之路，转向直接服务社会的应用型办学定位，形成多元化高等教育类型格局的应对之策。应该说，这不仅人为地窄化了应用型大学的内涵与缩小了应用型大学的外延，而且抑制了地方本科院校向应用型大学转型的动力与热情，不利于我国应用型大学的建设与发展。应用型大学本应该属于一个涵盖较广的综合性概念，不仅包括应用技术大学、应用型本科院校、创业型大学等各种致力于应用型人才而不是纯粹学术型人才培养的大学，还包含以应用型研究为主导的研究型大学，尤其是一流的行业特色高水平大学。② 这些一流的行业特色高水平大学，必定属于应用研究型大学，自然要以培养兼具适应与超越的一流引领性应用型人才作为终极追求。从实践来看，在西方不少国家以及中国台湾地区的高等教育体系中，应用型大学与传统学术型大学地位平等，而且都可以开展博士研究生教育。例如，台湾的普通高等教育与高等职业技术教育是两条平行且平等的轨道，高职轨道同样拥有本科、硕士与博士研究生教育的完整体系。德国的应用技术大学（FH）在该国高等教育体系中占有半壁江山，而且比综合大学有着更

---

① 王庆功：《转型与超越：应用型大学改革发展之道》，《山东高等教育》2016 年第 3 期。

② 付八军：《学以致用：应用型大学的灵魂》，《教育发展研究》2016 年第 19 期。

高的就业率。随着 1999 年"博洛尼亚进程"的推进，德国应用技术大学也将逐渐从本科、硕士发展到与国际通用的完整的三级学位制。① 这些具有博士研究生教育资格的应用型大学，自然要致力于培养具有引领性的应用型人才。由此观之，将引领性的应用型人才作为应用型大学人才培养供给侧改革的终极追求目标，不仅具有学理依据，而且具备现实基础。

（二）引领性应用型人才目标的确立，有利于激励应用型大学基于"学以致用"的办学原则向更高学术声誉迈进

推动地方本科院校向应用型大学转型，在我国更多地属于政府的外在推力，地方本科院校缺乏主动转型的内在动力。根据唯物辩证法关于内因与外因的辩证关系可知，没有地方本科院校向应用型大学转型的主动性，也就不可能实现政府建设应用型大学的宏伟蓝图，只能呈现出"推一下动一下"甚至"推而不动"的局面。在建设应用型大学的进程中，地方本科院校之所以不能化被动为主动，在大学丛林时代充分利用"政治因素带来的竞争优势"②，根本原因在于政校关系尚未真正理顺，高校仍然一切围着政府而不是市场转的状况没有改变，派生原因则与应用型大学受到"国家支持力度仍显不足，社会对应用型大学存在偏见"③ 等相关。一方面，政府强力推动地方本科院校转向应用型；另一方面，地方本科院校缺乏转型的主动性正是囿于全能型、威权型的政府，这个看起来存在悖论现象的破解密码正在于政府没有也不可能拿出一个像支持"双一流"建设那样的政策方案，仍然套用传统的大学评估与绩效考评方案来衡量应用型本科院校的建设实效，最后自然只会导致"轰轰烈烈的应用型大学建设，扎扎实实地向传统学术研究型大学迈进"。而且，在政府大一统的高等教育管理体制下，高校的文凭体现了政府的意志与权威，文凭的分量比学习的质量更重要，这就使得地方本科院校在人才培养无所作为的前提下，依然能够凭借政府间接授予的文凭赢得生源市场。正如有文指出的，当学生仅仅基于一纸文凭而不是学习本身目的来接受高等教育，那么在许

---

① 付八军：《论应用型大学师资队伍建设的内生模式》，《浙江社会科学》2017 年第 6 期。

② 叶赋桂、陈超群、吴剑平等：《大学的兴衰》，清华大学出版社 2016 年版，第 277 页。

③ 靳泽宇：《应用型大学学生就业问题的原因与对策分析》，《教育理论与实践》2017 年第 18 期。

多情况下，"杰出校友培养跟学校关联度不大"①。化解这个根本原因的唯一途径，正是前文所述的赋予应用型大学充分的办学自主权，让应用型大学在法律的框架里自主决定自己的办学道路、管理自己的内部事物，最终通过市场选择的机制来判断应用型大学的建设业绩。同时，在政策框架里明确且允许应用型大学不只是培养社会大机器上的"螺丝钉"，仅仅满足于适应型的就业工作者，还要培养推动产业行业与经济社会转型升级的引领性人才。只要应用型大学建设真正取得成效，那种"应用型就是低人一等"的错误观念自会销声匿迹。至于应用型大学在培养引领性应用型人才、实现大学向更高学术声誉发展的过程中，是向应用性的研究型大学不断迈进，还是坚守一流应用型本科人才的培养，都属于应用型大学自我选择的办学行为。事实上，当应用型大学奉行"学以致用""应用本位"而非"学以致知""学科本位"的办学原则、坚持"实践是检验学术的最高标准"之后，一所以本科教育为主体的应用型大学是否要发展研究生教育，或者变成以研究生教育为主体的应用研究型大学，无须外在力量为应用型大学预设各种轨道与框架，只要一流的应用性成果与应用型人才出来了，按照供给侧改革理论供需平衡的关系，要实现这些应用型大学在人才培养层次的提升就是自然而然的事情。

（三）引领性应用型人才目标的确立，体现了高等教育的人才使命在于既要被动适应社会更要主动引领社会

长期以来，我们习惯性地认为过去的高等教育都属于学术本位的纯粹科学或者思辨哲学教育。事实上，自中世纪大学诞生以来，高等教育总体上都是以行业性、专业性、应用性作为基本特征的。例如，意大利的波洛尼亚大学（Bologna）前身是一所法律学校，意大利的萨莱尔诺大学（Salerno）则在 12 世纪成为欧洲著名的医学高等教育中心，巴黎大学因同时设置文学、医学、法律和神学四个学部而被誉为中世纪学科设置最齐全的大学之一。② 时至今日，无论综合类研究型还是行业特色类研究型，无论以实践为主型还是以理论为主型抑或理实结合型，所有的大学都具有明确

---

① 郑志来：《供给侧新视角下高等教育非均衡发展问题研究》，《黑龙江高教研究》2017 年第 3 期。

② 付八军：《高等教育属性论——教育政策对高等教育属性选择的新视角》，江西人民出版社 2008 年版，第 56 页。

的实用取向与应用价值。"培养高层次的应用型人才，已经成为各级各类高等教育共同面对的时代课题。"① 只不过，在高等教育大众化、普及化的背景下，与学习者"人"以及岗位需求"事"均具有多元化相适应，应用型大学供给侧提供的"高层次"应用型人才亦具有多元性。有些"高层次"，或许仅仅是技能上的娴熟自如；有些"高层次"，则属于过去精英教育模式下的引领性、创造性人才。可见，自中世纪大学诞生以来，世俗高等教育追求"高层次"专门人才的培养目标从来没有发生改变过，改变的只是因为入学人数的大幅度增加以及未来职业选择的多元化而使得人才培养定位出现多元化。当前，由于应用型大学既包括那些刚刚脱胎于专科教育的新建本科院校，也包括那些历史悠久的行业特色研究型大学，从而在确定应用型大学人才培养目标时自然需要兼顾适应型与引领型。但是，根据供给侧改革理论来推进应用型大学建设，我们务必高举"引领性"应用型人才培养旗帜，从培养目标到课程设置再到教学方法等全方位更新观念，让不同层次不同区域的所有应用型大学都有勇气与志向来培养一流的引领性应用型人才。这不只是因为"过分强调'市场导向'会导致人才培养被动滞后，难以与快速变化的市场需求有效对接，进而产生各种就业结构性矛盾"②，也不只是因为"被动地适应就像是'削足适履'，导致人为地抑制高等教育的发展潜能"③，更主要的原因在于大学的人才使命自古以来就是培养引领社会发展的高层次人才，而不仅仅是适应社会的"就业者、求职者"。事实上，人的潜能是无穷的，冠之为"大学"的应用型大学不应该将人在 20 岁左右就"降格定型"了。应用型大学人才供给侧需要化"被动就业"为"主动就业"乃至创新创业，体现大学人才使命的最高使命与永恒追求。

　　总之，在 2015 年前后，"应用型大学"与"供给侧改革"这两个概念同时热起来，绝不是偶然现象。这与中国政治体制改革走向、社会经济发展动态等大环境都是相吻合的。根据以上分析可以得知，这种人环境的

---

　　① 王硕旺、蔡宗模：《应用型大学的缘起、谱系与现实问题》，《重庆高教研究》2016 年第2 期。

　　② 曹洪军：《论大学生就业的供给侧结构性改革》，《学术论坛》2016 年第 5 期。

　　③ 朱玉成：《政府职能转变视角下的高等教育供给侧改革》，《高等教育研究》2016 年第8 期。

重要特征之一便是要让"市场在资源配置中起决定性作用",这比过去强调"市场在社会主义国家宏观调控下对资源配置起基础性作用"又迈出了重要的一步。"依然坚持计划管理的基本思维和路径,与市场竞争模式是对立的,不符合高等教育发展规律,不利于高等教育的健康发展。"①市场取向的高等教育办学模式,正是创业型大学的运行逻辑。西方创业型大学在中国的探索与实践,要以国内本土化特征相对较为明显的应用型大学作为起点,在此基础上注入有限市场化的改革元素,建成中国特色的创业型大学实践模式。无论将应用型大学改造为中国的创业型大学,还是从西方创业型大学塑造出应用型大学,都要分析经费来源结构,这是伯顿·克拉克与埃兹科维茨两位创业型大学理论鼻祖在分析创业型大学时的一条重要法则。

第三节　应用型大学的经费渠道

根据上篇本体论的研究得知,创业型大学的精神实质便是利用自身独特的学术资本使自己获得实现自力更生的能力与保证,至于其自力更生的途径是营利性的商业化之路,还是公益性的准市场化之路,这属于创业型大学的类型范畴。根据中篇实践论的研究得知,中国现有公办普通本科院校不可能迈入营利性的商业化创业型大学之路,只能走学术应用类公益型的创业型大学之路,这条道路正是中国政府、高校与学界极力倡导建立的应用型大学。也就是说,应用型大学是中国特色创业型大学的最佳实践模式。只不过,本研究倡导的应用型大学,正如前所述,不再仅限于地方本科院校走出办学困境的应对之策,还包括行业特色研究型大学的应用转向;同时,要将创业型大学致力于学术资本"双重转化"的基因移植过来,推动学术资本向现实生产力转化,推动学术资本向人力资本(学习者个体因素)转化,亦即本章前面两节探讨的成果转化与人才培养,最终能让应用型大学拥有自力更生的实力以及直面市场竞争的勇气。衡量该种类型的应用型大学在中国是否取得成功,其实最终都落实在学校的财力天平上。学校成为国家需要的应用型大学,国家会为其提供资金保证;学

---

① 张宗海:《论新建本科院校转型发展的内涵及路径选择》,《国家教育行政学院学报》2017 年第 1 期。

校成为市场需要的应用型大学，市场会为其提供资金保证；学校成为校友需要的应用型大学，校友会为其提供资金保证。但是，作为中国特色创业型大学实践模式的应用型大学，不能将政府作为最重要的经费来源渠道，而必须遵循多元化经济筹措的办学路径，这也是伯顿·克拉克关于创业型大学建设的"五大要素"之一。① 世界高等教育发展经验已经表明，"过于依赖政府经费绝不是灵丹妙药"②。本书在本体论研究部分亦指出，"国家主导的道路，明显地不是一条适合 21 世纪快速前进的环境中的复杂的大学变革的道路"③，正是基于这个研究假设，本书选择具有代表性的两所应用型大学，对其经费收支结构进行分析与比较，由此可以获悉应用型大学尤其那些以地方本科院校作为起点的应用型大学筹措办学经费之重要性、迫切性乃至决定性。

一　以地方本科院校作为起点的应用型大学经费收支结构分析

无论学界还是政府都已经明确，"应用型"成为我国地方本科院校转型发展的重要方向。④ 而且地方本科院校为了实现"弯道超车"，避免在传统学术研究型大学后面亦步亦趋，纷纷将"应用型"作为大学谋取市场竞争力的砝码，从而成为中国应用型大学建设的主体。然而，无论采取什么样的路径与策略，应用型大学都无法放弃对于办学经费的诉求。"钱是大学的生命"⑤，是建设一流校园、凝聚优秀师资、开展前沿研究乃至推动学校改革最为基础的办学资源。放眼全球，在大学排行榜上名列前茅的大学，普遍是经济实力雄厚的大学。"建设一流大学最重要的是资金，

---

① ［美］伯顿·克拉克：《建立创业型大学：组织上转型的途径》，王承绪译，人民教育出版社 2007 年版，第 5 页。

② ［美］韦斯布罗德、巴卢、阿希：《使命与财富：理解大学》，洪成文、燕凌译，学苑出版社 2016 年版，第 263 页。

③ ［美］伯顿·克拉克：《大学的持续变革：创业型大学新案例和新概念》，王承绪译，人民教育出版社 2008 年版，第 243 页。

④ 付八军：《论应用型大学师资队伍建设的内生模式》，《浙江社会科学》2017 年第 6 期。

⑤ ［美］大卫·科伯：《高等教育市场化的底线》，晓征译，北京大学出版社 2008 年版，第 278 页。

这一点在美国大学已成共识。"① 因此，本书选择一所致力于应用型大学建设的地方本科院校（以下简称 A 大学或者 A 校），通过分析其经费收支结构，首先理出其实现自力更生能力的基础与条件。

（一）A 大学经费收入结构分析

根据 A 校提供的近三年财务报告，同时通过与 A 校财务管理领导的交流，笔者绘制出表4-1。

表 4-1　　　　　　　　　A 大学 2014—2016 年收入情况　　　　（单位：万元）

年份		2014 年		2015 年		2016 年	
		收入	占比（%）	收入	占比（%）	收入	占比（%）
年总收入		45672.92	100	48670.09	100	48334.24	100
财政补助		20974	45.92	24418.40	50.17	26455.65	54.73
财政专项	总收入	6235.18		4968.30		5895.49	
	学科类	308		381.61		328.3	
	科研类	472		491.25		594.69	
	教学类	470.7		661.07		567.66	
	学生奖助类	1414	13.65	2115.90	10.21	1339	12.20
	设备购置类	957.7		831.29		468.43	
	修缮类	1500		199.72		175.47	
	特殊专项 1	704		—		1747.88	
	特殊专项 2	—		—		91.71	
	其他	408.78		287.46		582.35	
共建资金		2256	4.93	2308	4.74	1116	2.31
教育事业收入	总收入	9913.48		9300.78		8901.14	
	学费	6769.13	21.71	6055.87	19.11	5656.32	18.41
	住宿	1531.85		1608.11		1307.19	
	创收	1612.5		1636.80		1967.63	
附属单位上缴款		2236.39	4.90	3829.74	7.87	2952.44	6.11

---

① 王康宁、段江飞：《美国一流大学的筹资方式及其对我国的启示》，《教育理论与实践》2011 年第 6 期。

续表

年份		2014 年		2015 年		2016 年	
		收入	占比（%）	收入	占比（%）	收入	占比（%）
科研经费	总收入	3034.77	6.64	2885.23	5.93	2063.71	4.27
	横向科研	1851.24		2012.19		1080.74	
	纵向科研	1165.03		856.04		982.97	
	学生科研	18.5		17		—	
社会捐赠		—		—		—	
成果转化		—		—		—	
其他收入		1023.1	2.24	959.64	1.98	949.80	1.97

说明：

1. 本表主要根据 A 校计财处提供的以下三份材料整理而成：《A 大学 2014 年财务收支情况和 2015 年财务预算报告》《A 大学 2015 年财务收支情况和 2016 年财务预算报告》《A 大学 2016 年财务收支情况和 2017 年财务预算报告》。

2. 财政专项每年的具体项目不尽一致，为列明每个年度与其他年度不一样的专项，本表加入"特殊专项"栏目。例如，2014 年的特殊专项是指财政贴息财政专项；2015 年没有特殊专项收入；2016 年的特殊专项有两项，特殊专项 1 是指人员经费（职业年金），特殊专项 2 是指筹建大学专项。

3. 共建资金是指本市级行政区下属的其他县市（区）共建资金收入。

4. 附属单位上缴款包括独立学院、附属医院、继续教育学院以及资产经营公司的上缴款。

5. 其他收入主要是服务费、测试费、留学生收费、等级考试费、培训费等。

6. 各单项收入之和以及各单项的比例之和，有时会分别与总收入及各比例之和略有出入，例如 2014 年分项比例之和为 99.99%。主要原因在于，经费收入零头的去尾法以及百分比的四舍五入法，都会导致单项之和与总数不等。

7. 社会捐赠与成果转化两项收入，在该校近几年的财务工作报告中没有列出。鉴于本研究的需要，本表特意将其列出。

8. 2016 年总收入比上一个年度减少，主要原因是县市（区）共建资金减少 1192 万元。

通过对表 4-1 的分析，我们至少可以获得以下几个方面的信息。

其一，A 校的经费来源相当单一，政府是其最大的资助者。A 校的经费来源虽然有（1）财政补助、（2）财政专项、（3）共建资金、（4）教育事业收入、（5）附属单位上缴、（6）科研经费、（7）其他收入等七块内容，但是，"（1）财政补助"在近三年均在 50% 左右，占了半壁江山，并且从 45.92%、50.17% 到 54.73% 呈现逐渐上升趋势，这与伯顿·克拉克研究创业型大学时政府的核心资助逐渐下降背道而驰，从而其实现自力更生的能力越来越弱。特别值得注意的是，这七块内容其实只有三大块内容：一是政府提供的资金，包括（1）（2）（3）；二是学校收缴的资金，包括（4）（5）（7）；三是教师存放的资金，主要指（6）。我们可以算出，从 2014 年至 2016 年，A 校对政府资金的依赖占相应年份全部收入的比例依次为 64.50%、65.12%、69.24%，不仅呈现递增趋势，而且比重相当高，2016 年已经超过 2/3。

其二，横向科研经费高于纵向科研经费，体现 A 校教师参与市场相对较为活跃。国内多数普通本科院校，纵向科研经费往往多于横向科研经费。但是，A 校的科研经费构成中，横向科研经费高于纵向科研经费。横向课题往往是企业委托的课题，不以论文论著作为结项要求，着眼于实际问题的解决，体现教师参与市场、服务社会的能力。例如，2014 年，横向科研经费 1851.24 万元，高于纵向科研经费 1165.03 万元；2015 年，横向科研经费 2012.19 万元，高于纵向科研经费 856.04 万元；2016 年，横向科研经费 1080.74 万元，高于纵向科研经费 982.97 万元。事实上，中国高校尤其地方本科院校的科研经费收入，不能视为大学真正的办学经费来源。因为这只是部分教师从政府或者市场获取的研究经费，最终都由这些课题组教师专款专用；更重要的因素是，高校不仅不能从中提取学校建设经费，反而要以一定的比例配套资助省部级以上的纵向课题。

其三，A 校面向市场筹措经费的能力较弱，在社会捐赠与成果转化上表现平平。A 校的教师虽然表现出相对较强的社会服务能力，但 A 校在帮助教师实现成果转化上表现平平。在 A 校的经费来源构成中，成果转化收益没有作为一个项目列入。通过访谈得知，学校从其中获得的收益几乎为零，帮助教师实现的转化收益亦为零。按照供给侧改革理论的要求，应用型大学的科研成果应该采取市场化运作。[1] 显然，A 校远未实现应用型大学成果转化的要求。同时，由于份额几乎可以忽略不计，A 校没有明确每年的捐赠收入。从世界范围来看，社会捐赠最能体现一所大学的声誉与价值。据统计，在社会捐赠占学校收入的比例上，英美等国高校约为 10%，日本公立高校约为 15%，私立学校则高达 50% 以上，而我国少数知名高校仅为 2%。[2] 中国高校获得社会捐赠的比例如此之低，固然与文化传统、遗产税

---

① 姚翼源、李祖超：《应用型大学供给侧改革的路径探析》，《教育评论》2017 年第 2 期。

② 戴志敏、石毅铭、蒋绍忠：《大学教育基金会管理研究》，浙江大学出版社 2010 年版，第 53 页。

制度、捐赠税收政策等密切相关，但主要原因还在于大学缺乏办学主体性，缺乏独立面对市场的意识、条件与能力。例如，国内53%的大学基金会没有专门的工作网页，缺乏对外发布信息和接受外界支持和监督的窗口，[①] A校也不例外，充分体现了中国高校缺乏面向社会筹措办学资金的能力性。又如，以"冠名"交换"捐赠"并非大学的商业化，[②] 在不违背大学精神的前提下，是一个互惠互利的双赢工程，居然还受到众多高校的声讨与抵制。当然，如果校方将筹款职责下放基层院系，体现出"全员筹资""全民招商"的融资模式，则是一场角色混乱的游戏。[③] 总之，与国内许多地方本科院校一样，A校如果不能"在市场竞争与社会服务中获取办学资源"[④]，那么其实现特色发展、"弯道超车"的目标就难以实现。

（二）A大学经费支出结构分析

同样根据A校提供的近三年财务报告，通过与A校财务管理领导的交流，笔者绘制出表4-2。

表4-2　　　　　　　　A大学2014—2016年支出情况　　　　（单位：万元）

年份			2014年		2015年		2016年	
			支出	占比（%）	支出	占比（%）	支出	占比（%）
年总支出			45141.68	100	48184.50	100	47987.14	100
人员经费	本级人员	总支出	20056.98		24355.93		27988.82	
		在编基本工资	2135.32		4462.51		4959.72	
		在编绩效工资	10392.45		11842.46		11314.55	
		在编社保工资	3044.21	44.43	1599.81	50.55	6684.33	58.33
		住房公积金	—		1507.02		2184.64	
		离退休人员工资	3439		4027.46		144.25	
		临时工工资	1046		916.67		654.66	
		其他	—		—		2046.67	
	附属单位在编人员		2672.88	5.92	3145.31	6.53	4218.20	8.80

---

① 李洁：《需求互构视域下大学筹资能力发展研究》，《现代教育管理》2014年第6期。

② 张会杰、徐钧：《如何评价大学"捐赠—冠名"的筹资模式——基于清华"真维斯楼"舆论话题的评析》，《现代大学教育》2012年第1期。

③ 卢荻秋：《大学筹资不能乱了方寸》，《教育与职业》2009年第2期。

④ 张宗海：《论新建本科院校转型发展的内涵及路径选择》，《国家教育行政学院学报》2017年第1期。

续表

年份		2014 年		2015 年		2016 年	
		支出	占比（%）	支出	占比（%）	支出	占比（%）
公用经费	总支出	8578.95		8759.82		7266.10	
	教学四项经费	1330		1461.93		1195.83	
	科研工作经费	480.74		477.48		467.47	
	人才引进和进修等	639.9		403.92		216.17	
	学生工作经费	335.64	19.00	369.88	18.18	305.95	15.14
	基层学科及研究生教育经费	592		414.44		269.54	
	图书经费	529.56		599.30		524.92	
	后勤保障经费	2393		2847.11		2557.93	
	教学与行政设备经费	798		278.47		不详	
创收经费	总支出	1203		1084.05		1149.80	
	人员经费	572	2.66	428.32	2.25	—	2.40
	业务支出	631		655.73		—	
财政专项经费		6187.79	13.71	4968.30	10.31	4147.61	8.64
科研经费		2550.93	5.65	2399.64	4.98	1716.61	3.58
其他支出	总支出	4463.15	9.89	3471.45	7.20	·1500	3.13
	化债上缴财政	3000	6.65	1500	3.11	1500	
	其他	1463.15	3.24	1971.45	4.09	0	

说明：

1. 本表主要根据 A 校计财处提供的以下三份材料整理而成：《A 大学 2014 年财务收支情况和 2015 年财务预算报告》《A 大学 2015 年财务收支情况和 2016 年财务预算报告》《A 大学 2016 年财务收支情况和 2017 年财务预算报告》。

2. 在人员经费栏目中，每年的具体支出项目有所不同。为便于比较，本表尽量将相应项目列出来。这样，就会出现某些项目在某个年度为空。

3. 2014 年、2015 年，A 校将福利费、工会费、抚恤金及生活补助、奖助学金等列入本表最后一栏的"其他支出"栏目中，本表在此栏中增加的"其他"一栏，包括以上各项支出；自 2016 年始，这些支出列入"人员经费"栏目了。为此，本表在"人员经费"栏目中也增加了"其他"栏目，以应对不同年份的不同归类方法。例如，2016 年"其他"一栏，包括福利费、工会费、抚恤金及生活补助、奖助学金等。

4. 人员经费支出的奖助学，与财政专项经费支出的学生奖助类，是两种不同经费来源的支出。

5. 在人员经费的绩效工资部分，2014 年将通过创收经费发放的"人员经费"纳入，故而在该年份，572 万元在两处地方同时算进去了，导致各项占比之和超过 100%。2015 年，绩效工资中这部分创收经费，不再在创收经费中重复计算，这里的"人员经费"主要指劳务报酬等。

6. 2016年，创收经费支出一栏，不再列出人员经费与业务支出，而是注明不同院系的支出，故而在该年度没有再填人员经费与业务支出。

7. 自2016年始，A校人员经费栏中的"离退休人员工资"，其中退休人员工资由财政另行发放，现只发放离休人员工资，故而总量减少。

8. 后勤保障经费包括水电费、维修费、绿化费、清卫费、物业管理费等。

9. 财政专项经费支出依据其来源构成进行分类，在其经费来源中可以体现财政专项经费结构。

10. 各单项支出之和以及各单项的比例之和，有时会分别与总支出及各比例之和略有出入。主要原因在于，经费支出零头的去尾法以及百分比的四舍五入法，都会导致单项之和与总数不等。

通过对表4-2的分析，在前面研究的基础上，我们至少可以获得以下几个方面的信息。

其一，A校人员经费在支出结构中占主体，发展性的建设经费比例呈现下降趋势。A校经费的支出主要由（1）人员经费、（2）公用经费、（3）创收经费、（4）财政专项经费、（5）科研经费、（6）其他支出等六个部分组成，而"（1）人员经费"所占比例均超过50%，且逐年递增。2014年人员经费占比50.35%（44.43%+5.92%），2015年人员经费占比57.08%（50.55%+6.53%），2016年人员经费占比67.13%（58.33%+8.80%）。对应前文对表4-1的分析，我们可以发现，仅从"（1）人员经费"所占比例来看，A校从政府那里获得的财政补助，差不多全部用于人员经费。从表4-2还可以发现，"（3）创收经费"与"（6）其他支出"（除化债上缴财政外）其实均属于人员经费。因此，自2014年至2016年，A校人员经费支出占全年总支出的比例依次为56.25%（44.43%+5.92%+2.66%+3.24%）、63.42%（50.55%+6.53%+2.25%+4.09%）、69.53%（58.33%+8.80%+2.40%+0）。在一所大学中，人员经费支出占学校总支出的比例，亦可称之为大学的恩格尔系数（Engel's Coefficient），越高越表明学校的经济实力弱小。A校人员经费支出占比不断提升，且现已占约70%的重大份额，说明该校越来越卷入为生计、生存而奋斗，难以为重大建设、长远发展与宏伟蓝图提供经济支持。

其二，A校收支平衡的表面掩盖着入不敷出的经济压力，无法为学校可持续快速发展提供强劲的财力保障。在国内不少高校因肩负沉重的化债负担而出现财务收不抵支的状况之际，A校因化债负担较小而体现出财务收支大体平衡。从这一点来看，A校财务状况良好。但是，这种表面的平衡，实质上掩盖着同样收不抵支的窘境。例如，2014年，收入（45672.92万元）比支出（45141.68万元）多出531.24万元，但年度专项收入与科研收入之和9269.95万元（6235.18万元+3034.77万元），要比年度专项支出与科研支出之和8738.72万元（6187.79万元+2550.93万元）多出531.23万元。这就是说，A校的收支平衡，是建立在通过年度专项经费与科研经费等建设经费来填充生活经费的不足。一旦年度专项经费与科研收入全部予以兑现，那么A校入不敷出的状况就浮出水面。A校的其他年份，其收支平衡大体如此，而且情况愈来愈严重。例如，2016年，收入（48334.24万元）比支出（47987.14万元）多出347.10万元，但年度专项收入与科研收入之和7959.20万元（5895.49万元+2063.71万元），要比年度专项支出与科研支出之和5909.22万元（4147.61万元+1716.61万元）多出2049.98万元。这就表明，以年度专项经费与科研经费填充生活经费不足的数额（填充额）越来越大，而且通过收支相抵剩余额越来越小于填充额体现了A校收不抵支的状况愈来愈严重。

其三，具有经营性质的附属单位不能为学校提供经济帮助，反而加重了A校的经济负担。从表4-1可知，A校的附属单位主要包括独立学院、附属医院、继续教育学院以及资产经营公司等。A校的附属单位，财务相对独立，故而没有纳入本研究中。但是，在附属单位中，有不少教职员工属于A校编制内的人员，其档案工资由A校支付。一般而言，这些属于经营性质的单位，可以为母体学校提供经济上的支持。但是，从实际运行情况来看，A校为这些单位支付的在编人员工资，总体上已经超过了它们的上缴款。例如，从2014年到2016年，附属单位上缴款依次为2236.39万元、3829.74万元、2952.44万元，但A校为附属单位在编人员支出的工资依次为2672.88万元、3145.31万元、4218.20万元，A校支出额比附属单位上缴额分别多出436.49万元、-684.43万元、1265.76万元，三年合计多出1017.82万元（436.49万元-684.43万元+1265.76万元），平均每年多出339.27万元。

二　以特色研究型大学作为起点的应用型大学经费收支结构分析

国内一批高水平研究型大学，例如清华大学、浙江大学、华中科技大学等，致力于科研成果的转化，被不少学者视为具有学术创业典范的中国特色创业型大学。① 应用型大学不一定都属于创业型大学，但创业型大学一定属于应用型大学，而且是最为彻底的"应用型"。② 同时，虽然不少研究型大学在名称上体现出综合性，但在学科发展重点领域体现出行业特色研究型大学的基本特征。在本研究中，应用型大学包括行业特色研究型大学。③ 鉴于此，本研究选择一所具有行业特色且被学界誉为创业型大学的研究型大学（以下简称 B 大学或者 B 校），从经费收支结构的视角进行分析，既是为了把握这些高水平高层次应用型大学的建设现状，更是为了帮助那些从地方本科院校转型而来的应用型大学寻找"弯道超车"的差距与路标。根据 B 校编制的近三年"部门决算"以及相应的年鉴等资料，笔者绘制出表 4-3《B 大学 2014—2016 年收入情况》与表 4-4《B 大学2014—2016 年支出情况》。

表 4-3　　　　　　　　　B 大学 2014—2016 年收入情况　　　　　（单位：亿元）

年份		2014 年		2015 年		2016 年	
		收入	占比（%）	收入	占比（%）	收入	占比（%）
年总收入		109.0771	100	110.4898	100	123.4223	100
财政拨款收入	总收入	27.1346	24.88	30.7708	27.85	33.6768	27.29
	财政专项	9.9773		不详		13.4878	
上级补助收入		—		—		—	
事业收入	总收入	42.1169	38.61	44.5665	40.34	46.3512	37.55
	教育收费	12.6226		14.9406		13.7711	
	培训创收	6.5		7		8.12	
	成果转化	0.2324		0.2772		1.35	
	科研经费	31.21（10.07）		33.16（10.18）		35.18（13.03）	
经营收入		—		—		—	
附属单位上缴收入		0.2511	0.23	0.2055	0.19	0.2301	0.19

① 刘叶、邹晓东：《探寻创业型大学的"中国特色与演变路径"——基于国内三所研究型大学学术创业实践的考察》，《高等工程教育研究》2014 年第 3 期。

② 付八军：《创业型大学是最为彻底的"应用型"》，《中国教育报》2016 年 8 月 15 日。

③ 付八军：《学以致用：应用型大学的灵魂》，《教育发展研究》2016 年第 19 期。

续表

年份		2014 年		2015 年		2016 年	
		收入	占比（%）	收入	占比（%）	收入	占比（%）
其他收入	总收入	39.5745	36.28	34.9470	31.63	43.1642	34.97
	捐赠收入	0.2493		0.2137		0.9963	

说明：

1. 本表主要根据 B 校相应年份的《B 校××年部门决算》以及年鉴等文献整理而成。

2. 财政拨款收入是指高等学校当年从同级财政部门取得的各类财政拨款，包括财政教育拨款、财政科研拨款和财政其他拨款。

3. 事业收入指高等学校开展教学、科研及其辅助活动取得的收入，包括教育事业收入和科研事业收入。教育事业收入主要包括高校学费、住宿费、培养费、培训费和考试考务费；科研事业收入主要包括除教育部财政科研拨款以外的中央和地方科研经费拨款，以及通过承接科研项目、开展科研协作、转化科技成果、进行科技咨询等取得的收入。

4. 在"事业收入"栏目中的"科研经费"，部分还包括财政拨款收入部分的财政科研拨款。同时，括号里的数字属于横向项目收入。因此，在本栏目，各具体项目不全是"事业收入"的子项目。

5. 经营收入是指高等学校在教学、科研活动及其辅助活动之外开展非独立核算经营活动取得的收入。

6. 附属单位上缴收入是指高等学校附属单位按照有关规定上缴的收入。

7. 其他收入指高等学校取得的除上述收入以外的各项收入，主要包括投资收益、捐赠收入、租金收入、银行存款利息收入、现金盘盈收入和存货盘盈利收入等。

8. A 校每年捐赠收入在某些文献上有数亿，该表数据则是 A 校每年实际到账的捐赠收入。

9. 各单项收入之和以及各单项的比例之和，有时会分别与总收入及各比例之和略有出入。主要原因在于，经费收入零头的去尾法以及百分比的四舍五入法，都会导致单项之和与总数不等。

表 4-4　　　　　　　　B 大学 2014—2016 年支出情况　　　　（单位：亿元）

年份	2014 年		2015 年		2016 年	
	支出	占比（%）	支出	占比（%）	支出	占比（%）
工资福利支出	13.1488	18.54	15.1866	18.34	20.5358	22.82
商品与服务支出	37.1060	52.31	41.4526	50.07	41.0858	45.66
对个人和家庭的补助	12.9069	18.20	15.4261	18.63	16.3976	18.22
基本建设支出	0.4004	0.56	0.6230	0.75	0.2931	0.326
其他资本性支出	7.3665	10.39	10.1092	12.21	11.6636	12.96
支出合计	70.9286	100	82.7975	100	89.9759	100

续表

年份	2014 年		2015 年		2016 年	
	支出	占比（%）	支出	占比（%）	支出	占比（%）
结余分配	39.2113		26.2576		26.6381	
年末结转和结余	46.2805		47.6605		54.4528	

说明：

1. 本表主要根据 B 校相应年份的年鉴以及《B 校××年部门决算》等文献整理而成。

2. 各单项支出之和以及各单项的比例之和，有时会分别与总支出及各比例之和略有出入。主要原因在于，经费支出零头的去尾法以及百分比的四舍五入法，都会导致单项之和与总数不等。

通过对表 4-3 与表 4-4 的分析，我们至少可以获得以下几个方面的信息。

其一，B 校办学存在大量结余且历年结余资金不断增加，显示出雄厚的经济实力。从表 4-3 与表 4-4 可以看出，B 校不仅每年收入逾百亿，而且历年有结余。2014 年，B 校收入 109.0771 亿元，支出 70.9286 亿元，剩余 38.1485 亿元，在完成结余分配之后，年末结转和结余仍有 46.2805 亿元；2015 年，B 校收入 110.4898 亿元，支出 82.7975 亿元，剩余 27.6923 亿元，在完成结余分配之后，年末结转和结余仍有 47.6605 亿元；2016 年，B 校收入 123.4223 亿元，支出 89.9759 亿元，剩余 33.4464 亿元，在完成结余分配之后，年末结转和结余仍有 54.4528 亿元。可见，B 校不仅历年收入增长快，年均增长 7.1726 亿元［（123.4223 亿元-109.0771 亿元）/2］，而且历年富有结余，年末结转和结余年增长 4.0862 亿元［（54.4528 亿元-46.2805 亿元）/2］，大体相当于国内一所地方本科院校全年的收入。

其二，B 校的财政拨款额没有超过全年收入的 30%，形成了多元化经费来源渠道。伯顿·克拉克再三强调，如果要走上自力更生的道路，那么大学就不能过度依赖政府，那是因为，"国家的利益和受命进行的工作太多；它的支持，按学生人数计算，在 20 年内已经下降 50%"[①]。在政府资助高校的整体水平不断下降的背景下，无论作为过去的"211"、"985"

---

① ［美］伯顿·克拉克：《大学的持续变革：创业型大学新案例和新概念》，王承绪译，人民教育出版社 2008 年版，第 14 页。

工程大学，还是当前的"双一流"重点建设高校，B校获得的政府资助却在不断增加。然而，在这种情况下，B校的政府核心资助比例每年仍然控制在30%以内。从B校的收入结构来看，主要分成三大块：财政拨款收入（含财政专项）、事业收入与其他收入。如果说财政拨款收入属于B校的政府核心资助，那么，事业收入与其他收入则属于B校"挣得的收入"[①]。同时，附属单位上缴收入虽然占比不高，但也属于"挣得的收入"。从2014年至2016年，B校"挣得的收入"占比依次为75.12%（38.61%+0.23%+36.28%）、72.16%（40.34%+0.19%+31.63%）、72.71%（37.55%+0.19%+34.97%），历年均超过70%，多元筹措办学经费的局面已经形成，自力更生的自我发展能力得到显现。"美国高等教育的实力很大程度上得益于其经费渠道的多元化。"[②] 本研究特别关注的另一个现象是，在"挣得的收入"构成中，培训创收、成果转化、横向收入、社会捐赠等增长都较快，这些都是评判一所大学自力更生的能力水平与发展程度的关键指标。例如，从2014年至2016年，成果转化年均增长0.5588亿元〔（1.35亿-0.2324亿元）/2〕，年均增长率240.45%。

其三，B校工资福利支出占比低于全年支出的30%，体现了可持续性的发展后劲。恩格尔系数的计算公式为：食物支出金额÷总支出金额×100%=恩格尔系数。目前，在高等教育领域尚未形成专门的恩格尔系数，以此来反映高校的经费收支结构是否合理以及该所高校的富裕程度。但是，既然最初通过一个家庭购买食物的支出比例来体现家庭富裕程度的恩格尔系数，可以推而广之运用于国家富裕程度的评判，那么，高等教育领域同样可以应用恩格尔系数来反映一所大学的富裕程度。研究表明，恩格尔系数达59%以上为贫困，50%—59%为温饱，40%—50%为小康，30%—40%为富裕，低于30%为最富裕。[③] 从2014年至2016年，B校工资福利支出占比依次为18.54%、18.34%、22.82%，均低于30%。按照恩格尔系数的标准值，B校成为最富裕的大学。在表4-4中，如果我们再

---

① ［美］伯顿·克拉克：《大学的持续变革：创业型大学新案例和新概念》，王承绪译，人民教育出版社2008年版，第4页。

② ［美］韦斯布罗德、巴卢、阿希：《使命与财富：理解大学》，洪成文、燕凌译，学苑出版社2016年版，第263页。

③ 张祖群：《从恩格尔系数到旅游恩格尔系数：述评与应用》，《中国软科学》2011年第S2期。

将 B 校"对个人和家庭的补助"纳入，从 2014 年至 2016 年，B 校教职工人员支出占比依次为 36.74%（18.54%＋18.20%）、36.97%（18.34%＋18.63%）、41.04%（22.82%＋18.22%），三年平均为 38.25%，低于40%，属于富裕的大学。富裕的大学与富裕的家庭、富裕的国家一样，走出了为温饱而奋斗的生存阶段，能够拿出大量的财物来投资发展性项目，体现了可持续性的发展后劲。

三　两类基于不同起点应用型大学经费收支结构的比较与思考

曾担任过美国卡内基促进教学基金会（Carnegie Foundation for the Advancement of Teaching）主席的博耶（Ernest L. Boyer）指出："管理一所大学，不再只是张罗内部事务而已，它已经变成无穷无尽灵活周转财政的努力。今日大学校长的成功是根据他们能否使收支平衡来决定的。"[1] 从前面对 A、B 单个学校的收支结构分析来看，两所发展阶段与社会声誉不一样的大学，都在外部特征上体现出了博耶所说的收支平衡，说明学校正处在良性的健康发展进程中。但是，如果再对两校的收支结构进行比较分析，我们会对中国普通本科院校之间的差距感到震惊。只要站在这个层面上来思考地方本科院校向应用型大学的发展之路，我们就会强烈感受到，如果没有雄厚的财力作为支撑，地方本科院校寄望通过应用转型而实现"弯道超车"的宏伟蓝图永远只能停留在口号上。在体制内尽可能争取政策，在体制外拓宽融资渠道，既应该作为一种手段，视为地方本科院校建设应用型大学的必然路径，更应该作为一种目标，成为地方本科院校建设应用型大学的不懈追求。理由在于，地方本科院校转型与发展过程中"所遇到的众多问题都可以从经费不足中找到原因"[2]；更重要的理由在于，每一种经费渠道都有其负面效应，但是我们不能放弃的一条真理就是"没有收入，就没有使命"[3]。

① 赵曙明：《美国高等教育管理研究》，湖北教育出版社 1992 年版，第 268 页。

② 潘懋元、车如山：《做强地方本科院校的理论与实践研究》，高等教育出版社 2016 年版，第 74 页。

③ ［美］韦斯布罗德、巴卢、阿希：《使命与财富：理解大学》，洪成文、燕凌译，学苑出版社 2016 年版，第 264 页。

（一）从比较的结果来看，地方本科院校与国内一流的高水平研究型大学已经形成了贫富差距的巨大鸿沟

仅从自身进行纵向比较，我们更容易看到成绩，只有进行横向比较，才能发现自己发展的缓慢与现实的差距。地方本科院校是中国应用型大学建设的主体，当这些院校致力于一流应用型大学建设之际，国内行业特色研究型大学可以成为重要参照。然而，在比较这两类院校的收支结构之后，我们会发现两者已经成为贫富的两极。从总量来看，B校年收入超过100亿元，2016年123.4223亿元，而A校年收入尚未超过5亿元，2016年4.8334亿元；从增速来看，在同样的2014—2016年，B校年均增量7.1726亿元〔（123.4223亿-109.0771亿元）/2〕，而A校年均增量0.1331亿元〔（4.8334亿-4.5673亿元）/2〕。也许从总量与规模上比较，体现不出办学效益与发展层次。为此，本书以2016年为例，从人均角度进行对比分析。从教职工层面分析，2016年底，B校在职教职工8423人，全年收入123.4223亿元，人均146.53万元，而A校同期在职教职工2342人，全年收入4.8334亿元，人均20.64万元。从在读学生层面分析（暂不考虑不同学历层次学生的折换问题），2016年底，B校各类学生合计54999人，生均经费则为22.44万元，而A校同期各类学生24000人，生均经费则为2.01万元。再从恩格尔系数来看，B校教职工人员支出占比低于40%，属于富裕的大学；而A校教职工人员支出比远远超过贫困线59%，占了约70%，属于完完全全的贫困大学。可见，自新中国成立以来的六十多年时间内，在政府各种形式的重点大学建设推动下，再加上高等学校自身经营管理的差异化路径，我国公办普通本科院校已经出现了严重的贫富两极分化，并且进一步抑制了经济薄弱学校向高水平高层次应用型大学转型与发展。

（二）从比较的启示来看，基于地方本科院校起点的应用型大学务必将多元经费渠道作为办学第一要务

推动地方本科院校从传统学术型转向应用型，有不同的发展起点与改革路径，但是，在比较A、B两校收支结构之后，我们应该将多元筹措办学经费作为应用型大学建设的第一要务。可以说，能否筹措到充裕的办学经费，已经成为地方本科院校建设应用型大学的"一大关键"[①]。在美国

---

① 潘懋元、车如山：《做强地方本科院校的理论与实践研究》，高等教育出版社2016年版，第75页。

大学的收入结构中，学费、社会捐赠、企业向高校支付的服务费等非官方经济来源已经占到 48%；① 在前面的分析中，B 校"挣得的收入"历年均超过 70%；而 A 校对于政府资金的依赖程度已经接近 70%，非官方经济来源的主体也是不能再持续增长的学杂费。那么，地方本科院校如何在尽可能争取政府支持的同时，把经费筹措的战略重点由政府转向社会？哈佛大学现代化、制度化、专业化的经费筹措方式，成就了富可敌国的哈佛帝国，② 其成功的路径可以借鉴。在哈佛大学的收入结构中，政府拨款不可或缺、学费收入举足轻重、慈善捐赠是其生命之源、理财公司提供强大动力。③ 向来以保守著称的英国剑桥大学，为走出办学经费短缺的窘境，于 2003 年上任的副校长艾莉森（Alison Richard）很快成立"剑桥基金"，聘请专业人员管理，自己到处演说，甚至亲自给 18.5 万名校友写信，此举带来每年平均约 10% 的校友给母校捐款。④ 民国期间的北京大学同样面临办学经费短缺的困扰，为摆脱对政府财政投入的单纯依赖，蔡元培积极培植北大"自力救济"的能力，运用个人声誉筹措经费，寻找各种社会团体的资助。⑤ 确实，正如陶行知先生所言，"校长是一个学校的灵魂，要想评论一个学校，先要评论它的校长"⑥。对于向应用型大学迈进的地方本科院校，其校长的角色不是从"学者型、领导型和经理型三种类型"⑦中选一，而应该是三种角色的合一，其经理型校长的角色在今天变得越来越重要。美国大学校长最花时间的工作，不是具体的行政事务，更不是个人学术，而是筹资。至于到底采取什么样的市场化途径筹措办学经费，除了借鉴西方或者历史上中国高校筹措办学经费的经验外，不同的地方本科院校还应该结合国情校情因地制宜。例如，推动科研成果转化虽然是一条见效慢的策略，却是所有应用型大学追求的办学方向；对于有条件或者可

---

① 冯向东：《高等教育大众化的制度变迁与路径选择》，《高等教育研究》2004 年第 3 期。

② 胡娟、张伟：《哈佛大学资金来源、筹资模式及其启示》，《高等教育研究》2008 年第 5 期。

③ 徐来群：《"哈佛帝国"的建立——哈佛大学筹资研究》，《高教探索》2010 年第 2 期。

④ 卢荻秋：《大学筹资不能乱了方寸》，《教育与职业》2009 年第 2 期。

⑤ 薛国瑞、商丽浩：《校长筹资与大学权益诉求——以 20 世纪 20 年代的北京大学为考察中心》，《大学教育科学》2012 年第 6 期。

⑥ 陶行知：《陶行知全集》（第 1 卷），湖南教育出版社 1984 年版，第 473 页。

⑦ 代蕊华：《筹资者：大学校长新角色》，《高等教育研究》2000 年第 3 期。

以创造条件的应用型大学，要大力吸收企业资金,[①] 将"校企合作、产教融合"推向一个新的发展阶段，真正践行国务院办公厅《关于深化产教融合的若干意见》（国办发［2017］95 号）提出的"引企入教"的文件精神。

　　总之，地方本科院校建成一流的应用型大学，必须开创出一条市场化、专业化的融资之路。只有经济上的自力更生，才有办学上的自主发展。有了高校的自主发展，才有可能出现人们所期盼的高校"去行政化""去官化"，也才有可能实现"教授治校"。[②] 地方本科院校向应用型大学转向，只要能够在做好应用型人才培养与应用性成果转化的基础上，实现办学经费来源的多元化，降低对于政府的过度依赖，经过若干年的持续努力，最后有实力走上自力更生的道路，中国特色创业型大学也就自然实现了。

　　[①]　潘懋元、车如山:《做强地方本科院校的理论与实践研究》，高等教育出版社 2016 年版，第 76 页。

　　[②]　郭英剑:《大学与社会：郭英剑高等教育文集》，外语教学与研究出版社 2014 年版，第 475 页。

下篇　价值论

　　价值论（axiology）一词最早由法国哲学家拉皮埃（Paul Lapie，1869—1927）在《意志的逻辑》中提出，后由 E. 哈特曼做了系统的说明。① 不过，古今中外不同学者对于价值论的基本观点与研究范畴不尽一致。从中国理论界的主流思想来看，还是认为"价值是主体与客体的一种基本关系，是客体对主体所具有的意义。对于价值的追求是人类认识活动、实践活动的一般目的和最终动因"②，并在此基础上，确立了相应的价值论。③ 由此看来，中国语境下的价值论研究，主要关注对象事物的价值与选择主体的价值观。对象事物与确定的人之间形成的价值关系是客观的，正如马克思主义哲学所认为的，价值是"现实的人同满足其某种需要的客体的属性之间的一种关系，任何价值都有其客观的基础和源泉，具有客观性"④。价值观是人们基于价值关系的一种判断，具有主观性。如果人们能够正确认识对象事物的价值关系，那么由此所形成的价值观就是正确的，能够促进事物的发展；反之，则是偏颇的，不利于事物的发展。只有存在不以人的意志为转移的价值关系，人的价值观才能正确反映对象事物的价值关系，价值观研究才具有可能与意义。本篇关于创业型大学的价值论研究，正是从这两个方面出发，揭示创业型大学的历史使命并对创业型大学的未来予以展望。

---

　　① 参见冯契《哲学大辞典》（修订版），上海辞书出版社 2001 年版，第 620 页。

　　② 袁贵仁：《价值与认识》，《北京师范大学学报》（社会科学版）1985 年第 3 期。

　　③ 付八军：《高等教育属性论——教育政策对高等教育属性选择的新视角》，江西人民出版社 2008 年版，第 195—196 页。

　　④ 转引自冯契《哲学大辞典》（修订版），上海辞书出版社 2001 年版，第 621 页。

第五章　创业型大学的历史使命

价值是使命的前提与基础，使命是价值的概括与提升。没有价值，便无所谓使命；有了使命，自然存在价值。相较于价值而言，使命更体现了一种主动担当①与社会责任，反映了事物发展的必然性②与规律性。从历史使命的角度来分析创业型大学的存在价值，意味着我们不只是梳理创业型大学的价值之争，而且要揭示出创业型大学在特定历史时期的主动担当与社会责任，甚至从高等教育规律的高度推导出创业型大学诞生的必然性与必要性。遵循我们的认知逻辑，本章首先通过探寻世界高等教育演进的内在规律来揭示创业型大学诞生的必然性与必要性，其次再来梳理学界对于创业型大学存在价值的各种观点与争议，最后剖析中国建设创业型大学的时代意蕴。

第一节　世界高等教育演进的规律探寻

我们开展的高等教育研究，基于高等教育现象与问题，正是为了揭示高等教育规律。从而，所有的高等教育研究行为，都具有高等教育规律探寻的意义。只不过，有些规律具有普遍性、全局性与永恒性，可以称之为绝对性规律；有些规律则具有特殊性、局部性与阶段性，可以称之为相对性规律。相对性规律体现出战略、策略、路径与方法等操作性特征，最终还是要纳入到绝对性规律中去。例如，中国特色的高等教育理论体系乃至某所大学的发展战略目标定位等，都可以称之为相对性规律。对于这些规律探寻的主体来说，他们需要找到促进对象事物发展的更佳模式，而且也

---

① 习近平：《习近平谈历史使命》，《理论导报》2017 年第 5 期。

② 周远清：《高等教育的历史使命与科学发展》，《国家教育行政学院学报》2009 年第 12 期。

存在这样的发展模式。通过主体的不断努力与完善，最终依赖绝对性规律的引领。又如，中国高等教育体制改革的总体方向就是应该不断下放办学自主权，遵循《高等教育法》"面向社会，依法自主办学"的规定，首先实现中国特色的大学自治，① 美国高等教育体制改革的总体方向则是应该不断增强政府的宏观调控、规划与引领能力，最终中美高等教育的改革与发展都将在政治权力与学术权力相得益彰、相互促进的框架里进行，这个框架就是高等教育体制改革的绝对性规律。再如，一所地方本科院校的赶超之路，首先要寻找到且必定存在适合自身发展的定位、模式与路径，让学校快速发展起来，这个过程体现相对性规律的引领，当发展到一定程度，学校则必须思考世界一流大学形成与确立的规律，这个规律就是绝对性规律。当然，地方本科院校的觉醒之初，并不是无视绝对性规律的引领，只不过不同的发展阶段有不同的发展策略，首先需要因地制宜寻找初级阶段的崛起之路。除了学科专业特色之外，大学不存在高贵的类型划分，只存在水平或者层次的高低。所谓高等教育类型的多元化，只不过是掩人耳目的一种自我安慰，或者应对高等教育市场需求的一种生存状态。② 因此，从学理层面而言，高等教育规律的探寻主要基于绝对性规律。那么，高等教育的绝对性规律是什么呢？从不同的角度，可以形成不同的理论学说；依不同的学者，可以形成不同的理论见解。例如，伯顿·克拉克以国家权力、学术权力与市场权力作为分析高等教育运作模式、架构高等教育运行规律的三大要素；③ 被加州大学前校长克拉克·克尔（Clark Kerr）称之为"影响高等教育的对抗三角形"，将传统、平等、优秀作为大学价值定位与不断进取的三个要素；④ 荷兰学者范富格特对伯顿·克拉克的"协调三角形"理论予以发展，形成了"三角四块模式"

---

① 马陆亭：《大学变迁与组织模式应对》，《教育发展研究》2010 年第 9 期。

② 理论与实践是很难完全分离的，亦即笔者倡导的知行合一观。一流的实践，蕴藏一流的理论，只不过，有些实践者没有将理论付诸文字；反之，一流的理论，必定指引一流的实践，只不过，我们（包括研究者本人在内）或许尚未将之付诸实践。这就像一流的剑客拥有一流的"剑道"，一流的"剑道"者属于一流的剑客，两者是一个道理。对于正文中的这个观点，笔者另行撰文论述。

③ Burton R. Clark：*The Higher Education System*，University of California Press，1983：143.

④ ［美］克拉克·克尔：《高等教育不能回避历史——21 世纪的问题》，王承绪译，浙江教育出版社 2001 年版，第 50 页。

（大学、政府、市场、中介组织）;① 中国史静寰教授则将"知识""国家""社会""市场"作为影响高等教育发展的四大基本要素，提出了"四要素环绕互动型"的解释框架。② 又如，潘懋元先生在 20 世纪末就正式提出了高等教育的内外部关系规律，③ 并得到了一大批教育理论研究者与实践工作者的认同;④ 但同时也有学者认为，这种"内外部关系规律"在本质上是一种适应论，容易将高等教育引入发展的误区,⑤ 自然不能归之入绝对性规律。可见，探寻高等教育规律，没有确定的模式，也没有唯一的结论。本节从世界高等教育演进的历史视角，探寻高等教育改革与发展进程中的绝对性规律，进而由此来预测或者说断定创业型大学建设的必然性与必要性。

一　大学以高深学问作为服务产品从未发生过改变

从概念问世的顺序而言，"大学"要比"高等教育"早得多，"高等教育"这个术语最早出现在 19 世纪以来的一些文献中,⑥ 内涵也不尽一致。但是，"大学教育"与"高等教育""大学"与"高等教育机构""高等学校"存在通用的现象。因此，我们有必要来梳理一下"高等教育"内涵的嬗变。从历史角度来考察，"高等教育"这个概念在不同时期有不同的内涵，时至今日至少经历了三个发展阶段，或者称之为三个发展形态。中世纪大学属于高等教育的第一个发展形态，那时高等教育实施主体以"大学"作为学术组织，当前我们论及传统意义上的高等教育，在人们心目中还是以中世纪大学作为参照。自英国资产阶级革命以后，大学不再成为高等教育实施的唯一主体，各种专门学校、文理学院、理工学院、师范学院、具有教育职能的研究机构等纷纷设立，"高等教育"开始取代"大学教育"来统称这些教育机构的活动，此为"高等教育"的第

---

① ［荷］弗兰斯·F. 范富格特：《国际高等教育政策比较研究》，王承绪等译，浙江教育出版社 2001 年版，前言。

② 史静寰：《构建解释高等教育变迁的整体框架》，《清华大学教育研究》2006 年第 3 期。

③ 潘懋元：《教育的基本规律及其相互关系》，《高等教育研究》1988 年第 3 期。

④ 蔡克勇：《关于市场机制与高等教育规律》，《有色金属高教研究》1994 年第 4 期。

⑤ 展立新、陈学飞：《理性的视角：走出高等教育"适应论"的历史误区》，《北京大学教育评论》2013 年第 1 期。

⑥ 参见潘懋元《多学科观点的高等教育研究》，上海教育出版社 2001 年版，第 41 页。

二个发展形态。20 世纪以来尤其第二次世界大战以后，高等教育实施主体更加多样化，美国社区学院、中国的高等专科学校、日本的短期大学、英国的开放大学甚至老年人大学、"虚拟大学"等，都被纳入高等教育范畴，需要一个外延更宽广、内涵更丰富的概念取代"高等教育"。于是，20 世纪 70 年代以后，"中学后教育""第三级教育"的概念诞生了，成为"高等教育"的第三个发展形态。① 但是，无论处在哪个发展形态的高等教育，大学都是通过"学问"这个产品来服务学生、服务社会，这一点从未发生过改变。例如，从西方最古老的中世纪大学博洛尼亚大学到今天享有最广泛声誉的世界一流大学哈佛大学，从英国最早倡导设立的开放大学（The Open University）与中国独创的高等教育自学考试到今天颇具争议的创业型大学、无边界高等教育（The Borderless Higher Education）等，无一不是以学问作为活动的逻辑起点，无一不是以知识的流转作为基本特征。或许在许多人看来，这已经成为一个人人熟知的常识，无须从规律的角度来加以论述。然而，违背常识的事情不断发生。例如，大学是学府而不是官府，学问的"求真""探索"等品性要求大学是学堂而不是教堂，但全球仍有不少大学成了行政机关，被教师戏称为"衙门"②，以"求是"作为职责的大学教授们反而像神职人员一样停止探索、睁着眼睛"念经"。事实上，在许多时候能把常识做到极致往往能够成就不平凡。例如，蔡元培是中国近现代高等教育史上的一面旗帜与一座丰碑，他在北京大学的改革之所以取得成功并给中国高等教育留下永不褪色的精神财富，很大程度上正是他对"大学者，研究高深学问者"③ 的倡导、践行与落实。因此，"大学以高深学问作为服务产品"从未改变过，也永远不会过时，这正是对象事物绝对性规律的不变性体现。只不过，本书在此对该规律表达语句中的"高深"与"产品"两个词语需要做以下说明。

"高深"是一个相对性的概念，甚至只是体现高等教育总体特征的修饰性词语。包括中国在内的世界不少国家，教育主要分为初等教育、中等教育与高等教育三个层次。教育都是以"学问"作为产品，相对而言，

---

① ［英］邓特：《英国教育》，杭州大学教育系外国教育研究所译，浙江教育出版社 1987 年版，第 19 页。

② 朱九思：《开拓与改革》，华中科技大学出版社 2008 年版，第 81 页。

③ 中国蔡元培研究会：《蔡元培全集》（第 3 卷），浙江教育出版社 1997 年版，第 8 页。

高等教育自然以"高深学问"作为产品。事实上，对此学界主流观点基本遵循这种界说，而且在广泛地应用这种观点。例如，有文指出："古老的大学是探讨和传承高深学问的场所。既然是高深学问，必然是少数人才有资格从事的活动，高教是一种特权，关注的是塑造社会精英阶层的能力和人格。"① 作为中国高等教育学科的主要创始人之一，潘懋元先生更是明确地提出高等教育具有两个显著的特点："高"与"专"。② 但是，也有少数学者认为"高深性"不能成为概述高等教育基本特征的关键词。例如，有文指出："一般地，我们将高深性和专业性视为现代高等教育两大本质特征，但实际上，高深性已不复成为本质特征。"③ 确实，正如前所述，第三级教育、中学后教育语境下的高等教育，已经包括了多种层次、类型与形式的教育，有些教育的学术水平已经不可能再与人们观念中的"高深学问"同日而语。从而，采用"高深"来形容高等教育的学术水平，更多的是从相对于初等教育、中等教育的层次性角度而言，同时，从占主体尤其研究生教育层次的高等教育活动来看，以"高深学问"作为大学产品的称呼是具有现实性与合理性的。

　　"产品"是一个中性词，将高等教育的"高深学问"称之为产品，绝不意味着高等教育活动变成了一种纯粹的商业活动。任何一个组织要在社会中存在与发展，都有自己的产品；任何一个组织要在社会中永远存在下去，就必须拥有自己独特的且社会需要的产品。"高深学问"就是这样的一种产品，每一个时代都有一些相对高深的学问，需要人类去整理、传承乃至创新，从而大学得以延续与发展。正如哈佛大学前校长普西（N. K. Pusey）教授所言："每一个较大规模的现代社会，无论它的政治经济或宗教制度是什么类型的，都需要建立一个机构来传递深奥的知识，分析批判现存的知识，并探索新的学问领域。换言之，凡是需要人们进行理智分析、鉴别、阐述或关注的地方，那里就会有大学。"④ 不过，学界尚

---

①　马陆亭：《大学变迁与组织模式应对》，《教育发展研究》2010 年第 9 期。

②　潘懋元：《潘懋元论高等教育》，福建教育出版社 2000 年版，第 27 页。

③　贾永堂：《高等教育本质的历史考察》，《辽宁高等教育研究》1995 年第 2 期。

④　［美］约翰·S. 布鲁贝克：《高等教育哲学》，王承绪等译，浙江教育出版社 1987 年版，第 12 页。

未出现将高深学问视为高等教育产品的权威论述，① 倒有不少著述将"毕业生"或者作为教育产品效用的劳动能力视为大学的产品。② 应该说，若要从绝对性规律的角度来提炼大学的产品，那么其产品只能是学问，而不是"人"。无论从中世纪大学尤其被称为"学生型大学"的博洛尼亚大学来看，还是从当前商业化取向较为明显的营利性大学以及以选课制作为基本特征的网络大学来看，大学的产品都不可能是"人"，而是作为高等教育服务③内容的高深学问。如果将"学生"作为产品生产的对象，那么我们的高等教育就变成了理论界强烈反对的"模型化教育""泥塑教育"，既不能概括古今中外一切高等教育的基本特征，也不利于学问的增进与人才的培养。只有在中国过去的计划经济条件下、军国主义推行的奴化教育条件下等，以"毕业生"作为大学产品的逻辑推断才具有解释力。在现代高等教育背景下，学生是产品选择与接受的主体，我们都不能因为高等教育产品的特殊性而否定"人"是其产品的消费者与评价者。

二　大学以人才培养作为基本目标从未发生过改变

20 世纪中期，美国学者克拉克·克尔的统计表明，"西方世界在 1520 年建立的机构中大约有 85 所仍然存在，有可以辨认的形式，有类似的功能，有不间断的历史……其中 70 所属于大学"④。美国工程院院士及前任主席诺曼·奥古斯丁（Norman R. Augustine）曾经指出："能够存在数百年的组织——无论任何类型——并不太多；其中主要的组织是大学。人们

---

① 厉以宁：《关于教育产品的性质和对教育的经营》，《教育发展研究》1999 年第 10 期。厉先生认为，教育的产品是教育服务，只不过，教育产品的性质可分三种：公共产品、准公共产品与私人产品。

② 张有声：《从供给侧改革本科专业人才培养思路》，《中国高等教育》2016 年第 1 期。该文认为，"教育是培养人的过程，是通过人把教育的成果固化到人的身上。把教育服务当成教育产品会削弱教育的市场意识和质量意识。因为，服务质量如何，是要通过服务的目标来检验的。因此，教育的产品不是教育服务，而是人接受教育后变化的劳动能力，即劳动力。马克思关于'教育会生产劳动能力'的论断，为我们正确理解教育产品奠定了基础"。应该说，马克思的这种论断，并不表明其将劳动能力视为教育的产品；同时，将学生的劳动能力视为教育产品，误将教育产品效用当成了教育产品本身。

③ 马健生：《试论高等教育产品》，《教育与经济》2002 年第 1 期。

④ ［美］克拉克·克尔：《大学之用》，高铦、高戈、汐汐译，北京大学出版社 2008 年版，第 86 页。

还注意到，大学延续时间如此之长却变化最少。"① "西方有学者调侃说，一个 15 世纪的人今天醒过来，发现世界什么都变了，唯有教堂和学校没有变，他还认识。"② "在过去的一千年中，大学是欧洲唯一的一种基本形式、基本社会作用和功能都保持不变的机构。"③ 诸如此类的各种评说，既能从反面揭示大学的变化缓慢，但更多地表明大学基业长青，有着比其他社会组织更持久的生命力。大学能够长盛不衰，其内在原因在哪？笔者认为，至少有这么两点，并且都与人才培养有关。其一，社会对大学的永久需求。高等教育不仅具有社会功能，而且还具有育人功能，任何一个正常的社会都不会放弃对于高等教育功能的利用。同时，高等教育的社会功能，主要通过其育人功能得以实现。④ 例如，高等教育的政治功能、经济功能、文化功能等，无不以培养相应的人才作为功能实现的基本路径，否则，这样的学术机构也就不是真正意义上的大学。在信息时代，大学作为知识信息电流的"发电机"（Engine of Development），⑤ 同样要以培养与造就数以千万计的高级专业人才得以运转。可见，大学是社会不可或缺的社会组织，人才培养是大学使命的集中体现。只不过，不同时代的大学，在人才培养上会有着不同的内容与形式。也就是说，高等教育的育人功能，是"变"与"不变"的统一。"变"的是人才培养的内容与形式，"不变"的则是作为大学特性及基本目标的人才培养。其二，大学对人才的选择效应。社会对某种组织存在永久的需求，这种组织就会长盛不衰，这是教堂、学校等许多组织生命力旺盛的共同因素。除此以外，大学基业长青的另一个重要因素则是其人才的选拔与评价作用，让社会将优秀人才与优秀大学连同在一起。无论宽进严出的法国高等教育还是严进宽出的中国高等教育，都体现了大学对人才的选择效应，被录入或者毕业于一所优秀大学，就意味着成为一个优秀的人才，没有任何一种人才筛选机制有比

① 转引自［美］查尔斯·维特斯《麻省理工学院如何追求卓越》，蓝劲松主译，北京大学出版社 2013 年版，前言第 7 页。

② 转引自顾明远《中国教育路在何方》，人民教育出版社 2016 年版 2017 年重印，第 40 页。

③ ［瑞士］吕埃格：《欧洲大学史》（第一卷），张斌贤等译，河北大学出版社 2008 年版，第 2 页。

④ 付八军：《高等教育属性论——教育政策对高等教育属性选择的新视角》，江西人民出版社 2008 年版，第 81 页。

⑤ 闵维方：《21 世纪的信息经济与大学的作用》，《教育与经济》1995 年第 3 期。

这种方式更具经济性、广泛性与有效性。这样的一所大学，哪怕什么也没做，仍然会人才辈出。从学理角度而言，我们确实应该强化学校的育人功能，淡化学校的选拔功能，[①] 尤其要打破"人才＝分数"[②] 的认知惯性。但是，优质的高等教育资源总是有限的，从而求学者之间的竞争难以避免；优质高等教育资源发挥最大效应确实有赖于优质的生源，从而优秀大学对生源的选择也合乎理性。这就可以想象，把每个时期的精英集中在一个组织，让他们在那里留下共同的足迹并由此走向社会，这样的组织不可能不兴旺发达。循环往复，最后演变成一种马太效应，进一步强化了高等教育有形与无形的人才选拔功能。

　　以上分析从另一个角度表明，大学以人才培养作为基本目标，这是大学能够穿越历史迷雾依然熠熠生辉的根本原因。但是，如果从绝对性规律的角度来看待，那么我们还必须论述大学以人才培养作为基本目标为什么从未改变。一旦探讨这个问题，似乎又演化为对于大学常识的追问。确实，从中世纪大学诞生开始，大学就是以培养人才作为天职，在19世纪之前，"教学育人"还属于大学唯一的职能。时至今日，没有任何一所正常的大学没有人才培养的活动。甚至可以说，不培养人才的大学称不上真正意义的大学。学者们甚至认识到，"大学的中心工作只有一个，那就是人才培养"[③]。眭依凡教授进一步总结指出："对组织机构而言，所谓中心即核心、立身之根本。故大凡组织只有一个中心任务，其余工作均围绕中心任务而展开，是为中心任务的完成而服务的。……其中心任务只有一个，就是培养人即育人。教学也罢，科研也罢，都是围绕着育人这一中心任务。"[④] 高校的实践者们也认识到，"始终坚持将人才培养质量作为衡量

---

① 徐梓、王炳照：《论传统学校教育与人才选拔的关系》，《湖北招生考试》2007年第8期。该文研究指出，我国历史上学校教育与人才选拔的关系，可以分为三个阶段：隋朝以前，两者各自走着一条互不交叉的平行线路；隋唐五代时期，两者相须相资，相互依辅，结伴而行；宋元明清时期，两者结成了过于紧密的关系，学校成为科举制度的附庸，失却了培养和造就人才的功能。

② 李辉、袁桂林：《大学人才选拔机制的转变》，《国家教育行政学院学报》2014年第3期。

③ 闫爱敏：《培养人才是大学的中心工作——兼对大学教学和科研中心论提出质疑》，《现代教育科学》2005年第7期。

④ 眭依凡：《大学校长的教育理念与治校》，人民教育出版社2006年版，第159页。

办学水平的第一标准，把提高本科人才培养质量作为学校内涵式发展的第一要务，把提高人才培养质量的贡献度作为评价各项工作的首要指标"①。可是，人才培养没有成为当前中国大学的中心，更不用说唯一的中心。刘铁芳教授说得很好，"由于大学教学和科研并没有成为大学真正的中心，大学的教学和科研实际上只是为了实现统计表上作为大学发展政绩的数字，大学的教授们不过是扮演着填充这种数字的符号和工具"②。在建设创业型大学的背景下，我们更要警惕育人中心的旁落与疏忽。因此，本书在此强调"大学以人才培养作为基本目标从未发生改变"，不只是为了提炼出一条绝对性规律，同时还具有对于高等教育尤其创业型大学建设的预警作用。

三　大学以社会需求作为办学起点从未发生过改变

长期以来，人们总是以为古老的大学都是远离社会需求、与社会保持一定距离的"象牙塔"（Ivory tower）。③ 对于这个观点，在坚持传统大学理念的高等教育专业研究者那里表现更加强烈，甚至主张重塑大学象牙塔理念，让学者们重新回到想象中的"象牙塔"。④ 应该说，自中世纪大学诞生以来，大学就一直根植在相应社会的土壤中，从来没有与社会分离过。如果要说明大学与相应社会的关系，我们用鱼与水来形容一点也不为过。只不过，不同的时代，有不同的需求。不同的社会形态有着不同的人才需求，从而大学提供不同的教育服务。特定历史时期最好的大学，一定是那个时代最需要的大学。对此，我们可以从高等教育历史中找到依据。正如英国兰开斯特大学（Lancaster University）哈罗德·珀金（Harold J. Perkin）教授指出的："一个人如果不理解过去不同时代和地点存在过

---

① 华小洋、蒋胜永、朱志勇：《试论应用型人才培养体系的建构》，《高等工程教育研究》2017 年第 6 期。

② 刘铁芳：《大学的中心在哪里》，《书屋》2004 年第 7 期。

③ 杜江月、施胜男：《大众化背景下大学"象牙塔"精神的价值》，《文教资料》2014 年第 7 期。

④ 吴方、杜学元：《重塑象牙塔理念——读〈走出象牙塔——现代大学的社会责任〉》，《长春工业大学学报》（高教研究版）2010 年第 2 期。

的大学概念，他就不能真正理解现代大学。"① 在高等教育的第一个发展
阶段，作为最古老的两所中世纪大学，意大利的博洛尼亚大学与萨莱尔诺
大学（University of Salerno）从来没有远离社会，正是根据社会需求建立
起来的。博洛尼亚大学的前身属于一所法律学校，萨莱尔诺大学在 12 世
纪时成为欧洲医学人才培养的中心。随后诞生的巴黎大学，设置了文学、
医学、法律和神学四个学部，成为中世纪学科设置最完整的大学之一。诞
生于中世纪的牛津大学与剑桥大学，在办学取向上存在区别，但因具有太
多的共性被学界合称为"牛桥"（Oxbridge）。在相当长的时间内，"牛
桥"凭借其在英国高等教育中的垄断地位，从社会获取了充裕的办学资
源，培养的各种人才也符合社会的需求。但是，当英国成为一个现代工业
社会的 19 世纪之际，"牛桥"依然沉浸在基督教绅士的自由教育中，离
现实的英国越来越远，一直不愿与时俱进，最后导致"牛桥"的近两个
世纪的衰败。② 在不断的政治干预以及新大学的激励下，"牛桥"逐渐走
向现代化，适应相应社会的需求，开始走向复苏。"牛桥"的兴衰史，证
明了大学是社会机体的细胞，不能适应并服务相应的社会，其命运只能是
衰落甚至消亡。以上分析可知，"大学在中世纪从来就不是与世隔绝的机
构，它培养社会所需要的各类人才。从一产生开始，大学就被作为满足社
会对职业、牧师和管理等方面的需要的机构"③。到了第二、第三个发展
阶段，高等教育的应用取向特征就更加明显了，"象牙塔已被现代社会击
得粉碎，无论沉迷于过去的人文学者怎样哀号，都江水东去了"④。在这
个过程中，尽管有一些淡化专业教育、淡化应用取向、过于强化通识教育
的高等教育改革经典案例，例如耶鲁学院 1828 年发布的耶鲁报告主张在
四年本科教育不针对任何一种专业，芝加哥大学校长赫钦斯（Robert
Hutchins）于 20 世纪 30 年代推行了彻底的通识教育运动，但是，这些改
革往往难以推而广之，并且很快被以应用取向的专业教育所取代。史实与
现实均表明：有什么样的社会，就有什么样的大学；大学从来不是孤立

---

① ［美］伯顿·克拉克：《高等教育新论：多学科的研究》，王承绪等译，浙江教育出版社
1988 年版，第 49 页。
② 叶赋桂、陈超群、吴剑平等：《大学的兴衰》，清华大学出版社 2016 年版，第 8—9 页。
③ 贺国庆：《欧洲中世纪大学》，人民教育出版社 2009 年版，第 230 页。
④ 叶赋桂、陈超群、吴剑平等：《大学的兴衰》，清华大学出版社 2016 年版，第 30 页。

的，与世隔绝的大学从来都是不存在的。

办得风生水起的大学必然植根于相应社会的需求，不可能成为远离社会的孤岛。这个结论不仅可以从以上史论中获得事实依据，而且让其成为一条绝对性规律还具有学理基础。如前所述，大学独特的产品是以知识形态存在的"高深学问"，在知识的梳理、创造与传承过程中，大学并没有直接创造物质资源。然而，就像一个人生存下来必须拥有生活资源一样，一所大学的存在与发展同样需要物质资源。显然，只有政府、学习方以及社会其他主体，才能为大学源源不断地提供物质资源。一所不为当时社会所需要的大学，自然无法从社会获得相应资源。那种"躲进小楼成一统"的自我发展模式，最终会因其合法性、合理性的丧失而难逃孤立无援的困境乃至自生自灭的绝境。[1] 中世纪大学竞相获得教会或者皇室的资助，是因为大学能够满足各自相应的需求。在知识经济时代，不再扮演慈善形象角色的创业型大学，凭借自身独特的学术资本从社会主动获取办学资源，更需要展现学以致用的教育理念，谋求大学与社会的互动与共舞。可以说，创业型大学能否拥有自力更生的能力，正是取决于大学能否满足社会的需求，从而与社会交换更多的物质资源，最终反哺人才培养与科学研究，不断提升学校的学术声誉。这种逻辑推理，其实与潘懋元先生提出"教育的外部规律制约着教育的内部规律"[2] 是一个道理，与马陆亭教授指出的"大学已不可能隔绝于社会而独立存在，学术自由不是没有任何约束"[3] 也是一个道理。也许有人会认为，大学不应该被动地适应社会，而应该引领社会。在这些学者们看来，"是大学改变社会，而不是社会改变大学！这就是大学存在的意义和价值"[4]。毫无疑问，大学可以也应该创造需求，引领社会，但这种创造需求无非就是将潜在的社会需求推出水面，变成现实的社会需求，本质上都是植根于社会的需求。否则，大学就成为孤岛，最终被人遗忘。这种创造需求与满足需求一点也不矛盾，都是基于社会需求的价值指向，都遵循大学依存社会、服务社会的运行逻辑。

---

① 周元宽：《改革开放以来中国高等教育变迁的主题变奏与时代特征》，《北京大学教育评论》2012 年第 4 期。

② 潘懋元等：《新编高等教育学》，北京师范大学出版社 1999 年版，第 14 页。

③ 马陆亭：《大学变迁与组织模式应对》，《教育发展研究》2010 年第 9 期。

④ 郭英剑：《大学与社会：郭英剑高等教育文集》，外语教学与研究出版社 2014 年版，第 7 页。

20 世纪末，12 个国家 22 所大学的教育界人士在美国研讨得出一个结论：改变大学最重要的力量来自外界，即"社会需求"或者说"市场力量"改变了大学。① 同时，为本观点提供理论依据的另外一点特别值得一提，那就是我们对于美国布鲁贝克（John S. Brubacher）经典著作《高等教育哲学》的解读。该书在国内被广大高等教育专业研究者当成教材研读，但普遍停留在认识论与政治论二元高等教育哲学观的认识上。史静寰教授认为，该书其实提出了"三基础说"：认识论基础、政治论基础、实用主义基础。② 可见，实用主义、满足需求、应用价值等从来都是大学诞生与发展的一条隐线，也是一条主线。只不过，不同的时代有不同的实用、不同的需求、不同的应用，不同的大学满足社会不同的实用、不同的需求与不同的应用。正如德里克·博克（Derek Bok）校长在哈佛大学 350 周年校庆演讲时所言，"大学的职责是为养育自己的社会服务的"③。

四 大学以办学经费作为第一资源从未发生过改变

理念、管理、师资、生源等都是影响大学发展的重要因素，甚至从某个角度可以将单个因素视为第一影响因素。例如，周远清先生将理念转变作为教育改革的逻辑起点，提出了"开放是前提，改革是关键，质量是中心，理念是先导"④。眭依凡教授认为，"大学竞争的核心是制度的竞争，没有合乎高等教育规律的制度作保证，大学即便一时拥有雄厚的人财物资源，也不能成为有质量的好大学"⑤。笔者在研究大学教师培养与成长的过程中总结性指出："办大学，就是抓师资。作为一所大学的领导，你能吸纳并稳定一批优秀教师，你就能办好这所大学。你想办一所什么样的大学，你就要选择并培育好什么样的教师；你能不能办好这所大学，就看你能否稳定并充分利用这些教师。"⑥ 放眼全球，世界上最好的大学吸引了最优秀的生源，最优秀的生源去了最好的大学。哈佛大学第 23 任校

---

① 陈乐群：《美国大学的企业经营取向》，《世界教育信息》1995 年第 4 期。

② 史静寰：《构建解释高等教育变迁的整体框架》，《清华大学教育研究》2006 年第 3 期。

③ 叶赋桂、陈超群、吴剑平等：《大学的兴衰》，清华大学出版社 2016 年版，第 271 页。

④ 周远清：《高等教育的历史使命与科学发展》，《国家教育行政学院学报》2009 年第 12 期。

⑤ 眭依凡：《大学校长：最应该做什么》，《科学中国人》2005 年第 7 期。

⑥ 付八军：《大学教师的培养与成长》，中国社会科学出版社 2010 年版，第 268 页。

长科南特（J. R. Conant）的箴言广为人知，"大学的荣誉，不在它的校舍和人数，而在于它一代又一代人的质量"。可见，以上每一个因素都非常重要，缺一不可。但是，在分析大学的兴衰历史尤其眼前大学的发展差距之后，笔者觉得办学经费才是大学的第一资源。这个结论不仅可以从世界高等教育变迁史中找到证据，而且可以从一个国家的高等教育发展中找到证据。

在世界高等教育的历史演变中，从中世纪至今已经发生过四次较为显著的高等教育中心确立与转移，其背后大都是经济力量支持的结果，体现了经济中心与高教中心的合一性。例如，从 11 世纪到 15 世纪，意大利成为世界的经济中心之一，中世纪最早的两所大学首先在意大利诞生。而且"在 13—14 世纪期间，意大利设立大学 18 所，为欧洲之最和世界之最，吸引了大批欧洲学子前来学习"①。16 世纪，欧洲贸易中心逐渐由地中海向大西洋沿岸转移。17 世纪，英国率先完成工业革命。到了 18—19 世纪，英国已经成为世界的经济中心，被誉为"世界工厂"。与此同时，"牛桥"成为那个时代最为耀眼的高教之星，英国也成了世界高等教育中心。不过，保守孤傲的"牛桥"未能与英国的社会同步发展，致使其逐渐衰落下来。19 世纪上半叶，德国一批大学在柏林大学确立"研究与教学相统一"新理念的引领下开展了广泛的改革，实现了世界高等教育中心从英国逐渐向德国的转移。19 世纪，大批包括美国在内的世界各地学子赴德求学。中国在清朝末年时期的学制改革虽然是以日本作为蓝图，其实这都是日本早年从德国借鉴过来的教育制度。德国在成为世界经济中心之前率先建成世界高教中心，并没有违背经济中心与高教中心的合一性。那是因为，在 19 世纪德国虽然没有成为欧洲的经济中心，却是一个欣欣向荣的国家，否则德国不可能在 1913 年之际，成为工业总产值超过英国、成为仅次于美国的世界工业强国。1894 年，美国工业总产值跃居世界第一位，世界经济中心从英国转移到美国。尤其在第二次世界大战以后，美国世界经济中心的地位更加牢固。随后，美国成为世界上最大的高等教育服务出口国和高等教育资源输入国，拥有世界上最多的世界一流大学和诺

---

① 迟景明：《科学中心转移与高等教育中心转移之间的关系》，《教育科学》2003 年第 6 期。

贝尔奖得主，摘取了世界高等教育大国和强国的桂冠。① 世界高等教育变迁的历史告诉我们，一个国家高等教育的辉煌首先是以经济实力作为基础的，在世界第一经济方阵的国家不一定拥有世界第一方阵的大学，但要让一个国家的大学进入世界第一方阵则必须首先让这个国家的经济进入世界第一方阵。近年来，中国 GDP 总量已经排名全球第二，随着中国经济实力的不断提升，必定有一批中国大学进入世界一流。但是，我们一定要知道，中国大学进入世界一流大学，不一定都是大学本身改革与发展的结果，在很大程度上是国家经济实力与国际地位提升的结果。作为一位研究高等教育且深居中国大学的专业工作者，笔者感觉近年中国大学没有实质意义上的进步，规模与数字的背后寻找不到育人的实效、科研的价值、大学的精神与从容的脚步。中国大学的世界排名在这种状况下不断往上蹿，则一定不是大学本身的进步与发展，而是国家综合实力的进步与发展。

2010 年 8 月 9 日，美国前总统奥巴马在德克萨斯大学奥斯汀分校（Univertsity of Texas at Austin）演讲时针对高等教育表达这样一个观点：21 世纪的教育其实是个经济问题。② 美国西北大学（Northwestern University）经济学教授伯顿·A. 韦斯布罗德（Burton A. Weisbrod）等学者指出："高等教育是大生意……（而且）一直以来就是一桩生意。"③ 国内一些学者进一步提出，"大学就像一个明星，有钱捧着就红，没钱养就淡出历史舞台"。④ 其实，这些观点不仅适用于世界范围内高等教育中心的转移，也同样适用一个国家内部高等教育格局的变化。例如，"先有哈佛，后有美国"的说法广泛流传，让许多人误以为哈佛大学（1636 年建校）是"美国的母校"。事实上，这一殊荣归之于威廉玛丽学院（College of William & Mary）。在美国建国（1776 年）之前，威廉玛丽学院是北美殖民地最为耀眼的明星大学，在整个美国高等教育史上拥有诸多"第一"。例如，该校的前身是美国历史上的第一所学院（1619 年）；成为美国第一所获得英国皇家特许状的大学（1693 年）；成为美国第一所拥有完

①　付八军：《高教中心与经济中心的合一与分离》，《现代教育管理》2009 年第 8 期。
②　转引自郭英剑《大学与社会：郭英剑高等教育文集》，外语教学与研究出版社 2014 年版，第 529 页。
③　Weisbrod et al.：*Mission and Money*，Cambridge University Press，2008，37.
④　叶赋桂、陈超群、吴剑平等：《大学的兴衰》，清华大学出版社 2016 年版，第 111 页。

整教职员工的大学（1729 年）；成为美国第一个将学院改为大学的学校
（1779 年）；等等。该校能够成为"美国的母校"，更重要的原因在于，
美国第一任总统乔治·华盛顿（George Washington）、第三任总统托马
斯·杰弗逊（Thomas Jefferson）、第五任总统詹姆士·门罗（James Mon-
roe）、第十位总统约翰·泰勒（John Tyler）以及本杰明·富兰克林
（Benjamin Franklin）、约翰·马歇尔（John Marshall）等一大批美国早期
杰出人才，均属于该校校友。但是，建国后，威廉玛丽学院却逐渐走向衰
落，长期为了生存而挣扎，直到 1906 年转为州立大学后才稍有起色。那
么，威廉玛丽学院在建国前为什么拥有如此的辉煌？其实原因很简单，那
就是办学资金的问题。建国前，该校有英国王室的惠赠，有弗吉尼亚殖民
地稳定的税收在支撑。① 当前美国那些最有声誉的世界一流大学，例如哈
佛大学、普林斯顿大学、耶鲁大学等，并不是因为它们的建校时间比其他
大学长，主要是因为比其他大学更加富裕。② 成立于 19 世纪中后期的麻
省理工学院、斯坦福大学等，尽管办学时间稍短，但由于能够通过各种途
径筹措大量办学经费，同样与哈佛大学等比肩跻身世界名校之列。"在这
里，科学绝对是一宗大买卖"③，当代科学史专家美威廉·克拉克
（William Clark）一语中的。至于中国大学的差距问题，本书在实践论第
四章比较分析了 A 校与 B 校的收支结构。从近来年收入总量来看，A 校 5
亿元左右，B 校 120 亿元左右；从教师或者在校生人均收入来看，两校同
样存在天壤之别。④ 由此我们可以强烈感受到，"大学的命运都是由钱决
定的……决定大学发展的关键因素就是金钱"⑤，中国大学的差距，最根
本的也还是在于办学经费的差距。解决了经费问题，其他问题都可以迎刃

① 叶赋桂、陈超群、吴剑平等：《大学的兴衰》，清华大学出版社 2016 年版，第 119 页。
② 参见叶赋桂、陈超群、吴剑平等《大学的兴衰》，清华大学出版社 2016 年版，第
119 页。
③ ［美］美威廉·克拉克：《象牙塔的变迁》，徐震宇译，商务印书馆 2013 年版，第
445 页。
④ 中国目前已经出现了许多大学排行榜，但尚未出现高校年收入、高校师均或者在校生均
年收入排行榜。如果将这些排行榜统计出来，再来对应其他各种大学排行榜，在分析调研的基础
上，不知能否获得重要启示或者寻找出某些规律。
⑤ 叶赋桂、陈超群、吴剑平等：《大学的兴衰》，清华大学出版社 2016 年版，第 119—
120 页。

而解。

通过以上分析，我们可以进一步提升与总结。高深学问、人才培养、社会需求、办学经费四大要素看似平淡无奇，却是大学不可或缺的四个关键要素，相互关联缺一不可，决定了大学改革与发展的基本骨架，其他要素都可以由此派生而来。这四大要素就像四根柱子，撑起大学的一片蓝天；这四大要素也像四个轮子，推动大学不断前进。这既是从世界高等教育演进的规律探寻中总结出来的基本观点，也可以将此作为高等教育绝对性规律用来指导高等教育实践。根据本书本体论部分关于创业型大学内涵的研究，创业型大学正是基于这四大关键要素来运行。例如，创业型大学以"学术资本转化"作为其组织特性，自然要以高深学问作为办学的逻辑起点，否则就不能成为名副其实的大学；创业型大学以培养创造性人才作为内部着力点，以实现成果转化作为外部着力点，前者坚持了第二大关键要素"人才培养"，后者对接了第三大要素"社会需求"，甚至在为第四大要素"办学经费"努力；"自力更生"四字是对创业型大学最简约与精准的解读，而满足"社会需求"是创业型大学走向自力更生的前提，筹措"办学经费"是创业型大学实现自力更生的保证。由此可见，基于世界高等教育演进的规律探寻，创业型大学集合了大学发展的四大关键要素，必将成为"未来高等教育变革的重要走向"①。

第二节 创业型大学普遍性的价值冲突

从世界高等教育演进的广度与深度探寻大学的本质与特征，有四大关键要素从未发生过改变，那就是高深学问、人才培养、社会需求、办学经费。一所大学只要抓好了这四大关键要素，就能够在大学丛林中竞争性地胜出，成为社会需要与人民满意的"好大学"②。根据本体论部分对创业型大学内涵的解读，创业型大学正是基于这四大要素而运转的"好大学"，可为何学界仍然有广泛而又如此强大的质疑甚至反对声音呢？这种声音不只产生在某个国家，无法相容于特定的高等教育传统与社会政治制

---

① 付八军、龙春阳、单海雁：《创业型大学：未来高等教育变革的重要走向——2013 年全国创业型大学建设高峰论坛会议综述》，《教育与考试》2014 年第 3 期。

② 王建华：《学科的境况与大学的遭遇》，教育科学出版社 2014 年版，第 269 页。

度，而是像不同国家的学者看待创业型大学的积极因素一样，在不同的文化环境中都存在对创业型大学贬抑或者褒扬的声音。在高等教育高度市场化的美国，也有大量学者在学理上抵制创业型大学；在高等教育有着公共产品属性文化传统的西欧，同样有大量学者在学理而非情感上颂扬创业型大学。可见，学界对于创业型大学的价值认识主要基于高等教育的规律与功能，基于大学的本质和使命，与文化传统、政治制度、教育政策等关系都不密切，是一种具有普遍性的价值认同或者价值冲突。事实上，存在学术观点的分歧是一件好事情，这往往是诞生新事物、迈向新台阶的前奏。因为如果大家对某个问题的意见都一样，所有人都看到了其价值与未来，说明这个问题没有什么新奇之处，而且也无须再来专门研究。每一次重大的高等教育变革与进步，在全球范围内自古至今都是少数人士先知先觉先行，在中央集权制度下的中国尤其突出。例如，在"文化大革命"期间，全国高校普遍处于教学停课、科研停止的状况，但华中工学院仍有两个重要研究课题组没有下马，人员没有下乡搞"斗批改"，从 1971 年到 1976 年，该校进行研究的项目达到 393 项，其中完成并用于生产的 146 项，取得阶段性成果的 105 项，有 25 项填补了国家的空白。[1] 正因为此，在 1978 年的全国科学大会上，该校被授予"全国科学研究先进集体"的荣誉称号。朱九思校长还在大会上论述了"科学研究与教学是'源'与'流'的关系"，大胆地提出"科学研究要走在教学前面"，以此办学理念推动学校成为"文革"后第一所实行改革的大学。[2] 勇于创新、先行一步，为华中工学院赢得了声誉，为后来的华中科技大学奠定了良好的基础。然而，那个时候"文革"刚刚结束，许多人还处在不知不觉的状态，对这种办学理念甚至采取远离或者敌视的态度。时至今日，高等教育理论界已将"科研与教学的'源''流'关系"视为常识，但对于许多人来说已经属于后知后觉了。作为一位实践者，只要瞄准了事物发展的前进方向，无须将办学理念公之于众，在改革取得成功之后自然有人来总结与推广。例如，麻省理工学院与斯坦福大学从未标榜自己属于创业型大学，不顾各种舆论压力克服一切困难按照既定的办学理念不断前行，在取得了巨大成功之后吸引了大量学者前来研究，并根据它们的办学模式创设出了创

① 朱九思：《开拓与改革》，华中科技大学出版社 2008 年版，第 53 页。
② 朱九思：《文革后中国第一所实行改革的大学》，《高等教育研究》2003 年第 5 期。

业型大学的概念，这两所大学亦成为创业型大学的典范而受到全球许多高校的效仿与追随。甚至有文提出"20 世纪 80 年代以来，西方传统大学纷纷开始向创业型大学转型"①。不过，笔者不是教育官员与大学校长，而仅仅是一名高等教育理论研究者，从而不能通过"实践是检验真理的标准"这条最为有效的途径来弘扬个人创新性的重大发现，只能通过理论阐述、观点呈现等个人著述的方式来唤醒不知不觉、推动后知后觉，最终实现"知行合一"在更早时间更大范围从理论走向实践。因此，在致力于创业型大学本土化建设的进程中，作为一名理论工作者，既要让人们看到学界从哪些方面来弘扬创业型大学，更要看到学界从哪些方面来贬抑创业型大学，在对普遍性的价值冲突予以归类与阐释的基础上，创业型大学是不是属于"好大学"就自然呈现在人们面前了。关于创业型大学带来价值冲突的研究，是学界研究创业型大学最主要的主题之一。仅仅收集学者们关于该类价值冲突的核心观点，一本书都不足以将它们全部罗列出来。本书在此不再从观点罗列角度入手，而是在前期研究现状述评的基础上，② 从观念、行为、主体三个不同层面概括学界关于创业型大学带来的价值冲突。通过对这三大价值冲突的分析与论证，可以更加理性地看待学界对于创业型大学的抵触情绪与价值偏见。

一　创业型大学学术文化与商业文化的价值冲突

高等教育领域中学术文化与商业文化的价值冲突，并不是自创业型大学出现以后才出现的，甚至在中世纪大学诞生之际就存在这种冲突，只不过 20 世纪末关于创业型大学理论研究的兴起，让人们将关注点聚焦到两种文化的冲突与融合上来。研究中世纪史的美国权威专家查尔斯·霍默·哈斯金斯（Charles Homer Haskins）指出，"在早期的大学，学生缴纳的学费是教师全部的生活来源"，知识并不那么神圣，师生关系也不那么神圣，完全建立在一种市场关系之上。③ 可见，大学学术文化与商业文化的

---

① 任智勇：《学术导向的创业型大学：学术资本主义语境下中国大学的理性回应》，《高等农业教育》2017 年第 3 期。

② 详见付八军《教师转型与创业型大学建设》，中国社会科学出版社 2016 年版，第 57—78 页。

③ ［美］查尔斯·霍默·哈斯金斯：《大学的兴起》，梅义征译，上海三联书店 2007 年版，第 6—7 页。

价值冲突在中世纪就已经实际存在，"高等教育最早的原型就是以知识与市场的联系为其合法性基础的"①，只是由于那时的高等教育研究尚未开展起来，人们未能将这种实然状态的价值冲突转化为文字符号。时至 20世纪中期，尤其当提出创业型大学模式"正在取代哈佛模式成为学术界的榜样"② 之后，关于大学学术文化与商业文化的冲突研究，成为国际高等教育学界经久不衰的讨论主题，更是创业型大学研究的第一主题。持古典高等教育理念的人士认为学术文化与商业文化水火不相容，弘扬学术文化必须远离商业文化，可谓传统派的观点；持市场化高等教育理念的人士认为学术文化与商业文化并不矛盾，借助商业文化反而有利于促进学术文化，可谓现代派的观点。自两种文化的关系研究进入学者视野之后，传统派与现代派的论争就从来没有中止过。从表面来看，两派都在寻找相应的理论或者事实维护各自的观点，谁也说服不了谁，但是，在实质上，现代派明显赢得了这场旷日持久且仍在继续的论争。因此，笔者认为，创业型大学学术文化与商业文化的价值冲突首先是一个观念上的问题，创业型大学对高等教育带来的冲击都可以从这里找到思想源头。

古老大学的圣洁与自由都是人们的一种美好想象，并被学者们借以"传统大学"的预设流传并散播开来。在探讨创业型大学两种文化的冲突与融合时，传统派同样更多地以一种想象来架构理想的大学形象，抵制与驳斥商业文化对于学术文化的入侵。在他们看来，学者或者学术机构把知识融入商业化的使用，会篡夺这些机构所扮演的角色，颠倒大学的目标；③ 逐渐偏离本应遵循的工作重心，背离本应担当的历史使命，大学得以存在的合法性基础就会出现危机。④ 从一种历史使命的高度出发，确实能为捍卫大学"象牙塔"形象提供辩护理由。尤其当这种声音不只是少数学者的"振聋发聩"，而是在学界有着广泛的舆论支持，形成了一股强大的"捍卫大学理想"之力量，更容易让人们信奉"大学的本质是反商

---

① 温正胞：《创业型大学：比较与启示》，博士后研究工作报告，华东师范大学，2008 年。

② ［美］亨利·埃兹科维茨：《麻省理工学院与创业科学的兴起》，王孙禺、袁本涛等译，清华大学出版社 2007 年版，第 1 页。

③ ［美］亨利·埃兹科维茨：《三螺旋创新模式》，陈劲译，清华大学出版社 2016 年版，第158 页。

④ 转引自夏清华《学术创业：中国研究型大学"第三使命"的认知与实现机制》，武汉大学出版社 2013 年版，第 52—53 页。

业的，学术文化与商业文化水火不相容"，或者让"大学应该注重社会效
益而较少考虑经济效益，企业应该注重经济效益而较少考虑社会效益"①
成为社会共识。例如，有文认为，商业因素卷入学术事务，会导致学术成
果的延期发表或者学术交流的减少，影响大学科学研究的开放特征与要
求。② 有文认为，"创业型大学的选择显得过于功利，而忘却了学术自由
的理念，沦为市场的奴隶"③。有文认为，创业文化是一种追求经济利益
的文化，会对大学文化的纯粹性造成伤害，导致急功近利的价值取向，引
发浮躁冒进的学风。④ "对营利性教育机构客气一点的评价是，人们最多
认为营利性机构给学生提供的是就业能力，而未必是教育。"⑤ 美国学者
凡勃伦（Thorstein B. Veblen）指出："大学在商业力量和商业原则的驱动
之下，偏离了知识探究和发现的方向，创造性已经远离人们，而功用和机
械化成为现代学习的主要目的和特征。"⑥ 哲学家冯友兰先生说："功利主
义对学术的发展是一种阻碍，无论其动机是为私的或是为公的。"⑦ "学者
越来越多地参与商业活动，一些学术知识的生产和学生教育的牺牲似乎不
可避免。"⑧ 凡此种种质疑与批判大学学术创业的声音，汇聚成一张宽大、
牢固而又高高在上的"网"，让许多怀揣传统大学理念的人士在"网"上
编织各种大学理想，也让许多与时俱进、勇于走出"象牙塔"的现代派
人士被这种有形或者无形的"网"挡住了前进的脚步。

　　但是，历史的车轮是谁也挡不住的，真正悟透大学本质而不会臆断历

　　① 参见谭小琴《在矛盾中共生：游走于知识与资本间的大学文化诉求》，《北京教育学院学报》2014 年第 6 期。

　　② 参见夏清华《学术创业：中国研究型大学"第三使命"的认知与实现机制》，武汉大学出版社 2013 年版，第 75 页。

　　③ 马培培：《争议中的创业型大学及其出路——大学理念的视角》，《现代教育管理》2015 年第 12 期。

　　④ 陈笃彬：《地方高校建设创业型大学的理论与实践》，福建教育出版社 2016 年版，第 176 页。

　　⑤ ［美］理查德·鲁克：《高等教育公司——营利性大学的崛起》，于培文译，北京大学出版社 2007 年版，第 6 页。

　　⑥ 转引自夏清华《学术创业：中国研究型大学"第三使命"的认知与实现机制》，武汉大学出版社 2013 年版，第 53 页。

　　⑦ 冯友兰：《三松堂全集》（第十四卷），河南人民出版社 2000 年版，第 180 页。

　　⑧ 夏清华：《学术创业：中国研究型大学"第三使命"的认知与实现机制》，武汉大学出版社 2013 年版，第 73 页。

史受困当下的现代派人士也不会被各种反对声音所阻挡，他们很少纠缠于商业文化与学术文化的冲突，而是积极利用商业文化为学术文化服务，实现两者的共存共赢、相得益彰。于是，他们之中的实践工作者已将创业型大学的办学理念转变为行动方案，他们之中的理论工作者在"冒天下之大不韪"宣传高等教育市场化的必然性与必要性。尽管他们很少去回应传统派的各种质疑与立场，但是他们从未忽略办学的一个基本要求甚至常识问题：商业运作的"底线是学术声誉，而不是金钱利润"①。事实上，许多关系到国计民生的现代品牌企业，也不只是企业自身的经济效益问题，更是国家利益、社会利益与百姓利益的社会效益问题。于是，尽管传统派与现代派很少有过正面的直接交锋，但自20世纪60年代高等教育市场化改革取得重大业绩以来，现代派的声音一直是国际高等教育领域的主旋律。可以说，从各个角度支持"学术文化与商业文化相互促进"的现代派观点要比"学术文化与商业文化相互排斥"的传统派观点更为普遍。例如，创业型大学理论奠基者之一埃兹科维茨指出："金钱的诱惑并没有取代对学术荣誉的追求，相反，二者是重叠的并且相互强化"②；"将大学当作企业家——一个在一些学者眼中略带贬义的想法——正在逐步成为一种正面的学术特征"③，"对于引发伦理问题、利益冲突的争论表明组织正在被重新定义和改变"④。曾在不同性质大学均工作过多年且曾经认为营利性大学都是"学术界渣滓"的美国教育顾问理查德·鲁克先生指出：当置身于营利性大学之后，"我知道自己对营利性学校的未加检验的看法是错误的，对营利性学校只是为了追求金钱的宗旨的想法是非常幼稚的，对高等教育中营利动机本质的了解是错误的"，"追求利润并不必然导致学术水平与价值的降低"⑤。洛依（Bart Van Looy）等人对比利时鲁汶大

---

① [美] 伯顿·克拉克：《大学的持续变革：创业型大学新案例和新概念》，王承绪译，人民教育出版社2008年版，第224页。

② [美] 亨利·埃兹科维茨：《麻省理工学院与创业科学的兴起》，王孙禺、袁本涛等译，清华大学出版社2007年版，第9页。

③ 同上书，第26页。

④ [美] 亨利·埃兹科维茨：《三螺旋创新模式》，陈劲译，清华大学出版社2016年版，第157页。

⑤ [美] 理查德·鲁克：《高等教育公司：营利性大学的崛起》，于培文译，北京大学出版社2006年版，第1—3页。

学进行了实证研究，结果证明大学的学术活动与商业活动可以共存。……此外，美国的硅谷和 128 公路、英国的"剑桥现象"和中国的中关村也可以视为知识与资本互利共生的实例。① "当代研究型大学面临着教育功能弱化与科学道德退化的威胁。但多数研究表明，科学与经济两大领域之间的联系具有积极作用。"② "创业型大学的实用主义表现为对国家战略利益和社会发展的责任感、使命感，并非功利主义。"③ 根据俄罗斯学者的研究结论，在俄罗斯的高等教育机构中，"公司的文化取代了传统俄罗斯大学的传统"④。中国高等教育学科主要创始人之一潘懋元先生更是指出："公益性与营利性，是教育在一定时代背景下相辅相成、相得益彰的两种属性。具备营利性才能生存、才能发展，才能更好地彰显教育的公益性。"⑤ "很多传统大学看不起工商业，要抗拒工商业对它们的干扰、影响。中国过去也是如此。但是，事实证明所有排斥工商业干扰的想法，都没有实现。"⑥ 最后，本书不得不再次引用创业型大学理论的另一位奠基者克拉克所说的一些话，"终点似乎证明采取更多的创新型做法是正当的；我们并没有牺牲核心学术价值，实际上，看来与可能发生的事情正好相反"⑦。"对于那些因担心如果它们积极地寻找非政府收入而会'丧失大学灵魂'而感到烦恼的人们，就讲这么多。"⑧

---

① 谭小琴：《在矛盾中共生：游走于知识与资本间的大学文化诉求》，《北京教育学院学报》2014 年第 6 期。

② 夏清华：《学术创业：中国研究型大学"第三使命"的认知与实现机制》，武汉大学出版社 2013 年版，第 77 页。

③ 易高峰：《崛起中的创业型大学——基于研究型大学模式变革的视角》，上海交通大学出版社 2011 年版，第 125 页。

④ 转引自陈笃彬《地方高校建设创业型大学的理论与实践》，福建教育出版社 2016 年版，第 12 页。

⑤ 潘懋元：《对接资本市场——在民办高等教育与资本市场高级论坛上的发言》，《教育发展研究》2004 年第 3 期。

⑥ 潘懋元：《正确对待商品经济对高等教育的冲击》，《高等教育研究》1989 年第 3 期。

⑦ ［美］伯顿·克拉克：《大学的持续变革：创业型大学新案例和新概念》，王承绪译，人民教育出版社 2008 年版，第 4 页。

⑧ 同上。

二　创业型大学知识传承与知识应用的价值冲突

学界对于创业型大学带来的价值冲突，主要表现在商业文化与学术文化的冲突；同时，商业文化到底是否有悖于学术文化的本义与发展，传统派与现代派的两种观点至今尚未从对立走向统一。尽管现代派的"共赢"理论在实践甚至学理上明显占了上风，但传统派的"排斥"理论时常在舆论上赢得更广泛的支持。这就表明，创业型大学学术文化与商业文化的冲突，更多地属于一种思想观念上的冲突，在特定的历史环境，现代派可以在实践上超越学术文化与商业文化冲突的价值之争，在理论上却很难完胜传统派关于"商业文化会损害大学理念，从而造成大学的堕落"① 的保守观点。但是，在从观念上梳理创业型大学引发的价值冲突基础上，再而从行为上分析创业型大学实际存在的价值冲突，我们更容易理解创业型大学遭受学界围攻的原因所在，并且寻找到化解创业型大学新矛盾的方向与举措。相较于传统型大学而言，创业型大学最显著的行为特征便是积极推动成果的转化，极为关注知识的应用，某些具备内外部条件的创业型大学甚至从知识应用中直接获取办学经费。于是，知识传承与知识应用，或者说教学育人与学术创业就成为创业型大学的基本职责，两者的此消彼长给创业型大学带来了可以真切感受到的价值冲突。② 这种冲突，实质上正是现代大学的传统使命与新增使命之冲突。正如埃兹科维茨先生所言："利益冲突在职业中非常常见……并且特别容易在变化时期出现。"③ 例如，科学研究于 19 世纪中期刚被引入美国大学之际，曾经产生了广泛而又尖锐的矛盾，但"如今在大学里教授同时承担教学和科研工作，已经被认为是理所当然的了"④。既然是新事物诞生过程中无法规避的价值冲突，那么我们完全可以冷静地分析该冲突的具体表现及其应对策略。

教师是大学使命与职责的履行者，从大学教师的视角来分析创业型大

---

① 转引自温正胞《创业型大学：比较与启示》，博士后研究工作报告，华东师范大学，2008 年。

② 宣勇、付八军：《创业型大学的文化冲突与融合》，《中国高教研究》2013 年第 9 期。

③ ［美］亨利·埃兹科维茨：《三螺旋创新模式》，陈劲译，清华大学出版社 2016 年版，第 152 页。

④ ［美］亨利·埃兹科维茨：《麻省理工学院与创业科学的兴起》，王孙禺、袁本涛等译，清华大学出版社 2007 年版，第 43 页。

学在传承知识与应用知识上的冲突，远远要比从大学层面来研究该种冲突便捷、直观与高效得多。凡是担任过大学教师岗位甚至其他同时承担过两种不同内容工作的人士都能体会到，既要做好知识传承工作又要将知识推广应用，既要做好教学育人工作又要推动学术成果转化，教师面临的最大挑战便是时间与精力上的冲突，难以做得两者兼顾并最终实现相得益彰。早在 20 世纪 20 年代，麻省理工学院创造的"五分之一法则"，正是为了解决学者们花费在商业活动上的时间问题，但是至今仍然没有得到很好的解决。"在斯坦福大学，一些教授指责那些想少教课以便去搞研究的同事，因为在大学里教学是最主要的目的……在 20 世纪 80 年代，大学与产业之间的联系变得充满争议时，教学与科研之间的平衡依然是个问题。"①在教学、科研与学术创业的多重任务面前，某些青年教师在访谈时发出如此感叹："我感觉自己像一台旧式电视，有七八种观众，他们不停地拧着调换频道的开关，全然听不到我的呻吟。我疲惫不堪，我曾经对自己的领导说：再这样下去，我不到 35 岁就会倒下。"②大学教师兼顾教学育人、科学研究与学术创业的第二大挑战便是教师职业的能力结构问题。履行传统型大学的基本职能，教师可以远离喧嚣的市场，平心静气地从事学术创作，但要履行创业型大学的学术创业，则必须深入社会生产与生活，关注市场需求与变化，协调多方面的关系与矛盾。既然"发现和教学是两种迥异的职能，也是迥异的才能，并且同一个人兼备这两种才能的情形并不多见"③，那么，教学科研与学术创业则更是两种迥异的职能，也是迥异的才能，在同一个人身上兼备更加少见。诚如有文指出的，学术追求与创业进取是两种不同性质的工作，"前者需要高智商，依靠大脑左半球的功能，后者需要高情商，依靠大脑右半球的功能"④。鼓励大学教师开展学术创业带来的第三大挑战便是教师的传统使命消退问题。长期以来，大学

① ［美］亨利·埃兹科维茨：《三螺旋创新模式》，陈劲译，清华大学出版社 2016 年版，第 158 页。

② 张俊超：《大学场域的游离部落——研究型大学青年教师发展现状及应对策略研究》，博士学位论文，华中科技大学，2008 年。

③ ［英］纽曼：《大学的理想》，徐辉、顾建新、何曙荣译，浙江教育出版社 2003 年版，第 4—5 页。

④ 参见温正胞《大学创业与创业型大学的兴起》，浙江大学出版社 2011 年版，第 170—171 页。

教师的角色期待被定位于知识传承与创造，而不是"赚大钱"，① 他们所从事的科学研究主要属于基础研究，"只有这样才能发挥大学应有的作用，这也是行业希望大学树立的榜样"②。但是，在制度约束与物质刺激的前提下，创业型大学教师必定较多地关注应用研究与开发研究，自觉或者不自觉地忽视基础研究，放弃高校相较于企业的研究优势与社会期待。该种研究范式，不再是基于"科学推动"的"前向线性模式"，而是基于"市场拉动"的"逆向线性模式"，③ 并且满足于产品的应用，以成果转化作为学术创作的终极目标，不会着眼于知识本身的创新与科学规律的探寻。显然，若任其自由发展，势必影响大学传统使命的彰显。总之，创业型大学知识传承与知识应用的价值冲突体现在许多方面，以上从教师视角分析得出的三大挑战只是其中较具代表性的价值冲突，但由此足以看出创业型大学带来的价值冲突远远不只停留在观念层面，而是要比传统型大学在行为上有着更多具体实在的价值冲突。

任何事物都是矛盾的统一体，矛盾是事物发展的动力源。创业型大学知识传承与知识应用的价值冲突，我们同样要用矛盾律来分析与化解。一方面，如果没有这种冲突，创业型大学就不可能超越传统型大学获得发展的优势，从而这种冲突必将伴随着创业型大学的诞生与成长；另一方面，如果对立关系成为该种冲突矛盾的主要方面，那么就要运用矛盾的相互转化定律，推动该种矛盾的主要方面向次要方面转化。因此，针对以上从教师视角分析与归纳出来三大挑战，我们可以寻找到相应的学理依据与化解对策，实现创业型大学知识传承与知识应用从以"对立为主、统一为次"转向以"统一为主、对立为次"。从教师工作时间与精力上的冲突来看，我们必须努力提高单位工作时间的效率。评价大学教师对学生的帮助与贡献，既要关注教师教学育人投入的时间总量，更要关注教师教学育人实际产生的效果。在保证教师基本的教学投入前提下，参与专业性的市场活动有利于推动科研创新，提高教师创新能力，从而增强教学育人的效率与效

---

① 殷朝晖：《大学教师学术创业的角色冲突及其调适策略》，《江苏高教》2017 年第 4 期。

② ［美］亨利·埃兹科维茨：《三螺旋创新模式》，陈劲译，清华大学出版社 2016 年版，第 153 页。

③ ［美］亨利·埃兹科维茨：《三螺旋：大学·产业·政府三元一体的创新战略》，周春彦译，东方出版社 2005 年版，第 22 页。

益。在 2000—2016 年担任美国斯坦福大学校长的约翰·亨尼西（John Hennessy）曾直言："创业精神是斯坦福大学最根本的精神气质，如果大学的知识只是停留在大学的围墙之内，而不能取得更广泛的社会影响力，就会阻碍研究者创新的动力。"① 在美国，一些大学甚至收购了当地的小企业，由学生进行管理和运作，以磨炼他们的企业经营能力。② 事实上，从高等教育变革的趋势来看，"禁止教授参加企业活动不太可能是未来的发展模式。而且，双重角色对学术科学家很有吸引力"③。从教师职业的能力结构问题来看，知识与能力具有相通的一面，个人素质也更多地依靠后天培养。国内创业型大学教师来源渠道，主体依然是应届毕业生，④ 他们习惯于"象牙塔"式的学术活动，而不擅长注重知识应用的市场活动，在学术创业能力上存在先天不足。但是，他们具有良好的学术素养与思维素质，只要能够激励他们开展从基础研究到应用研究再到产业产品的线性研究，必然能够培养他们基于市场需求出发开展相应研究的非线性研究。据调查，高校中由企业资助的研究开发项目的 70% 是在咨询工作基础上确立起来的，⑤ 体现了大学参与企业活动是一个逐渐推进的过程。例如，作为创业型大学的典范，英国华威大学激励教师以现实问题为导向开展科学研究并实现与教学育人有机融合，并且为这种活动提供大量的学术创业实践平台，较好地协调了学术创业与人才培养的矛盾冲突，实现了两者从"对立"走向"统一"。⑥ 可见，就像"大学是灵活的机构，能够协调大量不同的任务"⑦ 一样，只要提供相应的条件与保证，假以时日，许多大学教师亦有能力协调不同的任务。从教师的传统使命消退问题来看，在实

---

① 转引自莫欣、孙晓枫、谢寅波《斯坦福大学创业型大学发展之路对我国高校创建一流大学的启示》，《教育教学论坛》2017 年第 23 期。

② 美国商务部创新创业办公室：《创建创新创业型大学——来自美国商务部的报告》，赵中建、卓泽林译，上海科技教育出版社 2016 年版，第 48 页。

③ ［美］亨利·埃兹科维茨：《三螺旋创新模式》，陈劲译，清华大学出版社 2016 年版，第 160 页。

④ 付八军：《创业型大学教师来源分析及其价值甄别》，《教育发展研究》2017 年第 23 期。

⑤ 胡四能：《国外企业推动产学合作的政策措施研究》，《现代教育论丛》2000 年第 2 期。

⑥ 宣葵葵、王洪才：《创业型大学的人才培养特色探索——基于英国沃里克大学的成功经验》，《中国高教研究》2017 年第 6 期。

⑦ ［美］亨利·埃兹科维茨：《三螺旋创新模式》，陈劲译，清华大学出版社 2016 年版，第 163 页。

现多重使命同时增强的前提下使得这个问题从真相转化为假象。不同的实证研究得出不同的结论，有的认为大学知识商业化削弱了基础研究的地位，有的则认为大学知识商业化没有导致基础研究的减少，而是与应用研究同步发展。① 从 MIT、斯坦福等创业型大学在基础研究的卓越表现来看，笔者赞同埃兹科维茨的研究结论，"教职工在为公司进行咨询与合约性研究中，促进了学术研究中基本问题的发现，这已经屡见不鲜了"②。国内众多学者亦研究指出，创业型大学选择有别于传统型大学的科研模式，从市场需求中寻找与工商业相关的应用性研究，同样能够提升大学的学术水平，③ 实现与传统型大学殊途同归的研究预期。

三　创业型大学传统学科与创业学科的价值冲突

本书上篇本体论研究已经指出，创业型大学的内外部着力点主要有两个：培养创造性人才与实现成果转化，亦即上文所说的传承知识与应用知识，而科学研究则成为这两个着力点的一种手段或者途径。因此，本书从行为角度分析创业型大学的价值冲突，主要从知识传承与知识应用的相关性来分析，科学研究则是自然包含在其中的一个内隐要素。但是，仅从行为层面或者角度来分析创业型大学实实在在的价值冲突是不够的，还需要从主体角度来探讨区别于观念层面的价值冲突。观念、行为与主体这三个层面的价值冲突分析，构成了创业型大学价值冲突分析的三角模型，能够较为全面、稳定、精简地概括创业型大学普遍性的价值冲突。基于人们对于创业型大学的认识逻辑以及创业型大学价值冲突呈现的激烈程度，观念层面的价值冲突是第一位的，其次便是行为层面的价值冲突，最后才是主体层面的价值冲突。在此，本书再从主体层面来分析创业型大学的价值冲突。与前文一致，每一种类型的价值冲突包含的内容是较为丰富的。本书虽然从传统学科与创业学科（亦可称之为创业型学科）④ 的相互关系来揭

---

① 转引自夏清华《学术创业：中国研究型大学"第三使命"的认知与实现机制》，武汉大学出版社 2013 年版，第 52 页。

② ［美］亨利·埃兹科维茨：《三螺旋创新模式》，陈劲译，清华大学出版社 2016 年版，第 153 页。

③ 陈霞玲：《创业型大学组织变革路径研究》，北京理工大学出版社 2015 年版，第 25 页。

④ 王贺元：《激活高校创新创业的"学术心脏地带"：构建创业型学科》，《教育发展研究》2016 年第 5 期。

示创业型大学主体层面的价值冲突，但这自然包含传统教师与创业教师的价值冲突。那么，创业型大学为何存在这种价值冲突？主体层面与行为层面的价值冲突在性质上是否一致？该种价值冲突能否在创业型大学长期存在并继续扩大？理顺这些问题，也就能坦然面对并理性化解该类冲突。

研究创业型大学主体层面的价值冲突，需要再次应用矛盾分析法。但是，任何事物内部的矛盾不是单一的，往往包含许多矛盾，不同矛盾甚至同时包括子矛盾，构成一个非常复杂的矛盾系统。[1] 正如有文指出的："任何矛盾的运动，无论在历史过程中看，还是在逻辑过程中看，其形态都是立体的，并非平面的。"[2] 从而，我们需要根据研究对象来灵活应用矛盾分析法。在研究创业型大学知识传承与知识应用的价值冲突时，本书是以该种冲突关系作为对象事物，从矛盾的主要方面和次要方面论证了该种冲突的对立与统一关系。在研究创业型大学传统学科与创业学科的价值冲突时，本书则以创业型大学学科作为对象事物，从主要矛盾与次要矛盾来论证创业型大学学科的发展不平衡性。事物的发展具有不平衡性，[3] 这是马克思主义关于矛盾发展不平衡性原理的基本观点。因此，创业型大学传统学科与创业学科的价值冲突，也就具有必然性与普遍性，每一所创业型大学都不例外。事实上，世界各国创业型大学的诞生，往往是传统型大学逐渐转型与变革的结果，从而该种价值冲突还具有现实性与发展性。同时，创业型大学在传统学科与创业学科方面存在的价值冲突，其性质与前面从行为层面分析的价值冲突是不一致的，从而处理该种价值冲突的思路与策略就不一样。例如，从行为层面体现出知识传承与知识应用的价值冲突，这属于创业型大学的功能性冲突，每一种功能是大学不可剥夺亦不可分离的组成部分，只能走向协调、融合与统一；然而，从主体层面体现出传统学科与创业学科的价值冲突，则是创业型大学内部不同矛盾主体之间的冲突，与前面矛盾分析中的对象事物有着不同的矛盾类型与层次，从某个角度来说，创业型大学不断发展的过程，就是让创业学科的比例越来越

---

① 李广智：《正确认识"矛盾分析法"》，《中山大学学报》（哲学社会科学版）1990 年第 1 期。

② 姜井水：《自然科学和社会科学通用的方法论——马克思的矛盾分析法》，《贵州社会科学》1986 年第 8 期。

③ 张勇：《论毛泽东国际战略思想的哲学依据》，《云南行政学院学报》2009 年第 5 期。

大，让传统学科的比例越来越小，甚至全部转化为创业学科。所谓创业学科，是指在高校创新创业中起到支撑和引领作用，成为创业型大学心脏地带的学科。① 相对创业学科而言，那些在学术创业过程中由于学科性质不占优势或者暂时尚未体现出创业绩效的学科就可以称之为传统学科。但是，这并不意味着传统学科不具有学术创业潜力与发展前景。事实上，这些学科具有学术创业的不同领域与方向，同样可以向创业学科转化。② 因此，在化解创业型大学传统学科与创业学科的价值冲突时，矛盾分析法的结论有所区别，互补与融合只是权宜之计，最终目标则是实现创业型大学所有学科向创业学科转型。当然，在运用矛盾分析法分析创业型大学不同的价值冲突时，都是应用矛盾发展不平衡性的原理，都会坚持"两点论"和"重点论"的统一，反对"折中主义的均衡论"，反对"形而上学的一点论"。

从矛盾论哲学的维度对创业型大学传统学科与创业学科的价值冲突进行一番阐述之后，我们可以得知，该价值冲突在创业型大学同样具有普遍性，只不过，传统学科与创业学科的相互关系，不像知识传承与知识应用的相互关系一样存在互补性与共融性。传统学科与创业学科作为创业型大学的矛盾主体，就类似于一个班级优等生与后进生的相互关系一样，我们总是希望后进生越来越少，优等生越来越多，在以其他班级学生作为参照系的前提下，甚至最后整个班级学生都成为优等生。可见，从狭义的相对性而言，一所创业型大学的传统学科与创业学科必将长期存在；从广义的相对性而言，亦即相对传统型大学的学科而言，创业型大学的传统学科与创业学科不应该长期存在。但是，理想的发展模式都是推动创业型大学传统学科不断向创业学科转化，创业型大学学科之间的矛盾冲突越来越小但永远不会消失，最后实现创业型大学所有学科的整体转型。创业型大学之所以要求学科整体转型，这是由一所学校内部的文化基因决定的。一方面，高举学术创业旗帜的创业型大学，会形成一个学术创业文化的大旋涡，将每一个学科、每一位教师卷入其中，体现传统学科向创业学科转型

---

① 王贺元：《激活高校创新创业的"学术心脏地带"：构建创业型学科》，《教育发展研究》2016 年第 5 期。

② 付八军：《学术成果转化：创业型大学教师的历史使命》，《教育发展研究》2017 年第 7 期。

的主动性。另一方面，华威大学"顶层切片"① 的经典做法并不能一劳永逸地协调创业学科与传统学科之间的矛盾与冲突，创业学科与传统学科在缺乏对方角色体验的条件下会相互抱怨，这种抱怨既带来创业型大学内部"参与学术创业的大学教师与非参与学术创业的大学教师之间的冲突"②，也迫使创业型大学尚未参与学术创业的传统型教师不得不趋近创业型教师，最终推动传统学科被动向创业学科转型。

从实践来看，国外成功的创业型大学都在致力于实现学科整体的转型。例如，被誉为"创业型大学之父"的伯顿·克拉克在考察欧洲五所创业型大学的基础上提出，建设创业型大学需要实现学校整体的转型，否则，"由于系所采取的创业态度通常不一样，一所部分地转变为创业型的大学，很可能存在一种精神分裂的状态，一方面是创业型的，另一方面是传统的。我们所研究的五所大学的行政和教授不采取这种选择"③。有文认为，欧洲模式与美国模式不一样，"美国模式中的创业反应是基于学科特色而发生在特定院系的革命，并非全局性的"④。应该说，这只能属于创业型大学发展的阶段性特征，不代表创业型大学学科整体转型、教师整体转型的理想状态与终极追求。例如，斯坦福大学在向创业型大学转型的过程中，极力实现学校从传统型向创业型的整体转型。为了使教师的角色里增加一个"企业家"的新内容，实现"美国的学术科学家都是创业者"⑤，时任该校教务长的弗雷德·特曼（Frederick Emmons Terman）教授不顾一切阻力，削减古典学系等传统学科的教授职位，认为这些学科"只是对学校资金的单纯消耗"⑥；该校还主张将未能为学校成为"教育领跑者"做出贡献的课程与学系都取消，将经济系归入商学院，以便能吸

---

① 参见［美］伯顿·克拉克《建立创业型大学：组织上转型的途径》，王承绪译，人民教育出版社 2007 年版，第 25 页。

② 殷朝晖：《大学教师学术创业的角色冲突及其调适策略》，《江苏高教》2017 年第 4 期。

③ ［美］伯顿·克拉克：《建立创业型大学：组织上转型的途径》，王承绪译，人民教育出版社 2007 年版，第 173 页。

④ 刘叶、邹晓东：《探寻创业型大学的"中国特色与演变路径"——基于国内三所研究型大学学术创业实践的考察》，《高等工程教育研究》2014 年第 3 期。

⑤ ［美］亨利·埃兹科维茨：《麻省理工学院与创业科学的兴起》，王孙禺、袁本涛等译，清华大学出版社 2007 年版，第 171 页。

⑥ ［美］丽贝卡·S. 洛温：《创建冷战大学——斯坦福大学的转型》，叶赋桂、罗燕译，清华大学出版社 2007 年版，第 195 页。

引教授全力关注企业的问题，同时开辟所有能引起企业关注的新领域。①

第三节　创业型大学本土化的时代意蕴

探寻世界高等教育演进的规律，是为了分析创业型大学的中国实践，是否对接了高等教育变革的总体趋势；分析创业型大学普遍性的价值冲突，是为了获悉中国推进创业型大学建设中存在的那些价值冲突，是否可以协调与化解。从本章第二节的阐述来看，创业型大学在行为与主体层面的价值冲突，属于事物发展过程中的普遍性矛盾，该矛盾正是推动事物不断发展的原动力，具有必然性与现实性，同时这些冲突是可以调和与化解的。至于创业型大学观念层面上的价值冲突，正方与反方至今谁也赢不了谁，只有在成功的高等教育实践面前，才能最终让人信服创业型大学到底是社会的"渣滓"②还是大学的"榜样"③。可见，从普遍性的价值冲突而言，创业型大学本土化建设仍然存在各种各样的价值冲突，但是这些冲突可以调和与化解，这就为我们揭示与彰显创业型大学本土化的时代意蕴奠定了舆论环境、话语权力乃至理论基础。从本章第一节的阐述来看，无论大学所处的时代如何变，无论大学的形式如何变，无论评价大学的标准如何变，高深学问、人才培养、社会需求、办学经费从来都是大学的四大关键要素，决定了大学改革与发展的基本骨架。根据上篇本体论关于创业型大学内涵的研究，创业型大学正是这四大关键要素的逻辑演绎与综合创新，在某些要素上有着比传统型大学更鲜明的体现、更优化的组合与更充分的发挥。可见，从普遍性的教育规律而言，创业型大学顺应了高等教育变革与发展的趋势，能够成为我们在高等教育多元化发展格局中的一种有益探索与积极实践。无论是普遍性的价值冲突，还是普遍性的教育规律，

---

① 参见［美］丽贝卡·S. 洛温《创建冷战大学——斯坦福大学的转型》，叶赋桂、罗燕译，清华大学出版社 2007 年版，第 87 页。

② ［美］理查德·鲁克：《高等教育公司：营利性大学的崛起》，于培文译，北京大学出版社 2006 年版，第 1 页。温正胞：《大学创业与创业型大学的兴起》，浙江大学出版社 2011 年版，第 24 页。

③ ［美］亨利·埃兹科维茨：《麻省理工学院与创业科学的兴起》，王孙禺、袁本涛等译，清华大学出版社 2007 年版，第 1 页。陈统奎：《复旦：又一次华丽转身》，2005 年 9 月 21 日，ht-tp：//news. sohu. com/20050921/n227021310. shtml（2018 年 3 月 3 日）。

都是创业型大学中国实践必须面对的共性问题与理论问题。但是，中国还有自身的个性问题与具体问题。那么，这些个性问题与具体问题是否会成为创业型大学中国实践的阻力？进一步讲，在中国开展创业型大学建设，到底有什么样的价值与意义？能否解除制约中国高等教育发展的瓶颈，解决中国高等教育面临的突出问题？这便是本书在此对于创业型大学中国使命的挖掘与展现，亦即论证创业型大学本土化的时代意蕴。

一 逆向增强高校办学自主权

全球主要有三种类型的大学治理模式：国家本位、高校本位、市场本位。① 尽管每种治理模式相互融合，呈现相向动态发展趋势，但是，在相当长一段时间内，各国大学治理模式的基本特征不会改变。自20世纪80年代以来，通过"法律确权、简政放权、章程赋权和依法维权"② 等举措，中国政府不断推进高校办学自主权的完善与落实，大学治理模式逐渐沿着国家本位向高校本位、市场本位转移，但政府办学、政府管学的基本特征没有改变，"高校办学自主权问题依然没有得到改观"③，甚至我们有理由将政府不时"下放"的某些权力，"视作政府的权宜之计"④，又可以会被随时收回去。可见，高校办学自主权问题，虽然是一个世界性的普遍问题，但更"具有本土化的特殊性"⑤，已经严重地影响到中国高等教育现代化的进程。正如有文指出的：在我国高等教育大众化进程中，社会对当今大学的种种不满与责难，无论是"钱学森之问"还是大学的"行政化"之弊，均可归结为大学自主权的不落实。⑥

然而，三十多年来，"教育管理部门和许多高校的领导者换了一茬又

---

① 周光礼：《高等教育治理的政策范式：办学自主权的国际比较》，《湖南师范大学教育科学学报》2011年第5期。该文指出：罗马传统的高等教育体系遵循国家本位的政策范式，盎格鲁—撒克逊传统的高等教育体系传承高校本位的政策范式，市场本位的政策范式是盎格鲁—撒克逊传统的高等教育体系与美国实用主义结合的产物。
② 孙宵兵：《我国高等学校办学自主权的发展及其运行》，《中国高教研究》2014年第9期。
③ 宣勇：《大学必须有怎样的办学自主权》，《教育发展研究》2010年第7期。
④ 熊庆年：《对落实高等学校办学自主权的再认识》，《复旦教育论坛》2004年第1期。
⑤ 孙卫华、许庆豫：《差异与比较：我国高校办学自主权的思考——兼析地方高校办学自主权现状》，《浙江社会科学》2017年第4期。
⑥ 宣勇：《大学必须有怎样的办学自主权》，《教育发展研究》2010年第7期。

一茬，而扩大高校办学自主权却依旧在路上"①。从当前国家乃至省域层面的"双一流"建设、政府主导的大学评估乃至学术评价模式、高校主要领导的任命体制等许多关键环节来看，中国大学对政府的依赖越来越强，而不是越来越弱。这就表明，从正面推进政府简政放权，真正实现高校面向社会依法独立自主办学，不是那些后发赶超型高校扩大办学自主权、增强办学活力的最佳路径。只有在依靠政府但又不过度依赖政府、能够独立自主地从广袤的社会中获得资源的前提下，这些高校才能从传统公共政策空间竞争的劣势地位中走出来。这种办学模式，正是伯顿·克拉克倡导的自力更生模式，亦即创业型大学模式。② 建设创业型大学，至少可以从三个层面淡化大学之于政府的从属关系，通过自下而上的逆向逻辑变革逐步增强高校办学自主权。

其一，有利于从观念上摒弃以"求"为主的办学自主权诉求。创业型大学是一种"具有企业家精神"③ 的进取性大学，以积极主动、自力更生作为精神特质，凭借自身的学术资本多元谋求办学资源，不会将政府作为唯一的庇护与依靠，更不会坐等政府的扶持与救济。面向谁，服务谁，则必定依靠谁，这是创业型大学的办学逻辑。"一个国家办教育，总不愿意培养反叛者，而应该培养建设者。"④ 我国普通公办本科院校走上创业型大学，自然要面向政府，服务政府，并且依靠政府，但是，政府亦是面向人民、服务人民并且依靠人民的，从而创业型大学最具活力的办学资源还是在于人民，或者说在于社会。从这一点来看，创业型大学应该在政府确立的政策方针指向下，凭借自身独特的学术资本，为社会提供应用性科研成果，为社会培养创造性人才，并以此获得社会的充分信任，同时又从社会获得办学资源。西方大学的各种社会捐赠，正是大学依靠社会、社会支持大学的重要体现。具有这种理念的创业型大学，不会一味地向政府"索求"办学自主权，而是凭借自己的服务产品与实际贡献，从政府、社会等获得办学资源。事实上，办学资源才是目的，办学自主权则是手段。

① 冒荣：《扩大高校办学自主权为什么仍在路上》，《江苏高教》2015 年第 4 期。
② ［美］伯顿·克拉克：《大学的持续变革：创业型大学新案例和新概念》，王承绪译，人民教育出版社 2008 年版，第 227 页。
③ 王雁：《创业型大学：美国研究型大学模式变革的研究》，博士学位论文，浙江大学，2005 年。
④ 朱九思：《开拓与改革》，华中科技大学出版社 2008 年版，第 218 页。

拥有了办学资源，办学自主权的实现则是第二位的。

　　其二，有利于从行为上确立高校在市场社会①中的独立自主性。自主办学实现的一个显著标志即是学校真正地面向市场和社会，这与传统上"象牙塔"取向的学术组织机构有很大的差异。② 那么，是实现办学自主权之后才能面向市场和社会，还是面向市场和社会之后再扩大办学自主权呢？长期以来，我们追求第一种大学变革范式。实践证明，三十多年的探索，我们在第一条道路上至今未能取得预期效果。那么，在理念上具有创新性的第二种大学变革范式，在实践中是否具有成功的可能性？被誉为创业型大学之父的伯顿·克拉克研究了若干所创业型大学案例高校，曾经都是政府严格控制下的公立院校，在资源上严重依赖政府，走上创业型大学道路之后，这些高校对政府的依赖明显减少，办学自主权自然显现。例如，于1961年建成开学的澳大利亚国立大学莫纳什大学（Monash University），其在向创业型大学转型之前严重依赖政府，在向创业型大学转型之后逐渐摆脱了对政府的严重依赖，其政府核心资助比例由最初的98%，下降到2000年之际的50%，后来再度降低到40%以下；与此同时，学校的社会地位与学术声誉越来越高，其与政府的关系逐渐从一种从属依附关系走向合作伙伴关系。③ 当前，在几个主要的全球大学排名中，莫纳什大学均进入世界百强。例如，2017/2018年度QS世界大学排名中位列第60位，2017年上海交通（ARWU）世界大学学术排名在第78位，2016/2017年度泰晤士（THE）世界大学排名第74位。中国公办高校走上创业型大学道路，固然不能完全采用莫纳什大学的学术创业模式，例如留学生教育、商业化科研服务、社会捐赠等，但是，办学成本的效益意识、人才培养的质量声誉、科学研究的应用效应、经费来源的多元筹措等，都有利于提升学校的社会地位与学术声誉，逐渐获得社会各界的广泛支持，消除

　　① 王晓翔：《常态市场社会及其相关概念的界定》，《改革与开放》2016年第9期。法国前总理若斯潘（Lionel Jospin）有一句名言，"要市场经济，不要市场社会"。其意是市场原则不能应用到经济之外的其他领域，否则我们会迷失在物质主义、金钱至上的世界里。应该说，若斯潘先生对市场社会的理解是带有价值偏见的。对此，该文较为理性地揭示了市场社会的实质，强调了市场在社会资源配置中的基础性作用与地位。

　　② 马陆亭：《大学变迁与组织模式应对》，《教育发展研究》2010年第9期。

　　③ 参见［美］伯顿·克拉克《大学的持续变革：创业型大学新案例和新概念》，王承绪译，人民教育出版社2008年版，第157—172页。

对政府过度单一的依赖综合征。当学校的社会地位与学术声誉能够从社会上赢得办学资源之后，这所大学也就开始走上独立自主的市场化之路，与政府的关系也会从依附型走向合作型。

其三，有利于从政策上推动政产学三螺旋新关系的全面实现。在四面都是传统型院校的学术生态环境中，一所公办高校率先走上创业型大学道路，需要至少一位有远见、敢担当、有毅力的高校主要领导。但是，只要这所高校能够取得公认的显著业绩，就像 MIT、斯坦福与华威大学那样，那么这所高校就会作为成功典型，被政府大力推崇、被媒体广泛宣传、被其他高校纷纷跟随，也会有更多的高校领导毫无顾虑地举起创业型大学旗帜，形成中国创业型大学建设的热潮。显然，在这种局面下，政府会遵循创业型大学建设所需的制度环境，"下放"办学自主权，改变过去管理大学的模式，逐渐实现高校面向社会依法自主办学。如果说，"落实地方高校办学自主权需要管理创新"①，那么，创业型大学实践模式则是管理创新的有益探索。可见，中国创业型大学的成功实践具有非常重要的意义，能够自下而上地实现高校办学自主权的扩大与落实。

二 正面提升教学育人实效性

若问中国高等教育最大的问题是什么，广大高等教育研究者均能认识到，办学自主权是制约中国大学真正走向世界一流的关键所在，中国高等教育所有的矛盾最终都可以从这里找到答案。诚如张楚廷先生指出的："最自由与最高水平是如此紧密连在一起的，这是德美两国大学的根本共同点……如果论及大学规律，最自由与最优秀同在便是最根本的一条规律。"② 可是，在诸多世界大学排行榜上，越来越多的中国大陆高校开始崭露头角，这是否说明中国大学已经进入世界第一方阵？应该说，这"不代表我们的大学实力真的提高那么多，更多的还是国家崛起的连带效应"③。接下来，再问中国高等教育第二个最大的问题是什么？广大高校工作者均能认识到，那就是大学的中心工作——教学育人质量的疲软，大学生在校所学所获与他们付出的青春、财富不匹配。例如，课堂教学是人

① 张金福：《落实地方高校办学自主权需要管理创新》，《教育发展研究》2016 年第 21 期。
② 张楚廷：《校长·大学·哲学》，西南师范大学出版社 2016 年版，第 110 页。
③ 叶赋桂、陈超群、吴剑平等：《大学的兴衰》，清华大学出版社 2016 年版，第 25 页。

才培养的主阵地与主途径，高校"寻人上课"的广告，① 警示中国大学面临"课堂教学危机"②；"大学的中心任务只有一个，就是培养人即育人。教学也罢，科研也罢，都是围绕着育人这一中心任务"③，然而高校重研轻教的"老大难问题"④、大学教师出现"只教学不育人"的"不育症"⑤问题，均体现了育人中心地位的旁落。这就如阿拉伯文学的主要奠基者纪伯伦（Kahlil Gibran）指出的："我们已走得太远，以至于我们忘了为什么而出发。"

教学育人的疲软不是中国大学的特殊性问题，作为世界高教强国的美国同样存在不重视本科教育、"重科研，轻教学""不发表，就解聘"⑥等问题。只不过，在功利化的考评机制、奖励机制等刺激下，中国大学重研轻教、只教学不育人的问题要比美国严重得多。为了扭转大学中心的偏移，坚持大学培养人才的使命，⑦ 中国政府与高校一直在努力提高教学育人质量。例如，2007 年，教育部、财政部启动了"高等学校本科教学质量与教学改革工程"（简称"质量工程"），在此基础上，教育部、财政部于 2011 年起继续实施"高等学校本科教学质量与教学改革工程"（简称"本科教学工程"），在各种指导意见与实施方案的配合下，逐渐形成了国家级、省级、校级三级"本科教学工程"项目建设体系，⑧ 产出一大批本科专业教学质量国家标准、一大批高等学校教师教学发展示范中心、国家级和省级特色专业、国家级和省级精品课程等。但是，教学育人疲软的痼疾并未去除，甚至根本没有丝毫缓解。这就表明，过去那种以政府工程名义自上而下推进的高校教学育人质量提升策略不是最佳路径。这种改

① 王鉴、王明娣：《大学课堂教学改革问题：生活世界理论的视角》，《高等教育研究》2013 年第 11 期。

② 吴艳、陈永明：《大学课堂教学的现状分析及思考——基于全国十所高校的实证调查》，《高教探索》2015 年第 11 期。

③ 眭依凡：《大学校长的教育理念与治校》，人民教育出版社 2006 年版，第 159 页。

④ 刘振天：《教学与科研内在属性差异及高校回归教学本位之可能》，《中国高教研究》2017 年第 6 期。

⑤ 付八军：《大学教师"不育症"应诊》，《教育与考试》2012 年第 2 期。

⑥ 何晓雷、邓纯考、刘庆斌：《美国大学教学学术研究 20 年：成绩、问题与展望》，《比较教育研究》2012 年第 9 期。

⑦ 眭依凡：《大学的使命及其守护》，《教育研究》2011 年第 1 期。

⑧ 蒋鲲：《加强"本科教学工程"内涵建设》，《中国高等教育》2017 年第 24 期。

革只是将教学育人包裹或者说捆绑在一系列的诱惑中，让高校以及教师着眼于各种项目、平台以及个人成果，而不是切切实实地提高人才培养质量。以培养创造性人才与实现成果转化作为两大历史使命的创业型大学，正是通过这两大使命的履行与实现来赢得社会各界的支持，至于科学研究则仅是实现两大使命的手段或者途径，真正践行"引科研之水，灌教学之田"，从而必须着眼于教学育人质量的提升，尤其要增强其实效性，各种项目、平台以及个人成果则是人才培养进程中的附属产品。正如有文指出的，"创业型大学能够更好地满足学生和教师的发展需求"①。

创业型大学有利于正面提升教学育人的实效性，不仅从其区别于传统型院校的独特历史使命体现出来，还从其办学理念与培养模式体现出来。从办学理念而言，创业型大学倡导学以致用而不是学以致知，强调"实践出真知，知识应用能力是学习能力的具体体现"②，这就能在很大程度上扭转传统型院校在人才培养上实践性不强、针对性不高、有效性不足的问题。例如，针对国内著名大学的在校生进行调研，"认为在大学苦读几年后，'能学到一点点'和'根本学不到'有用东西的学生占79%"，其他本科院校就更为糟糕了。③ 确实，从书本到书本不求应用的学习，既难以检验知识的正确性与价值性，也违背了"学""术"合一性的事实。例如，古代最高明的剑客，往往拥有一流的剑道；反之，空谈剑道的所谓剑客，往往难以让大众信服。梁启超于1911年在其《学与术》中给"学术"下的定义就体现了"求是"与"致用"之间的融合，他说："学也者，观察事物而发明其真理者也；术也者，取所发明之真理而致诸用者也。"④ 从培养模式而言，创业型大学有比传统型院校更为便利的产教融合、校企合作平台，更有利于培养信得过、下得去、用得上、留得住的应用型人才。应用型大学是创业型大学中国实践的最佳模式，但从学理角度

---

① 颜建勇、黄珊：《地方高校建设创业型大学的必要性及路径探析》，《当代教育科学》2016年第21期。

② 周锦荣：《应用型人才教育模式下的知识应用能力培养》，《内蒙古农业大学学报》（社会科学版）2015年第2期。

③ 朱九思：《开拓与改革》，华中科技大学出版社2008年版，第212页。

④ 转引自谭小琴《在矛盾中共生：游走于知识与资本间的大学文化诉求》，《北京教育学院学报》2014年第6期。

而言，创业型大学是最为彻底的"应用型"，① 自然更要"以服务地方经济社会发展为主要面向并将学生就业和创业能力培养作为重要内容"②，从而彻底解决人才培养的针对性与实效性问题。正如有文指出的："创业型大学以创新创业精神为核心，将创新创业教育的理念和方法有机融入人的全面发展过程中，使大学生的知识、能力、人格都能够得到发展。"③

三 直接去除科学研究泡沫化

如果要从"源"与"流"两个方面来分析中国高等教育当前存在的突出问题，那么这两个问题分别为前文论及的高校办学自主权不足与高校教学育人疲软。解决了这两个问题，其他问题普遍能够同时得以解决；或者说，只要我们着眼于这两个问题的解决，那么其他问题自然会同时成为我们面对的问题。例如，高校的教学育人与科学研究，就类似于一块金币的两面。不同的激励机制，形成"两面"不同的相互关系。从激励机制来分析，尽管高校办学自主权不足，但中国高等教育的激励机制是世界上最为强劲的国家之一。政府对大学的激励，最终落脚在大学对于教师的激励。处于强劲激励机制环境下的大学教师，在教学育人上投入不足，必定在其他方面铆足了劲。所谓其他方面，实际上正是科学研究。从理论上讲，科学研究与教学育人亦是"源"与"流"的关系。没有科学研究，大学的教学就成了无源之水，自然无法提高人才培养质量。④ 有学者进一步强调："大学科研工作本身就是一种人才培养形式。这也是大学科研的内在属性。……'研亦教'正是大学科研发生的始因。"⑤ 然而，我国高校的科学研究事业，不仅未能将其学术优势有效地转化为教学育人的优势，造成了教学与科研此消彼长的两张皮现象，而且功利化、数量化的科研激励机制产生了形式多样的学术腐败与数不胜数的学术垃圾，制造了中国大学学术繁荣假象的泡沫化倾向。对此，无论"强者通吃"的积极进取者，还是"弱者当灾"的消极应对者，只要生活在这种学术生态环境

---

① 付八军：《创业型大学是最为彻底的"应用型"》，《中国教育报》2016 年 8 月 15 日。
② 张驰：《应用型大学人才培养的探索与实践——以北京联合大学旅游学院为例》，《北京联合大学学报》2017 年第 3 期。
③ 黄兆信：《地方大学创业教育的转型发展》，《高等工程教育研究》2014 年第 6 期。
④ 朱九思：《开拓与改革》，华中科技大学出版社 2008 年版，第 80 页。
⑤ 谢维和：《国内高水平大学科研的新阶段和新常态》，《中国高校科技》2016 年第 5 期。

下的大学教师，都能强烈感受到我们的科研激励机制有"病"了。① 根治中国大学科研激励机制的"病"，直接消解科学研究的泡沫化倾向，在"以政府控制型为主、大学（学者）控制型和市场型为辅"② 的大学科研资源配置背景下，必须自下而上寻找大学类型的突破与评价机制的创新。中国部分传统型院校向创业型大学转型，正是实现办学类型多元化的有益探索，必将加快评价机制的创新，扭转科学研究成为主导目标、显性目标甚至唯一目标的异化现象，让科学研究真正回归到工具与手段的轨道上来。有文从成功的创业型大学案例高校出发，亦得出具有相同指向性的结论："作为制度创新的创业型大学，有助于推动大学科研体制创新。"③

创业型大学之所以能够直接去除科学研究泡沫化，主要取决于两个方面的原因。一方面，从创业型大学的组织使命来看，科学研究只是中间环节的手段或者工具，而培养创造性人才与实现成果转化则分别成为创业型大学内外部两个着力点，④ 成为创业型大学赢得社会声誉、实现自力更生的两大历史使命。对于创业型大学的教师来说，科学研究是他们提升自我素养、获得学界认同、形成课程资源、满足社会需要的必经途径与内在要求，无须急于通过数量化、规模化的理论学术成果来武装自己，无须也不能通过学术成果的等级、层次、授予主体等外在包装来证明自己。在创业型大学，一位教师的学习经历尤其博士研究生的学历与学位、专家评定的个人授课水平与学生反映的教学育人实效、在社会服务方面的努力与实绩，就已经体现该位教师的水平与贡献了。另一方面，从创业型大学的评价机制来看，强调学以致用、倡导实用文化的创业型大学不再对任何形式的理论成果进行奖励，少而精的代表性理论成果、选择性的科研成果转化

① 姜世健：《对当前大学科研激励机制"病态"现象的思考与建议》，《教育评论》2016年第2期。

② 胡建华：《大学科研资源配置的非均衡分析》，《江苏高教》2014年第5期。该文指出，国外学者归纳出大学科研资源配置的三种主要类型，即政府控制型、大学（学者）控制型和市场型。当然，每个国家的大学科研资源配置不可能是完全单一型的，只不过是以某种类型为主。例如美国总体上是以市场型为主，以政府控制型与大学（学者）控制型为辅，而日本和欧洲则以政府控制型为主，其他两种类型为辅。

③ 李瑞丽：《制度创新助推大学科研创新：创业型大学的启示》，《江苏高教》2014年第1期。

④ 参见付八军《教师转型与创业型大学建设》，中国社会科学出版社2016年版，第117—132页。

业绩尤其是人才培养效果的师生反响，才是决定创业型大学教师职称晋升、学术荣誉与岗位聘任的核心要件。在尽可能提高大学教师基本待遇、将"暗补"转为"明补"的基础上，创业型大学将学术成果转移转化所得收益大部分返还给教师，这将是创业型大学教师以此来替代过去理论成果奖励的拓展性收入来源。可见，在创业型大学，不会存在过于量化与功利的"泰勒式管理机制"①，而且这种学术泡沫化生产机制亦没有市场，自会将大学教师的学术追求引导到那些能够解决实际问题或者获得学界同行专家真正认可的原创性理论成果上来，达到直接去除科学研究泡沫化的学术改造目标。

要做出世界前沿或者广泛认可的高端研究成果，必要条件确实离不开"安静、专注和淡定"②。古今中外，无论哪个科学研究领域的重大成果，都不是依靠"鞭打和利诱"而做出的。中国推进部分传统型院校向创业型大学转型，是否会将过去畸形的科学研究激励机制，替换成另一种极端化的学术创业激励机制？如果换成学术创业的"鞭子与诱惑"，这将比原有的功利化、数量化科研激励机制带来的危害还要大得多。激励科学研究，毕竟仍然在学术轨道上；而激励学术创业，则似乎走到商业轨道上去了。尽管"追求知识和创造财富的目标可以互为补充"③，但是，只要违背了"安静、专注和淡定"的办学原则，我们都不能办出为世人瞩目的一流大学。应该说，我们的担忧不无道理，也要进行预防。但是，真正理解创业型大学的精神实质与历史使命，我们就不会如此强烈地存在这种顾虑。正如上篇本体论研究所指出的，创业型大学的本质就是通过自身独特的学术资本，在人才培养或者同时兼顾成果转化的两个目标上做出实际贡献，以此实现自身具有自力更生的能力。对于中国公办普通本科院校而言，自然要走公益性创业型大学之路；对于那些营利性的创业型大学，也不是通过贩卖文凭尤其不能兜售伪劣学术成果来赢得市场，而是依靠良好的办学声誉、教育质量与学术影响来长期吸引作为消费者的生源、企业与

---

① 姜世健：《对当前大学科研激励机制"病态"现象的思考与建议》，《教育评论》2016年第2期。

② 谢维和：《国内高水平大学科研的新阶段和新常态》，《中国高校科技》2016年第5期。

③ ［美］亨利·埃兹科维茨：《三螺旋创新模式》，陈劲译，清华大学出版社2016年版，第153页。

社会各界。无论继续坚守传统型院校的模式还是勇敢迈入创业型大学的道路，我国公办普通本科院校都离不开政府的支持，政府也有责任与义务资助。从而，公办普通本科院校向创业型大学的转型，在相当长的一段时期，学术创业不会成为大学尤其教师收入的依靠性渠道，只是潜在的增长性来源，为应对政府核心资助的减少与实现多元筹措办学经费奠定基础。这种办学取向奉行实用主义而不是功利主义文化，① 强调大学独特的历史使命与对于社会的责任，以培养社会有用人才与推出社会有用成果作为价值追求，同样需要安静、专注和淡定的治学精神与办学文化。

四　间接实现校内行政高效化

解决了高校办学自主权问题，必定会有一批高校，在勇于担当、开拓创新与"长于办事"② 的学校领导治理下，提高行政管理的效率与效益，瞄准人才培养实效性这个中心目标，让科学研究回归工具与手段本质，从而逐渐解决教学育人疲软以及去除科学研究泡沫化。但是，在整个高等教育管理体制尚未改变、高校在整体上依然缺乏办学自主权的情况下，我国大学的改革与发展就陷入某种非零和博弈的囚徒困境，即每一所大学都不会放弃对政府资源的角逐与依赖，从而使得大学越来越从属政府、政府越来越成为大学的主宰，再而使得大学真正服务社会的能力越来越弱、大学内部行政管理越来越"官僚化"③。可见，在现有高等教育管理体制下，中国高校办学自主权在短期内难以有所突破，我们必须通过自下而上的机制创新，让某些创新型高校率先走出"象牙塔"，在人才培养、科学研究与行政管理方面"三管齐下"，提升自身从社会获取办学资源的意识与能力，向着一条自力更生的道路迈进。这条办学之道，正是创业型大学的实践之路。当创业型大学的业绩获得社会各界尤其政府的肯定之际，政府就会按照大学发展的内在要求下放相应办学自主权，从而达到逆向增强高校办学自主权的目的；同时，在传统型院校向创业型大学转型过程中，贯彻

---

① 易高峰：《崛起中的创业型大学——基于研究型大学模式变革的视角》，上海交通大学出版社 2011 年版，第 125 页。

② 于文江：《"长于办事"的科学家》，2017 年 10 月 22 日，http：//www.sohu.com/a/199523738_ 488091（2018 年 3 月 10 日）。

③ 于忠海：《官僚化与专业化：大学行政化的双重归因及其超越》，《高教探索》2012 年第2 期。

了以高质量的人才培养赢得市场的办学取向，确立了"以转化实绩论英雄"①"以同行评价取代行政评价论水平""以育人效果与学术应用论贡献"等评价标准，自然能够正面提升教学育人实效性、直接去除科学研究泡沫化。那么，在论证创业型大学中国实践的价值与意义之际，我们如何理解其实践模式有利于间接实现校内行政管理高效化？

　　一方面，创业型大学实践模式有利于提高高校内部行政管理的效率与效益。毫无疑问，我国高校内部行政已经身陷管理主义、官僚主义泥潭而难以自拔。② 不仅存在"畸形行政化衍生出'行政级别＝学术能力'的荒诞逻辑……高校官本位马太效应助长了崇官、求官、卖官现象，围墙内充斥着形形色色的追名逐利"③，而且行政管理效率与效益低下，不少部门与岗位人浮于事，享受稳定薪酬终日无所事事的各级冗员与拿着刚过温饱线的工资却日不暇给的基层职员共处一室，使得整个大学校园内部呈现了无助、沉闷与对抗的管理主义、官僚主义气息。这种面向上级政府的官僚文化，相对于创业型大学面向服务对象办学的市场文化而言，两者是格格不入的。创业型大学的生存与发展之道，在于赢得社会大众的信任与支持，并从这里竞争性地谋求更多的办学资源，而不可能在政府的庇护下获得高贵身份、丰厚资助与优质生源等，这就决定了创业型大学必须依靠广大专任教师提供优质的教学服务、应用性的科研成果。这种具有企业化、市场化特征的经营文化，④ 必然淡化官本位主义立场，培育服务意识与服务文化，扭转大学内部管理的官僚习气。例如，同样作为公办高校，美国洛杉矶加州大学注入了创业型大学"以竞争求生存、以贡献求发展"的文化基因，将大学学术文化和商业效益文化结合起来，成就了美国公立研究型大学的宝贵经验。⑤

　　另一方面，创业型大学的中国实践当前只能间接提高高校内部行政管

① 夏宝龙：《立德树人要成为高校立身之本》，《浙江日报》2017年2月22日。
② 胡年册：《我国大学官僚主义管理作风探析》，《大学》（学术版）2011年第8期。
③ 张高远：《大学行政"官僚化"——弊在何处？药在何处？》，《教育导刊》2015年第9期。
④ 雷茹：《经营大学：一个新的大学管理理念——以英国沃里克大学为例》，硕士学位论文，西北师范大学，2007年。
⑤ 吴伟、翁默斯、范惠明：《洛杉矶加州大学创业转型之路探析》，《比较教育研究》2016年第5期。

理的效率与效益。中国公办高校迈上创业型大学道路，政府并没有为其开辟绿色通道，赋予它们面向市场依法独立自主办学的权利，从而创业型大学整体上依然浸渍在整个学术官僚主义文化中。"官学一体化的官僚体制生生不息，恶性循环，积重难返"①，少量几所积极进取的创业型大学当然无法立马扭转本校的"行政化""官僚化"色彩。这就像创业型大学在中国的成功实践需要一个漫长的过程一样，创业型大学内部去行政化、去官僚化亦需要一个较长的时间。"去行政"的提法是不科学的，高效的"行政"是大学持续快速发展的前提与基础；"行政化"则意味着将管理或者说"行政"从手段上升为目的，已经从中性的"行政管理"滑向极端的、消极的"管理主义""官僚主义"。因此，大学行政管理体制改革的正确取向既是"去官僚化"，② 亦可以说是"去行政化"，我们没有必要在概念上过于纠缠。由于"大学行政化顽疾深层根源在于大学首长垂直委任制"③，"政府直接选拔委任校长强化了大学行政化、官僚化趋势，强化了大学对政府的依附性权力关系"④，而且这种局面在短期内很难改观，这就决定了创业型大学依然深受官僚主义侵蚀。只有当创业型大学的中国实践取得有目共睹的成绩，这些高校具备了独立自主面向市场生存与发展的能力，形成了"积极进取、创业导向、公益关照"⑤ 的校园文化，中国创业型大学的官僚主义沉疴才有可能得以缓解并最终消除，随后该种服务至上的办学文化会自然逐渐蔓延至更多的高校，最终实现中国大学内部管理文化的整体转型，提高高校内部行政管理的效率与效益。显然，尽管创业型大学有利于提高校内行政效率与效益，但其最终实现机制是间接而不是直接的，是缓慢、隐性的而不是快速、显性的。没有创业型大学的自力更生，就没有创业型大学的去行政化。创业型大学不断提升自力更生能力的过程，正是为去行政化培育观念、积蓄力量的过程。这个过程不存

---

① 刘尧：《大学去行政化是梦？非梦？》，《高校教育管理》2011 年第 4 期。

② 李金龙、朱颖：《去"官僚化"：大学行政管理体制改革的正确取向》，《江苏高教》2014 年第 3 期。

③ 张高远：《大学行政"官僚化"——弊在何处？药在何处？》，《教育导刊》2015 年第 9 期。

④ 宣勇：《大学必须有怎样的办学自主权》，《教育发展研究》2010 年第 7 期。

⑤ 吴伟、翁默斯、范惠明：《洛杉矶加州大学创业转型之路探析》，《比较教育研究》2016 年第 5 期。

在"鸡"与"蛋"谁先谁后的悖论，而是体现从量变到质变的辩证关系。事实上，有文从某个角度某个层面亦论及"自力更生"与"去行政化"的辩证关系。"大学能否去行政官僚化，去行政化后能否稳健发展，归根结底在于能否独立生存。换言之，高校必先具备独立生存能力，方有望去行政化后健康发展。"①

　　总之，当前传统型院校存在的普遍性问题，例如办学自主权不足、教学育人疲软、科学研究泡沫化、校内行政效率低下等，都可以在创业型大学的实践模式中得到较好的解决。只不过，有些问题属于"源头性"问题，需要一个从量变到质变的漫长过程，例如高校办学自主权、校内官僚化管理体制；有些问题则属于或者转化为"症状性"问题，例如人才培养空心化、科学研究泡沫化、学术评价数量化、办学取向政府化等，则正是创业型大学力争正面、直接去除的问题。可见，创业型大学中国实践的时代意蕴不言而喻，中国创业型大学的成功实践必将是真正打开高等教育管理体制大门、迎来高等教育改革春天的"天外飞仙"。只不过，创业型大学本土化的推进不是一蹴而就的，在中国最终走上自力更生的道路必须经历几个阶段。这，将是本书下一章需要论述的问题。

---

① 张高远：《大学行政"官僚化"——弊在何处？药在何处？》，《教育导刊》2015 年第9 期。

第六章 创业型大学的未来展望

创业型大学的未来展望与其历史使命一样，均属于价值论研究范畴。历史使命主要回答中国为何要建设创业型大学、建设创业型大学有何意义，这在本书价值论研究部分第五章已经从规律探寻、价值冲突、时代意蕴三个方面做了解答，能够让沉下心来琢磨的读者认识到，推动某些传统型大学向创业型大学转型具有合理性、必要性甚至紧迫性。但是，由于该章缺乏对于创业型大学更为具体与形象的解读，这仍然会让那些将创业型大学误解为创收型大学、商业化大学①的人士不以为然。因此，本书价值论研究部分第六章还将从未来展望对创业型大学做较为具体与形象的解读。如果说，第五章体现了数往知来，即"明白了过去，可以推知未来"，那么，第六章则体现了"数来知义"，即"明白了未来，可以推知含义"。从某个角度来说，明白创业型大学的未来，要比我们对其做更多的理论分析、实践梳理与价值论证更能领会创业型大学的含义。因为未来展望实质上指明了创业型大学中国实践的发展过程、建设路径以及终极状态，这些内容更容易让我们明白我们预设的创业型大学理论到底是一个什么样的图景。本章关于创业型大学的未来展望，主要回答创业型大学中国实践应该如何走、可能会怎样，具体则是从以下三节展开论述。

第一节 创业型大学本土化的发展阶段

自 2008 年福州大学率先高举创业型大学旗帜以来，国内公办普通本科院校开启了创业型大学本土化的新征途。但是，十年过去了，创业型大学的中国实践并没有取得预期效果，甚至因高校领导人的更替而更改了创

---

① 参见付八军《教师转型与创业型大学建设》，中国社会科学出版社 2016 年版，第 64—65 页。

业型大学的战略目标定位。例如，如前所述，南京工业大学"创新创业型大学"的办学定位于 2013 年更改为"综合性、研究型、全球化"高水平大学。还有创业型大学理论研究者指出："随着 2010 年和 2012 年福州大学校长和党委书记的更换，创业型大学的建设暂告一段落。"① 在美国的麻省理工学院与斯坦福大学、英国的华威大学、德国的慕尼黑工业大学（Technische Universität München）、新加坡国立大学（National University of Singapore）、印度管理学院（Indian Institutes of Management）、韩国高等科学技术院（Korea Advanced Institute of Science and Technology）、芬兰阿尔托大学（Aalto University）、新西兰奥克兰大学（University of Auchland）等全球一大批创业型大学创造佳绩之际，中国创业型大学的建设却是阻力重重，远未达到预期效果。② 之所以出现中西创业型大学的南橘北枳现象，这与中国政府对大学的管理方式以及大学对政府的依赖惯性有关，使得大学缺乏面向社会依法独立自主办学的主动性、积极性与能动性。对此，本书在本体论与实践论研究部分中均从不同角度揭示与阐释了。但是，当无法改变现状之际，我们必须适应现状。也就是说，与其寄望通过扩大高校办学自主权之后再来建设创业型大学，不如通过建设创业型大学逐渐实现办学自主权的下放与扩大。对于这条"逆向增强高校办学自主权"的可能性与必要性，本书价值论研究部分第五章第三节已经做了深入的分析。遵循该种创业型大学建设策略，我们就需要探讨创业型大学本土化的发展阶段，在确立创业型大学战略目标之后做好"持久战"的准备。创业型大学"阶段论"，这是中国学界尚未触及的创业型大学研究主题。事实上，只要能够理顺创业型大学本土化的几个发展阶段，我们就会明白创业型大学的中国实践并非一蹴而就，需要每所创业型大学几代人的努力与坚持。同时，在理顺创业型大学本土化的几个发展阶段之后，我们更能明白创业型大学的内涵与意义，消除人们将创业型大学等同于创收型大学的误解，尤其前瞻性地预测创业型大学概念的最终消亡，能使人们认识到创业型大学不过是加快推动传统型大学转型的一种战略口号，这个概念最终会随着战略目标的实现而逐渐销声匿迹，或者在大学转型过程中被

---

① 陈霞玲：《创业型大学组织变革路径研究》，北京理工大学出版社 2015 年版，第 129 页。

② 付八军：《国内创业型大学建设的路径比较与成效评析》，《高等工程教育研究》2016 年第 6 期。

"内容指向一致"的其他概念所替代。具体而言,创业型大学本土化可以分设以下三个发展阶段。

一 应用型大学建设的奠基阶段

中国传统公办普通本科院校向创业型大学转型,第一个发展阶段便是向应用型大学转型。只有首先转型成为名副其实的应用型大学,才有可能发展成为自力更生的创业型大学。未能真正成为社会所欢迎的应用型大学,那样的创业型大学或许真的只属于在政府文凭庇护下的一个"商号",[1] 并不是本书所研究与弘扬的创业型大学。建设应用型大学,是创业型大学中国实践不可逾越的必经阶段;建设创业型大学,是中国应用型大学充分彰显办学活力的前进方向。国内已经有不少学者认识到应用型大学向创业型大学转型的重要性,理解了从应用型大学到创业型大学的层级性。例如,有文提出,创业型大学为中国应用型本科院校转型升级提供了可资借鉴的发展模式;[2] 推动应用型大学向创业型大学转型,有利于提高大学科研实力与科技成果转化率,增进区域科技发展水平和国家综合竞争力;[3] 应用型大学选择适宜的创业型大学范式,能够解决应用型大学遇到的诸多问题。[4] 但是,鲜有学者看到建设应用型大学是创业型大学中国化的第一个发展阶段,从而也就难以理解中国创业型大学本土化是一个持久、渐进、自然的进化过程,这也可谓创业型大学本土化建设的中国特色模式。

推进创业型大学的中国实践,之所以要以应用型大学建设作为第一个发展阶段,主要源于这么几个相互关联的因素。第一,由于缺乏相应的办学自主权,中国公办普通本科院校不可能在短期内转型为创业型大学,需要寻找一个过渡性的大学实践模式。根据本体论研究的基本结论,政府与大学的并列平行主体关系,是建设创业型大学成功案例的前提条件。无论伯顿·克拉克还是埃兹科维茨,两位创业型大学理论鼻祖均坚持这个观

---

① 温正胞:《大学创业与创业型大学的兴起》,浙江大学出版社 2001 年版,第 170 页。

② 张维亚、严伟:《创业型大学:应用型本科院校发展模式选择之一种》,《文教资料》2013 年第 28 期。

③ 张荔:《西方创业型大学发展对我国应用型大学战略转型启示研究》,硕士学位论文,中国科学技术大学,2015 年。

④ 王天力:《应用型大学向创业型大学转化刍议》,《长春工业大学学报》(高教研究版)2012 年第 4 期。

点。例如，伯顿·克拉克认为创业型大学更加倾向于"自我驾驭"而不是"国家引导"，① 政府过多的参与会导致"奖励变成惩罚"②。埃兹科维茨从三螺旋创新理论出发，更加强调大学与政府的平等主体关系，并认为等效并重叠的机构三重螺旋模型是最理想的。③ 然而，在相当长的一段时间，要"切断政府直接干预和管理大学的脐带……让大学回归大学"④ 是难以实现的。第二，向创业型大学转型的主体是新建地方本科院校，这些院校当前服务社会的能力非常有限，难以凭借自身实力走上自力更生的道路。在政府的推动下，地方本科院校普遍认识到其转型发展的方向是建设应用型大学。⑤ 由于先天身份、所处区域、发展基础等方面的原因，这些院校相对于老牌本科院校而言，在面向政府竞争各种资源上是处于不利地位的。于是，勇于探索的地方本科院校积极寻找出路，希望另辟蹊径，迈入创业型大学的道路。但是，这些院校当前面向社会竞争资源的能力同样很弱。例如，在教学育人上，"办学模式落后，教学质量保障不力"⑥，人才培养不适应社会发展需要；⑦ 在科学研究上，对应用性研究重视不足，⑧ 应用型大学的办学特色尚未彰显；在社会服务上，"服务地方能力不强"，⑨ 社会资源的拓展能力有限；在管理体制上，"行政主导现象严

---

① ［美］伯顿·克拉克：《大学的持续变革：创业型大学新案例和新概念》，王承绪译，人民教育出版社 2008 年版，第 39 页。

② 同上书，第 232 页。

③ 参见［美］亨利·埃兹科维茨《三螺旋创新模式》，陈劲译，清华大学出版社 2016 年版，第 273—275 页。

④ 宣勇：《大学必须有怎样的办学自主权》，《教育发展研究》2010 年第 7 期。

⑤ 王硕旺、蔡宗模：《应用型大学的缘起、谱系与现实问题》，《重庆高教研究》2016 年第 2 期。

⑥ 李化树、黄媛媛：《地方新建本科院校发展战略转型的路径选择》，《高校教育管理》2011 年第 1 期。

⑦ 别敦荣：《应用型大学的发展与教学改革》，《玉林师范学院学报》（哲学社会科学版）2017 年第 3 期。

⑧ 董泽芳、聂永成：《关于新建本科院校转型分流现状的调查与分析》，《高等教育研究》2016 年第 4 期。

⑨ 刘汉成：《地方本科院校转型发展的实践探索》，中国经济出版社 2015 年版，第 13—15 页。

重"①，资源管理能力与运作能力欠缺。还有学者从创业文化的角度指出：地方高校对创业文化的认同感还未高度形成，现有办学条件未能满足创业文化的需要。② 第三，应用型大学与创业型大学具有相同价值取向的内在基因，均坚持学以致用而不是学以致知的应用学术观，只不过，创业型大学是更为彻底的"应用型"。③ 在本书本体论研究部分已经指出，创业型大学以应用性知识作为生产原点，以此来培养创造性人才并尽可能致力于科研成果的转化，体现了鲜明的实用主义价值取向。在实践体研究部分已经指出，应用型大学将以科研转向作为其制度创新，逐步推动学校走上学以致用的办学道路，最终以培养应用型人才与开展应用型科研作为学术追求。至于应用型大学是否要以此来从社会上争取办学资源，走上自力更生的道路，由于缺乏相应的办学自主权以及学术能力，当前还无法跨越学术资本积累阶段而直接步入创业型大学轨道。可见，应用型大学与创业型大学处在同一个轨道上，朝着同一个方向迈进，只不过，应用型大学是创业型大学的奠基阶段，地方本科院校向创业型大学转型的第一站便是应用型大学。

定位于应用型高校已经成为广大地方本科院校的战略选择，④ 但这些院校离真正的应用型大学相距甚远。若要致力于创业型大学建设，这些应用型高校至少需要从以下几个方面努力，不断强化自身的应用能力与应用特色。第一，推动科学研究的转向。不同组织主体对于科学研究的类型表述不尽一致。例如，教育部的科技统计工作将科学研究分为基础研究、应用研究和试验发展。⑤ 联合国教科文组织将科学研究划分为基础研究、应

---

① 李化树、黄媛媛：《地方新建本科院校发展战略转型的路径选择》，《高校教育管理》2011 年第 1 期。

② 陈笃彬：《地方高校建设创业型大学的理论与实践》，福建教育出版社 2016 年版，第 176—179 页。

③ 付八军：《创业型大学是最为彻底的"应用型"》，《中国教育报》2016 年 8 月 15 日。

④ 潘懋元、车如山：《做强地方本科院校的理论与实践研究》，高等教育出版社 2016 年版，第 5—8 页。

⑤ 基础研究是指认识自然现象、揭示自然规律，获取新知识、新原理和新方法的研究活动；应用研究是指为获得新知识而进行的创造性研究，主要针对某一特定的实际目的或目标，是基础研究在实践中的运用，是对基础研究的发展和深化；试验发展是指在科学技术领域，为增加知识总量，以及运用这些知识去创造新的应用进行的系统性的、创造性的活动，其英文缩写为R&D。参见李林、刘琳、刘华伟《应用型大学科研管理工作研究》，《北京联合大学学报》2016 年第 1 期。

用研究与发展研究。国家统计局关于项目研究类型则分为基础研究、应用研究、实验与发展。但是，无论哪种分类标准，普遍将基础研究与应用研究作为并列的两个类型；而且，两者在价值取向上确实具有反向性，能够成为科学研究最为基本的两种类型。基础研究瞄准学科高峰，不追求成果的应用价值；应用研究瞄准行业需求，关注服务社会的可能性与市场性。应用型大学的科研要通过科研管理与评价机制，实行从基础研究向应用研究的转向。① 这种转向的要旨，在于激励教师从生产生活实践乃至具体的人才培养活动中提取问题，在具体问题研究的过程中寻找理论，强化科学研究服务社会的意识与使命，而不是将具体问题上升为遥远的理论，最终以解决问题或者社会欢迎作为检验成果的唯一标准。正如有文指出的，应用型高校要"以应用研究为基础、以促进教学为目的、以服务地区发展为宗旨"作为科学研究的定位。② 第二，提升人才培养效果。科学研究与教学育人是"源"与"流"的关系，③ 不同价值追求的科学研究，必定培养不同规格的人才类型。倡导应用型研究，在人才培养观上正是为了培养应用型人才。在如何培养应用型人才上，学界已经进行了深入的探索，产出了丰硕的成果。例如，在指导思想上，培养"能就业、好就业、就好业"的毕业生是应用型大学的根本任务，④ 也是应用型大学赢得社会声誉的根本保证；在人才定位上，培养具有较强实践动手能力、综合分析能力、创新能力、知识运用能力和科技成果转化能力的新型现代应用型人才，⑤ 提高学生发现问题、分析问题和解决问题的能力，⑥ 为工业 4.0 时代地方经济结构调整、传统产业优化升级做出贡献；⑦ 在课程建设上，要

---

① 李林、刘琳、刘华伟：《应用型大学科研管理工作研究》，《北京联合大学学报》2016 年第 1 期。

② 王绿原：《对应用型高校科研定位和评价的思考》，《重庆第二师范学院学报》2016 年第 3 期。

③ 朱九思：《开拓与改革》，华中科技大学出版社 2008 年版，第 80 页。

④ 张慧丽：《以就业为导向的应用型大学人才培养模式创新研究》，《中国成人教育》2016 年第 13 期。

⑤ 李晓毓等：《基于产学研应用型本科院校学生动手能力的培养》，《黄山学院学报》2016 年第 3 期。

⑥ 王章忠、张相琼：《地方应用型本科院校科技创新体系的构建》，《技术与创新管理》2008 年第 1 期。

⑦ 姚翼源、李祖超：《应用型大学供给侧改革的路径探析》，《教育评论》2017 年第 2 期。

与企业共同开发课程资源，① 开发知行体系应用型课程，② 强化实践课程体系；③ ……第三，增强行政管理效率。当前，地方本科院校在行政管理上最为突出的问题是官僚习气浓厚，由此导致成本意识薄弱、创新创业动力不足、行政管理工作低效等，离创业型大学精简高效、求真务实的办学文化相距甚远。在政策与制度允许的范围内，应用型大学需要探索管理体制机制改革，"弘扬鼓励创新、宽容失败的创新文化"④，减少冗岗冗员，培育与践行成本意识，提高工作效率与效益。

二　"自力更生"能力的展现阶段

传统普通本科院校向创业型大学转型，第一个发展阶段就是转向应用型大学。当应用型大学具备较强的社会服务能力，以其教学服务与应用性科研成果的质量而不是政府的文凭保护能够从社会上竞争到办学资源，那个时候就已经自然发展到创业型大学的成长期了，进入创业型大学"自力更生"能力的展现阶段，可以称之为名副其实的创业型大学。那么，这个阶段的创业型大学具有什么样的特征，或者说，发展到这个阶段的应用型大学具有什么样的特征？结合上篇本体论关于创业型大学本土化的内涵诠释，本书从以下几个方面展开阐述。

（一）在人才培养上，凭借教学服务质量而不是政府文凭庇护赢得生源

哈佛大学前校长科南特（J. B. Conant）的名言，"大学的荣誉，不在它的校舍和人数，而在于它一代一代人的质量"，适用于古今中外一切大学，创业型大学自然也不例外。不过，创业型大学的人才培养质量不是依靠政府庇护的文凭效应，也不完全依靠优秀生源来成就，而主要凭借良好的教学育人效果，能够将基础不那么优秀的学生培养成为相应领域或岗位上具有竞争力的优秀人才，明显地实现高等教育期间个人在知识、能力与素质等方面的增量。这个"增量"，能让教育的消费者、人才的消费者切

①　陈维霞：《应用型大学协同育人管理机制研究——基于产教融合的视角》，《中国职业技术教育》2017 年第 32 期。

②　付八军：《论应用型大学师资队伍建设的内生模式》，《浙江社会科学》2017 年第 6 期。

③　王庆功：《转型与超越：应用型大学改革发展之道》，《山东高等教育》2016 年第 3 期。

④　王章忠、张相琼：《地方应用型本科院校科技创新体系的构建》，《技术与创新管理》2008 年第 1 期。

切实实地感受到，同时，这也是创业型大学依此赢得社会各界支持的力量之源。

当前，中国大学生厌学现象普遍，① "教者无乐趣，学者无兴趣"②，预示着大学课堂存在"教学危机"③。课堂教学仍然是高校人才培养的主阵地与主渠道，课堂教学的危机也就预示着人才培养质量的危机。只不过，高等教育以及人才市场发挥的人才选拔功能，催生了学习者个体的主观能动性，在很大程度上掩盖了高校在人才培养上的缺位或者疲软。钱学森先生指出："现在中国没有完全发展起来，一个重要原因是没有一所大学能够按照培养科学技术发明创造人才的模式去办学，没有自己独特的创新的东西，老是冒不出杰出人才。"④ 这个问题，其实正要从课堂教学危机的角度寻找答案，从提高人才培养"适切性"⑤ 的层面推进改革。需求是高等教育改革和发展的根本支撑点，⑥ 也是激活课堂教学活力、培养创造性人才的第一动力源。对于社会上大量需要的，不是传统的理论型人才，而是"懂技术、会应用、能应用的应用型创新人才"⑦。应用型人才的培养过程，本身就包含思辨能力与理论素养的培养，这与"分析与解决具体问题的能力培养"不仅不是对立的，而且是相辅相成甚至完全融合在一起的。可以说，越是高层次的应用型人才，对一个问题理解得越透彻，他的思辨能力与理论水平就会越高。创业型大学正是从这个角度出发来培养社会需要的应用型人才，遵循高等教育供给侧改革理论的基本要求，解决"结构性矛盾较为突出、优质产品供给不足、劣质产品供给过

---

① 王立志等：《大学生厌学现象与对策研究》，《高教学刊》2016 年第 14 期。

② 黄秀兰：《思、趣、活、来：大学课堂教学质量实践之追求》，《高教探索》2015 年第 6 期。

③ 吴艳、陈永明：《大学课堂教学的现状分析及思考——基于全国十所高校的实证调查》，《高教探索》2015 年第 11 期。

④ 钱学森：《钱学森最后一次系统谈话：大学要有创新精神》，《教书育人》2010 年第 1 期。

⑤ 张金福：《提升地方本科高校的区域适切性：供给侧结构性改革的视角》，《中国高教研究》2017 年第 1 期。

⑥ 张有声：《从供给侧改革本科专业人才培养思路》，《中国高等教育》2016 年第 1 期。

⑦ 崔永红：《应用型大学：地方本科院校转型发展之路》，《应用型高等教育研究》2016 年第 2 期。

剩、市场供需不相匹配、部分教育产能过剩等"① 问题。因此，处在这个阶段的创业型大学，已经具有培养经得起市场检验的应用型人才的能力，"基于应用的教学目的，积极主动的学习热情"，不仅能让在校接受学历教育的学生从能力提升而不是文凭获取角度来学习，而且能让大量社会人士基于高质量的教学服务而购买该校的各种课程教学资源。

（二）在科学研究上，根据社会效益效应而不是传统量化考评赢得尊重

毫无疑问，科学研究是创业型大学学术创业的前提，具有应用价值和商业潜力的科研成果是创业活动的基础。② 但是，当进入自力更生能力的展现阶段，创业型大学的科学研究已经完全从一种目的变成一种手段。在这种科研价值观的指引下，创业型大学不会对任何形式的传统科研成果予以任何形式的直接奖励，这反而应该成为教师提升教学服务水平、推动成果转化以及获得学界声誉的内在追求与自觉行为。评价教师的科学研究能力与业绩，不再遵循传统的量化考评模式，正如有文指出的，"在行政化的导向下，职称评聘标准逐渐形成了以发表论文数量和论文刊物级别高低决定评聘资格的一票否决制，这种做法助长了学术界令人诟病的造假抄袭和学术腐败之风"③，而是在人才培养效果评价的基础上，有如浙江省委原书记夏宝龙指出的 "以转化实绩论英雄"④。"对于贴近市场的高技术领域的教学科研人员而言，知识的商业潜能及产生资源的能力被看得同知识对于发现的意义一样重要。"⑤

福利待遇既是高校吸引并稳定优秀教师最重要的条件，也是激励大学教师热心从教并开拓创新最关键的因素。在我国众多高校乃至应用型大学中，传统学术业绩奖励成为大学教师收入天平的重要砝码，这正是

① 武毅英、童顺平：《高等教育供给侧改革的动因、链条与思路》，《江苏高教》2017 年第4 期。
② 高明、史万兵：《美国创业型大学科研组织及其对我国高校的启示》，《现代教育科学》2012 年第 5 期。
③ 孙卫华、许庆豫：《差异与比较：我国高校办学自主权的思考——兼析地方高校办学自主权现状》，《浙江社会科学》2017 年第 4 期。
④ 夏宝龙：《立德树人要成为高校立身之本》，《浙江日报》2017 年 2 月 22 日。
⑤ ［美］希拉·斯劳特、拉里·莱斯利：《学术资本主义——政治、政策和创业型大学》，梁骁、黎丽译，北京大学出版社 2008 年版，第 19 页。

当前我国高校普遍重研轻教的重要诱因。创业型大学虽然关闭了传统学术业绩的奖励偏门，但为教师打开了从社会上获取财富的正门。从国家的政策动向来看，创业型大学教师实现知识转移转化的外部环境越来越优惠。例如，2015 年国务院印发《关于发展众创空间推进大众创新创业的指导意见》，鼓励科技人员创业；2016 年出台《关于实行以增加知识价值为导向分配政策的若干意见》，允许教师适度兼职兼薪；2017 年国务院发布《关于深化产教融合的若干意见》，提出要将成果转化作为项目和人才评价重要内容；2017 年人力资源和社会保障部《关于支持和鼓励事业单位专业技术人员创新创业的指导意见》更是提出，鼓励事业单位人员在职创办企业。当然，对于创业型大学教师的学术创业活动而言，"它们的底线是声誉，而不是金钱利润"[①]。同时，政府也将会在"鼓励"的前提下，通过"鼓励+规范"逐步消解商业文化对学术文化的冲击，实现人才培养与成果转化、学术文化与商业文化等相辅相成相得益彰。正如有学者指出的："没有斯坦福，就没有硅谷；没有硅谷，斯坦福的光环会黯淡许多。两者的繁荣至少证实，知识创造与价值创造绝不是割裂的，可以进行有效整合。"[②]

（三）在办学经费上，依靠政府但不再主要依靠政府的核心资助而运转

根据中篇实践论研究的基本观点，钱是大学的生命，[③] 制约地方本科院校发展最根本的因素还是办学经费问题。地方本科院校要实现"弯道超车"，建成一流应用型大学，则不能仅将"应用型"作为战略目标，更要将"应用型"作为转型手段，以此来改变对于政府核心资助严重且单一的依赖，拓宽融资渠道以实现办学经费来源多元化。正如宣勇教授指出的："既然财政性短缺的根源是高等教育办学主体和投资主体过于单一，那么，改变财政性短缺的出路就在于深化高等教育财政体制改革，尤其是

---

① ［美］伯顿·克拉克：《大学的持续变革：创业型大学新案例和新概念》，王承绪译，人民教育出版社 2008 年版，第 224 页。

② 夏清华：《学术创业：中国研究型大学"第三使命"的认知与实现机制》，武汉大学出版社 2013 年版，第 47—49 页。

③ ［美］大卫·科伯：《高等教育市场化的底线》，晓征译，北京大学出版社 2008 年版，第 278 页。

改革单一的政府投资体制，加大市场参与和市场调节的力度。"① 事实上，通过各种途径融资，以此来反哺学术事业的发展，已经成为国际高等教育的发展动向与普遍现象。例如，自 20 世纪 80 年代以后，英国大学获得的政府基金急剧减少，导致许多大学越来越接近公司，其行为也越来越像做生意。② 美国康涅狄格大学教务长坦率地说："我们是在经商，我们的股东是学生、职工和康涅狄格州。"加利福尼亚大学的校长也声称"加利福尼亚大学意味着经商"。"学术界曾认为企业家的野心必然是邪恶的，而它现在却成了一种美德。"③ 富可敌国的哈佛大学仍然收取高额学费，不断扩大其办学基金，"高额学费与高比例奖学金资助是哈佛大学成就精英教育在财政方面的典型做法"④。曾有一项关于美国大学校长"最花时间的四项工作"的调查，发现有 50% 以上的大学校长占用时间最多的工作是筹资、规划和预算。其中，公立大学校长花在筹款上的时间是 44.2%，私立大学校长花在筹款上的时间是 77.0%。⑤ 澳大利亚，大学校长鼓励教学科研人员充当创业家。⑥ 总体来看，美国、英国、澳大利亚等国家纷纷将非义务教育由公共服务产品向"可由市场购买产品"转变，由国家包揽一切的做法已成为过去。⑦ 相对于传统型大学依赖政府拨款与政策优惠的生存方式，创业型大学更应该"自我依赖、自力更生，寻求不断扩展的外部收入来源"⑧。

　　大学成为企业的"自救"行为，最容易遭到学界的批判。而且，这种批判往往能够获得广泛支持。对此，本书在前文都有论及。在此，本书从一位强烈批判过大学"自救"行为而最后又认为该种行为有益于学术事业发展的知名"校长教育家"即朱九思先生来分析，从朱先生学术立

---

①　宣勇：《论中国大学的主体性重建》，《国家教育行政学院学报》2014 年第 8 期。

②　温正胞：《创业型大学：比较与启示》，博士后研究工作报告，华东师范大学，2008 年。

③　［美］大卫·科伯：《高等教育市场化的底线》，晓征译，北京大学出版社 2008 年版，前言第 4 页。

④　徐来群：《"哈佛帝国"的建立——哈佛大学筹资研究》，《高教探索》2010 年第 2 期。

⑤　卢荻秋：《大学筹资不能乱了方寸》，《教育与职业》2009 年第 2 期。

⑥　［美］希拉·斯劳特、拉里·莱斯利：《学术资本主义——政治、政策和创业型大学》，梁骁、黎丽译，北京大学出版社 2008 年版，第 18 页。

⑦　周海涛、朱玉成：《教育领域供给侧改革的几个关系》，《教育研究》2016 年第 12 期。

⑧　陈霞玲：《创业型大学组织变革路径研究》，北京理工大学出版社 2015 年版，第 109 页。

场或者说行为立场的转变可以看出学术创业与教学科研并不是必然对立的。朱先生在其著作中多处强调，"目前，中国的各个大学的教育自救运动似乎成了高等教育的主要职能。这种现象太反常了"①。"中国的高等学校既然姓'社'，是公立大学，其经费来源的主要渠道应是政府财政拨款（起码要占 50%，一般应占 60%—80%），而不应使创收成为高校'自救'的'主渠道'。"②"学校'创收'，致使学校领导对教育的精力投入不足，教师精力投入不足，学生精力投入不足，特别是学校风气每况愈下，令人堪忧。"③ 最后，朱先生概括地指出："近年来的事实证明，只要处理得好，高等学校举办产业对于学校的正常教学工作并没有什么不好的影响，甚至还有利于提高高等学校的教学质量和科学研究的水平。"④ 朱先生还对如何处理办学与"自救"的关系，尤其是校办企业的转制问题，提了一些有针对性的优化对策。可见，在传统大学理念那里，"几乎没有科学家和工程师认为商业营利和申请专利是他们工作的一部分。这被认为是他们商业同行的任务"⑤。然而，在现代大学尤其创业型大学理念看来，"大学知识的资本化与大学研究成果的产业化已经明确进入了研究型大学的议程……使之成为推动整个社会经济发展的财富的'教育公司'。对那些固守英国'博雅教育'或德国研究大学理念的人来说，这无疑是大学的堕落"⑥。

（四）在内部管理上，营造企业文化而不是官僚文化推动学术事业发展

强调大学的企业文化，实质上是强调大学在市场中的主体地位，不再将大学作为政府的一个附属机构。从企业组织的立场上来分析企业文化，我们往往无法将企业文化与官僚文化对立起来。但是，长期以来，坚持传统大学理念的人士倾向于大学就是大学，如果要将大学等同于企业，则会

① 朱九思：《开拓与改革》，华中科技大学出版社 2008 年版，第 232 页。
② 同上书，第 234 页。
③ 同上书，第 235 页。
④ 同上书，第 291 页。
⑤ ［美］亨利·埃兹科维茨：《三螺旋创新模式》，陈劲译，清华大学出版社 2016 年版，第 114 页。
⑥ 夏清华：《学术创业：中国研究型大学"第三使命"的认知与实现机制》，武汉大学出版社 2013 年版，第 73 页。

被他们视为违反了不可饶恕的学术律令。因此，当我们从企业文化的角度
来分析大学，也就意味着此处的企业文化不是中性的组织文化，而是带有
市场取向的商业文化之意蕴。但是，企业文化并不能简单地归之于商业文
化，解析企业文化的内涵要点，一定少不了"民主平等""节约高效"，
这与等级森严、繁文缛节、推诿扯皮、效率低下[①]的官僚文化是完全对立
的。某些学者的实证研究表明，市场型文化、活力型文化有益于企业对于
社会责任的履行，而等级型文化则不利于企业对于社会责任的履行。[②] 从
这个角度而言，此处的企业文化也就相当于市场型文化、活力型文化，而
与等级型文化是相对应的。也有研究表明，不同国家对于企业（组织）
文化的维度分析不尽一致，但团队导向、顾客导向、创新、协调与沟通四
个维度[③]得到广泛认可。该研究解析出来的这四个维度，亦是创业型大学
企业文化的内在要求。根据以上分析，创业型大学呈现出企业文化而不是
官僚文化，也就意味着大学在很大程度上相当于一个现代企业而不是机关
衙门，其内部管理模式呈现出民主合作、服务为本、效率至上等特征。例
如，校长的"官味"与"级别"越来越淡，更多地相当于一个企业的
CEO；凡与人才培养以及成果转化没有直接或者间接相关性的机构，逐渐
从部门架构中消失；无论教师还是职员，均以能力与业绩获得报酬并委以
重任，人与人之间的依附或者从属关系逐渐淡化，"双创时代拒绝所谓的
'背景'"[④]；大学对政府的依赖性减弱，能够从社会上获取较大比例的办
学经费，从而整个学校体现出企业经营的特征，管理效率与效益大大提
升；等等。虽然中国的创业型大学不一定像莫纳什大学那样强化学术创业
的任务，例如，该大学根据二级学院院长们在推进创业型大学目标上前进
了多少来评价他们的绩效，[⑤] 但是，设立与运转"处理专利和授权事务的

---

① 京东山人：《国企官僚文化批判》，《企业家天地》2002 年第 1 期。

② 张晓、范英杰：《从企业文化视角看社会责任绩效影响因素》，《财会月刊》2018 年第
4 期。

③ 徐尚昆：《中国企业文化概念范畴的本土构建》，《管理评论》2012 年第 6 期。

④ 佚名：《双创时代拒绝所谓"背景"》，《第一财经日报》2015 年 8 月 21 日。

⑤ ［澳］西蒙·马金森、马克·康西丹：《澳大利亚企业型大学的权利结构、管理模式与
再创造方式》，周心红译，浙江大学出版社 2007 年版，第 168 页。

办公处",同样是为大学获得经济效益。① 正如诺贝尔经济学奖获得者西奥多·舒尔茨(Theodore W. Schultz)所言:"学校可以视为专门生产学历的厂家,教育机构可以视为一种工业部门。"② 也正如叶赋桂等学者在对大学的来龙去脉进行一番梳理后总结性指出:"大学的产生根本不像今天有些学者所吹捧的,有什么崇高之处。大学就是一个为钱而生的机构。大学像其他所有商业或市场机构一样,为了钱而进行市场交换。"③ 当然,无论公益取向的创业型大学,还是营利取向的创业型大学,最终都要以也必须以人才培养与成果转化的社会声誉来赢得社会各界的支持。

三 创业型大学概念的消亡阶段

中国传统型院校向创业型大学转型,第一个发展阶段便是建设应用型大学,在"应用"旗帜的指引下,努力实现教学服务对人才培养的适切性,实现科学研究对人类社会的实用性。当应用型大学培养的应用型人才与提供的应用性成果得到社会的肯定,并能凭借这两大独特的产品从市场上竞争到较大比例的办学资源,改变了对于政府单一且过度的依赖之际,应用型大学也就发展到创业型大学的能力展现阶段,亦即变成了名副其实的创业型大学。但是,在越来越多的传统型院校转型成为创业型大学之后,作为一个概念的"创业型大学"也就完成了历史使命,自然会静悄悄地退出历史舞台。这就像有文指出的:随着师范学校的消失,"师范教育"在发达国家的有关文献和研究资料中已经绝迹,许多人现在已经不理解"师范"(normal)有"教师教育"的含义了。④ 到了创业型大学概念的消亡阶段,许多人也不知道身边形形色色的大学,正是以往学者们努力描绘与建设的创业型大学。那么,学者们苦心孤诣构建起来的创业型大学理论大厦,为什么会在未来的某一天突然坍塌并且灰飞烟灭?明白其理由,也就明白创业型大学本土化研究的价值与意义。对此,我们可以从理念与实践两个层面来解析。

---

① [美]亨利·埃兹科维茨:《三螺旋创新模式》,陈劲译,清华大学出版社2016年版,第115页。

② 金保华、刘晓洁:《高等教育供给侧结构性改革的理论逻辑与实践路径》,《教育与经济》2016年第6期。

③ 叶赋桂、陈超群、吴剑平等:《大学的兴衰》,清华大学出版社2016年版,第111页。

④ 洪明:《教师教育的理论与实践》,福建教育出版社2002年版,第8页。

　　从理念层面而言，创业型大学理论研究传达的最强信号就是告诉传统型大学，应该逐渐减少对于政府过多过强的物质依赖性，凭借人才培养质量与成果转化效益走上自力更生的办学之路，当这种理念与意识成为大学的一种常识，创业型大学这个概念也就失去了研讨的价值与意义。创业型大学的概念首先于 20 世纪末诞生于美国，随后在美国掀起了一股研究创业型大学的热潮，进入 21 世纪之后，这个研究热潮很快就转变为"渐弱型前沿"①。创业型大学研究在以美国为首的西方发达国家之所以由热点主题、最新前沿很快转变为渐弱性前沿，重要原因就在于该概念所传达的理念很快就能获得社会各界的认同。从某个角度而言，伯顿·克拉克与埃兹科维茨提出并论证的这个概念，最初由于回应了高等教育实践中的一些颇具重大意义却又缺少发现或者归纳的现象，从而引起了学界的极大热情与研究兴趣，但当社会各界明白这不过是一个常识问题之际，创业型大学的理论研究就自然少了许多探索者与欢呼者。例如，从中国学者的角度来看，有文将哈佛大学都视为创业型大学。② 正如德鲁克（Peter Drucker）先生所言："创业精神绝不仅局限于经济型机构。关于创业精神的发展历史，没有比现代大学尤其是现代美国大学的创立与发展更好的'课本'了。"③ 然而，对于中国等许多发展中国家尤其以"政治论哲学"④ 作为高等教育决策基础的国家而言，创业型大学的实践才刚刚开始，甚至还很难完完全全地按研究预期顺利推进，从而在相当长一段时间内，创业型大学的理论研究还处在萌芽状态，甚至还要与各种传统的保守观念对峙与交锋。在这样的国家，创业型大学概念的溯源性诠释与理论大厦的本土化构建就显得尤其重要与紧迫。但是，历史的车轮是滚滚向前的，谁也没法阻挡社会变革的发展趋势。随着西方创业型大学成功案例的不断引入以及中国创业型大学建设的成功实践，创业型大学在国人心中的形象也将由一个"异端"逐渐发展成为"类型"，最后变成一种"常识"。到了那个时候，

---

　　① 潘黎、侯剑华：《国际高等教育研究的热点主题和研究前沿——基于 8 种 SSCI 高等教育学期刊 2000—2011 年文献共被引网络图谱的分析》，《教育研究》2012 年第 6 期。

　　② 刘振亚：《美澳创业型大学的建构和发展研究》，《西南民族大学学报》（人文社会科学版）2014 年第 12 期。

　　③ ［美］彼得·F. 德鲁克：《创新与创业精神》，张炜译，上海人民出版社 2002 年版，第 28 页。

　　④ ［美］布鲁贝克：《高等教育哲学》，王承绪等译，浙江教育出版社 2001 年版，第 13 页。

中国学界对于创业型大学的研究也会像美国那样逐渐从热点主题变成渐弱型前沿，最后悄无声息地消失在学者的视线中。"距离产生美，距离也产生真。任何对于历史（事件、事实）的回顾与反思，总是基于一定的距离进行的。"① 站在美国的立场回望其"师范教育"概念的诞生与消亡，能够深刻地领会师资培养的发展进程。事实上，当前站在中国的立场也能感受"师范教育"概念的冷却与隐退。若干年之后，我们再来回望"创业型大学"概念的诞生与消亡，其感受是完全一样的。

从实践层面而言，创业型大学是人们为了指引高等教育变革而创设的一个概念，当实践层面的创业型大学如火如荼地发展起来了，作为一个具有指引价值的概念也就失去了价值，无须研讨并且走向消亡也就是自然归宿。理念与实践是具有层级性的，已经付诸实践的东西，在理念上大多是获得认同的。创业型大学研究在美国之所以走向渐弱型前沿，原因在于美国社会达成了对于创业型大学"成为学术界的榜样"② 的共识；美国之所以对于创业型大学有如此普遍共识，原因在于美国已经出现了许多成功的创业型大学案例高校，甚至包括密歇根大学、加州大学洛杉矶分校、北卡罗来纳州立大学、佐治亚理工学院等大量公立大学，③ 都被伯顿·克拉克视为创业型大学的新案例。创业型大学的理论研究在中国之所以长期处在译介阶段，甚至其学术观点不时受到学界围啄，在很大程度上正取决于中国缺乏成功的创业型大学实践案例。"文化是冰山，制度是冰尖。"④从这一点来看，理论、政策与实践三者也是具有层级性的。在中国，"政策"在这个三级阶梯中处在关键位置，既牵引了理论研究的动向，也指引了实践改革的方向。"要讨论怎样才能把大学办好，我认为，首先决定于中央政府能否制定和执行正确的政策、能否正确指导各高校与地方政府。"⑤

---

① 周元宽：《改革开放以来中国高等教育变迁的主题变奏与时代特征》，《北京大学教育评论》2012年第4期。

② [美] 亨利·埃兹科维茨：《麻省理工学院与创业科学的兴起》，王孙禺、袁本涛等译，清华大学出版社2007年版，第1页。

③ [美] 伯顿·克拉克：《大学的持续变革：创业型大学新案例和新概念》，王承绪译，人民教育出版社2008年版，第191—214页。

④ 赵晓：《制度是冰尖　文化才是冰山》，《南方周末》2003年7月31日。

⑤ 朱九思：《开拓与改革》，华中科技大学出版社2008年版，第70页。

然而，在创业型大学的中国实践问题上，中国政策陷入了一个"二律背反"①的悖论。一方面，站点更高的中国政府做到了高瞻远瞩。例如，在1985 年发布《中共中央关于教育体制改革的决定》之际就提出了要"扩大高等学校办学自主权……使高等学校具有主动适应经济和社会发展需要的积极性和能力"；1998 年公布并于 2015 年修订的《高等教育法》，均明确规定"高等学校应当面向社会，依法自主办学，实现民主管理"；2010年颁布实施的《国家中长期教育改革和发展规划纲要（2010—2020年）》再次提出"促进高校办出特色，建立高校分类体系，实行分类管理"；除了前文提到近年密集发布鼓励学术创业的政策外，2018 年 1 月 20日出台的《关于全面深化新时代教师队伍建设改革的意见》进一步提出："在推进高等学校教师薪酬制度改革上，提出要建立体现以增加知识价值为导向的收入分配机制，扩大高等学校收入分配自主权。……高等学校教师依法取得的科技成果转化奖励收入，不纳入本单位工资总额基数。"所有这些政策，都有利于中国创业型大学的成功实践。然而，另一方面，落实高校办学自主权的政策迟迟难以落地。"大学章程的契约化、政府对大学校长资格的终审权、大学自主招生权力和大学自主理财权力约束体系的健全，是落实大学自主权必不可少的内容"②，也是公办普通本科院校建设创业型大学的前提与要求。但是，这些自主权的最终落实，将是一个相当漫长的过程，正如前文研究指出的，需要大学首先提升自身市场竞争能力，改变对于政府过度物质依赖的现状，通过一种逆向的路径来寻找政府的简政放权。当自力更生的办学理念成为大学建设的一种常识，同时中国已经出现了一批成功的创业型大学案例高校，那么创业型大学的理论研究也就不会为任何一方所关注，最终在中国的各种学术文献中销声匿迹。

总之，创业型大学概念的自然消亡，不是高等教育的灾难，反而是高等教育进步的表现。"创业型大学"这个概念从诞生到争议，从理论到实践，从热潮到消退乃至最后的消亡，就像一个人的生命运行轨迹一样，有其规律性与周期性。正如邬大光教授从高等教育语言流变的视角指出的，这同样"既反映着社会对高等教育不断提出新的诉求，也反映出人们对

---

①　冒从虎：《黑格尔对康德的二律背反学说的继承和发展》，《社会科学战线》1980 年第1 期。

②　宣勇：《大学必须有怎样的办学自主权》，《教育发展研究》2010 年第 7 期。

高等教育认识的不断深化,更折射出高等教育变革的加速与新的价值选择"①。那么,如何加快"创业型大学"概念的演变进程?对于创业型大学的中国实践而言,关键还是在于政府的政策指引。为此,本书下一节选择"共同利益"这个理论视点,探讨中国高等教育决策的价值基础。

第二节 中国高等教育决策的价值基础

应用型大学是中国传统本科院校转型为创业型大学的必经阶段,只有在应用型大学的"应用"属性得到市场认可时,才有可能进入创业型大学的能力展现阶段。从第一个阶段到第二个阶段,中国传统本科院校需要走多长时间,取决于大学自身的努力与政府外在的推动。本书前文总体上都是以大学自身努力作为主线,最后倒逼或者说逆向实现高校办学自主权的扩大。但是,如果政府同时努力,两个力量相向而行,那么传统本科院校向创业型大学转型所需时间就会少得多。因此,我们必须推动政府简政放权,赋予高校更多的办学自主权。然而,这个问题探讨了这么久,一直没有更大的改善。那么,我们有没有更充足的理由来推动政府的改革呢?在此,本书借用联合国教科文组织最近发布的一份报告,其中提到在教育领域要让"共同利益"取代"公共利益"。冷静深入思考,我们可以发现,这次概念更替蕴含着教育理念的重大变化,为政府推动创业型大学建设提供了坚实的理论基础。继1972年《学会生存——教育世界的今天和明天》(简称《富尔报告》)与1996年《教育——财富蕴藏其中》(简称《德洛尔报告》)之后,联合国教科文组织近年发布了第三份关于教育的重要报告——《反思教育:向"全球共同利益"的理念转变?》(以下简称《反思教育》)。这三份报告,承继了作为全球思想实验室的联合国教科文组织的一贯教育理念与价值主张,但亦各有侧重与追求。有文指出,"如果说《富尔报告》倡导科学主义和经济主义,《德洛尔报告》倡导理想主义和乐观主义,那么《反思教育》报告的主要内容是提出了人文主义价值观"②。应该说,人文主义价值观还不能具体说明《反思教育》

① 邬大光:《高等教育语言流变与高等教育变革》,《教育研究》2008年第2期。
② 陶西平:《在交流与借鉴中创新——〈每一个学生成功法〉与〈反思教育〉》,《未来教育家》2016年第8期。

的特色与贡献,《德洛尔报告》就"具有浓厚的人文主义色彩,工具性和市场导向较弱"①。从而,在联合国教科文组织的三份重要报告中,《反思教育》不是第一次提出人文主义,而是"重申人文主义教育方法"②。但是,《反思教育》第一次明确提出要让"共同利益"这个概念取代教育领域中传统概念"公共利益","将知识和教育视为共同利益(common goods)",以便"摆脱'公共利益'(public good)概念所固有的个人主义社会经济理论的影响"③。那么,联合国教科文组织为什么提出要让"共同利益"取代"公共利益"?"共同利益"框架下高等教育变革将会呈现什么样的趋势?在这种趋势下我国政府又应该采取什么样的高等教育政策?这三个问题实质上正是"共同利益"框架下对高等教育决策价值基础的具体回答,值得每位高等教育理论工作者与实践工作者在《反思教育》的基础上再度反思,更需要在政策文件上鼓励创业型大学建设但在行动方案上掣肘甚多的政府认真思考。

一　从"公共利益"到"共同利益"的合理性分析

长期以来,"国际教育讨论往往将教育作为一项公共利益事业"。④ 在我国的许多政策文本中,教育亦被纳入民生工程。在人们的观念中,教育的第一属性便是公益性。总之,教育是民生工程,是公益事业,已成世界框架。但是,在联合国教科文组织最近发布的《反思教育》中,却明确提出,"公共利益理论有着悠久的传统,在市场经济学中有其存在的基础。……将原本属于经济范畴的概念引进教育领域,这种做法是有问题的。……'共同利益'概念或许可以成为具有建设性的替代品"⑤。本书认为,在教育领域,以"共同利益"概念来取代"公共利益"概念具有合理性。

其一,"公共利益"的内涵极为复杂,影响人们对于教育本质的认识。"公共利益"简称公益,是一个与"私人利益"相对应的传统概念。

---

①　联合国教科文组织编:《反思教育:向"全球共同利益"的理念转变?》,联合国教科文组织总部中文科译,教育科学出版社2016年版,第7页。

②　同上书,第2页。

③　同上书,第3页。

④　同上书,第68页。

⑤　同上书,第69页。

然而，这个传统概念至今没有一个权威的统一界定，① 以致有文转引美国学者特里·L. 库珀（Terry L. Cooper）的话说："要想给出一个能得到理论界或实际工作者公认的'公益'定义，是不可能的。"② 不同的社会发展阶段，赋予"公益"不同的元素；不同的学科，偏重"公益"不同的方面，其英文词汇亦不尽一致。例如，法学偏重公益（public interest）的社会公平与正义，伦理学偏重公益（public welfare）的人类幸福与终极追求，经济学偏重公益（public interest）的非营利性与非排他性，政治学偏重公益（public good）的社会治理与公共投入。③ 正因为公益性的内涵如此复杂，以致该概念移植到教育领域之后，人们根据不同需要取其不同含义，广泛应用到教育的方方面面，在很大程度上反而模糊了我们对于教育本质的认识。例如，有文指出，"高等教育不具有无限的公益性，它不是一种纯粹的公益事业"④；又有文指出，公益性"是高等教育的本质属性……是民办高等教育的本质特征;"⑤ 还有文指出，"高等教育的公益性不是体现在高等教育的产品性质上，正是体现在它的社会功能上。……高等教育的产业性与公益性不是非此即彼的对立关系，而是构成手段目的的共存关系"⑥。在这些句子中，有的是从非营利角度来运用公益概念，有的则是从社会价值来看待公益内涵，不仅让我们找不到教育公益性的确切含义，而且从这些相互矛盾的界说中理不清教育到底是什么了。

　　其二，教育私有化现象无法避免，且在不断加强，"公共利益"的非营利性和非排他性已经无法揭示教育的本质特征。尽管教育的公益性或者公益性的教育尚未在内涵上达成共识，但是，无论学术文体还是民间话

---

　　① 关于公益的定义，可以列出许多种。不过，本书倾向于卓高生博士的界定。他将公益从广义与狭义两个方面来理解。广义上的公益，是指一切涉及公共利益的行为和活动，包括政府性和非政府性、营利性和非营利性、强制性和非强制性的。狭义上的公益，主要是公益主体以非政府的形式进行的、具有非营利性、非强制性、救助性和社会性的一切公益活动的总和。参见卓高生《公益精神概念辨析》，《理论与现代化》2010 年第 1 期。

　　② 黄静潇、汤晓蒙：《从公益事业到共同利益——从联合国教科文组织教育理念的转变谈起》，《教育发展研究》2017 年第 9 期。

　　③ 卓高生：《公益精神概念辨析》，《理论与现代化》2010 年第 1 期。

　　④ 原青林：《论高等教育的公益性与私益性》，《高等教育研究》2009 年第 8 期。

　　⑤ 李钊：《论民办高等教育公益性的实现》，《高等教育研究》2009 年第 9 期。

　　⑥ 付八军：《高等教育产业性与公益性再辨析》，《山西大学学报》（哲学社会科学版）2004 年第 6 期。

语，主要还是从经济学的公共产品理论来看待教育领域的"公益"属性。也就是说，所谓公益性，意即公共产品属性。这种属性具有两个最为突出的外显特征：一是非营利性，二是非排他性。从而，教育的公益性，首先意味着教育具有非营利性，教育服务不是纯粹的商业产品，教育不能产业化、私有化；同时，教育具有非排他性，教育服务不能像奢侈品一样，富裕者可以挤兑贫困者，教育应该是社会公民的一项基本人权，公平性是教育的内在要求。然而，在教育私有化现象逐渐扩大并不断纵深发展的今天，非营利性与非排他性的"公益"解读，已经不能深刻与准确地揭示教育的本质特征了。《反思教育》指出"公共产品"不能成为教育治理的规范性原则，"教育是一项公共事业"的观念已经过时，除了教育国际化与学习需求多元化、个性化等因素促成外，主要基于教育私有化趋势的出现与增强无法避免。"由于各种形式的私有化复制甚至加剧学习机会的不平等，教育作为一项公共利益事业的概念以及国家在确保受教育权方面的作用都受到严重质疑。"① 确实，教育私有化的出现与增强，使得教育的商品属性不断呈现，我们再也无法确保教育的非营利性与非排他性，如果我们仍以非营利性与非排他性来要求所有教育活动，甚至以此作为教育的本质特征，显然是不合时宜的。这就表明，"公共产品"已经不能成为指导与规范教育活动的一个核心概念，我们需要寻找一个新的概念，以便既能涵盖公益"共同善"（common good）的理念和精神诉求，② 又能应对无法避免且不断加剧的教育私有化趋势。

其三，"共同利益"蕴含着责任与使命，具有超越性与包容性，能够取代"公共利益"成为教育治理的新话语。教育作为公益事业的理念，已经不符合时代要求，以"共同利益"取代"公共利益"正是联合国教科文组织做出的重要回应。那么，何谓共同利益？在《反思教育》中，共同利益被定义为"人类在本质上共享并且互相交流的各种善意，例如价值观、公民美德和正义感"③。对此，不同的学者有不同的解读。顾明

---

① 联合国教科文组织编：《反思教育：向"全球共同利益"的理念转变？》，联合国教科文组织总部中文科译，教育科学出版社 2016 年版，第 67 页。

② 卓高生：《公益精神概念辨析》，《理论与现代化》2010 年第 1 期。

③ 联合国教科文组织编：《反思教育：向"全球共同利益"的理念转变？》，联合国教科文组织总部中文科译，教育科学出版社 2016 年版，第 69 页。

远先生认为，这里包含三层意思：一是教育的人文主义精神；二是强调教育的共同利益；三是强调多样性、多元化。① 应该说，"共同利益"既具有真善美的高度，继承了公共利益的人文主义精神，还具有将公益与私益、营利与非营利等全部容纳进来的广度与宽度，体现了参与的多样性、多元化，超越了公共利益的狭隘性与局限性。更重要的是，"共同利益"彰显了责任与使命，远比"公共利益"更能体现教育的价值，走出了教育定位于"民生工程"的无为形象，能让更多的个体、组织投入教育这项共同利益的活动中。可见，将教育纳入共同利益的框架下，那就意味着教育活动是一项关系到人类生存与发展的共同事业，人人都应该参与，人人都有责任，人人都与此相关。显然，这不仅化解了教育作为"公共利益"所面临的现实挑战，而且在继承"公共利益"真善美的品质基础上，将教育活动再次提升到一种责任与使命的高度，完全可以成为全球教育治理的行动指南。

二　"共同利益"框架下高等教育变革的趋势

当我们将指导与规范教育的理念从"公共利益"转到"共同利益"之后，教育领域各个方面的活力必将得到极大的释放，这正是创业型大学诞生与发展的适宜土壤。从一个国家或者地区的办学主体、学习者到全球范围的教育交流与合作，从教育活动的内容与形式到各级政府的教育政策，都将发生重要变化。这些重要的变化，发生在包括基础教育、高等教育在内的一切教育领域。只不过，在义务教育与非义务教育、学历教育与非学历教育等方面，会有不同程度的表现。从我国高等教育领域来看，"共同利益"框架下该领域的变革至少呈现以下趋势。

（一）举办教育的主体越来越多元化，教育活动的形式越来越多样化

办学主体确实包含了所有权与经营权的双重身份，是"立"与"办"的统一体。不过，在未做明确说明的前提下，中文语境的办学主体主要指教育的举办者，亦即投资办学的主体。根据美国学者莱斯特·M. 萨拉蒙（Lester M. Salamon）关于"政府—营利部门—非营利部门"的三元架构理论，学界将高等教育的办学主体亦分为政府、非营利部门（或第三部

---

① 顾明远：《中国教育路在何方》，人民教育出版社 2016 年版，第 143—144 页。

门）和营利部门（或狭义的市场主体）的"三分法"实践样态。① 在"公共利益"的框架下，高等教育被视为公共产品或者准公共产品，非营利部门尤其营利部门的办学，长期以来遭到质疑。现如今，"共同利益"取代了"公共利益"，高等教育不再被"公共利益"的理念禁锢与约束，非营利部门与营利部门的办学都获得了学理上的支持，必将推动办学主体越来越多元化。例如，在计划经济条件下政府作为单一办学主体的局面已经打破，但是，时至今日，无论高等教育规模还是层次与水平上，政府依然是高等教育办学的第一主体，在可预见的将来，我国高等教育办学主体的权重必将逐渐发生变化，政府之外的办学主体越来越多。又如，在非政府办学主体中，主体的身份越来越多元化，甚至某些大型企业为了维护自己的"共同利益"，也会加入高等教育领域中，培养或者训练体现本企业文化的员工，乃至把这种企业精神传播开来。高等教育办学主体的多元化，必将带来教育活动形式的多样化。因为在"共同利益"的框架下，不同办学主体会基于不同的"共同利益"来举办教育，在合法与可行的前提下，尽可能最大限度与最大效益地实现各自的"共同利益"，自然需要根据不同的教育对象、内容以及现实条件开展不同形式的教育活动。可以说，越是单一的办学主体，教育活动的形式越单一；越是多元的办学主体，教育活动的形式越多样。

（二）个性化学习的主张越来越强烈，个体学习形式越来越灵活多样

"公共利益"往往与社会福利联系在一起，更多地强调了政府的责任。② 当我们把高等教育当作一项社会福利的时候，个体学习的主动性是难以体现出来的，更不用说个性化的学习主张。例如，在计划经济的条件下，高等教育被视为公共产品，人们首先关注的是享受到免费的高等教育，或者更具竞争性的教育服务，至于是否属于自己最想要的或者适应自己个性要求的，则是第二位考虑的。③ 作为提供教育服务的唯一举办方，政府会强势地以工具理性作为行动纲领，更多地从社会进步与经济发展、

① 祝爱武：《高等教育办学主体结构调整的策略选择》，《现代教育管理》2014 年第 4 期。

② 陆震：《公共利益萎缩：中国现代化进程中的重大理论缺失与目标偏差》，《探索与争鸣》2004 年第 9 期。

③ 参见梁克荫、刘尧《市场经济与计划经济体制下的高等教育比较研究》，《西北工业大学学报》（社会科学版）1999 年第 2 期。

政治稳定角度来开展教育活动，不会基于学习者个人发展需要提供个性化的教育服务，以致出现高等教育的千篇一律、整齐划一现象。在"共同利益"的框架下，教育不再只是政府的事情，而是与所有人都有关的事情，无论参与办学的主体，还是接受教育的个体，都会从自身的利益出发，体现出前所未有的热情与关切。一方面，高等教育的市场属性、商品属性会更加明显地展现出来，各种营利与非营利性的非政府办学主体纷纷登场，为个性化学习提供丰富的选择机会；另一方面，学习者不再满足于政府自上而下无条件提供的教育服务，在课程内容、组织形式、教学方法、后勤服务等许多方面提出合理要求，推动教育举办方从学习者利益出发，不断提高教育质量，改善教育服务，丰富教育形式，满足学习者个性化的教育需求。可见，教育理念从"公共利益"到"共同利益"的转变，必然带来个性化学习诉求的高涨，以及个体学习形式的灵活多样。诚然，不断张扬的个性化学习市场，确实是一把双刃剑，在带来教育质量提升的同时，也会带来教育供给的混乱，影响到教育的公平与公正，导致"高等教育公益性的弱化"[①]。但是，这是高等教育变革的必然趋势，谁也无法阻挡。既要顺应这种趋势，又要克服伴随而来的突出问题，均在考验政府的能力与作为。而且，现代科学技术的迅速发展，会加速个性化学习时代的到来，这也将是推进个性化学习的努力方向。"'互联网+教育'创新了教育服务模式，学习者可以在任何时间学习其所需要的学习内容。而'人工智能+教育'则进一步为学习者提供个性化学习服务模式，实现因学定教和精准教学。"[②] 可见，在将教育视为共同利益的今天，个性化学习既获得了理念与制度上的支持，也获得了技术保证，必将成为高等教育变革的重要趋势。

（三）国际教育交流与合作纵深发展，全球教育治理新格局逐步形成

与联合国教科文组织发布的前两份报告一样，《反思教育》对于社会问题的分析是全面、深刻而又严峻的。"当今世界相互联系，相互依存，

---

① 朴雪涛：《我国高等教育公益性弱化的根源及其对策分析》，《复旦教育论坛》2008 年第 1 期。

② 牟智佳：《"人工智能+"时代的个性学习理论重思与开解》，《远程教育杂志》2017 年第 3 期。

各种变化使得复杂性、紧张不安和矛盾冲突达到了前所未有的程度。"①
如果我们不能共同攻克这些难题，人类利益共同体的生存空间都会受到破
坏甚至毁灭。那么，解决这些问题的钥匙是什么呢？从《反思教育》的
分析思路来看，解决社会问题的重要钥匙之一便是教育，具有"教育万
能论""教育救国论"的价值取向。为此，联合国教科文组织倡导的教育
理念常常被批评为"乌托邦式"的空论。但是，《反思教育》这次提出教
育向"全球共同利益"的理念转变，确实为我们共同解决全球乃至地区
问题提供了理论指引。通过全球范围内的教育活动，可以培养具有国际视
野的人才，可以借鉴他山之石完善本国或者地区的教育制度，可以合作研
究以便共同攻克诸如环境污染、癌症等世界性的难题等，这些都是超越国
家、超越政治、超越信仰的全人类共同利益。正如西班牙大提琴家和指挥
家帕布罗·卡萨尔斯（Pablo Casals）所说的："我们应将全人类视为一棵
树，而我们自己就是一片树叶。离开这棵树，离开他人，我们无法生
存。"基于通过教育来拯救社会的理念，高等教育领域的国际交流与合作
将会越来越广泛，越来越深入，最终将"教育是全球共同利益"从理念
变为现实。从具体表现而言，留学生教育比重不断增加，国际合作研究更
加普遍，跨国办学或者海外在线教育越来越多，学历证书认证更加频繁，
等等。总之，在共同利益的框架下，高等教育国际化不仅拥有了更大的民
间力量，还会得到政府的大力支持，必将摆脱公益理论狭隘的国别性与民
族性，实现国际教育交流与合作的纵深发展，推动教育全球治理新格局的
形成。

（四）国家承载的教育责任更加凸显，政府参与教育的形式发生改变

教育是人类的一项共同利益，强调参与教育活动的普遍性与主动性，
鼓励非政府主体投资办学，并不意味着政府责任的放弃或者减少。相反，
随着高等教育市场的开放与扩大，相对于计划经济条件下单一的政府办学
而言，政府面对的问题会越来越复杂，处理起来也会越来越棘手。正如有
文指出的："当市场机制介入教育领域，必然鼓励对效率、效益和多样化

---

① 联合国教科文组织编：《反思教育：向"全球共同利益"的理念转变？》，联合国教科文
组织总部中文科译，教育科学出版社 2016 年版，第 13 页。

的追求，给实现教育公平带来新的问题。"① 例如，某些民办高校一味迎合市场需求，追求低成本与高收益，忘记了教育发展的基本规律和基本价值，容易引发潜在的办学风险；② 高考的失利者可以在国内或者境外接受昂贵的国际教育，最后能够获得比国内高考胜出者更具有竞争力的文凭；类似慕课一样的在线教育，如何获得政府的认可甚至支持，以满足更多不同类型学习者的个性化需求，如何应对上机模式取代上学模式的挑战；如何形成非政府办学主体的进入与退出机制，如何保障在不同主体办学、不同形式办学中学习者的权益，以便更好地维护高等教育是人类社会的共同利益；等等。这些新问题与新情况，都需要政府妥善解决。可见，当我们将教育的性质从"公共利益"转到"共同利益"的定位之后，政府的责任并没有减少，在必然引发更多的新问题与新情况面前，更加凸显了政府义不容辞且刻不容缓的公共责任。只不过，政府治理教育的内容与模式会发生变化，亦即下文探讨的高等教育政策的价值向度。

三 政府顺应高等教育变革趋势的价值向度

在"共同利益"的框架下，高等教育将会发生重大变化。以上所列不是这些变化的全部内容，只是代表高等教育变化的某些重要领域。但是，从这些重要领域的变化可以看出，政府若要同时坚守自身责任与维护教育公平，必须调整高等教育政策。顺应"共同利益"理念下高等教育变革新趋势，我国政府的高等教育决策至少有以下重大调整。

（一）鼓励民办高等教育发展，加快国民教育观念转变

新中国成立一段时间后，我国高等教育属于纯粹的公益事业。1977年恢复高考后，在我国某些大城市出现了文化补习班，称得上民办高等教育的雏形。1982年修订《中华人民共和国宪法》，开始鼓励社会力量参与教育事业。1985年中共中央《关于教育体制改革的决定》尤其1993年《中国教育改革和发展纲要》颁布后，我国民办高等教育迎来了发展的春风，开始从非学历教育发展到学历教育阶段，民办高校数量以及在校生规

① 蒲蕊：《公共利益：公共教育体制改革的基本价值取向》，《教育研究与实验》2007年第1期。

② 黄藤：《秉承民办高等教育公益性的对策与实践》，《国家教育行政学院学报》2016年第10期。

模获得了极大提升。随后，国家亦多次出台各种条例、促进法、规定等，力推民办高等教育的发展。例如，2010 年颁布的《国家中长期教育改革和发展规划纲要》提出要探索对民办学校采取营利与非营利分类管理。特别值得期待的是，2013 年中共十八届三中全会提出要让"市场在资源配置中起决定性作用"，这相对于改革开放以后逐渐确定的"市场在社会主义国家宏观调控下对资源配置起基础性作用"又迈出了重要的一步。但是，我国民办高校至今尚未获得与公办高校同等的法律地位，而且"营利与非营利的分类管理问题、取得合理回报的问题、民办学校法人属性问题、落实民办高校办学自主权问题"① 都没有得到落实。应该说，这与我国政府对高等教育的性质定位有关，仍然在"公共利益"的传统教育理念下谋划民办高等教育的发展。在"共同利益"的框架下，政府首先应该做的事情便是在分类管理的基础上，对非营利性民办高校实行与公办高校同等身份认同，借鉴西方国家的做法大力支持民办高等教育的发展。例如，美国联邦政府不带任何附加条件地向公私立高校均提供资助，包括学生资助和研究资助，州和地方政府对私立高校主要实施税收减免、学生资助等扶持政策。② 当政府将高等教育视为"共同利益"而不再局限于"公共利益"之后，高等教育到底由谁来举办与管理就不是最重要的，最重要的便是能否高效提供符合人们共同利益的教育服务。当民办高校享有公办高校同样的法律地位、非营利性的民办高校能够得到与公办高校同样的资助，人们也就不再执拗于教育"公益性"与"私益性"之争，更容易接受高等教育也是我们人类的共同利益。

（二）下放高等教育管理权限，激发大学自主创新活力

在这个世界上，有一个组织非常特别，既需要政府给其大力资助，又不能过多地限制其活动自由。这个组织，便是大学。从全球高等教育中心的转移就可以发现，世界一流大学的集聚地不一定都是经济最发达的地区，但一定是给予大学更多自由的地区。例如，19 世纪上半叶，德国还是一个四分五裂的封建奴隶制国家，但柏林大学的改革开创了德国高等教

---

① 黄藤：《秉承民办高等教育公益性的对策与实践》，《国家教育行政学院学报》2016 年第 10 期。

② 方芳：《政府"为何"和"如何"资助民办高等教育？——来自美国的经验与启示》，《国家教育行政学院学报》2017 年第 3 期。

育的新局面，很快将世界高等教育的中心从英国转移到了德国。正如张楚廷教授所言："19世纪为什么成为德国人的世纪呢？是因为在当时的世界上，德国人的解放程度极高，尤其在哲学和思想领域。马克思的思想也在那片土地上长出。在中国就长不出这类思想。"① 朱九思教授强调指出："学术自由，追求真理是大学的灵魂。"② 大学为什么需要自由呢？这是因为教学育人与科学研究活动，只有在一个自由的环境中，才能达到最理想的效果。培养人才，就像作物成长，过多地干涉只会影响其自然生长；发展科学，需要慢工细活，过多地催促甚至会影响其灵感闪现。然而，我国高校的办学自主权虽然自20世纪80年代以来总体上呈现扩大趋势，但政府办大学、大学围着政府转的基本格局并没有发生实质变化，以大学自治、学术自由为基本特征的现代大学制度尚未建立。在"共同利益"的框架下，高等教育的改革与发展需要国家、政府、社会、大学、家长、学生等多个利益主体共同参与，而且每个利益主体均有自己的权利与责任边界。政府的角色定位应该在于为作为共同利益的高等教育提供经费与公共服务，同时确保学术共同体制定的活动规则不偏离既定轨道，从国家机器角度为高等教育健康有序发展提供法律保障。可见，确立"共同利益"的高等教育理念，可以进一步"撬动和倒逼"③ 政府下放办学自主权，把本该属于大学的办学自主权还给大学，属于教师的学术自由权还给大学教师，属于学生的学习选择权还给大学生，最终激发大学自主创新活力，最大限度实现高等教育的共同利益。

（三）扶持弱势高校弱势群体，弥补人类共同利益短板

教育公平问题，是教育领域讨论最持久、最广泛的话题之一。我国历次重大的高等教育改革，都涉及教育公平的问题。例如，20世纪90年代中期开启的招生并轨、收费并轨、新一轮高校扩招，进入21世纪之后启动的高等教育质量工程、应用型本科建设，以及一直主导政府发展思维的重点建设，诸如"211工程""985工程""2011计划""双一流"等，都无法绕开社会各界对于教育公平问题的关注。在讨论中国高教变革走向

---

① 张楚廷：《校长·大学·哲学》，西南师范大学出版社2016年版，第103页。

② 朱九思：《开拓与改革》，华中科技大学出版社2008年版，第200页。

③ 张应强：《我国高等教育改革的反思和再出发》，《深圳大学学报》（人文社会科学版）2016年第1期。

时，美国马丁·卡诺依（M. Carnoy）教授曾指出："大学收费完全依靠市场因素来左右不可取，因为教育永远也不能市场化。"①《反思教育》亦指出："教育是机会平等链条上的第一环，不应将教育完全出让给市场。"②应该说，尽最大可能维护教育公平、保证弱小成员的利益，既是政府无可规避的传统职责，也是衡量政府公正有为的关键指标。在"共同利益"的框架下，关注教育公平还是政府实现社会和谐发展、可持续发展的前提与基础。这是因为，"如果大多数公民没有一个最低限度的文化和知识，也不广泛地接受一些共同的价值准则，稳定而民主的社会不可能存在"③。人类历史的每次重大战争与浩劫，往往不是一个人的过错，而是一个群体的无知与胆怯。教育是推动社会民主进程的起点，从而我们不应该将任何人排除在教育之外。毫无疑问，政府是这项历史使命的设计者、承担者与责任者。有文指出，对于非义务教育的高等教育，政府可以借鉴日本经验，采取"抓好两头"策略，一方面面向精英人才举办高水平大学，另一方面向弱势群体提供需要的高水平教育服务。④ 笔者认为，一流大学、一流人才是在市场竞争中走出来的，不能完全依赖政府的公共经费与行政权力来打造，从人才培养与科学研究的规律来看，在保证教师体面的生活条件与大学基本的办学条件基础上，过强的物质激励与荣誉攀比只会破坏学者基于学术兴趣来开展工作，因此，作为一个赶超型的发展中国家，中国虽然需要"锦上添花"，但政策天平还是应该倾向"雪中送炭"。例如，美国的一流大学就是在竞争中胜出的，这些院校的教师也享受更加优越的物质待遇与科研环境；除向所有非营利性高校提供科研资助、税收优惠、学生资助等外，美国政府公共经费资助的重点不在一流大学与一流人才上，而是薄弱学校与贫困学生。

（四）完善教育监管惩罚职能，提供教育配套综合服务

如果说，鼓励非政府主体参与办学、扩大高校办学自主权、优先关注高等教育公平是政府贯彻落实"共同利益"理念的被动行为，带有分权、

① 廖海青：《进退失据的教育产业化》，《经济》2006 年第 6 期。

② 联合国教科文组织编：《反思教育：向"全球共同利益"的理念转变？》，联合国教科文组织总部中文科译，教育科学出版社 2016 年版，第 73 页。

③ [美] 米尔顿·弗里德曼：《资本主义与自由》，张瑞玉译，商务印书馆 2006 年版，第 83 页。

④ 祝爱武：《高等教育办学主体结构调整的策略选择》，《现代教育管理》2014 年第 4 期。

放权与赋权特征，那么，加强教育监管、提供服务则是其主动行为，体现了政府特有的权力与公信力。这一块也应该是政府在高等教育领域可以唯一行使行政指令的地方，亦即我们平常所说的权力性职能。但是，政府的监管权力只是规范高等教育市场，保证大学按照学术共同体的规则开展竞争，而不是意味着政府代替大学来操办高等教育，也不是当前这种通过各种工程、计划、项目、评估等手段来间接管控高等院校。在具体如何监管大学方面，有学者提出的大学负面权利清单模式比较可取。也就是说："国家和政府管理大学，不是规定大学做什么，享有什么自主权，而是规定和列出高校的禁止性权利就可以了。没有列入禁止性权利的事项，高校都可以不受限制地独立行使权利。"① 例如，大学不得违反章程的内部约束性条款、非营利性高校不得将办学盈余在规定之外另行分配、营利性高校不得发布严重违背事实的虚假广告等。一旦高校违反了负面权利清单，政府可以发挥国家机器的监管职能，对高校进行相应的处罚。可以说，政府的该种监管职能做得越好，高等教育的"共同利益"就会维护得越好。同时，作为教育行政主管部门，其定位要从权力性职能向服务性职能转变，在教育调研、数据统计、信息服务等方面发挥相应的作用，提供更多更好的公共服务。当然，落实与固化大学的负面权利清单，捍卫大学面向社会依法自主办学的法人实体，需要党和中央政府认识到其重要性与紧迫性并予以立法，仅仅依靠教育行政主管部门是无法解决问题的。也就是说，顾明远先生提出《反思教育》"必定像前两份报告那样对世界教育的发展产生重大的影响"②，其发生影响的力度与广度主要在于我们对于"共同利益"理念的理解、执行与落实上。

　　总之，通过对"共同利益"内涵尤其是从"公共利益"到"共同利益"转变的解读，我们可以发现，中国高等教育若置于"共同利益"的框架下必将呈现新的发展趋势。例如，办学主体越来越多元、学习形式越来越多样、教育国际化纵深推进、政府办学方式发生改变等，体现出学术

---

① 张应强：《我国高等教育改革的反思和再出发》，《深圳大学学报》（人文社会科学版）2016年第1期。

② 顾明远：《中国教育路在何方》，人民教育出版社2016年版，第142页。

资本主义①的变革趋势。顺应这些变革趋势，政府应该推进非政府主体参与办学、扩大高校办学自主权、关注高等教育公平、完善政府监管与服务职能，以保证学术资本主义的规范发展。显然，政府努力推进的各项内容，正是创业型大学中国实践迫切需要的政策环境。这就表明，如果中国政府遵循联合国教科文组织倡导的，以"共同利益"取代"公共利益"作为高等教育决策的价值向度，那么，政府将与高校相向而行共同努力，缩短创业型大学第一、第二个发展阶段的距离，加快传统本科院校向创业型大学转型的进程。但是，寄望政府以"共同利益"而不再是"公共利益"来指引高等教育的变革与发展，只是本书为推动政府下放办学自主权、实现高校成为市场的主体②、加快创业型大学中国化进程、"迎接大学的丛林时代"③ 而寻找到的一个理论基点与美好期望，具有太多的不确定性与不可靠性。自力更生是创业型大学的精神特质，致力于创业型大学建设的进取型高校，也必须以自力更生作为精神向导，实现创业型大学三个发展阶段的依次更替。那么，前文描绘出有如此价值与意蕴的创业型大学，能否按照创业型大学本土化的发展阶段顺利推进呢？中国特色的创业型大学实践到底有一个什么样的发展前景呢？这是本书最后探讨的一个问题，也是需要留给时间来检验的一个问题。

第三节　创业型大学中国化的前景预测

20 世纪末，美国两位学者伯顿·克拉克和亨利·埃兹科维茨不约而同地提出了创业型大学这个概念。随后，创业型大学理论被传入中国，并引起福州大学、南京工业大学、浙江农林大学等一批普通公办本科院校在21 世纪初期先后举起了创业型大学旗帜。但是，创业型大学中国化的十年探索与实践并没有取得突破性进展。④ 在理论研究上，中国学界每年以创业型大学作为主题发表的论文不足百篇，也处在一个不温不火的状态，

---

① 易红郡：《学术资本主义：世界高等教育发展的新理念》，《教育与经济》2010 年第3 期。

② 朱同广：《培育市场的主体是企业》，《党校科研信息》1994 年第 12 期。

③ 叶赋桂、陈超群、吴剑平等：《大学的兴衰》，清华大学出版社 2016 年版，第 281 页。

④ 付八军：《国内创业型大学建设的路径比较与成效评析》，《高等工程教育研究》2016 年第 6 期。

远未达到国际学界曾经出现过的热点主题。① 尤其值得关注的是，尽管被誉为创业型大学典范的 MIT、斯坦福、华威大学等被学界推崇备至，创业型大学理论研究者也一再提出创业型大学不等于创收型大学、商业化大学，但是中国学界质疑乃至声讨创业型大学的声音仍然不绝于耳。创业型大学"是高等教育市场化的产物，反映了大学企业化的某种企图"，"不是真正意义上的大学"。② 以经费作为手段，就代表着邪恶吗？具有自力更生的能力，不正是凭借一流的人才培养质量与科学研究水平赢得市场与声誉？难道我们不觉得，当前功利化的量化考评让大学教师在躁动的象牙塔里制造了大量的学术泡沫吗？大学尤其地方院校对政府经费的过度依赖可以让大学高枕无忧吗？没有经费的独立与自决，能有大学可持续的办学自主权吗？高等教育市场化的发展步伐能够阻挡吗？古往今来一切大学的外部努力，有哪些是与经济没有直接或者间接关系的？……这一系列的问题，在前文中已经从不同角度做了回答。任何一种新事物的诞生，都要打破习惯势力，必定要经历被质疑、被围啄，在条件尚未具备的情况下则会胎死腹中，如果顺应了时代潮流最终会破茧而出。那么，创业型大学中国实践的命运到底会怎样？如前所述，创业型大学只是引领与鼓励传统型院校走上自力更生道路的一个预设性概念，最终会因其理念成为普遍性教育现象或者大学常识而退出历史舞台。正反两种力量的较量与组合，会演绎出创业型大学概念的不同消亡路线。

一　创业型大学中国实践的积极因素分析

当学者批评学术与经济的结合会腐蚀知识的高雅与使命时，大学的兴衰史却与经济的兴衰史具有高度的合一性。从全球范围来看，中世纪最早的大学之所以诞生于意大利，乃是因为罗马帝国的兴盛为意大利的繁荣奠定了基础，意大利于 11 世纪之际成了世界的经济中心之一。到 14 世纪，意大利成为欧洲最大的贸易中心。随着欧洲贸易中心的转移，率先完成工业革命的英国很快成为世界的经济中心，与此同时，保守而又孤傲的牛津（University of Oxford）和剑桥（University of Cambridge）[因其相似性常被

---

① 潘黎、侯剑华：《国际高等教育研究的热点主题和研究前沿——基于 8 种 SSCI 高等教育学期刊 2000—2011 年文献共被引网络图谱的分析》，《教育研究》2012 年第 6 期。
② 王建华：《学科的境况与大学的遭遇》，教育科学出版社 2014 年版，第 278—279 页。

共称为"牛桥"（Oxbridge）]① 变成为世界最为耀眼的高教之星。可以说，没有英国日不落帝国的国际地位，很难有"牛桥"在全球的学术地位。19 世纪中期以后，英国开始走下坡路，德国逐渐成为欧洲经济强国，德国大学成为世界瞩目的焦点。据估计，19 世纪约有 9000 名美国学子到德国求学。② 清朝末年的壬寅学制、癸卯学制，都是从日本间接学习德国的产物。19 世纪末，尤其自"二战"以后，美国成为世界的经济中心，同时也成为世界的高教中心。自 2010 年始，中国 GDP 总量超过日本，跃居世界第二位。中国在国际上的经济地位，也必定会抬升中国大学在全球的学术地位。正如有学者指出的："虽然中国大学客观上有不少发展，但不可否认这种崛起更多的还是国家崛起的连带效应，并不代表我们的大学实力真的提高那么多。"③ 随着中国经济地位的不断提升，中国大学也会越来越被世界所关注，国内一批瞄准国际高等教育市场的大学，将有可能因为吸收大量国际生源而走上创业型大学之路。在伯顿·克拉克详尽论述的 14 所创业型大学案例高校中，莫那希大学（Monash University，一般译为莫纳什大学）采取的学术创业方向主要就是扩大国际生源。"在 1986 年以后的十年中，莫那希已经全球化了，学生能讲八十种以上语言，到处都是亚洲、非洲、地中海和美拉尼西亚人的面庞，各校区具有'世界主义品格'。"④ 尽管莫纳什大学的学术创业模式受到过学界批判，但是我们无法否定，创业型大学战略定位成就了莫纳什大学的国际学术地位。例如，2017 年在 QS 世界大学排名、上海交大（ARWU）世界大学学术排名、印度泰晤士（THE）世界大学排名、US News 世界大学排名等大学排行榜中，莫纳什大学均能进入世界百强。中国经济的强大为中国大学吸引世界目光创造了外部条件，有利于传统本科院校通过扩大国际生源率先迈入创业型大学行列。

无论伯顿·克拉克的"五要素论"还是埃兹科维茨的"三螺旋创新理论"，都要求创业型大学成为社会创新体系的平等主体，亦即要求高校

---

① 叶赋桂、陈超群、吴剑平等：《大学的兴衰》，清华大学出版社 2016 年版，第 7 页。

② 迟景明：《科学中心转移与高等教育中心转移之间的关系》，《教育科学》2003 年第 6 期。

③ 叶赋桂、陈超群、吴剑平等：《大学的兴衰》，清华大学出版社 2016 年版，第 25 页。

④ ［美］伯顿·克拉克：《大学的持续变革：创业型大学新案例和新概念》，王承绪译，人民教育出版社 2008 年版，第 166—167 页。

具有一定办学自主权。尽管中国在"去行政化"、落实高校办学自主权上成效不显著,① 但是不少法律与政策在很大程度上对学术创业起着推动作用, 成为创业型大学中国实践的有利因素。《高等教育法》在修订前后的第十一条均要求大学"面向社会, 依法自主办学", 而不是仅仅围着政府转, 这有利于传统型院校突破"路径依赖与资源依赖"② 而走上创业型大学道路; 修订后的《高等教育法》在第二十四条取消了原有"不得以营利为目的"的规定, 同时进一步强化了多种渠道筹措办学经费的保障机制, 既有利于公办本科院校转向公益类的创业型大学, 也有利于民办高等教育机构转向营利型的创业型大学;《国家中长期教育改革和发展规划纲要 (2010—2020 年)》等政策文件均提出要对大学进行分类管理, 以鼓励大学办出各自特色, 而不再是"千校一面", 有利于传统型院校通过"目标定向、结构优化、体制创新、机制协调"③ 走出一条应用取向的特色发展之路, 最终在应用型大学成功实践的基础上过渡到创业型大学。同时, 国家近年如此密集地发布文件, 鼓励各种形式的学术创业, 这在我国其他领域并不多见。④ 尽管某些文件存在相互掐架或者无法落地的现象, 但这些文件的频繁出台体现了政府鼓励大学及其教师学术创业的坚定立场与政策动向。例如, 定岗定编的人事管理制度使得教师离岗创业政策中"保留三年编制"不易操作, 要让 2017 年出台的"在职创办企业"政策落地必然涉及多个部门, 体现了科技成果转移转化方面的政策与事业单位人事制度改革方面的政策不匹配, 但是, 从禁止到允许大学教师"适度兼职兼薪"、从允许科技人员创业到"鼓励事业单位人员在职创办企业"、从严格调控高校教师绩效津贴分配到"扩大高校收入分配自主权, 允许科技成果转化收益不纳入工资总额基数", 都是从具体而又实在的路径出发推动大学及其教师迈入学术创业之路。

　　中国经济地位的提升以及国家法律政策的宽松, 都是推动创业型大学中国实践的有利因素。除此以外, 国际高等教育的发展动态与变革趋势,

① 宣勇:《大学必须有怎样的办学自主权》,《教育发展研究》2010 年第 7 期。

② 冒荣:《扩大高校办学自主权为什么仍在路上》,《江苏高教》2015 年第 4 期。

③ 潘懋元、车如山:《做强地方本科院校的理论与实践研究》, 高等教育出版社 2016 年版, 第 67—76 页。

④ 易高峰:《我国高校学术创业政策演化的过程、问题与对策——基于 1985—2016 年高校学术创业政策文本分析》,《教育发展研究》2017 年第 5 期。

也有利于加快创业型大学中国化的进程。无论从全球高等教育的整体进程来看，还是从发达国家一流大学的战略定位来看，市场取向的服务理念以及自力更生的文化自觉完全确立。在当前的高等教育生态系统中，"大学充当了神经中枢的功能，在企业之间建立了联系"①，市场的力量已经无法阻挡。事实上，现在的问题"已经不再是如何抵抗市场，而是两者如何更好地融合在一起，以实现高等教育更好地发展的问题了"②。英国著名教育家埃里克·阿什比（Eric Assby）将美国大学确立的社会服务理念看作一项壮举。他说："美国对高等教育的贡献是撤除了大学校园的围墙。当威斯康星大学的范梅斯校长说校园的边界就是国家的边界时，他是在用语言来描述大学演变过程中的一个罕见的改革创新。历史已经说明这是一次正确的改革，其他国家现在已开始纷纷效仿这种美国模式。"③"长期以来，促进地方经济的发展已经成为美国具有相当规模的大学的重要任务。"④ 美国和澳大利亚的大学明确规定，教师须在或曾经在企业中兼职，斯坦福大学甚至规定教师每周必须有一天在公司或企业上班，以积累教师对市场的认识经验，提高教师的科研与市场需求接轨的能力。⑤ 联合国教科文组织提出要将教育的性质由"公共利益"转向"共同利益"⑥，反映了政府不再成为唯一办学主体的现实性与必要性，呼吁社会各界要从"人人参与、人人有责"角度来对待教育，体现或者说呼应了教育市场化乃至私有化的变革趋势。

二　创业型大学中国实践的消极因素分析

中国高等教育所处的政策环境充满悖论：一方面，国家积极推动

---

①　［美］亨利·埃兹科维茨：《麻省理工学院与创业科学的兴起》，王孙禺、袁本涛等译，清华大学出版社 2007 年版，第 149 页。

②　温正胞：《创业型大学：比较与启示》，华东师范大学博士后研究工作报告，2008 年。

③　［美］德里克·博克：《走出象牙塔——现代大学的社会责任》，徐小洲、陈军译，浙江教育出版社 2001 年版，第 73 页。

④　美国商务部创新创业办公室：《创建创新创业型大学——来自美国商务部的报告》，赵中建、卓泽林译，上海科技教育出版社 2016 年版，第 13 页。

⑤　刘振亚：《美澳创业型大学的建构和发展研究》，《西南民族大学学报》（人文社会科学版）2014 年第 12 期。

⑥　联合国教科文组织编：《反思教育：向"全球共同利益"的理念转变?》，联合国教科文组织总部中文科译，教育科学出版社 2016 年版，第 69—71 页。

"去行政化"① 改革，扩大高校办学自主权，另一方面，政府的多种努力
反而进一步强化了高校的依附性，在协调政府与高校的关系上呈现出
"南辕北辙"② 的现象。"行政化是我国大学的痼疾，能否去行政化事关我
国大学的未来"③，直接影响到创业型大学在中国的诞生与推进。大学
"去行政化"的"南辕北辙"现象，是一个不能被"悬置"④ 的教育问
题，就应该像"李约瑟之问""钱学森之问"一样，引起高等教育理论工
作者的高度重视与深入研究。追问的答案之一在于中国的大学有身份，各
种资源与身份相挂钩，而且这个身份有着浓厚的政治因素。从 1959 年确
立第一批全国重点大学以来，高校的身份就有着先天的区分。当前，重点
大学、"211 工程"大学、"985 工程"大学等提法目前不再使用，但"双
一流"建设仍然是重点大学情结的延续；同时，高校可以分为中央部属
高校和地方省属高校两类，在众多部属高校中，实力较强、学科特色鲜明
的高校划归教育部直属管理。这种由政府主导的身份论，只会引导高校一
切围着政府转：根据政府指令办学、依靠政府资源办学。政府的评价体系
既是大学发展的方向，也是大学运转的规律。诚如"校长教育家"⑤ 张楚
廷教授所言："中国的中小学教育中有一个应试教育，现在，中国的大学
也有了一个新名堂：应评教育。"⑥ 如此这般，无论推动大学管理向大学
治理的转变，⑦ 还是强调"去行政化"、下放高校办学自主权，都只能是
挠挠"行政化"痼疾的外表之痒。另一位"校长教育家"朱九思教授指
出的问题，"从 1998 年起到现在差不多 10 年了，我认为在这 10 年中，大
学的发展不尽如人意，主要原因是中央政府有两项决定：第一是大学合

---

① 宣勇：《外儒内道：大学去行政化的策略》，《教育研究》2010 年第 6 期。

② 程天君、吕梦含：《"去行政化"：落实和扩大高校办学自主权的政策支持》，《全球教育展望》2017 年第 12 期。

③ 王建华：《中国大学转型与去行政化》，《清华大学教育研究》2012 年第 1 期。

④ 眭依凡：《论大学问题的"悬置"》，《华东师范大学学报》（教育科学版）2017 年第 6期。该文讨论了大学长期悬置而未能解决的"人才培养质量提高""世界一流大学建设""大学去行政化"三大问题。

⑤ 沈玉顺：《校长教育家成长机制解析》，《教育发展研究》2010 年第 12 期。

⑥ 张楚廷：《校长·大学·哲学》，西南师范大学出版社 2016 年版，第 79 页。

⑦ 陈娴、顾建民：《大学治理与大学管理的概念辨析：西方学者的观点》，《高教探索》2017 年第 4 期。

并；第二是高校扩招"①，揭示了高校的命运完全掌握在政府的手中，反映了高校缺乏面向社会独立自主办学的法人地位。这种状况至今没有改变，也不知何时能够改变，成为制约创业型大学中国实践的最大瓶颈。

从大学内部来看，传统型教师向应用型、创业型教师转型的动力机制尚未确立，这是创业型大学本土化尚未取得预期效果的关键因素。当然，这个关键因素仍然是国家层面"最大瓶颈"的延续，两者也属于"流"与"源"的关系。但是，对于一所致力于创业型大学建设的普通本科院校而言，在外在政策环境难以改观的情况下，首先要从这个"关键因素"出发，推动教师从传统型转向应用型、创业型。"有教师的转型，才能带来大学的转型；实现大学的转型，首先要有教师的转型。"② 正如法国雅克·德洛尔（Jaques Delors）先生在联合国教科文组织编写的《教育——财富蕴藏其中》一书中所说的："没有教师的协助及其积极参与或者违背教师意愿的教育改革，从来没有成功过。"③ 哪怕在一所成熟的创业型大学，成果披露、转移转化等大量"最后一公里"的工作都交由技术许可办公室处理，大学教师仍然要予以配合甚至参与其中。詹森（R. Jensen）等人在一项调查中发现，若想实现成功的科研成果商业化，至少有71%的大学研究成果需要学术发明者的进一步参与，这主要是由技术知识的隐性特征决定的。④ 20世纪80年代，美国颁布了拜杜法案（Bayh-Dole Act），允许大学拥有政府资助项目的知识产权，极大地推动了大学及其教师成果转化的积极性。但是，在此之前，由于专利没有归成果创造者所有，科研成果的转移转化率相当低。例如，1968年，约翰逊政府做的一项研究显示，政府在制药业拥有的专利中，没有任何一项专利被开发到商业应用中。⑤ 现如今，大学被政府的各种工程项目与政策文件牵着鼻子走，大学教师被传统学术业绩与考评体系牵着鼻子走，高校及其教师们连

---

① 朱九思：《开拓与改革》，华中科技大学出版社2008年版，第71页。
② 付八军：《论大学转型与教师转型》，《教育研究》2017年第4期。
③ 联合国教科文组织：《教育——财富蕴藏其中》，联合国教科文组织中文科译，教育科学出版社1996年版，序言。
④ 夏清华：《学术创业：中国研究型大学"第三使命"的认知与实现机制》，武汉大学出版社2013年版，第76页。
⑤ ［美］亨利·埃兹科维茨：《麻省理工学院与创业科学的兴起》，王孙禹、袁本涛等译，清华大学出版社2007年版，第164页。

教学育人的本职工作都顾不上，哪里还有精力关注学术成果的应用与推广？也就是说，学术业绩观与科研评价观没有转变，大学教师的行动方向就不会改变，大学教师就不可以转向应用型、创业型，从而传统型大学也就不可能转向应用型、创业型大学。

　　以上从国家层面与高校层面分析创业型大学中国实践的制约因素，总体上是从体现外在牵引力的评价机制角度切入。如果再要进一步分析不利于创业型大学本土化建设的消极因素，那么体现"内在驱动力"① 的思想观念是一个值得关注的问题。在这里，"外在牵引力"与"内在驱动力"不是一个并列平行的关系，而是一个上下关系、前后关系或者父子关系。换句话说，类似于前文"最大瓶颈"与"关键因素"的逻辑关系，两者同样也属于"源"与"流"的关系。这是因为，思想观念问题从来不会凭空产生，② 既定的价值导向会固化人们的行为方式，久而久之培育出潜意识形态的某种思想观念。③ 例如，太学与中世纪大学分别作为中西高等教育的源头，从一开始就存在培养国家官员与培训职业人员的分野，④ 为中国教育管理体制留下了"行政化"的基因。当前，"行政化"的教育管理体制、基于传统学术业绩的科研评价机制，进一步强化了人们对于布鲁贝克（John S. Brubacher）"关于知识生产、批判与传播"大学功能观⑤的信奉与维护，从而远离甚至抵制伯顿·克拉克与埃兹科维茨强调知识应用、服务社会尤其自力更生的"创业型大学观"⑥。不过，当大学教师公开表示反对知识应用与成果转化之际，在笔者针对创业型大学教师转型情况的问卷调查中，却有 93.75% 的大学教师选择"只要有机会，便会寻找转化途径"，只有 6.25% 的教师选择"不会，教师们的职责在于创造知

---

　　① 余海燕：《教育信仰——教师专业发展的"内在驱动力"》，《教育现代化》2015 年第 1 期。

　　② 付八军：《论创业型大学教师转型困难的客观因素》，《教育学术月刊》2016 年第 9 期。

　　③ 付八军：《论创业型大学教师转型困难的主观因素》，《大学教育科学》2017 年第 6 期。

　　④ 周谷平、张雁：《中国古代太学与欧洲中世纪大学之比较——兼论我国现代大学的起源》，《高等教育研究》2006 年第 5 期。

　　⑤ ［美］约翰·布鲁贝克：《高等教育哲学》，王承绪等译，浙江教育出版社 2002 年版，第 13 页。

　　⑥ 付淑琼：《大学进取与变革的路径——论伯顿·克拉克的创业型大学观》，《教育研究》2010 年第 2 期。

识，应用知识是别人的事情"。① 如何解答这种相互矛盾的现象呢？这其实表明，思想观念问题既不会凭空产生，也不会坚如磐石，在很大程度上类似于浮萍，随着巨大的"利益流"而四处游荡。当前，传统型院校的教师之所以抵制创业型大学的理论与实践，正是因为该种办学模式打破了教师既定的安逸与习惯，却还没有让他们看到更有价值与意义的"利益流"。事实上，正如斯坦福大学的唐纳德·肯尼迪（Donald Kennedy）教授所言，大学教师走出"象牙塔"，寻求与社会的对接，不仅能够在科学研究上获得新素材，而且有可能在成果应用上做出新贡献，"采用这一政策，大学寻求一种开明的自利，实践对社会的义务，并使得大学职位对教员更具吸引力"②。可见，转变中国大学教师的保守观念，亟待创业型大学本土化的成功实践。

三　中国创业型大学概念的两条消亡路线

世界是变化的，变化是绝对的。任何一种事物都有生命周期，只不过可以演绎不同的生命轨迹。克拉克·克尔曾经指出，西方世界在 1520 年建立的机构中，以不同形式延续至今的只有 85 个，其中 70 个是大学。但是，"大学"的概念及其内涵一直处在变化之中。从中世纪大学到高等教育，再到中学后教育、第三级教育，③ 从教学型大学、研究型大学再到创业型大学，④ 从公立大学、私立大学、营利性大学、巨型大学、技术型大学、独立学院、无边界高等教育，⑤ 再到自治大学、社会公共部门大学、服务型大学、商业模式大学⑥……我们已经很难理顺这些多样化的大学称谓到底有什么关系了。创业型大学作为一种大学称谓，也将像自学考试、三校生、复式教学等概念在中国的命运一样，有一个勃然兴起随后逐渐退

① 付八军：《教师转型与创业型大学建设》，中国社会科学出版社 2016 年版，第 166 页。
② ［美］唐纳德·肯尼迪：《学术责任》，阎凤桥等译，新华出版社 2002 年版，第 305 页。
③ 参见付八军《高等教育属性论——教育政策对高等教育属性选择的新视角》，江西人民出版社 2008 年版，第 40—44 页。
④ 刘叶：《建立创业型大学：管理上转型的路径》，博士学位论文，华中科技大学，2010 年。
⑤ 邬大光：《大学的分化与创业型大学》，付八军《纵论创业型大学建设》，浙江工商大学出版社 2014 年版，第 18—25 页。
⑥ 马陆亭：《大学变迁与组织模式应对》，《教育发展研究》2010 年第 9 期。

出人们的视线最后销声匿迹的过程。但是，创业型大学概念在中国的消亡，根据前文积极因素与消极因素的博弈，至少会有两条生命轨迹。一条类似于师范教育概念在美国的消亡一样，完成了既定的历史使命而自然地退出历史舞台；另一条则类似于西方道尔顿制于20世纪20年代在中国的实验一样，① 终因水土不服且缺乏本土化改造而只能昙花一现归于失败。

"创业型大学"是学者们赋予那些通过独特的学术资本从市场上竞争到办学资源、获得了自力更生能力的创新型大学的一个称谓。民办高校不需要冠之"创业型大学"，本身就具有市场取向的意识与追求。开展创业型大学中国化的理论与实践，不是为了构建某种类型的创业型大学，而是通过"创业型大学"来加快传统公办本科院校的转型与发展。创业型大学这种实用主义与市场取向的指导思想，面向社会以质量谋发展而不是面向政府以身份谋资源的进取精神，正是中国传统公办本科院校极为缺少的文化基因与大学品质。基于国外创业型大学的成功实践以及该概念体现出来的"精神特质"②，我们当前找不到比创业型大学更好的概念来推动传统型院校的转型与发展。变化的是大学概念形态，不变的则是其精神特质。当传统型本科院校普遍转型为该种精神特质的大学，或者创业型大学的办学理念成为一种大学常识，那么"创业型大学"这个概念就可以因"功成身退"而"寿终正寝"了。因此，创业型大学中国实践的生命轨迹，最后的理想状态应该是"善终"而不是"夭折"，亦即走第一条路线而不是第二条路线。根据前文对创业型大学中国实践积极因素与消极因素的分析，传统型院校不可能等待政府的帮助来实现大学整体的转型，只能是那些勇于创新的高校率先实现个体的转型突破，尤其那些地方院校的成功"逆袭"要比国内一流研究型大学的创业转向更有显示度，然后以榜样示范的效应带动大量传统型院校加快转型，最后"倒逼"③ 政府下放高校办学自主权，实现高校面向社会依法独立自主办学。前文虽然从递减的角度来分析消极因素，但并不表明越在后面越不重要。从传统型院校率先

---

① 高翔、张伟平：《20世纪20年代道尔顿制实验回顾与思考——以东南大学附中为例》，《教学研究》2010年第1期。

② 杨兴林：《关于创业型大学的四个基本问题》，《高等教育研究》2012年第12期。

③ 张超、刘志彪：《市场机制倒逼产业结构调整的经济学分析》，《社会科学》2014年第2期。

实现个体的转型突破来看，正要走一条逆向的"消极因素"之路，突出"理念的先导性因素"①，亦即从观念转变再到教师评价，最后才有可能实现宏观教育管理体制的"去行政化"。

创业型大学中国化的实践道路，只能从高校个体出发实现转型突破；高校个体率先实现转型，前提是思想观念的转变。事实上，中国能有一批地方本科院校高举创业型大学旗帜以及一批学者矢志不渝地研究与宣传创业型大学，说明中国高等教育领域不缺乏这种思想。在他们看来，资金是大学的生命，"没有收入，就没有使命"，一流大学成功的秘诀在于既通过合理手段筹措大量金钱又能向社会展示自己丰硕的办学业绩。他们当然知道，公办普通本科院校转型为创业型大学，不是走向营利型，"公益性仍然是大学生存发展的根本，经济性则是大学适应环境变革的需要。大学以公益性为本从事着知识资本化活动"②。所谓教育的公益性或者说非营利性，是指教育单位所获"盈余"或"利润"，不是用来分配或者"分红"的，而是用作教育发展基金。③ 从创业型大学理论坚持者的立场而言，公益性与营利性的区别在哪里？两者都在追求利润，都在体现使命，这种双重目标，在两者身上都有，一般看不出啥区别。但是，当两者发生冲突时，公益性与营利性的区别就出来了。对于公益性来说，哪怕牺牲利润，也不得违背使命。例如，义务教育的就近入学，某个学校只有一个学生，也得开课。对于营利性来说，只要没有利润，就会中止相应使命。例如，民办学校招生，当发现生源锐减，而且无法扭转时，便会抽资转向。当然，我们要看到，有些逆向行为，不是违背这条原则，而是一种策略，或者一种长远规划。可见，公办普通本科院校走向公益类的创业型大学，在理论上是经得起推敲与辩驳的。那么，当我们无法寄望政府来帮助大学实现转型之际，第一路线在中国的成功实践最缺乏或者说最需要的到底是什么？概而言之，我们最需要一批勇于担当的高校领导尤其是后发赶超型的地方本科院校领导，坚定不移地确立并执行创业型大学的战略目标定

---

① 顾明远：《开放是前提，改革是关键——30 年中国高等教育改革开放的经验》，《中国高教研究》2008 年第 11 期。

② 谭小琴：《在矛盾中共生：游走于知识与资本间的大学文化诉求》，《北京教育学院学报》2014 年第 6 期。

③ 厉以宁：《关于教育产品的性质和对教育的经营》，《教育发展研究》1999 年第 10 期。

位，像时任教务长的特曼（Frederick Emmons Terman）教授在斯坦福大学以"学校资源消耗说"削减古典学系等非实用学科教授职位、为吸收外部资金强化教师"企业家"新角色等不懈努力一样，① 更要像华威大学首任副校长巴特沃斯（Jack Butterworth）那样前后在岗二十年如一日，不顾一切阻力推行"亲工商界"的办学政策，其间因此被推下台也不改初衷，上台后继续坚持既定路线，② 拥有"功成不必在我与功成必定有我"③ 的境界与追求，推动学校朝既定的战略目标不断迈进。然而，"校长任期与其治校成效呈正相关"④，中国大学校长任期时间较短且具有不确定性，往往尚未将传统型院校带出观念转变、制度确立期就离开原有岗位了。可以说，这是创业型大学中国实践走向失败或者说出现第二条路线的重要原因之一。看来，中国如果不能出现巴特沃斯那样的高校领导，不能"取消校长任制期"⑤，那么，创业型大学概念在中国的消亡将呈现第二条路线。这是我们不想看到的结局，却是我们可能面对的现状。

---

① ［美］丽贝卡·S. 洛温：《创建冷战大学——斯坦福大学的转型》，叶赋桂、罗燕译，清华大学出版社 2007 年版，第 195 页。

② 参见付八军《教师转型与创业型大学建设》，中国社会科学出版社 2016 年版，第 40—41 页。

③ 叶赋桂、陈超群、吴剑平等：《大学的兴衰》，清华大学出版社 2016 年版，第 201—212 页。

④ 眭依凡：《大学校长的教育理念与治校》，人民教育出版社 2006 年版，第 372—373 页。

⑤ 朱九思：《开拓与改革》，华中科技大学出版社 2008 年版，第 81—82 页。

结　语

　　哈佛大学前校长德里克·博克（Derek Bok）在哈佛大学 350 周年校庆演讲时指出，"大学的职责是为养育自己的社会服务的"①。普林斯顿大学前校长、美国第 28 任总统伍德罗·威尔逊（Woodrow Wilson）亦认为，"一所大学能在国家的历史上占一个位置，不是因为它的学识，而是因为它的服务精神……当国家逐渐走向成熟时，我们不敢超然物外，也不敢闭门造车"②。康奈尔大学第一任校长安德鲁·D. 怀特（Andrew Dickson White）重视器乐的学习，但他认为这仅仅是一种手段而非目的，以致在康奈尔大学创办时主张，"必须将科学和审美与实用联系起来，以便产生与这所机构相匹配的结果"③。经过本土化改造之后的中国特色创业型大学，其可贵之处正在于以实用主义而不是功利主义作为价值追求，以培养创造性人才与推动成果转化作为历史使命，以自力更生的精神品质为养育自己的社会服务，同时通过服务社会不断提升自力更生的能力。

　　"解决高等教育财政问题最有用、争议最小的办法就是多元化——依赖多种收入渠道，避免某一经费渠道为大学和学院带来的极端影响。"④"经济刺激恰到好处地运用，变革就会恰到好处地产生。"⑤创业型大学确立"经费筹措是手段、学术贡献是目标"的原则，推动各种学术资源转

---

　　①　[美] 德里克·博克：《哈佛的理念》，王虹译，《教育参考》2002 年第 4 期。

　　②　转引自叶赋桂、陈超群、吴剑平等《大学的兴衰》，清华大学出版社 2016 年版，第 84 页。

　　③　[美] 劳伦斯·维赛：《美国现代大学的崛起》，栾鸾译，北京大学出版社 2015 年版，第 86 页。

　　④　[美] 韦斯布罗德、巴卢、阿希：《使命与财富：理解大学》，洪成文、燕凌译，学苑出版社 2016 年版，第 263 页。

　　⑤　[美] 伯顿·克拉克：《高等教育新论——多学科的研究》，王承绪等译，浙江教育出版社 2001 年版，第 104 页。

化为办学资源，逐渐减少对于政府物质资源的单一且过度的依赖，正是为了更好地增强面向社会依法独立自主办学的能力，更好地培养社会需要的创造性人才与应用性成果，更好地服务于养育自己的社会。大学已经不再是皇室的大学，也不只是政府的大学，而是社会大众的大学，是每一位公民的大学，是人类社会的"共同利益"。服务谁就要依靠谁，依靠谁就要服务谁。创业型大学走出象牙塔，走出身份论，跟上时代发展步伐，服务社会依靠社会，依靠社会服务社会。

　　推动中国传统本科院校向创业型大学转型，应用型大学是其不可逾越的第一个发展阶段。只有建成名副其实的应用型大学，才有中国创业型大学的成功实践，进入创业型大学的第二个发展阶段：自力更生能力的展现阶段。创业型大学不是一个终期性的概念，而是一个阶段性的概念。当传统型院校普遍转型为该种精神特质的大学，或者创业型大学的办学理念成为一种大学常识，那么"创业型大学"这个概念就可以因为完成"唤醒与启蒙"的使命而退出历史舞台。但是，创业型大学的中国实践之路，不可能是一条自上而下的道路，只能是自下而上的"逆袭"之路。那就需要那些有担当、有胸怀、有远见的高校领导，走一条华威大学首任副校长巴特沃斯的"创新创业"之路。正如哈佛大学原校长德里克·博克所言："大学要在面临现代社会的多种挑战之中取得成功和进步，最关键的一环就是在于大学校长能发挥有效的领导作用。"① "任何先进理念都产生于落后的环境之中，并承受着落后的重击。愈是真知灼见，愈难被人所接受。"② "星星之火，可以燎原"，既是创业型大学中国实践的精神动力，更是创业型大学中国实践的基本路线。

　　"改革之路，从无坦途。……惟其艰难，才更显勇毅；惟其笃行，才弥足珍贵。"③

---

　　① 转引自［美］伯顿·克拉克《高等教育系统》，王承绪等译，杭州大学出版社 1994 年版，第 121 页。

　　② 转引自郭树勇《战略演讲录》，北京大学出版社 2006 年版，第 63 页。

　　③ 习近平：《改革之路从无坦途》，2013 年 10 月 7 日，https://finance.qq.com/a/20131007/006076.htm（2018 年 3 月 26 日）。

参考文献[①]

陈笃彬:《地方高校建设创业型大学的理论与实践》,福建教育出版社 2016 年版。

陈霞玲:《创业型大学组织变革路径研究》,北京理工大学出版社 2015 年版。

戴志敏、石毅铭、蒋绍忠:《大学教育基金会管理研究》,浙江大学出版社 2010 年版。

范泓然:《回望硅谷》,苏州大学出版社 2001 年版。

冯契:《哲学大辞典》(修订版),上海辞书出版社 2001 年版。

冯友兰:《三松堂全集》(第十四卷),河南人民出版社 2000 年版。

付八军:《大学教师的培养与成长》,中国社会科学出版社 2010 年版。

付八军:《大学理性——一位大学中层干部的教育随笔》,湘潭大学出版社 2013 年版。

付八军:《高等教育属性论——教育政策对高等教育属性选择的新视角》,江西人民出版社 2008 年版。

付八军:《教师转型与创业型大学建设》,中国社会科学出版社 2016 年版。

付八军:《理想的大学——教育学术信札》,浙江工商大学出版社 2015 年版。

付八军:《理想的人生——人生编号论》,中国言实出版社 2015 年版。

付八军:《纵论创业型大学建设》,浙江工商大学出版社 2014 年版。

顾明远:《中国教育路在何方》,人民教育出版社 2016 年版。

---

① 在正文中出现的网络、报纸以及部分期刊文献,不在此重复列出。

郭树勇：《战略演讲录》，北京大学出版社 2006 年版。

郭英剑：《大学与社会：郭英剑高等教育文集》，外语教学与研究出版社 2014 年版。

贺国庆：《欧洲中世纪大学》，人民教育出版社 2009 年版。

洪明：《教师教育的理论与实践》，福建教育出版社 2002 年版。

黄腾：《国外高层次应用技术型人才培养模式研究》，华东师范大学出版社 2015 年版。

黄扬杰：《大学学科组织的学术创业力研究》，中国社会科学出版社 2016 年版。

孔钢城、王孙禺：《创业型大学的崛起与转型动因》，社会科学文献出版社 2015 年版。

林金辉：《中外合作办学教育学》，厦门大学出版社 2011 年版。

刘汉成：《地方本科院校转型发展的实践探索》，中国经济出版社 2015 年版。

刘建中、杨世国：《应用型大学建设与发展》，安徽大学出版社 2016 年版。

刘尧：《教育困境是教育评价惹的祸吗》，学苑出版社 2017 年版。

卢锐：《科技企业孵化器的政策分析》，化学工业出版社 2009 年版。

马陆亭：《高等学校的分层与管理》，广东教育出版社 2004 年版。

马晓春、牛欣欣：《创业型大学：地方大学变革的新图景》，山东人民出版社 2013 年版。

潘懋元：《多学科观点的高等教育研究》，上海教育出版社 2001 年版。

潘懋元：《潘懋元高等教育论述精要》，福建教育出版社 2015 年版。

潘懋元：《潘懋元论高等教育》，福建教育出版社 2000 年版。

潘懋元、车如山：《做强地方本科院校的理论与实践研究》，高等教育出版社 2016 年版。

潘懋元等：《新编高等教育学》，北京师范大学出版社 1999 年版。

商友敬：《坚守讲台》，华东师范大学出版社 2005 年版。

石欧、邵汉清：《在理想与现实之间》，湖南师范大学出版社 2012 年版。

宋俊骥：《教育转型——走向创业型大学（以江西 W 学院为例）》，

福建教育出版社 2017 年版。

眭依凡：《大学校长的教育理念与治校》，人民教育出版社 2006 年版。

眭依凡：《学府之魂：美国著名大学校长演讲录》，教育科学出版社 2013 年版。

陶行知：《陶行知全集》（第 1 卷），湖南教育出版社 1984 年版。

汪元宏、郭亮：《应用型本科人才培养的实践探索——以安徽科技学院为例》，合肥工业大学出版社 2015 年版。

王钢城、王孙愚：《创业型大学的崛起与转型动因》，中国社会科学出版社 2014 年版。

王建华：《学科的境况与大学的遭遇》，教育科学出版社 2014 年版。

王玉丰：《中国新建本科院校转型发展研究》，教育科学出版社 2011 年版。

温正胞：《大学创业与创业型大学的兴起》，浙江大学出版社 2001 年版。

吴敬琏：《供给侧改革：经济转型重塑中国布局》，中国文史出版社 2016 年版。

吴式颖、任钟印：《外国教育思想通史》（第 7 卷），湖南教育出版社 2002 年版。

吴伟：《面向创业时代的研究型大学转型发展研究》，人民出版社 2014 年版。

夏清华：《学术创业：中国研究型大学"第三使命"的认知与实现机制》，武汉大学出版社 2013 年版。

熊丙奇：《谁来改变教育？》，中西书局 2014 年版。

徐绪卿：《教学服务型大学：理论研究与创业框架》，中国社会科学出版社 2014 年版。

宣勇、张鹏：《激活学术心脏地带——创业型大学学术系统的运行与管理》，高等教育出版社 2013 年版。

叶赋桂、陈超群、吴剑平等：《大学的兴衰》，清华大学出版社 2016 年版。

易高峰：《崛起中的创业型大学：基于研究型大学模式变革的视角》，上海交通大学出版社 2011 年版。

游振声：《美国研究型大学学术创业模式研究》，重庆大学出版社2017年版。

张楚廷：《校长·大学·哲学》，西南师范大学出版社2016年版。

张丽：《伯顿·克拉克的高等教育思想研究》，华中师范大学出版社2008年版。

赵曙明：《美国高等教育管理研究》，湖北教育出版社1992年版。

赵中建：《全球教育发展的研究热点——90年代来自联合国教科文组织的报告》，教育科学出版社1999年版。

赵中建：《学校经营》，华东师范大学出版社2006年版。

中国蔡元培研究会：《蔡元培全集》（第3卷），浙江教育出版社1997年版。

朱九思：《开拓与改革》，华中科技大学出版社2008年版。

［美］彼得·F. 德鲁克：《创新与创业精神》，张炜译，上海人民出版社2002年版。

［美］伯顿·克拉克：《大学的持续变革：创业型大学新案例和新概念》，王承绪译，人民教育出版社2008年版。

［美］伯顿·克拉克：《高等教育系统》，王承绪等译，杭州大学出版社1994年版。

［美］伯顿·克拉克：《高等教育新论——多学科的研究》，王承绪等译，浙江教育出版社2001年版。

［美］伯顿·克拉克：《建立创业型大学：组织上转型的途径》，王承绪译，人民教育出版社2007年版。

［美］查尔斯·霍默·哈斯金斯：《大学的兴起》，梅义征译，上海三联书店2007年版。

［美］查尔斯·维特斯：《麻省理工学院如何追求卓越》，蓝劲松主译，北京大学出版社2013年版。

［美］大卫·科伯：《高等教育市场化的底线》，晓征译，北京大学出版社2008年版。

［美］德里克·博克：《走出象牙塔——现代大学的社会责任》，徐小洲、陈军译，浙江教育出版社2001年版。

［英］邓特：《英国教育》，杭州大学教育系外国教育研究所译，浙江

教育出版社 1987 年版。

　　［美］凡勃伦：《学与商的博弈》，惠圣译，上海人民出版社 2009年版。

　　［美］菲利普·阿尔特巴赫：《全球高等教育趋势——追踪学术革命轨迹》，姜有国等译，上海交通大学出版社 2010 年版。

　　［荷］弗兰斯·F. 范富格特：《国际高等教育政策比较研究》，王承绪等译，浙江教育出版社 2001 年版。

　　［美］亨利·埃茨科威兹、［荷］劳伊特·雷德斯多夫：《大学与全球知识经济》，江西教育出版社 1999 年版。

　　［美］克拉克·克尔：《大学之用》，高铦、高戈、汐汐译，北京大学出版社 2008 年版。

　　［美］克拉克·克尔：《高等教育不能回避历史——21 世纪的问题》，王承绪译，浙江教育出版社 2001 年版。

　　［美］克莱顿·M. 克里斯坦森、亨利·J. 艾林：《创新型大学——改变高等教育的基因》，陈劲、盛伟忠译，清华大学出版社 2017 年版。

　　［美］劳伦斯·维赛：《美国现代大学的崛起》，栾鸾译，北京大学出版社 2015 年版。

　　［美］理查德·鲁克：《高等教育公司——营利性大学的崛起》，于培文译，北京大学出版社 2007 年版。

　　［美］丽贝卡·S. 洛温：《创建冷战大学——斯坦福大学的转型》，叶赋桂、罗燕译，清华大学出版社 2007 年版。

　　联合国教科文组织：《反思教育：向"全球共同利益"的理念转变?》，联合国教科文组织总部中文科译，教育科学出版社 2017 年版。

　　［瑞士］吕埃格：《欧洲大学史》（第一卷），张斌贤等译，河北大学出版社 2008 年版。

　　［美］罗纳德·布朗：《预见：创业型小团队的制胜之道》，李晟译，北京大学出版社 2017 年版。

　　［美］美威廉·克拉克：《象牙塔的变迁》，徐震宇译，商务印书馆 2013 年版。

　　美国商务部创新创业办公室：《创建创新创业型大学——来自美国商务部的报告》，赵中建、卓泽林译，上海科技教育出版社 2016 年版。

　　［美］米尔顿·弗里德曼：《资本主义与自由》，张瑞玉译，商务印书

馆 2006 年版。

［英］纽曼：《大学的理想》，徐辉、顾建新、何曙荣译，浙江教育出版社 2003 年版。

［法］萨伊：《政治经济学概论》，商务印书馆 1963 年版。

［美］唐纳德·肯尼迪：《学术责任》，阎凤桥等译，新华出版社 2002 年版。

［美］韦斯布罗德、巴卢、阿希：《使命与财富：理解大学》，洪成文、燕凌译，学苑出版社 2016 年版。

［澳］西蒙·马金森、马克·康西丹：《澳大利亚企业型大学的权利结构、管理模式与再创造方式》，周心红译，浙江大学出版社 2007 年版。

［美］希拉·斯劳特、拉里·莱斯利：《学术资本主义——政治、政策和创业型大学》，梁骁、黎丽译，北京大学出版社 2008 年版。

［美］享利·埃茨科威兹：《麻省理工学院与创业科学的兴起》，王孙禺、袁本涛等译，清华大学出版社 2007 年版。

［美］享利·埃茨科威兹：《三螺旋：大学·产业·政府三元一体的创新战略》，周春彦译，东方出版社 2005 年版。

［美］享利·埃茨科威兹：《三螺旋创新模式》，陈劲译，清华大学出版社 2016 年版。

［美］约翰·S. 布鲁贝克：《高等教育哲学》，王承绪等译，浙江教育出版社 1987 年版。

别敦荣：《应用型大学的发展与教学改革》，《玉林师范学院学报》（哲学社会科学版）2017 年第 3 期。

蔡克勇：《创造一流大学需要先进的办学理念》，《中国高教研究》2003 年第 11 期。

曹洪军：《论大学生就业的供给侧结构性改革》，《学术论坛》2016 年第 5 期。

陈超：《从学术革命透视美国研究型大学崛起的内在力量》，《清华大学教育研究》2012 年第 4 期。

陈笃彬、李坤皇：《三螺旋视角下的创业型大学发展范式——以莫纳什大学为例》，《科技管理研究》2014 年第 4 期。

陈乐群：《美国大学的企业经营取向》，《世界教育信息》1995 年第

4 期。

陈敏、文辅相:《整合大学内外资源 促进校地互动发展——临沂师范学院案例分析》,《高等教育研究》2006 年第 11 期。

陈霞玲:《中国创业型大学建设的实践与分析》,《国家教育行政学院学报》2015 年第 11 期。

陈娴:《新兴创业型大学的创业治理模式——以韩国高等科学技术院为例》,《世界教育信息》2016 年第 20 期。

陈娴、顾建民:《大学治理与大学管理的概念辨析:西方学者的观点》,《高教探索》2017 年第 4 期。

陈小虎:《"应用型本科教育":内涵解析及其人才培养建构》,《江苏高教》2008 年第 1 期。

陈小虎、杨祥:《新型应用型本科院校发展的 14 个基本问题》,《中国大学教学》2013 年第 1 期。

陈新民、王一涛:《新建本科院校的重要发展趋势》,《教育发展研究》2011 年第 17 期。

陈正权、朱德全:《高等教育供给侧结构性改革:目标、内容和路径》,《现代教育管理》2017 年第 2 期。

程亮:《多元的传统与交互的生成——教育学知识建构的跨文化比较》,《教育研究》2016 年第 5 期。

程书强:《供给侧结构性改革视角下高等教育改革思路》,《国家教育行政学院学报》2016 年第 12 期。

程天君、吕梦含:《"去行政化":落实和扩大高校办学自主权的政策支持》,《全球教育展望》2017 年第 12 期。

迟景明:《科学中心转移与高等教育中心转移之间的关系》,《教育科学》2003 年第 6 期。

崔永红:《应用型大学:地方本科院校转型发展之路》,《应用型高等教育研究》2016 年第 2 期。

代蕊华:《筹资者:大学校长新角色》,《高等教育研究》2000 年第 3 期。

戴卫民:《新建本科院校协同创新的困境与出路》,《内蒙古师范大学学报》(教育科学版)2017 年第 1 期。

董泽芳、聂永成:《关于新建本科院校转型分流现状的调查与分析》,

《高等教育研究》2016 年第 4 期。

　　杜江月、施胜男：《大众化背景下大学"象牙塔"精神的价值》，《文教资料》2014 年第 7 期。

　　段丽华：《国外应用型大学产学研合作教育的驱动机制——以伯顿·克拉克的"三角协调模型"为分析框架》，《高教发展与评估》2016 年第 3 期。

　　方芳：《政府"为何"和"如何"资助民办高等教育？——来自美国的经验与启示》，《国家教育行政学院学报》2017 年第 3 期。

　　冯建军：《教育怎样关涉人的生活——马克思主义实践论的观点》，《高等教育研究》2011 年第 9 期。

　　冯向东：《高等教育大众化的制度变迁与路径选择》，《高等教育研究》2004 年第 3 期。

　　付八军：《创业型大学的学术资本转化》，《中国高教研究》2016 年第 8 期。

　　付八军：《创业型大学教师来源分析及其价值甄别》，《教育发展研究》2017 年第 23 期。

　　付八军：《创业型大学研究述评》，《黑龙江高教研究》2012 年第 7 期。

　　付八军：《从创造性人才、创造性教育到创业型大学》，《高校教育管理》2017 年第 4 期。

　　付八军：《从教师转型看创业型大学建设的三个命题》，《教育发展研究》2015 年第 9 期。

　　付八军：《贡献度：创业型大学教师转型的重要指针》，《大学教育科学》2016 年第 4 期。

　　付八军：《国内创业型大学建设的路径比较与成效评析》，《高等工程教育研究》2016 年第 6 期。

　　付八军：《激活学术心脏地带：创业型大学学科建设图景分析》，《教育发展研究》2014 年第 7 期。

　　付八军：《论创业型大学教师转型困难的客观因素》，《教育学术月刊》2016 年第 9 期。

　　付八军：《论创业型大学教师转型困难的主观因素》，《大学教育科学》2017 年第 6 期。

付八军：《论创业型大学培育教师创业观念的宣传策略》，《中国高等教育》2017 年第 3/4 期。

付八军：《论大学转型与教师转型》，《教育研究》2017 年第 4 期。

付八军：《论应用型大学师资队伍建设的内生模式》，《浙江社会科学》2017 年第 6 期。

付八军：《实现教师转型是建设创业型大学的关键》，《中国高等教育》2015 年第 22 期。

付八军：《学术成果转化：创业型大学教师的历史使命》，《教育发展研究》2017 年第 7 期。

付八军：《学术资本转化：创业型大学的组织特性》，《教育研究》2016 年第 2 期。

付八军：《学以致用：应用型大学的灵魂》，《教育发展研究》2016 年第 19 期。

付八军、龙春阳、单海雁：《创业型大学：未来高等教育变革的重要走向——2013 年全国创业型大学建设高峰论坛会议综述》，《教育与考试》2014 年第 3 期。

付淑琼：《大学进取与变革的路径——论伯顿·克拉克的创业型大学观》，《教育研究》2010 年第 2 期。

高明、史万兵：《美国创业型大学科研组织及其对我国高校的启示》，《现代教育科学》2012 年第 5 期。

顾明远：《开放是前提，改革是关键——30 年中国高等教育改革开放的经验》，《中国高教研究》2008 年第 11 期。

过建春、李志宏：《地方新建本科院校特色发展之路探索》，《中国高等教育》2017 年第 12 期。

韩高军：《三螺旋理论视角下的创业型大学》，《教育学术月刊》2010 年第 6 期。

何淑通、何源：《独立学院如何向应用型大学转型——基于学位制度改革的思考》，《重庆高教研究》2016 年第 5 期。

何晓雷、邓纯考、刘庆斌：《美国大学教学学术研究 20 年：成绩、问题与展望》，《比较教育研究》2012 年第 9 期。

洪艺敏：《学术型大学办职业性教育的质量问题》，《现代大学教育》2002 年第 3 期。

侯长林、罗静:《论教学服务大学的哲学基础》,《贵州社会科学》2017 年第 1 期。

胡建华:《大学科研资源配置的非均衡分析》,《江苏高教》2014 年第 5 期。

胡娟、张伟:《哈佛大学资金来源、筹资模式及其启示》,《高等教育研究》2008 年第 5 期。

胡钦晓:《何谓学术资本:一个多视角的分析》,《教育研究》2017 年第 3 期。

胡四能:《国外企业推动产学合作的政策措施研究》,《现代教育论丛》2000 年第 2 期。

胡天佑:《建设"应用型大学"的逻辑与问题》,《中国高教研究》2013 年第 5 期。

华小洋、蒋胜永、朱志勇:《试论应用型人才培养体系的建构》,《高等工程教育研究》2017 年第 6 期。

黄彬、周梓荣:《应用型大学产学研用协同创新机制研究》,《现代教育科学》2016 年第 3 期。

黄静潇、汤晓蒙:《从公益事业到共同利益——从联合国教科文组织教育理念的转变谈起》,《教育发展研究》2017 年第 9 期。

黄藤:《秉承民办高等教育公益性的对策与实践》,《国家教育行政学院学报》2016 年第 10 期。

黄小灵:《应用型大学:生态定位、品质特征及区位功能》,《黑龙江高教研究》2017 年第 8 期。

黄学军:《论服务型大学的缘起和发展策略》,《湖南师范大学教育科学学报》2008 年第 3 期。

黄扬杰、邹晓东、侯平:《学术创业研究新趋势:概念、特征和影响因素》,《自然辩证法研究》2013 年第 1 期。

黄兆信:《地方大学创业教育的转型发展》,《高等工程教育研究》2014 年第 6 期。

贾永堂:《高等教育本质的历史考察》,《辽宁高等教育研究》1995 年第 2 期。

姜朝辉:《以供给侧改革引领高等教育发展》,《重庆高教研究》2016 年第 1 期。

姜世健:《对当前大学科研激励机制"病态"现象的思考与建议》,《教育评论》2016年第2期。

蒋鲲:《加强"本科教学工程"内涵建设》,《中国高等教育》2017年第24期。

蒋丽君:《也说创业型大学的学术资本转化——与"创业型大学推进学术资本转化观点"的商榷》,《中国高教研究》2017年第8期。

解德渤:《科研观转变:应用技术大学发展的关键》,《高校教育管理》2014年第6期。

金保华、刘晓洁:《高等教育供给侧结构性改革的理论逻辑与实践路径》,《教育与经济》2016年第6期。

靳泽宇:《应用型大学学生就业问题的原因与对策分析》,《教育理论与实践》2017年第18期。

瞿振元:《着力向课堂教学要质量》,《中国高教研究》2016年第12期。

李保玉:《应用技术型大学:新建本科院校转型发展的现实选择》,《扬州大学学报》(高教研究版)2017年第2期。

李华晶:《间接型学术创业与大学创业教育的契合研究》,《科学学与科学技术管理》2016年第1期。

李化树、黄媛媛:《地方新建本科院校发展战略转型的路径选择》,《高校教育管理》2011年第1期。

李洁:《需求互构视域下大学筹资能力发展研究》,《现代教育管理》2014年第6期。

李金龙、朱颖:《去"官僚化":大学行政管理体制改革的正确取向》,《江苏高教》2014年第3期。

李梅芳、张亮:《校企共建一体化教学服务平台的建设研究》,《中国信息技术教育》2014年第24期。

李培凤:《基于知识图谱的创业型大学国际研究动态分析》,《比较教育研究》2015年第4期。

李瑞丽:《制度创新助推大学科研创新:创业型大学的启示》,《江苏高教》2014年第1期。

李世超、苏竣:《大学变革的趋势——从研究型大学到创业型大学》,《科学学研究》2006年第4期。

李世玉、董朝霞、姜福杰：《高校教师考核评价机制改革研究》，《人力资源管理》2017 年第 3 期。

李威、李莉方：《创业型大学的转型与未来：以"奇点大学"为例》，《黑龙江高教研究》2017 年第 2 期。

李勇、闵维方：《美国研究型大学经费来源与支出结构的特征分析与启示》，《中国高教研究》2004 年第 3 期。

李钊：《论民办高等教育公益性的实现》，《高等教育研究》2009 年第 9 期。

李志峰：《论高深知识与学术职业》，《中国地质大学学报》（社会科学版）2009 年第 5 期。

厉以宁：《关于教育产品的性质和对教育的经营》，《教育发展研究》1999 年第 10 期。

林锈戎：《我国地方高校实践创业型大学之路的若干探索——以福州大学为例》，《福建教育学院学报》2012 年第 5 期。

凌健、刘洁：《大学校长管理专业化中的政府责任转变》，《高校教育管理》2016 年第 6 期。

刘海峰等：《我国应用技术大学建设与科研工作的转型》，《中国高教研究》2015 年第 7 期。

刘华东：《试论大学教学学术的内涵》，《中国高教研究》2017 年第 6 期。

刘铁芳：《大学的中心在哪里》，《书屋》2004 年第 7 期。

刘文华等：《论应用技术大学的高等教育属性》，《中国高教研究》2014 年第 10 期。

刘献君：《建设教学服务型大学——兼论高等学校分类》，《教育研究》2007 年第 7 期。

刘献君：《教学服务型大学在实践探索中发展》，《高等教育研究》2016 年第 7 期。

刘献君：《经济社会发展转型与教学服务型大学建设》，《高等教育研究》2013 年第 8 期。

刘尧：《大学去行政化是梦？非梦？》，《高校教育管理》2011 年第 4 期。

刘叶：《创业型大学的发展之道：以沃里克大学为例》，《高教发展与评估》2010 年第 5 期。

刘叶、邹晓东：《探寻创业型大学的 "中国特色与演变路径" ——基于国内三所研究型大学学术创业实践的考察》，《高等工程教育研究》2014 年第 3 期。

刘云生：《供给侧结构性改革：教育怎么办?》，《教育发展研究》2016 年第 3 期。

刘振天：《地方本科院校转型发展与高等教育认识论及方法论诉求》，《中国高教研究》2014 年第 6 期。

刘振天：《教学与科研内在属性差异及高校回归教学本位之可能》，《中国高教研究》2017 年第 6 期。

刘振亚：《美澳创业型大学的建构和发展研究》，《西南民族大学学报》（人文社会科学版）2014 年第 12 期。

刘志文、郑少如：《美国应用型本科院校的特色发展之路——罗斯-霍曼理工学院的经验与启示》，《江苏高教》2015 年第 4 期。

卢荻秋：《大学筹资不能乱了方寸》，《教育与职业》2009 年第 2 期。

陆震：《公共利益萎缩：中国现代化进程中的重大理论缺失与目标偏差》，《探索与争鸣》2004 年第 9 期。

罗家才：《教学服务型大学建设：转型战略与本土创新的结合——第二届 "全国教学服务型大学建设" 学术研讨会综述》，《高等教育研究》2016 年第 6 期。

马健生：《试论高等教育产品》，《教育与经济》2002 年第 1 期。

马陆亭：《大学变迁与组织模式应对》，《教育发展研究》2010 年第 9 期。

马陆亭：《应用技术大学建设的若干思考》，《中国高等教育》2014 年第 10 期。

马培培：《争议中的创业型大学及其出路——大学理念的视角》，《现代教育管理》2015 年第 12 期。

冒澄、操太圣：《走出象牙塔：西方创业型大学的实践及启示》，《全球教育展望》2009 年第 3 期。

冒荣：《扩大高校办学自主权为什么仍在路上》，《江苏高教》2015 年第 4 期。

冒荣、赵群：《两次学术革命与研究型大学的发展》，《高等教育研究》2003 年第 1 期。

蒙菊花：《印度高校产教融合发展的现状及启示》，《中国高校科技》2017 年第 5 期。

闵维方：《21 世纪的信息经济与大学的作用》，《教育与经济》1995 年第 3 期。

莫欣、孙晓枫、谢寅波：《斯坦福大学创业型大学发展之路对我国高校创建一流大学的启示》，《教育教学论坛》2017 年第 23 期。

聂辉华：《企业的本质："利己"还是"利他"》，《决策探索》2006 年第 3 期。

聂永成、董泽芳：《新建本科院校的"学术漂移"趋向：现状、成因及其抑制——基于对 91 所新建本科院校转型现状的实证调查》，《现代大学教育》2017 年第 1 期。

潘黎、侯剑华：《国际高等教育研究的热点主题和研究前沿——基于 8 种 SSCI 高等教育学期刊 2000—2011 年文献共被引网络图谱的分析》，《教育研究》2012 年第 6 期。

潘留仙、陈文联：《民办高校内部治理中校长应有的角色》，《中国高教研究》2016 年第 8 期。

潘懋元：《对接资本市场——在民办高等教育与资本市场高级论坛上的发言》，《教育发展研究》2004 年第 3 期。

潘懋元：《教育的基本规律及其相互关系》，《高等教育研究》1988 年第 3 期。

潘懋元：《正确对待商品经济对高等教育的冲击》，《高等教育研究》1989 年第 3 期。

潘懋元、周群英：《从高校分类的视角看应用型本科课程建设》，《中国大学教学》2009 年第 3 期。

彭宜新、邹珊刚：《从研究到创业——大学职能的演变》，《自然辩证法研究》2003 年第 4 期。

蒲蕊：《公共利益：公共教育体制改革的基本价值取向》，《教育研究与实验》2007 年第 1 期。

朴雪涛：《我国高等教育公益性弱化的根源及其对策分析》，《复旦教育论坛》2008 年第 1 期。

阙明坤：《独立学院混合所有制办学模式研究》，《高等教育研究》

2017 年第 3 期。

任智勇：《学术导向的创业型大学：学术资本主义语境下中国大学的理性回应》，《高等农业教育》2017 年第 3 期。

邵波：《论应用型本科人才》，《中国大学教学》2014 年第 5 期。

沈玉顺：《校长教育家成长机制解析》，《教育发展研究》2010 年第 12 期。

时伟：《应用型大学的文化定位与建构路径》，《中国高教研究》2016 年第 9 期。

史静寰：《构建解释高等教育变迁的整体框架》，《清华大学教育研究》2006 年第 3 期。

史秋衡、王爱萍：《应用型本科教育的基本特征》，《教育发展研究》2008 年第 21 期。

苏益南、朱永跃、刘慧：《创业创新背景下地方高校建设创业型大学的思考》，《科学管理研究》2009 年第 6 期。

眭依凡：《大学的使命及其守护》，《教育研究》2011 年第 1 期。

眭依凡：《论大学问题的"悬置"》，《华东师范大学学报》（教育科学版）2017 年第 6 期。

孙卫华、许庆豫：《差异与比较：我国高校办学自主权的思考——兼析地方高校办学自主权现状》，《浙江社会科学》2017 年第 4 期。

孙宵兵：《我国高等学校办学自主权的发展及其运行》，《中国高教研究》2014 年第 9 期。

涂宝军、王峰：《新建本科院校向应用型高校的转型发展》，《江苏高教》2016 年第 5 期。

王芳：《基于供给侧改革的高校应用型人才培养》，《江苏高教》2016 年第 5 期。

王贺元：《激活高校创新创业的"学术心脏地带"：构建创业型学科》，《教育发展研究》2016 年第 5 期。

王建华：《我们需要什么样的大学》，《高等教育研究》2014 年第 2 期。

王建华：《中国大学转型与去行政化》，《清华大学教育研究》2012 年第 1 期。

王鉴、姜振军：《教育学属于人文社会科学》，《教育研究》2013 年第 4 期。

王鉴、王明娣：《大学课堂教学改革问题：生活世界理论的视角》，《高等教育研究》2013 年第 11 期。

王军胜：《地方本科院校如何建设创业型大学》，《教育发展研究》2016 年第 23 期。

王康宁、段江飞：《美国一流大学的筹资方式及其对我国的启示》，《教育理论与实践》2011 年第 6 期。

王鹏、王为正：《高等教育：供给侧结构性改革》，《河北师范大学学报》（教育科学版）2017 年第 2 期。

王庆功：《转型与超越：应用型大学改革发展之道》，《山东高等教育》2016 年第 3 期。

王硕旺、蔡宗模：《应用型大学的缘起、谱系与现实问题》，《重庆高教研究》2016 年第 2 期。

王天力：《应用型大学向创业型大学转化刍议》，《长春工业大学学报》（高教研究版）2012 年第 4 期。

王文礼：《政产学研用协同创新的典范——澳大利亚第一份〈国家创新和科学议程〉报告述评》，《中国高等教育》2016 年第 8 期。

王学典：《坚持"学术本位"：大学精神的实质》，《清华大学学报》（哲学社会科学版）2012 年第 6 期。

王雁、李晓强：《创业型大学的典型特征和基本标准》，《科学学研究》2011 年第 2 期。

王云儿、伍婵提：《新建应用型本科教师评价指标探索》，《中国高等教育》2011 年第 10 期。

王章忠、张相琼：《地方应用型本科院校科技创新体系的构建》，《技术与创新管理》2008 年第 1 期。

王者鹤：《新建地方本科院校转型发展的困境与对策研究——基于高等教育治理现代化的视角》，《中国高教研究》2015 年第 4 期。

魏銮等：《试论应用型本科院校的性质》，《教育评论》2009 年第 6 期。

温正胞、谢芳芳：《学术资本主义：创业型大学的组织特性》，《教育发展研究》2009 年第 5 期。

邬大光：《高等教育语言流变与高等教育变革》，《教育研究》2008

年第 2 期。

　　吴方、杜学元：《重塑象牙塔理念——读〈走出象牙塔——现代大学的社会责任〉》，《长春工业大学学报》（高教研究版）2010 年第 2 期。

　　吴亮：《德国创业型大学的改革发展及其启示——以慕尼黑工业大学为例》，《高教探索》2016 年第 12 期。

　　吴伟、翁默斯、范惠明：《洛杉矶加州大学创业转型之路探析》，《比较教育研究》2016 年第 5 期。

　　吴艳、陈永明：《大学课堂教学的现状分析及思考——基于全国十所高校的实证调查》，《高教探索》2015 年第 11 期。

　　武毅英、童顺平：《高等教育供给侧改革的动因、链条与思路》，《江苏高教》2017 年第 4 期。

　　夏建国、刘晓保：《应用型本科教育：背景与实质》，《高等工程教育研究》2007 年第 3 期。

　　谢沁怡：《人力资本与社会资本：谁更能缓解贫困?》，《上海经济研究》2017 年第 5 期。

　　谢维和：《国内高水平大学科研的新阶段和新常态》，《中国高校科技》2016 年第 5 期。

　　熊庆年：《对落实高等学校办学自主权的再认识》，《复旦教育论坛》2004 年第 1 期。

　　徐来群：《"哈佛帝国"的建立——哈佛大学筹资研究》，《高教探索》2010 年第 2 期。

　　徐绪卿：《浅议教学服务型大学的若干问题——兼论地方院校和民办高校的发展定位》，《教育研究》2012 年第 2 期。

　　许会杰、唐拥军：《应用型大学与传统大学的对比与思考》，《教育现代化》2016 年第 27 期。

　　宣葵葵、王洪才：《创业型大学的人才培养特色探索——基于英国沃里克大学的成功经验》，《中国高教研究》2017 年第 6 期。

　　宣勇：《大学必须有怎样的办学自主权》，《教育发展研究》2010 年第 7 期。

　　宣勇：《论中国大学的主体性重建》，《国家教育行政学院学报》2014 年第 8 期。

　　宣勇：《外儒内道：大学去行政化的策略》，《教育研究》2010 年第

6 期。

　　宣勇、付八军：《创业型大学的文化冲突与融合——基于学术资本转化的维度》，《中国高教研究》2013 年第 9 期。

　　薛国瑞、商丽浩：《校长筹资与大学权益诉求——以 20 世纪 20 年代的北京大学为考察中心》，《大学教育科学》2012 年第 6 期。

　　薛卫洋：《对中外合作办学质量建设的思考》，《高校教育管理》2017 年第 6 期。

　　阎光才：《毕业生就业与高等教育类型结构调整》，《北京大学教育评论》2014 年第 4 期。

　　颜建勇、黄珊：《地方高校建设创业型大学的必要性及路径探析》，《当代教育科学》2016 年第 21 期。

　　杨德广：《应将部分研究型大学转变为创业型大学——从"失衡的金字塔"谈起》，《高等理科教育》2010 年第 2 期。

　　杨兴林：《关于创业型大学的四个基本问题》，《高等教育研究》2012 年第 12 期。

　　姚飞、孙涛、谢觉萍：《学术创业的边界、绩效与争议——基于 1990—2014 年文献的扎根分析》，《科技管理研究》2016 年第 6 期。

　　姚翼源、李祖超：《应用型大学供给侧改革的路径探析》，《教育评论》2017 年第 2 期。

　　叶通贤：《社会资本视阈下哈佛大学的资金筹措与启示》，《黑龙江高教研究》2012 年第 3 期。

　　易高峰：《我国高校学术创业政策演化的过程、问题与对策——基于 1985—2016 年高校学术创业政策文本分析》，《教育发展研究》2017 年第 5 期。

　　易红郡：《学术资本主义：世界高等教育发展的新理念》，《教育与经济》2010 年第 3 期。

　　殷朝晖：《大学教师学术创业的角色冲突及其调适策略》，《江苏高教》2017 年第 4 期。

　　于忠海：《官僚化与专业化：大学行政化的双重归因及其超越》，《高教探索》2012 年第 2 期。

　　余海燕：《教育信仰——教师专业发展的"内在驱动力"》，《教育现代化》2015 年第 1 期。

喻娟:《基于创业型大学建设视角的"两创"生态环境建设探究——以同济大学为例》,《创新与创业教育》2015 年第 5 期。

袁广林:《供给侧视野下高等教育结构性改革》,《国家教育行政学院学报》2016 年第 6 期。

原青林:《论高等教育的公益性与私益性》,《高等教育研究》2009 年第 8 期。

展立新、陈学飞:《理性的视角:走出高等教育"适应论"的历史误区》,《北京大学教育评论》2013 年第 1 期。

张宝君:《"精准供给"视域下高校创新创业教育的现实反思与应对策略》,《高校教育管理》2017 年第 1 期。

张超、刘志彪:《市场机制倒逼产业结构调整的经济学分析》,《社会科学》2014 年第 2 期。

张高远:《大学行政"官僚化"——弊在何处? 药在何处?》,《教育导刊》2015 年第 9 期。

张会杰、徐钧:《如何评价大学"捐赠—冠名"的筹资模式——基于清华"真维斯楼"舆论话题的评析》,《现代大学教育》2012 年第 1 期。

张金波:《三螺旋理论视野中的科技创新——基于美国创业型大学的分析》,《高等工程教育研究》2009 年第 5 期。

张金福:《落实地方高校办学自主权需要管理创新》,《教育发展研究》2016 年第 21 期。

张金福:《提升地方本科高校的区域适切性:供给侧结构性改革的视角》,《中国高教研究》2017 年第 1 期。

张丽:《伯顿·克拉克的创业型大学思想研究》,《天津市教科院学报》2016 年第 4 期。

张瑞、潘懋元:《高等教育大众化的贡献、困惑及建议》,《教育财会研究》2016 年第 3 期。

张万朋、程钰琳:《探析教育领域的供给侧结构性改革》,《复旦教育论坛》2017 年第 5 期。

张维亚、严伟:《创业型大学:应用型本科院校发展模式选择之一种》,《文教资料》2013 年第 28 期。

张卫国:《三螺旋理论下欧洲创业型大学的组织转型及其启示》,《外国教育研究》2010 年第 3 期。

张炜、钟雨婷：《基于跨学科学术组织变革的创业型大学——德国慕尼黑工业大学的经验与启示》，《外国教育研究》2016 年第 7 期。

张务农：《从经济学命题到教育学命题——供给侧改革之于高等教育发展意义审思》，《江苏高教》2017 年第 3 期。

张秀萍、迟景明、胡晓丽：《基于三螺旋理论的创业型大学管理模式创新》，《大学教育科学》2010 年第 5 期。

张彦通、刘文杰：《创业型大学发展模式比较研究——以阿尔托大学和奥克兰大学为例》，《高校教育管理》2017 年第 5 期。

张应强：《我国高等教育改革的反思和再出发》，《深圳大学学报》（人文社会科学版）2016 年第 1 期。

张泳、余秀兰：《新建本科院校"学术弱势群体"何去何从——基于学术职业发展的审思》，《教育发展研究》2016 年第 1 期。

张有声：《从供给侧改革本科专业人才培养思路》，《中国高等教育》2016 年第 1 期。

张宗海：《论新建本科院校转型发展的内涵及路径选择》，《国家教育行政学院学报》2017 年第 1 期。

赵中建：《将学术科学转变为经济引擎——美国创新创业型大学的兴起》，《全球教育展望》2016 年第 5 期。

郑国强：《创建面向 21 世纪的新应用型大学》，《高等教育研究》1999 年第 5 期。

郑金洲：《中国教育学研究的问题与改进路向》，《教育研究》2004 年第 1 期。

郑志来：《供给侧新视角下高等教育非均衡发展问题研究》，《黑龙江高教研究》2017 年第 3 期。

周川：《怎样的科研才能有益于教学》，《江苏高教》2017 年第 3 期。

周春彦：《大学·产业·政府三螺旋创新模式——享利·埃茨科维兹〈三螺旋〉评介》，《自然辩证法研究》2006 年第 4 期。

周谷平、张雁：《中国古代太学与欧洲中世纪大学之比较——兼论我国现代大学的起源》，《高等教育研究》2006 年第 5 期。

周光礼：《高等教育治理的政策范式：办学自主权的国际比较》，《湖南师范大学教育科学学报》2011 年第 5 期。

周海涛、朱玉成：《教育领域供给侧改革的几个关系》，《教育研究》

2016 年第 12 期。

周海霞:《德国应用技术大学（FH）获博士学位授予权之争议》,《外国教育研究》2014 年第 10 期。

周锦荣:《应用型人才教育模式下的知识应用能力培养》,《内蒙古农业大学学报》（社会科学版）2015 年第 2 期。

周元宽:《改革开放以来中国高等教育变迁的主题变奏与时代特征》,《北京大学教育评论》2012 年第 4 期。

朱炎军:《教学学术视角下的高校教师发展:来自美国的经验》,《外国教育研究》2017 年第 3 期。

朱玉成:《政府职能转变视角下的高等教育供给侧改革》,《高等教育研究》2016 年第 8 期。

祝爱武:《高等教育办学主体结构调整的策略选择》,《现代教育管理》2014 年第 4 期。

卓高生:《公益精神概念辨析》,《理论与现代化》2010 年第 1 期。

卓泽林、王志强:《构建全球化知识企业:新加坡国立大学创新创业策略研究及启示》,《比较教育研究》2016 年第 1 期。

邹晓东、陈汉聪:《创业型大学:概念内涵、组织特征与实践路径》,《高等工程教育研究》2001 年第 3 期。

陈静:《基于三螺旋理论的区域创新体系研究——兼论创业型大学的建设意义与途径》,硕士学位论文,北京交通大学,2008 年。

高明:《英美创业型大学管理模式比较及启示》,博士学位论文,东北大学,2012 年。

雷茹:《经营大学:一个新的大学管理理念——以英国沃里克大学为例》,硕士学位论文,西北师范大学,2007 年。

李福华:《中国创业型大学研究——基于三螺旋理论视角》,硕士学位论文,青岛大学,2013 年。

李颖:《创新驱动发展战略下的创业型大学建设——国立新加坡大学的经验研究》,硕士学位论文,江西师范大学,2016 年。

刘芬:《中国特色创业型大学建设研究——以重庆师范大学为例》,硕士学位论文,重庆师范大学,2011 年。

刘叶:《建立创业型大学:管理上转型的路径》,博士学位论文,华中科技大学，2010 年。

　　刘周：《独立学院向创业型大学转型办学模式的研究——以西南科技大学城市学院为例》，硕士学位论文，西南科技大学，2015 年。

　　路倩倩：《新建地方本科院校向应用型大学转型问题研究》，硕士学位论文，长春工业大学，2017 年。

　　马志强：《西方创业型大学的兴起与发展》，硕士学位论文，河南大学，2007 年。

　　彭绪梅：《创业型大学的兴起与发展研究》，博士学位论文，大连理工大学，2008 年。

　　孙丽娜：《"资源依赖"理论视角下的美国创业型大学发展模式研究》，博士学位论文，东北师范大学，2016 年。

　　王雁：《创业型大学：美国研究型大学模式变革的研究》，博士学位论文，浙江大学，2005 年。

　　温正胞：《创业型大学：比较与启示》，博士后研究工作报告，华东师范大学，2008 年。

　　吴薇：《英国创业型大学发展政策研究》，硕士学位论文，福建师范大学，2015 年。

　　肖扬：《我国教学型大学构建创业型大学的路径探析——基于大学与利益相关者互动视角》，硕士学位论文，南京理工大学，2015 年。

　　杨茜：《创新创业型大学的评价指标体系研究》，硕士学位论文，南京工业大学，2013 年。

　　张静：《创业型大学的组织特性研究》，硕士学位论文，厦门大学，2009 年。

　　张荔：《西方创业型大学发展对我国应用型大学战略转型启示研究》，硕士学位论文，中国科学技术大学，2015 年。

　　张森：《MIT 创业型大学发展史研究》，博士学位论文，河北大学，2012 年。

　　赵波：《走向创业型大学——国内外大学的转向研究》，硕士学位论文，山西大学，2015 年。

　　Boyer, E. L., *Scholarship Reconsidered: Priorities of the Professoriate*, New Jersey: The Carnegie Foundation for the Advancement of Teaching, Princeton University Press, 1990.

Burton R. Clark, *The Higher Education System*, University of California Press, 1983.

Burton R. Clark, *Collegial Entrepreneurialism in Proactive Universities, Lessons from Europe*, Change, Jan/Feb2000.

Cummings W.K., *The Service University in Comparative Perspective*, Higher Education, 1998, 35 (1).

Etzkowitz, H., Zhou, C., "Triple Helix twins: innovation and sustainability", *Science and Public Policy*, 2006, 33 (1).

Leslie L.L., Slaughter S., *Academic Capitalism: Politics, Policies, and the Entrepreneurial University*, Baltimore: Johns Hopkins University, 1997.

Leydesdorff, L., Etzkowitz, H., "Emergence of a Triple Helix of University-industry-Government Relations", *Science and Public Policy*, 1999, 23 (5).

Mathier, A., Meyer, M., Pottelsberghe de la Potterie, B., "Turning science into Business: A Case Study of a Major European Research University", *Science and Public Policy*, 2008, 35 (9).

Robert M.Hutchins, *The University of Utopia*, John Wiley, New York, 1953.

Roberts E.B., *Entrepreneurs in High Technology: Lessons from MIT and Beyond*, New York: Oxford University Press, 1991.

Stuart W.Leslie, *The Cold War and American Science: The Military-Industrial-Academic Complex at MIT and Stanford*, New York: Columbia University Press, 1994.

Weisbrod et al., *Mission and Money*, Cambridge University Press, 2008.

后　记
——"静"的力量

　　2017 年 12 月 26 日，华中科技大学前校长李培根院士做客风则江大讲堂，以"漫谈大学生创新创业"为题，采取大量案例，强调了"双创"环境下，我们还需要一种力量——"静"。这不是对轰轰烈烈的"双创"泼冷水，而是为其提供适切路径与方法。当前，中国高等教育在政府主导下的"升级"运动，已经让许多大学及其学者失去了"静"的定力。如果再来呼吁传统型院校向创业型大学转型，让大学走上自力更生的道路，这是否意味着中国大学离"静"的力量越来越远？其实，这不仅有如李院士提出的一样，创业型大学同样需要"静"的力量，而且，创业型大学比当前学术生态环境下的中国大学更能培育"静"的力量。也就是说，实用主义文化、市场导向文化比功利主义文化、官僚主义文化更能形成"静"的力量。如果真能沉下心来读完此书，而不只是抓住某个字眼或者根据有限经验，我们能够感受到，本书呈现的创业型大学，就是李院士所谓具有"静"的力量的大学。

　　"非淡泊无以明志，非宁静无以致远。"诸葛亮先生这句至理名言，既是创业型大学抵制者的有力武器，也是创业型大学颂扬者的坚强后盾。在抵制者看来，创业型大学一切以金钱作为目标，甚至以金钱作为手段也会让大学偏离学术的轨道，正如马丁·路德·金所说的"手段是种子，目的是树"①，从而让大学"躁动"起来。但是，本书倡导的创业型大学，不是以金钱作为最终追求目标，而是以创造性人才培养与学术成果转化作为两大历史使命，同时，多元筹措办学经费既是创业型大学实现其历史使命的手段，更是其以独特的"学术"资本较好地履行历史使命之后的自然回报，这样的创业型大学怎么会偏离学术轨道？"罗马不是一天建成

---

① 转引自王建华《学科的境况与大学的遭遇》，教育科学出版社 2014 年版，第 279 页。

的"。本书倡导的创业型大学，只是为中国大学的转型与发展指出了一个方向，而且，中国传统型院校向创业型大学转型，应用型大学是其不可逾越的一个发展阶段。当应用型大学真正能够凭借其应用型人才培养质量与应用性科研成果效应赢得社会声誉之后，各种社会力量自然会支持与赞助该种类型的大学，从而顺理成章地走向自力更生的创业型大学。这样的创业型大学怎么能与"躁动"划上等号？怎么会不与"静"的力量相融？在我看来，这样的大学，要比当前的大学，更能产生"静"的力量。

当前的大学，是政府在推着竞跑式地赶路；中国特色创业型大学，是大学服务社会能力提升之后的自然呈现。从动力机制来源看，相较而言，哪一种大学更能产生"静"的力量？当前的大学，就像"高考挤独木桥"一样，都在"跑部钱进"，从单一的政府部门争夺有限的办学资源；中国特色创业型大学，以其真本领与大视野服务社会，同时也依靠包括政府在内的一切社会力量，多元筹措办学经费。从资源获取途径来看，相较而言，哪一种大学更能产生"静"的力量？当前的大学，科研成果是否具有实际价值甚至是否具有科学性都不重要，能被管理部门认可则是最终目的，在"数量多则奖励多荣誉多"的量化考评激励机制下，大学教师围着几个部门转、围着几份刊物转、围着少数专家转①；中国特色创业型大学，科学研究只是其履行创造性人才培养与学术成果转化两大历史使命的一种手段，评价大学教师的学术水平，在获得入职门槛的学历学位资格前提下，关键还是看其教学育人的实际效果与科研成果的社会反响，这些都是可以由同行专家在"太阳底下"开展的评价。从科学研究角度来看，相较而言，哪一种大学更能产生"静"的力量？当前的大学，教学育人已经从"主业"变成"副业"，科学研究已经从"副业"变成"主业"，"一个相信讲好一门课比写好一篇论文更重要的人，今夜死去了"②；中国特色创业型大学，不再依靠政府的文凭保护"捆绑"学生，而要以教学育人的适切性与实效性赢得生源，并且由此赢得包括校友在内的社会各界

————————

①　参见方展画《高校办学自主权刍议》，《辽宁高等教育研究》1997 年第 6 期。该文提出，"在高校扩大办学自主权的同时，应该充分考虑到国家（政府）、市场与专家三者之间对高校办学自主权的制衡作用，应有一种机制来反映、实现这三者的制衡作用。……不能让权力完全落入某些著名专家之手"。

②　转引自刘尧《教育困境是教育评价惹的祸吗》，学苑出版社 2017 年版，第 156 页。

支持，从而教学育人将是大学的主业甚至是唯一的主业。最终成功的中国特色创业型大学，社会捐赠一定是其重要来源之一。从人才培养角度来看，相较而言，哪一种大学更能产生"静"的力量？当前的大学，其教师就像"一台旧式电视机，有七八种观众，他们不停地拧着调换频道的开关"①；中国特色创业型大学，其教师只需要"安装"两个频道，其中一个是固定频道，另一个还属于可选频道。所谓固定频道，就是人才培养的频道，只要在教学育人上做到让学生满意、让家长安心、让政府放心、让社会欢迎，这个频道就处在良好的运转状态。所谓可选频道，就是成果转化的频道，无论哪种形式的成果转化，都是创业型大学教师自由探索、潜心研究、静心涵养、厚积薄发的自然结果。正如施一公先生于2014年9月在"欧美同学会·中国留学人员联谊会第三届年会"上关于中国的创新人才培养的主旨演讲中所言，"研究型大学从来不以就业为导向，大学办好了自然就会实现就业……大学教师只需要好好做研究，研究做好了自然就有机会转化"。从教师岗位职责来看，相较而言，哪一种大学更能产生"静"的力量？当前的大学，科学研究是教师财富天秤的主要砝码，现有的科研评价体制只会引导甚至逼迫教师制造大量的学术泡沫，以便直接并且间接获得更多的收入；中国特色创业型大学，科学研究是教师获得学术共同体认可、提升教学育人效果、实现成果有效转化的自觉行为，大学不会对任何形式的科学研究予以任何形式的直接奖励，在一定的岗位聘任期限内，教师从学校获得的收入是相对固定的，教师们的努力与贡献越得到社会认可，社会对他们所在的大学就会资助越多，从而他们的岗位收入也就会越高。美国前十位私立大学的校长年收入均在百万美元之上，教师岗位平均收入也比公立大学提供的福利待遇更具竞争性，② 从而能够吸引并稳定一批优秀的教师安心做好人才培养工作。从教师收入来源看，相较而言，哪一种大学更能产生"静"的力量？……

　　真正理解了本书所谓的创业型大学，我们就能够获悉，创业型大学不是洪水猛兽，不是教育怪胎，而是一种牵引动力，是未来高等教育变革的

---

　　① 转引自张俊超《大学场域的游离部落——大学青年教师发展现状及应对策略研究》，中国社会科学出版社2009年版，第102-103页。

　　② 参见郭英剑《大学与社会：郭英剑高等教育文集》，外语教学与研究出版社2014年版，第255页。

重要走向；而且，我们只有使用这个概念，才能更好地激励传统型院校走出中外高教史上从未真实存在过的"象牙塔"臆断，跟随时代发展步伐，调整大学服务面向，走出一条自力更生的办学道路。如果继续沿着这种思路扩展开来，我们又要回到正文中去了。在一个种植"感谢"的后花园，如果不是李院士那句给我启发的话语，我也不会在此留下这么一堆沉重但又持重的文字。因此，我要感谢李院士，他让我这个后记增添了一份理性的思考，让我从"静"的力量回味与反思本书构建的创业型大学中国模式。

任何一个人要取得那么一点点成绩，都离不开他人的支持与鼓励。我处在学术平台的洼地，更需要得到前辈与同仁的关心。就这部著作的出版与推介来说，至少有以下学者需要我在此特别鸣谢！

一日为师，终身为父。作为我的博士生导师邬大光教授，在我毕业之后十来年的学术生涯中，他一直在指引与帮助我。例如，无论我在博士毕业之际去北京工作，还是工作若干年之后因孩子的医疗事故离开江西，邬老师都在给我牵线搭桥，为我铺设学术人生之路。因此，当有了一部自己较为满意的学术著作之际，我便在第一时间想到请导师作序，感谢导师第二次为我的著作作序！

龚放教授是我国高等教育领域的一位知名学者，今年4月在南京召开的一次高层论坛上，他提出"双一流"建设如果仍然停留在知识生产模式Ⅰ，那么只能是"播下龙种，收获跳蚤"。实际上，这正是我探讨的创业型大学模式，只不过换了一个新的名称而已。于是，我将书稿送给龚教授，请他帮我作序。龚老师花了不少时间，认真审读了著作，热情洋溢地写了前面的序二，在此我对龚老师表达深深的谢意并致以诚挚的问候。

今年已逾98岁高龄的潘懋元先生，是我国高等教育学科的主要创始人之一，仍然坚守并且活跃在教学科研第一线。先生思维缜密，逻辑性强，而且极富想象力，能够接受各种新事物。例如，在今年厦门大学教育研究院四十周年庆典上，先生指出，未来的世界可能是"两种人"的世界，即"自然人"和"机器人"，从而高等教育还面临一个如何将"机器人"培养成专门人才的难题。在先生看来，我们不仅要让"机器人"具备现代人的智能结构，进行独立思考，而且还要具备社会人的情感因素，对他们进行思想品德教育。近年来，先生关注较多的是应用型本科教育与应用型人才培养。因此，我将书稿寄给了先生，希望他能从应用型大学的角度为本书留下一句话评语。2018 年 5 月 5 日，先生通过其教学秘书朱乐平博士发来简信，其中提到"深感文章功力甚深，鞭辟入里，以静制动。"我将这句话纳入后记，种植下来，以便激励我不断前行。谢谢先生，先生的平和与热心，先生的人品与情操，先生的思想与理论，是我一辈子也学不尽的智慧财富。

马陆亭教授是积极推动中国传统型高校向创业型大学转型的学者之一，我与他在这个问题上有着高度一致的意见。因此，在《教师转型与创业型大学建设》一书出版之际，我便请马老师帮我写了一个序。他在序中特别强调了我的两个优点：有思想和趣味的学者、随时随地记录收获体会。应该说，第一个优点是一个很高的评价，从学问中寻找并呈现趣味那是学者的最高境界。本书稿完成之后，我再次请马老师帮我写个短评，他依旧欣然应允，留下了他的观点与评价。

如果家庭条件允许，若干年前我也许不会因为高房价而离开北京。现在回过头来一想，我觉得当时的决定是短视的。这也可以理解，农村孩子前进路上的每一步，都是自己摸索过来的，父母亲既无法从物质上支持，更不能从精神上予以指引。但是，每当反思自己的一意孤行之际，我就会想起刘振天师兄对我讲过的一句话。大约在 2008 年之际，我们在厦门大学逸夫楼餐厅用餐，刘师兄说，"从目前来看，你在地方高校要好；但从长远来看，在中国教育报要好。"与其在人生经验上感怀刘师兄，不如在该书的审阅上也留下刘师兄的智慧之言。真诚地感谢刘师兄，感谢刘师兄兼及学理性与实践性有机结合的评介。

上海师范大学前校长杨德广教授也是国内立场鲜明地倡导建设创业型大学的学者之一。2018 年参加厦门大学教育研究院四十周年庆典，我不仅听取了杨老师的报告，而且与杨老师有过一次交流。随后，我将该部书稿送了一本给杨老师，希望他也能为本书留下一句评语。杨老师被誉为"绿化校长""平民校长""慈善校长"，卖房捐资办学广为人知，我觉得他应该不会拒绝我的请求。果然，杨老师不仅为我写了高度肯定性的评语，而且毫不掩饰他对创业型大学的认可与推崇。在此，我对率直的杨老师致以诚挚的感谢！

在湖南省教科院工作时，我曾经报考过方展画教授的博士生。那时，由于出于试一试的心理，考试准备也不充分，从而没有主动联系方老师。不过，那次考试败北主要还是在英语上。来了浙江工作之后，我也没有与方老师联系过。近来在撰写这部著作时，我发现方老师在应用型大学供给侧改革研究、创业教育、学术评价等方面都有论述，而且我们在许多观点上保持一致的认识。因此，这次我特意联系了方老师，将书稿发送给他，请他审阅并写上一句话评语。方老师颇为精炼且富有哲理的一句话评论，赋予了创业型大学中国模式的新意蕴。非常感谢方老师，以后要向您多学习，多请教！

建华教授比我还小一岁，但学术起步比我早、学术坚持比我好、学术积累比我厚、学术平台比我高、学术影响比我大。在本书中，我引用了他的不少论述，在总体上是从代表反对力量而引用的。但是，在今年 4 月的南京高层论坛上，建华临时变换报告主题，谈如何以创业思维重新理解学科建设、推动学科建设转向学术创业，这实质上正是认可与支持创业型大学模式。为此，我将书稿发给建华，请他帮我写个一句话书评。从建华的书评来看，他既能坚持原有的论述，又能理解创业型大学模式。也就是说，创业型大学的好与坏，取决于我们看问题的角度。谢谢建华，感谢建华认真的审读与高度的评价。

最后，感谢为本书提供相关数据的浙江大学高教所汪辉博士，感谢第三次为我出书担任责任编辑的中国社会科学出版社任明主任，感谢在本书撰写过程中不吝赐教的多位学界同仁与资深编辑，感谢能够让我有更多时间进行创作并且享受"静"的力量的家人。

2018 年 10 月 19 日于风则江畔

付八军